A prática da terapia cognitivo-comportamental baseada em *mindfulness* e aceitação

A Artmed é a editora oficial da Federação Brasileira de Terapias Cognitivas

R715p   Roemer, Lizabeth.
         A prática da terapia cognitivo-comportamental baseada em *mindfulness* e aceitação / Lizabeth Roemer, Susan M. Orsillo ; Tradução: Maria Adriana Veríssimo Veronese ; revisão técnica: Armando Ribeiro das Neves Neto. – Porto Alegre : Artmed, 2010.
         262 p. ; 25 cm.

         ISBN 978-85-363-2309-1

         1. Psicoterapia. 2. Terapia cognitiva. I. Orsillo, Susan M. II. Título.

                                                            CDU 615.851

Catalogação na publicação: Ana Paula M. Magnus – CRB-10/Prov-009/10

Lizabeth Roemer
Susan M. Orsillo

A prática da terapia cognitivo-comportamental baseada em *mindfulness* e aceitação

Tradução:
Maria Adriana Veríssimo Veronese

Consultoria, supervisão e revisão técnica desta edição:
Armando Ribeiro das Neves Neto
Psicólogo clínico e hospitalar
Professor e supervisor clínico do curso de Aprimoramento em Terapia Cognitivo-Comportamental em Saúde Mental da USP.
Psicólogo do Hospital Beneficência Portuguesa de São Paulo

Reimpressão 2017

2010

Obra originalmente publicada sob o título *Mindfulness- and Acceptance-Based Behavioral Therapies in Practice*
ISBN 978-1-59385-997-8

© 2009, The Guilford Press
A Division of Guilford Publication, Inc.

Capa: *Hey Bro*

Preparação de original: *Rafael Padilha Ferreira*

Leitura final: *Lara Frichenbruder Kengeriski*

Editora Sênior – Ciências Humanas: *Mônica Ballejo Canto*

Editora responsável por esta obra: *Amanda Munari*

Projeto e editoração: *Techbooks*

Reservados todos os direitos de publicação, em língua portuguesa, à
ARTMED® EDITORA S.A.
Av. Jerônimo de Ornelas, 670 - Santana
90040-340 Porto Alegre RS
Fone (51) 3027-7000   Fax (51) 3027-7070

É proibida a duplicação ou reprodução deste volume, no todo ou em parte, sob quaisquer formas ou por quaisquer meios (eletrônico, mecânico, gravação, fotocópia, distribuição na Web e outros), sem permissão expressa da Editora.

SÃO PAULO
Av. Embaixador Macedo Soares, 10.735 - Pavilhão 5 - Cond. Espace Center
Vila Anastácio 05095-035 São Paulo SP
Fone (11) 3665-1100 Fax (11) 3667-1333

SAC 0800 703-3444

IMPRESSO NO BRASIL
PRINTED IN BRAZIL

*Para Josh, Paul, Sarah e Sam,
com amor e gratidão*

Autoras

Lizabeth Roemer, Ph.D., é Professora de Psicologia na Universidade de Massachusetts-Boston, onde trabalha ativamente em pesquisas e na formação de doutores em Psicologia Clínica. Sua pesquisa examina processos básicos que podem estar por trás de problemas clínicos, tais como o papel da aceitação emocional, supressão emocional, estratégias reguladoras da emoção e *mindfulness* em uma variedade de apresentações clínicas. A Dra. Roemer coeditou dois livros e publicou mais de 60 artigos em jornais e capítulos de livros.

Susan M. Orsillo, Ph.D., é Professora-associada de Psicologia na Universidade Suffolk em Boston, Massachusetts. Sua atual pesquisa focaliza o papel dos estilos de resposta emocional, mais notavelmente a evitação experiencial, na manutenção das dificuldades psicológicas. Em colaboração com seus alunos de doutorado em Psicologia Clínica, desenvolveu e testou vários programas de prevenção e tratamento que integram *mindfulness* e aceitação com abordagens comportamentais baseadas em evidências. A Dra. Orsillo coeditou dois livros e publicou mais de 60 artigos em jornais e capítulos de livros.

Juntas, as doutoras Roemer e Orsillo desenvolveram uma terapia comportamental baseada na aceitação para o transtorno de ansiedade generalizada. Atualmente, estão examinando sua eficácia também como mediadora e moderadora de mudanças em um estudo financiado pelo National Institute of Mental Health.

Agradecimentos

Este livro é a culminação do nosso trabalho colaborativo dos últimos 14 anos, e somos gratas ao grande número de pessoas que facilitaram e apoiaram, de diversas maneiras, o seu desenvolvimento. Agradecemos à Kitty Moore e Jacqueline Persons o convite para escrever o livro, o encorajamento e incentivo durante o processo e o valioso apoio editorial. Também agradecemos à Hillary Brown, pela edição de texto diligente e cuidadosa, e a todos da Guilford Press por terem ajudado a levar o livro até a sua forma final. Somos imensamente gratas à Laura Allen e Sarah Hayes por supervisionarem com habilidade e cuidado as concessões de tratamento, sem as quais não poderíamos ter escrito este livro. Os *insights* que elas e os outros terapeutas que supervisionamos ao longo dos anos compartilharam conosco deram forma ao nosso entendimento de maneira significativa, e tudo isso se reflete nestas páginas. Tivemos o privilégio de trabalhar diretamente com clientes e de supervisionar terapias com aqueles que continuamente nos ensinaram e inspiraram, pela disposição a enfrentar sua dor e pela coragem de fazer mudanças a fim de viver uma vida mais significativa. Agradecemos a todos eles por tudo o que aprendemos como psicólogas e como seres humanos. Conforme mencionamos na Introdução, nosso trabalho foi inspirado e influenciado por alguns psicólogos clínicos e autores budistas; somos gratas a todos eles por seu empenho e sabedoria. Em especial, agradecemos ao nosso mentor de pós-doutorado, Brett Litz, por nos desafiar em termos pessoais e intelectuais, por incentivar nosso interesse pela emoção e por nos apresentar uma à outra. Somos gratas a David Barlow, Bonnie Brown e aos professores, alunos e equipe do Center for Anxiety and Related Disorders por apoiar generosamente o nosso trabalho, e ao National Institute of Mental Health por subvencionar nosso trabalho e este livro com as doações de Número MH63208 e MH074589.

Além disso, em primeiro lugar e antes de mais nada, eu (Lizabeth Roemer) quero agradecer à Sue. Não há palavras para descrever como a nossa colaboração e amizade fortaleceram, desenvolveram e nutriram a mim e ao meu trabalho, durante esses 14 anos. Sua sabedoria, bondade, conscienciosidade, capacidade de entendimento e cuidado criam e enriquecem o nosso trabalho compartilhado e são uma inspiração constante. Com seu apoio inabalável eu sou muito mais capaz de assumir compromissos em minha vida, de uma maneira muito importante para mim. Também sou eternamente grata ao meu mentor na graduação, Thomas Borkovec, por seus ensinamentos, sua contínua orientação e incentivo, e pelo modelo que me forneceu de integrar ciência e prática, ao qual continuo aspirando. Ao longo dos anos, tive a sorte incrível de trabalhar com uma equipe de alunos de graduação excepcionais (Kim Gratz, Matthew Jakupcak, LaTanya Rucker, Kristi Salters-Pedneault, Yonit Schorr, Matt Tull, Darren Holowka, Heidi Barrett-Model, Shannon Erisman, Cara Fuchs, Lindsey West e Mike Treanor), cujo entusiasmo, curiosidade intelectual, *insights* e atenção me ensinam, enriquecem e motivam continuamente. Também sou grata aos meus amigos e colegas Alice Carter, Karestan Koenen, Doug Mennin, Carolyn Pepper, Karen Suyemoto e Amy Wagner, que influenciam o meu trabalho e ajudam a sustentar meu espírito; aos meus pais, cujas muitas formas de constante amor e apoio incluíram levar a sério as minhas tentativas de escrever desde pequena; e a todos os outros amigos e familiares que enriquecem a minha vida. Por último, mas longe de ser menos importante, agradeço ao meu parceiro, Josh Bartok, cuja sabedoria, amor e cuidado melhoraram imensamente o conteúdo deste livro e o processo de escrevê-lo, como melhoram o conteúdo e o processo da minha vida todos os dias.

Eu (Susan Orsillo) sou profundamente grata à Liz, minha coautora, colaboradora e amiga. Liz traz sensibilidade, paixão, rigor científico e integridade ao nosso trabalho compartilhado, e sou extremamente grata por tudo o que aprendi com ela. Sua grande generosidade, compaixão e incentivo me ajudam a enfrentar os desafios cotidianos inerentes à tentativa de viver consistentemente com meus valores pessoais e profissionais. Vários mentores influenciaram meu crescimento pessoal e profissional e merecem reconhecimento, mais notavelmente Robert McCaffrey, por sua lealdade e apoio, Richard Heimberg, por me apresentar à pesquisa sobre tratamento e me ensinar a ser uma mentora, e Brett Litz, conforme salientado anteriormente. Sou grata à Sonja Batten e Jenn Block-Lerner pela sensibilidade clínica e sabedoria que trouxeram ao meu entendimento de *mindfulness* e aceitação, e pelo apoio pessoal e profissional. Agradeço à minha talentosa e entusiástica equipe de alunos de graduação (Stephanie Berube, Deborah Glick, Justin Hill, Meredith Klump, Jonathan K. Lee, Susie Michelson, Christina Theodore-Oklota e Pete Vernig), cuja curiosidade intelectual, trabalho duro e constante disposição de crescer como profissionais fornecem inspiração e incentivo diários para o meu trabalho. Juntamente com Gary Fireman e Lisa Coyne, cujos consultórios frequento durante o dia, meus alunos fazem com que vir trabalhar seja estimulante e divertido. Sou grata a todos os meus amigos e familiares por seu carinho sustentador. Finalmente, agradeço ao meu marido, Paul, por mais de 20 anos de inabalável encorajamento, apoio, amizade e amor, e aos meus filhos, Sarah e Sam, por me ajudarem a me conectar com a paz, a sabedoria e a alegria de viver no momento presente.

Nota da Editora Original

Com este livro, Lizabeth Roemer e Susan M. Orsillo auxiliam os terapeutas atarefados ao lhes oferecer uma síntese cuidadosa de várias das importantes e cada vez mais populares terapias comportamentais baseadas em *mindfulness* e na aceitação, incluindo a terapia de aceitação e comprometimento, a terapia cognitiva baseada em *mindfulness*, a prevenção de recaída baseada em *mindfulness*, a terapia integrativa comportamental de casal e a terapia dialética do comportamento. As autoras nos fornecem os princípios e os elementos essenciais desse novo grupo de terapias comportamentais.

As Dras. Roemer e Orsillo apresentam um modelo geral que propõe que muitos problemas e transtornos para os quais os nossos pacientes buscam tratamento resultam de três mecanismos relacionados: uma relação desadaptativa com a experiência interna (tal como fusão, julgamento e/ou falta de consciência), evitação experiencial e constrição comportamental. As autoras mostram aos terapeutas como usar esse modelo geral como base para uma formulação de caso e um plano de tratamento individualizados, voltados para os detalhes específicos dos sintomas e problemas de cada paciente. Elas mostram aos terapeutas como utilizar a formulação de caso individualizada para compreender a relação entre os múltiplos transtornos e problemas do paciente e selecionar metas e intervenções terapêuticas. Elas trazem numerosos exemplos de intervenções planejadas para auxiliar o indivíduo a atingir suas metas terapêuticas alterando sua relação com a experiência interna, reduzindo a evitação experiencial e promovendo ações valorizadas. As autoras também explicam como integrar outras terapias baseadas em evidências a esta terapia e como incluir e trabalhar fatores culturais. O resultado é uma terapia que pode ser usada de modo flexível para tratar uma ampla variedade de fenômenos clínicos.

A abordagem de terapia comportamental baseada na aceitação descrita neste livro é corroborada por dados de experimentos randomizados controlados, que demonstram que as terapias com esse enfoque constituem um tratamento eficaz para indivíduos e casais com diferentes problemas e transtornos clínicos. A abordagem aqui apresentada também é baseada em evidências, no sentido de que o terapeuta coleta dados para monitorar o progresso de cada cliente.

Nesta obra há um excelente equilíbrio entre detalhes clínicos práticos, clareza conceitual, conhecimentos oriundos de pesquisas e da literatura empírica.

JACQUELINE B. PERSONS, Ph.D.

Apresentação à Edição Brasileira

A terapia cognitivo-comportamental definitivamente é uma abordagem psicoterápica difundida em nosso meio, com inúmeros profissionais, associações científicas e formação técnica especializada. Em pouquíssimo tempo, pudemos acompanhar um enorme desenvolvimento da teoria cognitivo-comportamental, com aplicação aos mais diversos contextos clínicos e às psicopatologias, além da ampla aceitação no meio acadêmico e também pela população geral.

As origens da terapia cognitivo-comportamental, sem dúvida, se ligam às culturas dos povos anglo-saxões, principalmente os norte-americanos e britânicos, com as vantagens de um acurado senso de objetividade, pragmatismo e metodologia científica, contribuindo para o engrandecimento das psicoterapias no século XX. Pela primeira vez na história, as psicoterapias puderam ser rigorosamente avaliadas, por critérios científicos bem estabelecidos, comprovando sua eficácia e segurança nos mais diversos transtornos mentais e comportamentos desadaptativos.

Ainda é possível melhorar os resultados da terapia cognitivo-comportamental no século XXI? Parece que sim, a publicação de *A prática da terapia cognitivo-comportamental baseada em* mindfulness *e aceitação*, de Roemer e Orsillo, em nosso meio, inaugura uma nova prática em que se incorporam aspectos das culturas orientais, principalmente inspiradas na tradição budista.

Em 2005, durante o Congresso Internacional de Terapia Cognitiva (Suécia) houve um celebrado encontro do pioneiro da Terapia Cognitiva Dr. Aaron Beck com S.S. Dalai Lama, sendo o tema principal do evento a inclusão das práticas contemplativas (*mindfulness*) como recurso complementar à terapia cognitivo-comportamental. Em 2006, a meditação é descrita como uma terapia complementar pelo National Center for Complementary and Alternative Medicine dos Estados Unidos. Em 2009, Romer e Orsillo contribuíram significativamente para esse propósito, através da investigação sistemática da aplicação de *mindfulness* e aceitação baseadas em evidências científicas.

Congratulo o empenho da Artmed pelo pioneirismo e zelo para com o desenvolvimento da terapia cognitivo-comportamental em nosso meio, através da publicação de materiais atualizados e embasados no que há de melhor no desenvolvimento científico atual.

Armando Ribeiro das Neves Neto

Sumário

Nota da Editora Original xi

Apresentação à Edição Brasileira xiii

Introdução 17
    Definindo a abordagem 18
    Status atual da confirmação empírica da terapia cognitivo-comportamental baseada em
        mindfulness e aceitação 20

**1 Uma Conceitualização Comportamental de Problemas Clínicos Baseada na
Aceitação** 33
    Consciência interna restrita, emaranhada, fundida 36
    Evitação experiencial 40
    Constrição comportamental: incapacidade de se empenhar em ações valorizadas 46
    Metas e métodos de intervenção 47
    Conclusão 49

2 Avaliação Clínica de Esferas Relevantes 50
    Avaliação baseada em sintomas 51
    Relacionamento com experiências internas 55
    Estratégias de manejo atuais e passadas 57
    Qualidade de vida 60
    Tratamento prévio 63
    Outros recursos de avaliação para o terapeuta 66

3 Formulação de Caso e de Plano de Tratamento Individualizados 70
    Desenvolvendo uma formulação de caso 70
    Exemplo de formulação de caso 78
    Vinculando a formulação de caso ao plano de tratamento 79

4 Preparando o Terreno para a Terapia 81
    Breve resumo da abordagem de tratamento 81
    A postura terapêutica 85
    Apresentando o tratamento ao cliente 90

5 Oferecendo ao Cliente um Modelo Comportamental de Funcionamento Humano Baseado na Aceitação ... 99
Métodos de apresentação das informações ... 100
Compartilhando o modelo de funcionamento e dificuldades humanas. ... 101
Desafios na apresentação dos modelos. ... 115

6 Estratégias Baseadas em *Mindfulness* e Aceitação. ... 131
A natureza da aceitação. ... 131
Cultivando a aceitação por meio da prática baseada em *mindfulness*: uma visão geral ... 132
Ensino e prática específicos de *mindfulness* e outras práticas baseadas na aceitação. ... 135
Obstáculos ao desenvolvimento de *mindfulness* e aceitação. ... 148

7 Preparando o Terreno para a Mudança Comportamental ... 158
Uma introdução ao conceito de valores ... 159
Avaliação inicial de valores. ... 164
Articulando e esclarecendo os próprios valores. ... 168
Aumentando a consciência da ação e inação em esferas valorizadas. ... 175

8 Juntando Tudo: Promovendo Uma Ação Consciente, Valorizada ... 184
Preparando-se para passar da articulação dos valores para o comportamento consistente com os valores. ... 185
Comprometendo-se com ações valorizadas como uma parte da vida cotidiana. ... 187
Obstáculos à ação comprometida ... 188
Disposição de se comprometer ... 190

9 Avaliação do Progresso, Prevenção de Recaída e Fim do Tratamento. ... 198
Avaliação contínua do progresso ... 198
Prevenção de recaída. ... 204
Terminando o relacionamento terapêutico. ... 208
Desafios que surgem no término. ... 210

10 Incorporando Outras Intervenções Baseadas em Evidências à Terapia Cognitivo-comportamental Baseada na Aceitação. ... 217
Terapia cognitiva. ... 218
Terapia de exposição ... 224
Ativação comportamental. ... 225
Treinamento do relaxamento ... 226
Treinamento de habilidades. ... 227
Medicação. ... 229
Resumo. ... 229

11 Considerações Culturais na Terapia Cognitivo-comportamental Baseada na Aceitação ... 231
COM JONATHAN K. LEE E CARA FUCHS
A relevância das TCBAs para clientes de origens diversas. ... 232
Adaptando as TCBAs para clientes de origens diversas. ... 236
Resumo e conclusões. ... 243

12 Livros sobre *Mindfulness*. ... 245
Especificamente para terapeutas. ... 245

Referências ... 247

Índice ... 257

Introdução

A nossa esperança, ao escrever este livro, é oferecer aos terapeutas já formados e àqueles ainda em formação uma estrutura de trabalho e orientações úteis para realizar uma psicoterapia que utilize abordagens comportamentais baseadas em *mindfulness** e aceitação, para tratar clientes com apresentações clínicas diversas. Este livro é diferente dos livros típicos de protocolos de tratamento, porque não apresentamos um protocolo padronizado e não nos concentramos em um único tipo de terapia comportamental baseada na aceitação. Ao desenvolver um tratamento manualizado para clientes com um diagnóstico principal de transtorno de ansiedade generalizada (juntamente com diversos transtornos comórbidos; Roemer e Orsillo, 2007; Roemer, Orsillo e Salters-Pedneault, no prelo), achamos muito útil integrar materiais de algumas intervenções baseadas em evidências que enfatizam a aceitação e *mindfulness* (por exemplo, terapia de aceitação e comprometimento [TAC]: Hayes, Strosahl e Wilson, 1999; terapia dialética do comportamento [TDC]: Linehan, 1993a; terapia cognitiva baseada em *mindfulness* [TCBM]: Segal, Williams e Teasdale, 2002), e de outras intervenções cognitivo-comportamentais que receberam uma grande confirmação empírica. Utilizamos aqui uma abordagem semelhante ao descrever como desenvolver uma conceitualização de caso comportamental baseada na aceitação e como aplicar flexivelmente os elementos centrais dessas intervenções (valendo-nos também da terapia comportamental integrativa de casal [TCIC]: Jacobson e Christensen, 1996; e prevenção da recaída baseada em *mindfulness* [PRBM]: Witkiewitz, Marlatt e Walker, 2005) à terapia de clientes com problemas clínicos variados. A nossa abordagem é semelhante à postura que poderíamos assumir ao conceitualizar e tratar um caso de uma perspectiva cognitivo-comportamental, valendo-nos de uma variedade de pacotes de tratamento empiricamente confirmados, e aplicando os métodos de modo flexível para atender às necessidades individualizadas de cada cliente.

Nossas ideias nessa área foram informadas e desenvolvidas por uma grande variedade de valiosas fontes, e não poderíamos agradecer a todas elas suficiente e merecidamente, embora façamos o possível para mencionar as fontes mais proximais

---

* N. de R. T.: Por tratar-se de um neologismo em inglês, optou-se por manter o termo original *mindfulness* no lugar de "plena atenção", "atenção plena", "consciência plena", traduções frequentes que podem gerar confusões conceituais.

de sugestões específicas que apresentamos. Um dos aspectos mais entusiasmantes do trabalho terapêutico é como ideias de contextos muito diferentes se sobrepõem e se mesclam. Portanto, embora o nosso trabalho seja influenciado mais diretamente por psicólogos clínicos de orientação comportamental e cognitiva (por exemplo, David H. Barlow, Thomas D. Borkovec, Andrew Christensen, Steven C. Hayes, Richard G. Heimberg, Neil S. Jacobson, Marsha M. Linehan, Brett T. Litz, G. Alan Marlatt, Zindel V. Segal, John D. Teasdale e Mark G. Williams), também nos valemos explicitamente do trabalho de psicólogos com orientação experiencial (por exemplo, Leslie S. Greenberg) e integracionistas (como Douglas S. Mennin), e de textos psicológicos e budistas sobre *mindfulness* (por exemplo, Pema Chodron, psicólogos do Institute for Meditation and Psychotherapy, Jon Kabat-Zinn e Sharon Salzberg), além de recorrermos, implicitamente e de maneiras que nem reconhecemos, a várias outras fontes (incluindo psicólogos de orientação mais relacional, como Paul Wachtel).

DEFININDO A ABORDAGEM

Quando usamos o termo *mindfulness*, estamos nos referindo a "uma consciência sincera, de momento a momento, não julgadora" (Kabat-Zinn, 2005, p. 24). Esse construto, tirado de tradições budistas, mas empregado aqui em um contexto secular, refere-se à capacidade de prestar atenção, no momento presente, a tudo o que surgir interna ou externamente, sem se emaranhar ou "enganchar" em julgamentos ou no desejo de que as coisas sejam diferentes. Quando empregamos *mindfulness* na psicoterapia, em geral estamos especificamente focados na percepção consciente das experiências internas. Isto é, ajudamos nosso cliente a observar o surgimento e o desaparecimento de seus pensamentos e sentimentos sem se agarrar àqueles muito valorizados e sem tentar banir os dolorosos. Para nós, esse cultivo do *mindfulness** é terapêutico porque ajuda a promover a *aceitação* da experiência interna e a diminuir a evitação. Conforme discutiremos no Capítulo 1, a evitação experiencial, ou evitação de experiências internas como pensamentos, emoções, imagens e sensações fisiológicas, pode promover e perpetuar uma ampla variedade de problemas clínicos. A aceitação diminui essas dificuldades. Embora o termo *mindfulness* seja às vezes usado para se referir especificamente a tratamentos que incorporam práticas de meditação prolongada em posição sentada (como a redução do estresse baseada em *mindfulness* [REBM]), nós o empregamos aqui em referência a uma ampla série de práticas formais e informais, conforme será discutido no Capítulo 6.

No nosso trabalho, usamos os termos *terapia cognitivo-comportamental baseada na aceitação (TCBA)* e *terapia cognitivo-comportamental baseada em* mindfulness *e aceitação* para definir abordagens que enfatizam explicitamente, como um mecanismo central de mudança terapêutica, a modificação do relacionamento que o cliente mantém com a sua experiência interna e da evitação dessa experiência. Tem sido muito debatido como essas abordagens devem ser classificadas, se elas são novas ou simplesmente outra versão de abordagens cognitivo-comportamentais mais tradicionais, e se determinadas abordagens são significativamente semelhantes ou distintas. Uma questão mais central, que está apenas começando a ser explorada empiricamente, é se os processos de aceitação e *mindfulness* são mediadores de mudança na terapia. Até o momento, a literatura empírica não responde claramente a essas perguntas. As terapias cognitivo-comportamentais evoluíram significativamente, e há grande variabilidade nas aplicações que pode, ou não, ser clini-

---

* N. de R. T.: A aceitação não implica em resignação ou atitude derrotista, com inspiração na tradição budista, aceitação significa compreender a verdade, aceitar os fatos, através da prática de *mindfulness*.

camente significativa. Nós acreditamos que as abordagens comportamentais baseadas na aceitação compartilham muito com a classe total das terapias cognitivo-comportamentais, e que muitos elementos desses últimos tratamentos incentivam, implícita ou explicitamente, a aceitação das experiências internas (por exemplo, as intervenções baseadas na exposição cultivam a não evitação dos sintomas de ansiedade; ver Capítulo 10 para uma discussão mais detalhada da sobreposição entre as abordagens e do potencial de integração). O que pode ser único e significativo nas TCBAs é o foco central, explícito e consistente na natureza do relacionamento que o cliente mantém com suas experiências internas e nas estratégias planejadas para modificá-la. Esse foco explícito pode ser uma maneira mais eficiente e vigorosa de facilitar essa mudança, embora mais pesquisas sejam necessárias para confirmar essa premissa. Além disso, o foco explícito na melhoria da capacidade do cliente de viver uma vida significativa, valorizada, talvez seja um aspecto singular dessas abordagens que foca mais diretamente a qualidade de vida, embora essa afirmação ainda não esteja empiricamente confirmada, visto que as pesquisas nessa área estão apenas começando. Portanto, em vez de afirmar que as TCBAs são novas ou antigas, nós apresentamos o nosso entendimento de como essas abordagens podem ser usadas eficientemente, com base em pesquisas e na nossa experiência clínica.

Temos um pouco de receio de que os debates sobre as TCBAs, sobre acrescentarem ou não algo de novo, se transformem em posturas extremas que minimizem o forte fundamento comportamental que consideramos central nas TCBAs ou limitem a extensão de abordagens à cognição que caracterizam as terapias cognitivo-comportamentais (TCC). Na nossa opinião, as abordagens terapêuticas comportamentais baseadas na aceitação, como a TAC e a TDC, são parte da evolução da tradição da TCC, não algo que existe fora dela. Como tal, elas compartilham muito com as abordagens de TCC e, ao mesmo tempo, há distinções que podem se revelar clinicamente importantes.

Dar nomes às abordagens sempre é problemático. Nomes semelhantes servem para salientar semelhanças e diminuir distinções entre abordagens, e nomes diferentes maximizam distinções e diminuem semelhanças entre tratamentos. Ao descrever a nossa abordagem de tratamento, salientamos o papel dos elementos baseados na aceitação (que são frequentemente cultivados por várias formas de prática de *mindfulness*) e uma ênfase na ação ou no comportamento, mas esse foco não pretende ignorar ou obscurecer a relação das abordagens baseadas na aceitação com aspectos da terapia cognitiva (tais como o processo de perceber pensamentos, deixar de ver pensamentos como verdades definitivas e promover um relacionamento mais flexível com os próprios pensamentos). Acreditamos que o termo *cognitivo*, aplicado à terapia no discurso comum, se tornou estreitamente associado a tentativas de *mudar* pensamentos de uma maneira que pode diferir de algumas das abordagens aqui descritas, e é por isso que não usamos a palavra "cognitivo" no nome dessas terapias. No entanto, muitas estratégias cognitivas podem promover o tipo de mudança que descrevemos como terapêutica neste livro. Também acreditamos que o aspecto cognitivo obscurece o aspecto de comportamento na terapia cognitivo-comportamental em muitos círculos; mantivemos o termo *comportamento* porque acreditamos que a experiência e o comportamento são primordiais nessas abordagens de tratamento.[1] Também vemos o relacionamento terapêutico, assim como outros relacionamentos da vida do cliente, como fontes importantes de mudança terapêutica, mesmo que não usemos "relacional" ou "interpessoal" no nome. E mesmo acreditando que há aspectos comuns importantes entre as abordagens que agrupamos como TCBA, não gostaríamos de descartar os aspectos específicos de cada abordagem (TAC, TDC, etc.) que seus criadores enfatizam. Esses podem ser elementos importantes de mudança.

Vemos a *ação valorizada* (Hayes, Strosahl e Wilson, 1999), um elemento central da TAC, como uma parte especialmente importante do nosso trabalho de uma perspectiva comportamental baseada na aceitação. Consistentemente com a terapia do comportamento em geral, a ação valorizada enfatiza a mudança comportamental como uma parte da terapia, mas o cliente escolhe e associa suas metas comportamentais ao que é mais importante para ele, ou ao que ele *valoriza*. O *valor*, aqui, se refere a uma importância pessoal e não a um julgamento moral. Conforme descrevemos nos Capítulos 7 e 8, a terapia pode ajudar o cliente a explorar como ele gostaria de agir em relacionamentos, no trabalho ou na escola, e quando cuida de si ou contribui para a comunidade. A terapia, então, o ajuda a superar as barreiras que o impedem de se comportar de uma maneira que seja consistente com esses valores.

Também consideramos o cultivo da *autocompaixão* (em contraste com os julgamentos e as críticas que frequentemente surgem em resposta aos pensamentos e sentimentos do cliente) um aspecto importante desses tratamentos. O cliente é incentivado a cultivar a bondade e o cuidado em relação à própria experiência, a ver qualquer pensamento, sentimento e sensação que surgir como uma parte da experiência humana e não como um sinal de sua patologia, fraqueza ou limitação. Descrevemos esse processo com mais detalhes no Capítulo 6.

STATUS ATUAL DA CONFIRMAÇÃO EMPÍRICA DA TERAPIA COGNITIVO-COMPORTAMENTAL BASEADA EM *MINDFULNESS* E ACEITAÇÃO

O campo ainda está nos primeiros estágios de investigação da eficácia, efetividade e mecanismos subjacentes dessas abordagens de tratamento. Enquanto escrevemos este livro, estão sendo realizados muitos experimentos que nos ajudarão a determinar quais problemas podem ser tratados de modo mais eficiente com essas abordagens, quais problemas clínicos serão mais efetivamente tratados com estratégias baseadas em *mindfulness* e aceitação como um adjunto a outras abordagens terapêuticas, e se há algumas apresentações clínicas para as quais as abordagens baseadas em *mindfulness* e aceitação são contraindicadas. Embora uma revisão extensiva dessa literatura esteja fora do escopo deste livro (e rapidamente ficaria desatualizada), gostaríamos de dar uma visão geral do *status* atual da confirmação empírica como uma orientação para o uso das abordagens aqui descritas.

Experimentos randomizados controlados são uma maneira de determinar a eficácia de um tratamento. Os participantes são aleatoriamente distribuídos para receber o tratamento sob investigação ou uma condição de comparação (que pode ser tratamento retardado, tratamento usual ou algum outro tratamento ativo específico), e os resultados são avaliados para vermos se o tratamento em questão está associado a melhoras confiáveis em resultados clinicamente relevantes. Na ausência de condições ativas de controle, esses planejamentos só nos dizem que um tratamento é melhor do que nada, não que algo específico daquela intervenção é eficaz. Nos Quadros I.1 a I.5 apresentamos um resumo dos estudos que investigam a eficácia das terapias comportamentais baseadas em *mindfulness* e aceitação para problemas clínicos. Excluímos estudos de participantes não clínicos ou participantes com problemas médicos em vez de psicológicos, mas esses experimentos também informam o nosso entendimento da potencial utilidade dessas abordagens para promover bem-estar psicológico.[2] Repetimos, essa visão geral não é uma revisão extensiva, crítica. Para clareza de apresentação, omitimos muitos detalhes metodológicos importantes (tais como abandono do estudo, medidas específicas utilizadas e índices de validade e fidedignidade).

QUADRO 1.1 Experimentos randomizados controlados que examinam terapia congnitivo-comportamental baseada em *mindfulness* e aceitação para transtornos de ansiedade e depressivos

Referência	Problema apresentado	Número de clientes	Configuração racial/étnica	Tratamento	Comparação	Número de sessões/ formato	Achados/limitações[a]
Woods, Wetterneck e Flessner (2006)	Tricotilomania	25[b]	96,4% brancos	TAC mais treinamento de reversão de hábitos	Lista de espera (LE)	10 Individual	• Reduções maiores nos puxões de cabelo, depressão, ansiedade e evitação experiencial no final na TAC vs. LE. • Achados geralmente mantidos no seguimento aos 3 meses, embora tenha havido aumento em uma medida. • Nenhuma avaliação diagnóstica de resultado. • Nenhuma comparação com tratamento ativo. • O tratamento incluiu um treinamento eficaz; os efeitos podem ser devidos a isso.
Koszycki et al. (2007)	Transtorno de ansiedade social (TAS)	53[c]	Não relatado	REBM	Terapia cognitivo-comportamental de grupo (TCCG)	REBM = 8 mais permanência todo o dia TCCG = 12 Grupo	• Maiores melhoras nos sintomas de TAS e na avaliação do terapeuta na TCCG vs. REBM, embora ambas as condições trouxessem melhoras. • Reduções comparáveis, clinicamente significativas, em relatos sobre a depressão e incapacidade, e melhora na qualidade de vida. • Índices de resposta mais altos na TCCG vs. REBM (66,7% vs. 38,5%). • Nenhuma avaliação de seguimento. • Nenhuma avaliação diagnóstica de resultado. • Nenhum relato de fidelidade a protocolo ou avaliação de competência. • REBM aplicada por uma pessoa leiga; nenhum conteúdo específico de ansiedade social.
Roemer et al. (no prelo)	Transtorno de ansiedade generalizada (TAG)	31[c]	87% brancos	TCBA para TAG	LE	16 Individual	• Maiores melhoras nos sintomas, *status* diagnóstico, qualidade de vida e mecanismos de mudança propostos na TCBA vs. controle. • 75% das pessoas tratadas satisfizeram os critérios de funcionamento elevado no estado final. • Melhoras mantidas no seguimento de 9 meses. • Nenhuma comparação com tratamento ativo.

(continua)

QUADRO 1.1 Continuação

Referência	Problema apresentado	Número de clientes	Configuração racial/étnica	Tratamento	Comparação	Número de sessões/ formato	Achados/limitações[a]
Forman et al. (2007)	Clientes de um centro de aconselhamento (33,7% transtorno depressivo, 31,9% transtorno de ansiedade)	101[c]	64% brancos, 13% negros, 11% asiáticos, 3% latinos	TAC	TC	Aprox. 15 Individual	• Ambos os grupos tiveram redução grande e semelhante de sintomas e melhora de funcionamento na avaliação do terapeuta. • 62% "se recuperou" dos sintomas depressivos, 55% dos sintomas de ansiedade, 38,3% tiveram melhora de funcionamento. • Nenhuma avaliação diagnóstica de resultado. • Não foram usados manuais, mas a adesão e a competência foram avaliadas como boas.
Zettle e Rains (1989)	Mulheres que relataram níveis de depressão de moderados a graves no Beck Depression Inventory, Minnesota Multiphasic Personality Inventory e Hamilton	31[b]	Não relatada	Distanciamento abrangente (uma versão inicial da TAC)	TC (duas versões diferentes)	12 Grupo	• Todos os grupos tiveram melhoras semelhantes nos sintomas depressivos no final e no seguimento aos 2 meses. • Nenhuma avaliação diagnóstica. • Nenhuma avaliação de competência; não se sabe com certeza se a TC foi administrada com competência.
Teasdale et al. (2000)	Clientes recorrentemente deprimidos	145[c]	99% brancos	TCBM	Tratamento usual (TU)	8 Grupo	• Participantes com três ou mais episódios depressivos maiores prévios tenderam menos a recair com a TCBM vs.TU (40% vs. 66% durante o período de recuperados estudo de 120 semanas). • Não houve diferença nas condições no caso dos participantes que haviam tido apenas dois episódios anteriores. • Não foi comparada a quantidade de contato de terapia.

QUADRO 1.1 Continuação

Ma e Teasdale (2004)	Clientes recorrentemente deprimidos recuperados	75[c]	100% brancos	TCBM	TU	8 Grupo	• Participantes com três ou mais episódios depressivos maiores tiveram tendência significativamente menor a recair no ano seguinte ao tratamento com a TCBM vs. TU ou em remissão (36% vs. 78%). • Não houve diferença nas condições no caso dos participantes que haviam tido apenas dois episódios anteriores. • Não foi comparada a quantidade de contato de terapia.
Lynch et al. (2003)	Adultos mais velhos com transtorno depressivo maior	34[b]	85% brancos, 9% afro-americanos, 6% hispano-americanos	Medicação (MED) + TDC modificada	MED	28 Treinamento de habilidades de grupo + apoio por telefone, nenhuma individual	• Somente a condição MED + TDC mostrou uma redução no relato de sintomas depressivos no Beck Depression Inventory. • Mais participantes em remissão no seguimento aos 6 meses na TDC + MED (75%) vs. apenas MED (31%). • Muitas outras comparações não revelaram diferenças significativas entre os grupos, mas isso talvez se deva ao pequeno tamanho da amostra. • Nenhuma avaliação diagnóstica de resultado. • Não foi comparada a quantidade de contato de terapia.
Lynch et al. (2007)	Adultos mais velhos com escores elevados de depressão; pelo menos um transtorno da personalidade Não responderam a uma tentativa de 8 semanas de MED	35[b]	85,7% brancos	MED + TDC	MED	24 Grupo e individual	• Ambos os grupos relataram melhoras semelhantes na depressão. • MED + TDC associada a maiores reduções na sensibilidade interpessoal e agressão interpessoal do que apenas MED mantidas no seguimento. • Nenhuma avaliação diagnóstica de depressão. • Não foi comparada a quantidade de contato de terapia. • TDC não foi adaptada para adultos mais velhos; a adaptação poderia melhorar os resultados.

[a] Todas as diferenças relatadas refletem efeitos estatisticamente diferentes, a menos que seja especificado o contrário.
[b] Amostra mais completa, na qual foi realizada a análise.
[c] Amostra com intenção de tratamento, na qual foi realizada a análise.

Essas abordagens terapêuticas parecem ser promissoras no tratamento de transtornos de ansiedade e depressivos (ver Quadro I.1); todavia, temos algumas advertências a fazer. Enquanto um estudo descobriu que uma TCBA (TAC) era comparável à terapia cognitiva (TC) para tratar uma variedade de clientes de um centro de aconselhamento (Forman, Herbert, Moitra, Yeomans e Geller, 2007), outro descobriu que uma terapia cognitivo-comportamental de grupo voltada especificamente para o transtorno de ansiedade social era mais eficaz para atingir sintomas de ansiedade social do que uma intervenção geral de *mindfulness* (REBM), mesmo que ambas levassem a uma melhora de funcionamento (Koszycki, Benger, Shlik e Bradwejn, 2007). Uma TCBA para a ansiedade generalizada que integra estratégias específicas para o transtorno, além de estratégias comportamentais, se mostra promissora, embora ainda não tenha sido comparada a uma intervenção ativa (Roemer, Orsillo e Salters-Pedneault, no prelo). Apesar de uma TCBA (TCBM) ter tido um efeito excelente para reduzir a recaída em indivíduos em remissão de depressão recorrente (com três ou mais episódios prévios – Ma e Teasdale, 2004; Teasdale et al., 2000), ainda não sabemos qual é a sua eficácia para indivíduos sintomáticos[3], e ela não parece ser benéfica para indivíduos com apenas dois episódios anteriores. Por outro lado, a TDC parece ser eficaz para reduzir sintomas depressivos em adultos mais velhos com um transtorno do humor recorrente e sem nenhum transtorno da personalidade (Lynch, Morse, Mendelson e Robins, 2003). Uma versão anterior da TAC pareceu comparável à TC para tratar mulheres com depressão (Zettle e Rains, 1989), mas a ausência de avaliações independentes da competência com que a TC foi aplicada e de avaliações diagnósticas limita a nossa capacidade de tirar conclusões sólidas desse estudo. Sugerimos que os terapeutas recorram à literatura baseada em evidências sobre o tratamento de transtornos de ansiedade e depressivos. Minimamente, o tratamento deve incluir algum conteúdo específico do transtorno, tal como psicoeducação sobre depressão e ansiedade (conforme discutiremos no Capítulo 5). Concordamos com a sugestão de Teasdale, Segal e Williams (2003) de que as aplicações desses tratamentos estejam fundamentadas em uma clara formulação da sua relevância para os problemas específicos apresentados pelo cliente. Além disso, considerando-se os sólidos dados sobre a eficácia das terapias comportamentais, sugerimos integrar estratégias comportamentais a qualquer abordagem baseada em *mindfulness*. Estratégias de tratamento como a exposição interoceptiva para o transtorno de pânico, exposição social para ansiedade social, e ativação comportamental ou TC para sintomas depressivos ativos devem ser parte de qualquer plano inicial de tratamento. Integramos essas estratégias a um modelo comportamental baseado na aceitação (conforme discutiremos explicitamente no Capítulo 10). O progresso deve ser repetidamente monitorado, e uma ausência de resposta a essas estratégias justifica a incorporação de outras estratégias baseadas em *mindfulness* e aceitação. Além disso, os clientes que recusam intervenções baseadas na exposição podem se adaptar muito bem a uma abordagem comportamental baseada na aceitação, que pode ajudar a prepará-los para exercícios de exposição.

Evidências preliminares também estão começando a confirmar a eficácia das abordagens baseadas em *mindfulness* e aceitação no tratamento da dependência de substâncias e de transtornos da alimentação (embora os tratamentos para os transtornos da alimentação ainda não tenham sido comparados a uma condição ativa de controle; ver o Quadro I.2). Interessantemente, uma condição de comparação de validação, que combinava elementos da TDC baseados na aceitação com um programa de 12 passos, também encontrou achados animadores, apesar de a TDC estar associada à maior abstinência no seu período final (Linehan et al., 2002). Além dos experimentos randomizados controlados (ERC) listados no

Quadro, um estudo recente examinou os efeitos de um curso de meditação *vipassana*, oferecido a indivíduos na prisão, sobre o abuso de substâncias e resultados psicossociais (Bowen et al., 2006). Os participantes do curso apresentaram significativamente menos uso de substâncias e sintomas psiquiátricos do que os participantes do tratamento usual em uma prisão de segurança média. A TCBA (especificamente a TAC) também se mostra promissora para reduzir a re-hospitalização em indivíduos com sintomas psicóticos, o que indica que pode ser um tratamento adjuntivo benéfico para pessoas com sintomas psicóticos clinicamente significativos (ver Quadro 1.3). A TDC parece ser eficaz para reduzir tentativas de suicídio, risco médico, uso de substâncias e re-hospitalização em indivíduos com transtorno da personalidade *borderline* (TPB), e evidências preliminares sugerem que uma terapia comportamental de grupo baseada na aceitação, sozinha, é capaz de reduzir a autoagressão deliberada entre esses indivíduos (ver Quadro 1.4).

Finalmente, a terapia comportamental integrativa de casal (TCIC), um tratamento que incorpora estratégias de aceitação e mudança, se mostra promissora com casais heterossexuais em sofrimento, produzindo efeitos comparáveis aos da terapia comportamental tradicional de casal (uma intervenção para o sofrimento do casal que recebe apoio empírico) ou efeitos ainda melhores; esses ganhos foram mantidos no período de seguimento de 2 anos (ver Quadro 1.5). Além disso, uma intervenção baseada em *mindfulness* para melhorar o relacionamento aumentou a satisfação de casais felizes, não em sofrimento (comparados a um controle de lista de espera), e relatos de prática de *mindfulness* estavam associados à maior felicidade no relacionamento e menor estresse entre os casais em tratamento (Carson, Carson, Gil e Baucom, 2004).

Portanto, as pesquisas sugerem que a terapia cognitivo-comportamental baseada em *mindfulness* e aceitação são promissoras para indivíduos e casais com variados problemas, desde condições significativas e crônicas até apresentações mais brandas. Para problemas mais graves se justifica a incorporação de outras intervenções, como farmacoterapia (p. ex., para doenças mentais mais sérias), assim como versões mais intensivas desses tratamentos (tais como a TDC, que consiste em 12 meses de terapia grupal e individual conjunta). Constatou-se que essas estratégias também reduzem o estresse, aumentam o bem-estar e promovem saúde, mesmo entre as pessoas que já estão funcionando bem (p. ex., Shapiro, Astin, Bishop e Cordova, 2005; Williams, Kolar, Reger e Pearson, 2001). Os clientes podem usar o que aprendem no tratamento para manter e aumentar seu bem-estar depois que o tratamento termina e quando já não têm sintomas.

Embora sejam necessárias muito mais pesquisas sobre a eficácia dessas abordagens de tratamento, e adaptações para populações subatentidas, alguns desses experimentos sugerem que elas podem ser benéficas para indivíduos de minorias economicamente carentes (p. ex., Koons et al., 2001; Linehan et al., 1999) ou de minorias raciais (p. ex., Gaudiano e Herbert, 2006). (Ver Capítulo 11 para uma discussão de considerações culturais no uso das TCBAs.) Alguns estudos também investigaram a eficácia e efetividade das TCBAs e de tratamentos mais tradicionais baseados em *mindfulness* para indivíduos com uma grande variedade de transtornos físicos (para exemplos de estudos sobre tratamentos com TAC ver Gregg, Callaghan, Hayes e Glenn-Lawson, 2007; e Lundgren, Dahl, Melin e Kies, 2006; para uma metanálise de estudos de tratamentos baseados em *mindfulness*, ver Grossman, Niemann, Schmidt e Walach, 2004), e sugerem que essas abordagens também podem beneficiar pessoas com problemas físicos de saúde e apresentações psicológicas comórbidas.

Apresentamos sugestões de como incorporar à prática clínica a abordagem congnitivo-comportamental baseada em

QUADRO I.2 Experimentos randomizados controlados que examinam terapia cognitivo-comportamental baseada em *mindfulness* e aceitação para transtornos por abuso de substâncias e transtornos da alimentação

Referência	Problema apresentado	Número de clientes	Configuração racial/étnica	Tratamento	Comparação	Número de sessões/formato	Achados/limitações[a]
Linehan et al. (1999)	Mulheres com transtorno da personalidade *borderline* (TPB) e transtorno por abuso de substâncias (TAS)	28[c]	78% descendentes de europeus, 7% afro-americanas, 4% latinas, 11% outras	TDC adaptada para abuso de substâncias	TU	1 ano TDC = semanal, em grupo e individual, e telefonemas de apoio	• Maior proporção de dias abstinentes de drogas e álcool na condição de TDC vs. TU no final e no seguimento após 4 meses. • Maior número de resultados de análises de urina (AU) limpas na condição TDC vs. TU no final e no seguimento. • Maiores ganhos no ajustamento global e social na condição TDC vs. TU no seguimento. • Não foi comparada a quantidade de contato de terapia.
Linehan et al. (2002)	Mulheres com TPB e dependência de opiáceos	28[c]	66% brancas, 26% afro-americanas	TDC para abuso de substâncias + agonista de opiáceos	Terapia de validação abrangente + 12 passos + agonista de opiáceos	1 ano Semanal, grupo e individual e apoio/apadrinhamento	• Diminuição dos resultados positivos para opiáceos na AU em ambas as condições; essas reduções foram mais bem mantidas de 8 a 12 meses na condição TDC. • Menos AU positivas para opiáceos na TDC vs. TU aos 12 meses. • AU positivas para opiáceos semelhantes no seguimento após 4 meses (27% TDC, 33% TVA + 12 passos). • Redução na psicopatologia em ambas as condições no final e no seguimento. • Maior abandono do tratamento na TDC vs. TVA + 12 passos.
Hayes, Wilson et al. (2004)	Abuso ou dependência de polissubstâncias, com uma recaída recente enquanto em tratamento com metadona	73[d] (69 no seguimento)	87% brancos	TAC + manutenção com metadona (MM)	Somente MM Facilitação de 12 passos intensiva (FDPI) + MM	16 semanas FDPI e TAC 32 sessões individuais e 16 de grupo	• Mais AU negativas para opiáceos na TAC (61%) vs. MM (28%) no seguimento após 6 meses. • Mais AU negativas para quaisquer drogas na TAC (50%) vs. MM (12%) no seguimento. • Nenhuma diferença nas AU negativas para opiáceos na FDPI (50%) vs. TAC ou MM. • Mais AU negativas para quaisquer drogas na FDPI (38%) vs. MM no seguimento, nenhuma diferença em relação à TAC. • Amostra reduzida (devido em parte ao grande atrito) limitou a possibilidade de detectar qualquer diferença nos tratamentos ativos. • TAC e MM não foram comparadas com relação à quantidade de contato de terapia.

QUADRO 1.2 Continuação

Gifford et al. (2004)	Fumantes dependentes de nicotina com histórico de pelo menos 12 meses	62[d] (55 no seguimento)	77% brancos, 7% nativo-americanos, 7% hispânicos	TAC (na forma individual e de grupo)	Terapia de reposição de nicotina (TRN)	7 semanas TAC 7 sessões individuais e 7 de grupo	• Índices mais altos de abandono do cigarro na TAC (35%) vs. TRN (15%) no seguimento após 12 meses. • Índices de abandono do cigarro ainda baixos na TAC. • Não foi comparada a quantidade de contato de terapia.
Telch, Agras e Linehan (2001)	Transtorno do comer compulsivo (TCD)	34[d]	94% brancos	TDC para o TCD	Controle de LE	20 Grupo	• Redução nos episódios de comer compulsivo na TDC vs. LE. • Mais mulheres abstinentes (por 4 semanas) na TDC (89%) vs. LE (12,5%) no final. • 56% abstinentes no seguimento após 6 meses. • Nenhuma comparação com o tratamento ativo.
Safer, Telch e Agras (2001)	Mulheres com um ou mais ciclos de comer compulsivo-purgação por semana (80,6% bulimia nervosa)	31[c]	87,1% brancas	TDC adaptada	Controle de LE	20 Individual	• Redução nos episódios de comer compulsivo e purgação na TDC vs. LE. • Mais mulheres abstinentes na TDC (28,6%) vs. LE (0%). • Nenhuma avaliação de seguimento. • Nenhuma comparação com tratamento ativo.

[a] Todas as diferenças refletem efeitos estatisticamente diferentes, a menos que seja especificado o contrário.
[b] Amostra mais completa, na qual foi realizada a análise.
[c] Amostra com intenção de tratamento, na qual foi realizada a análise.
[d] Participantes com dados de avaliação completos, sobre os quais foi realizada a análise.

QUADRO 1.3 Experimentos randomizados controlados que examinam terapia cognitivo-comportamental baseada em *mindfulness* e aceitação para transtornos psicóticos

Referência	Problema apresentado	Número de clientes	Configuração racial/étnica	Tratamento	Comparação	Número de sessões/ formato	Achados/limitações[a]
Bach e Hayes (2002)	Hospitalizados com sintomas psicóticos	70[b]	80% brancos, 12% hispânicos, 4% afro-americanos	TAC + TU	TU (incluída terapia na unidade e medicação)	4 Individual (+TU)	• Índices menores de re-hospitalização na TAC vs.TU no seguimento de 4 meses. • 20% em TAC re-hospitalizados no seguimento, 40% em TU (significância não analisada). • Maior redução nas pontuações de credibilidade na TAC vs.TU. • Nenhuma avaliação da adesão. • Não foi comparada a quantidade de contato de terapia.
Guidiano e Herbert (2006)	Hospitalizados com sintomas psicóticos	40[c]	88% afro-americanos	TAC (4 sessões) + TU intensificado (incluía medicação e terapia)	TUI com contato individual acrescentado e horas de contato de terapia	1-5, média de 3 Individual	• Maior redução na angústia em relação às alucinações na TAC vs.TUI. • Maior melhora no funcionamento social na TAC vs.TUI. • Mais participantes com melhoras clinicamente significativas na TAC (50%) vs.TUI (7%). • 28% em TAC re-hospitalizados no seguimento aos 4 meses, 45% em TUI; diferença não significativa. • Não foi possível nenhuma avaliação da adesão. • O pequeno tamanho da amostra pode mascarar diferenças significativas nos índices de re-hospitalização.

[a] Todas as diferenças relatadas refletem efeitos estatisticamente diferentes, a menos que seja especificado o contrário.
[b] Amostra com dados de avaliação completos, sobre os quais foi realizada a análise.
[c] Amostra com intenção de tratamento, na qual foi realizada a análise.

mindfulness e aceitação no contexto dessa base empírica em evolução. Por todo o livro, apresentamos exemplos de materiais e tarefas de casa e incluímos exemplos clínicos (composições ou informações descritivas significativamente alteradas) para ilustrar diferentes apresentações e respostas à terapia.

Dada a centralidade de uma conceitualização de caso coerente na prática responsiva, individualizada e baseada em evidências, começamos apresentando uma conceitualização de dificuldades clínicas que mostra por que essas abordagens podem ser benéficas (Capítulo 1), métodos para avaliar fatores clinicamente relevantes (Capítulo 2) e mostramos como desenvolver uma conceitualização de caso para orientar o tratamento (Capítulo 3). Nos Capítulos 4 a 8, descreveremos os elementos centrais das TCBAs, incluindo preparar o terreno para o tratamento, psicoeducação, estratégias baseadas em *mindfulness* e aceitação e ação valorizada. Depois, discutimos como monitorar o progresso, evitar recaídas e terminar bem a terapia (Capítulo 9), e como integrar outras abordagens a um tratamento de TCBA (Capítulo 10). Finalmente, tecemos considerações culturais relevantes e sugerimos outras leituras nessa área (Capítulo 11). Para aqueles interessados em outros recursos sobre *mindfulness*, sugerimos livros que nós, nossos terapeutas e nossos clientes julgaram especialmente úteis (ver Apêndice).

Nos últimos dez anos, nossas pesquisas e nosso trabalho clínico nessa área foram desafiadores, estimulantes, inspiradores e pessoalmente significativos. Esperamos, sinceramente, que a nossa tentativa de compartilhar nossas experiências clínicas, juntamente com as de outros terapeutas e pesquisadores que trabalham com uma perspectiva cognitivo-comportamental baseada em *mindfulness* e aceitação, seja relevante para vocês, tanto em termos pessoais quanto profissionais

Notas

1 Essa ênfase na experiência também está claramente evidente em todas as descrições e demonstrações da TCBM, o que exemplifica como as escolhas de nome, neste caso a nossa, podem sugerir distinções que são inadequadas.

2 Por exemplo, Jain e colaboradores (2007) descobriram que alunos aleatoriamente designados a uma condição de meditação de *mindfulness* relataram uma redução significativa na sua distração e ruminação, quando comparados a alunos nas condições de relaxamento somático ou controle, o que sugere que um tratamento que utilize apenas *mindfulness* pode ter um efeito incremental sobre esse sintoma clinicamente relevante.

3 De fato, um estudo não randomizado descobriu que a TCBM estava associada a uma significativa redução de sintomas depressivos residuais em indivíduos cujo episódio depressivo havia remitido (Kingston, Dooley, Bates, Lawlor e Malone, 2007), enquanto outro mostrou que indivíduos com depressão ativa e resistente a tratamento apresentaram redução de sintomas quando em um grupo de TCBM. Como não foi usado nenhum grupo controle nesse último estudo, não podemos tirar conclusões de causalidade (Kenny e Williams, 2007).

QUADRO 1.4 Experimentos randomizados controlados que examinam terapia cognitivo-comportamental baseada em *mindfulness* e aceitação para o transtorno da personalidade *borderline*

Referência	Problema apresentado	Número de clientes	Configuração racial/étnica	Tratamento	Comparação	Número de sessões/ formato	Achados/limitações[a]
Linehan, Armstrong, Suarez, Allmon e Heard (1991)	Mulheres com TPB e atos parassuicidas	44[b]	Não relatada	TDC	TU	1 ano	• Menos atos parassuicidas na TDC vs.TU durante todo o ano de tratamento. • Melhor retenção em terapia na TDC vs.TU. • Menos dias no hospital na TDC vs.TU durante o ano de tratamento.
Linehan, Heard e Armstrong (1993)						Grupo, individual e treinamento	• Nenhuma diferença em depressão, desesperança e ideação suicida no final. • No seguimento aos 12 meses, melhor desempenho no emprego, melhor ajustamento social e global e menos hospitalizações psiquiátricas na TDC vs.TU. • Não foi comparada a quantidade de contato de terapia.
Turner (2000)	TPB com tentativa de suicídio recente	24[c]	79% brancos, 17% afro-americanos, 4% asiáticos-americanos	TDC com técnicas psicodinâmicas	Terapia centrada no cliente (TCC)	1 ano (49-84 sessões) Individual com 6 sessões de grupo	• Maiores melhoras em suicídio/autoagressão na TDC vs. TCC. • Maior redução na hospitalização na TDC vs.TCC. • Nenhuma avaliação de seguimento. • Nenhuma avaliação de adesão ou competência.
Koons et al. (2001)	Veteranas do sexo feminino com TPB (em VA)	20[b]	75% brancas, 25% afro-americanas	TDC	TU	6 meses TDC + individual, grupo e treinamento	• Maior redução na ideação suicida, desesperança e depressão na TDC vs.TU. • Diminuição nos atos parassuicidas maior na TDC vs.TU em $p < 0,10$. • Nenhuma avaliação de seguimento. • O tamanho pequeno da amostra pode ter mascarado algumas diferenças. • Contato individual comparável nas duas condições; mais grupo na TDC.

QUADRO 1.4 Continuação

Verheul et al. (2003) Van den Bosch, Koeter, Stijnen, Verheul e Van den Brink (2005)	Mulheres com TPB	58[c]	97% de nacionalidade holandesa	TDC	TU	12 meses TDC = individual, grupo e treinamento	• Maior redução de atos de automutilação e autoagressão na TDC vs. TU; mantida no seguimento após 6 meses. • Maior diminuição no consumo de álcool na TDC vs. TU; mantida no seguimento. • Melhor retenção em terapia na TDC vs. TU. • Não foi comparada a quantidade de contato de terapia. • Os autores observam um aumento não significativo nos sintomas durante o seguimento; sessões de apoio poderiam ser benéficas.
Gratz e Gunderson (2006)	Mulheres com TPB e história de autoagressão deliberada	22[b]	100% brancas	Grupo de regulação da emoção baseada na aceitação (usa a TAC e TDC) + TU	TU	14 semanas Grupo	• Maiores reduções na autoagressão deliberada, ansiedade, sintomas depressivos e sintomas de TPB na RE + TU vs. TU. • Nenhuma avaliação de seguimento. • Não foi comparada a quantidade de contato de terapia.
Linehan et al.	Mulheres com TPB e comportamento suicida passado	101[c]	87% brancas, 5% outras, 4% afro-americanas, 2% asiático-americanas	TDC	Tratamento na comunidade por especialistas (TCE)	1 ano Formato padrão da TDC Grupo de supervisão acrescentado no TCE	• Maiores reduções nas tentativas de suicídio, riscos médicos associados a tentativas de suicídio e autoagressão, hospitalizações psiquiátricas e visitas a salas de emergência na TDC vs. TCE durante o tratamento e no seguimento após 12 meses. • Melhoras na depressão e ideação suicida em ambas as condições. • Menos abandonos ou mudanças de terapeuta na TDC vs. TCE. • Mais contato de grupo na TDC vs. TCE.

Nota: RE, regulação da emoção.
[a] Todas as diferenças relatadas refletem efeitos estatisticamente diferentes, a menos que seja especificado o contrário.
[b] Amostra mais completa, sobre a qual foi realizada a análise.
[c] Amostra com intenção de tratamento, na qual foi realizada a análise.

QUADRO 1.5 Experimentos randomizados controlados que examinam terapia cognitivo-comportamental baseada em *mindfulness* e aceitação para casais em sofrimento

Referência	Problema apresentado	Número de clientes	Configuração racial/étnica	Tratamento	Comparação	Número de sessões/ formato	Achados/limitações[a]
Jacobson, Christensen, Prince, Cordova e Eldridge (2000)	Casais heterossexuais em sofrimento clinicamente significativo	21 casais[b]	Não relatado	Terapia comportamental integrativa de casal (TCIC)	Terapia comportamental tradicional de casal (TCTC)	Máximo de 26 sessões Casais	• Devido à capacidade reduzida, não foi realizada nenhuma análise estatística. • Tanto maridos quanto esposas na TCIC relataram maior aumento na satisfação e redução no sofrimento do que aqueles na TCTC (tamanhos do efeito de médio a grande para diferenças de grupo). • 70% dos casais na TCIC e 55% dos casais na TCTC se recuperaram • Ambos os tratamentos realizados com igual competência e adesão • Nenhuma avaliação de seguimento.
Christensen et al. (2004) Christensen Atkins, Yi, Baucom e George (2006)	Casais heterossexuais em sofrimento sério e crônico	134 casais[b]	Maridos: 79,1% brancos, 6,7% afro-americanos, 6% asiáticos ou das Ilhas do Pacífico, 5,2% latinos Esposas: 76,1% brancas, 8,2% afro-americanas, 5,2% latinas, 4,5% asiáticas ou das Ilhas do Pacífico	TCIC	TCTC	Máximo de 26 sessões Casais	• Casais em ambos os tratamentos tiveram melhoras na satisfação conjugal durante o tratamento. • Recuperação ou melhora confiável no final: 71% na TCIC, 59% na TCTC (não diferente em termos estatísticos) • Casais em ambos os tratamentos demonstraram, inicialmente, uma deterioração no ajustamento durante o seguimento de 2 anos; houve uma alteração e um aumento gradual. • Casais na TCIC revelaram menor deterioração e começaram a se recuperar mais rapidamente que os casais na TCTC. • 69% dos casais na TCIC e 60% dos casais na TCTC ainda recuperados ou confiavelmente melhorados no seguimento após 2 anos.

[a] Todas as diferenças relatadas refletem efeitos estatisticamente diferentes, a menos que seja especificado o contrário.
[b] Amostra com intenção de tratamento, na qual foi realizada a análise.

Uma Conceitualização Comportamental de Problemas Clínicos Baseada na Aceitação

Maya, uma estudante universitária, procurou terapia porque estava sentindo uma ansiedade intensa, que dificultava muito a realização dos trabalhos e provas da faculdade. Ela relatou ter medo de não conseguir terminar a faculdade e nunca ser capaz de se sustentar ou de ajudar a sustentar os pais, que estavam envelhecendo. Ela se descreveu como uma pessoa ansiosa, e via sua ansiedade como uma prova de sua "fraqueza". Maya contou dos inúmeros métodos e estratégias que experimentara para se sentir menos ansiosa e mais autoconfiante. Embora descrevesse alguns períodos da sua vida durante os quais se sentira melhor, de modo geral ela achava que suas tentativas de controlar a ansiedade tinham falhado. Quando questionada sobre evitação, Maya deu muitos exemplos de situações que evitava, tais como telefonar para os pais porque sabia que eles perguntariam sobre a faculdade. Quando perguntamos sobre sua vida social, ela disse que não tinha tempo para fazer amigos porque precisava dedicar seu tempo aos trabalhos escolares, já que levava muito tempo para terminá-los. Ela também comentou que "se sentia pouco à vontade" quando estava com grupos de pessoas, o que também contribuía para que evitasse contatos sociais. Maya disse que estava tão atarefada com os trabalhos da faculdade que não tinha muito tempo para se sentir sozinha ou triste, mas, depois de questionada, conseguiu lembrar de momentos em que se sentira brevemente assim quando não estava "se mantendo ocupada". Ela também relatou períodos de comer compulsivo seguidos por comer restritivo. Maya queria parar de comer compulsivamente e via o seu comer restritivo como uma das poucas capacidades que possuía.

Começaríamos o tratamento de Maya entendendo como suas experiências e comportamentos estavam ligados e eram compreensíveis, mesmo que parecessem para ela compartimentalizados e confusos. Trabalharíamos junto com ela para desenvolver uma conceitualização e usá-la como base para criar um plano de tratamento individualizado. Esse plano seria fundamentado no modelo conceitual geral que sustenta a abordagem terapêutica cognitivo-comportamental baseada na aceitação e é apresentado neste capítulo. Definir esse modelo subjacente é essencial, pois ele serve de fundamento para a formulação individualizada das dificuldades de cada cliente. O modelo também é um ponto de partida que nos permite escolher estratégias de avaliação e métodos clínicos específicos e uma pedra de toque à qual voltaremos repetidamente para avaliar o curso e o progresso da terapia.

O modelo contém três elementos principais que se inter-relacionam. Primeiro, os problemas clínicos são vistos como decorrentes da maneira pela qual os clientes (e os seres humanos em geral) costumam *se relacionar com suas experiências internas.* Esse relacionamento pode ser caracterizado como "fundido" (Hayes, Strosahl e Wilson, 1999), "emaranhado" (Germer, 2005) ou "enganchado" (Chodron, 2007) e se distingue por uma superidentificação com os próprios pensamentos, sentimentos, imagens e sensações. Em outras palavras, todo o mundo se sente triste de vez em quando, mas uma cliente que está fundida com suas experiências internas talvez se defina por essa tristeza. Por exemplo, Maya se define como "fraca" devido à sua ansiedade. Essa identificação ou fusão excessiva com experiências internas pode desencadear uma cascata de respostas problemáticas. A ansiedade deixa de ser vista como uma emoção natural que vem e vai; ao invés, ela passa a ser vista como um estado definidor ou que abrange tudo, o que pode fazer com que a pessoa a veja como intolerável ou inaceitável. O segundo elemento do modelo é a *evitação experiencial,* ou os esforços emocionais, cognitivos e comportamentais para evitar ou escapar de pensamentos, sentimentos, lembranças e sensações que causam sofrimento (Hayes, Wilson, Gifford, Follette e Strosahl, 1996). Os clientes adotam a evitação experiencial esperando melhorar sua vida, mas, paradoxalmente, ela costuma levar à maior sofrimento ou pior qualidade de vida (p. ex., Hayes et al., 1996). A evitação experiencial está estreitamente ligada ao modo pelo qual os clientes se relacionam com suas experiências internas. Se um cliente está fundido com uma emoção e vê essa emoção como potencialmente esmagadora e perigosa, fica extremamente motivado a adotar estratégias destinadas a evitar ou modificar essa experiência interna. No caso de Maya, sempre que ela sente ansiedade, vê isso como um reflexo de sua fraqueza inerente, como uma ameaça, e tenta se livrar dela, mas suas tentativas geralmente fracassam, o que acaba aumentando seu senso de si mesma como uma pessoa fraca. O automonitoramento revela que Maya come para aliviar sua ansiedade, mas depois fica ainda mais ansiosa pelo medo de engordar, o que tenta controlar restringindo a alimentação. Assim, esses dois comportamentos parecem ter uma função de evitação em termos experienciais. O elemento final do modelo é a *restrição ou constrição comportamental,* que ocorre quando o indivíduo que está lutando com suas experiências internas não consegue realizar ações consistentes com aquilo que é mais importante para ele (isto é, ação valorizada; Wilson e Murrell, 2004), o que perpetua seu sofrimento e insatisfação. Quando as experiências internas são julgadas negativamente e vistas como perigosas, a ação é motivada mais por uma tentativa de evitar estados desagradáveis do que pelo desejo de realizar comportamentos gratificantes. Maya passou a evitar muitos aspectos de apoio social, incluindo estar com amigos e falar com os pais, porque geralmente sente ansiedade nessas situações. Seus ocasionais sentimentos de tristeza sinalizam que ela não está vivendo sua vida de maneira significativa e satisfatória (isto é, consistente com seus valores), mas ela evita esses sentimentos estudando muito, o que perpetua o ciclo.

Os modelos baseados na aceitação foram apresentados com detalhes por vários teóricos clínicos/pesquisadores, tais como Hayes, Strosahl e Wilson (1999); Linehan (1993a); Segal e colaboradores (2002); e Jacobson e Christensen (1996; ver Hayes, Follette e Linehan, 2004, para uma revisão minuciosa). Neste capítulo, (1) reunimos elementos dessas abordagens, e de abordagens cognitivo-comportamentais tradicionais, para salientar o que consideramos os elementos centrais de uma conceitualização comportamental baseada na aceitação, (2) revisamos brevemente algumas pesquisas que confirmam esse modelo e (3) ilustramos como o modelo pode ser aplicado a problemas clínicos específicos. Concluímos com uma visão geral de como esse modelo se traduz em uma intervenção e, nos dois capítulos seguintes, discutimos como ele orienta o planejamento, a avaliação e a realização de tratamentos específicos.

A nossa abordagem ao entendimento de comportamentos clínicos problemáticos se baseia em uma conceitualização comportamental. Isto é, acreditamos que as respostas são aprendidas por meio de associações e consequências, e tentamos identificar a função das respostas problemáticas para determinar estratégias de intervenção. Vemos as dificuldades humanas como decorrentes de uma combinação de predisposições biológicas, fatores ambientais e hábitos aprendidos que levam a uma série de reações e comportamentos que acontecem automaticamente, sem a pessoa perceber e sem uma escolha aparente. A aprendizagem acontece de várias maneiras. Podemos aprender pela *experiência direta*. Por exemplo, uma mulher que foi estuprada poderia aprender uma associação entre o cheiro de uma colônia específica e perigo, o que a motiva a evitar pessoas com aquele cheiro. Também aprendemos pelas consequências que se seguem, consistentemente, a determinados comportamentos, ou os reforçando ou os punindo e, assim, alterando a sua frequência, como quando uma pessoa continua bebendo excessivamente por causa das propriedades calmantes do álcool. A aprendizagem também ocorre por *modelagem e observação*, como quando vemos as reações e os comportamentos de nossos pais e irmãos, e pela *instrução*, como quando nos dizem para agir de certa maneira ou não demonstrar certas emoções. Esses padrões de comportamento aprendidos em geral têm uma função útil, particularmente no curto prazo; todavia, conforme os contextos mudam ou novos comportamentos se tornam disponíveis para nós, certos padrões deixam de nos servir bem. Isso acontece, especialmente, quando passamos a responder de modo inflexível (isto é, dar a mesma resposta em situações bem variadas). Por exemplo, podemos aprender com a nossa família a "fingir que está tudo bem" quando estamos sofrendo, e esse comportamento pode ser adaptativo se os nossos pais nos castigam respondendo com críticas ou indiferença sempre que demonstramos tristeza ou raiva. Mas a superaprendizagem dessa resposta (isto é, fazer isso de modo rígido e inflexível) é tipicamente desadaptativo. Mascarar o nosso sofrimento em um relacionamento romântico pode impedir o desenvolvimento de uma intimidade genuína ou nos tornar incapazes de expressar claramente nossas necessidades e desejos. Podemos, inclusive, aprender a esconder o nosso sofrimento tão rápida e consistentemente que deixamos de perceber o nosso estado emocional verdadeiro, o que limita a nossa capacidade de nos beneficiarmos da função das emoções.

Um problema central, então, é a natureza habitual, insensível (ao contexto) e automática dessas respostas. Em um modelo comportamental baseado na aceitação, três tipos de respostas habituais são vistos como alvos de intervenção clinicamente importantes. Em primeiro lugar, qualidades aprendidas de consciência (particularmente a consciência das experiências internas) são vistas tanto como uma causa quanto como uma consequência de problemas clínicos e um foco de tratamento importante. A consciência pode ficar profundamente diminuída (um aspecto comum das respostas automáticas), limitadamente focada em deixas e acontecimentos desagradáveis, ou condenatória e crítica. Em segundo lugar, a função experiencialmente evitante de muitos comportamentos superaprendidos pode ser problemática. Isto é, comportamentos clinicamente relevantes como evitar certas situações, ingerir álcool, comer demais e inércia geral podem ser mantidos, especificamente, por ter a função de reduzir, eliminar ou evitar temporariamente pensamentos, sentimentos ou sensações. Por fim, acreditamos que deixar de realizar ações que são valiosas para a pessoa (e, às vezes, realizar impulsiva e automaticamente ações que não são valorizadas, devido a sua função experiencialmente evitante) contribui para o sofrimento e para diminuir a qualidade de vida.

CONSCIÊNCIA INTERNA RESTRITA, EMARANHADA, FUNDIDA

Limites na consciência interna

Muitas teorias clínicas salientam o possível papel dos déficits da consciência interna, ou experiencial, nas dificuldades psicológicas e o papel da consciência aumentada na promoção do bem-estar psicológico.[1] Consistentemente com esses modelos, de uma perspectiva comportamental baseada na aceitação, déficits de consciência podem se manifestar de várias maneiras que indicam problemas clínicos (essas diferentes maneiras podem coocorrer no mesmo indivíduo). Primeiro, os clientes via de regra estão *inconscientes* de suas experiências internas, não reconhecendo respostas emocionais, cognitivas ou fisiológicas que precedem comportamentos problemáticos (p. ex., alexitimia). Os clientes também podem *compreender erroneamente* suas respostas internas, rotulando sensações fisiológicas como fome quando, de fato, elas refletem sofrimento, ou confundir uma emoção ameaçadora (como ansiedade) com outra, mais aceitável pessoalmente (como raiva). A consciência diminuída ou incorreta reduz a capacidade da pessoa de usar suas respostas emocionais de modo funcional, e pode levá-la a reagir de uma maneira que a atrapalhe. Por exemplo, um cliente cronicamente solitário pode lhe dizer que não participa de eventos sociais porque não gosta deles, quando, na verdade, os está evitando devido à sua ansiedade não reconhecida, e gostaria muito de socializar mais com os outros. Uma cliente pode se surpreender por reagir agressivamente a um colega porque ela não percebeu que sentia ressentimento e raiva pelas atitudes de menosprezo e desrespeito desse colega. Embora Maya estivesse muito consciente de suas experiências internas de ansiedade, ela tinha maior dificuldade para perceber e identificar sua experiência de tristeza, de modo que não estava ciente de como sua vida era insatisfatória para ela. Em resumo, os indivíduos podem ou evitar ou adotar comportamentos indesejados devido à falta de consciência emocional, e essa consciência prejudicada pode interferir na sua capacidade de escolher agir, em vez de reagir às situações.

A falta de consciência emocional, como muitas características clinicamente relevantes, provavelmente é aprendida. As pessoas podem ser ensinadas pelos pais a desconfiar de suas reações emocionais, como quando eles dizem à criança para não ter medo em uma situação ameaçadora ou descartam sentimentos de tristeza por uma perda ou desapontamento (Linehan, 1993a). Se os pais habitualmente respondem à criança dessa maneira, ela pode passar a confiar em fontes externas para "saber" como está se sentindo em uma determinada situação. As crianças podem ser castigadas por serem "emotivas" e recompensadas por serem "racionais" ou "calmas, serenas e imperturbáveis", o que as ensina a ignorar suas experiências internas na esperança de que as emoções negativas desapareçam.

Dificuldades na qualidade da consciência interna

Os clientes com consciência limitada das nuanças de suas emoções também podem, simultaneamente, relatar uma consciência aumentada de seu sofrimento geral, o que pode ser desorientador para eles e seus terapeutas. Por exemplo, as pessoas com transtorno de pânico são hiperconscientes de suas sensações fisiológicas, as que tem transtorno de ansiedade generalizada (TAG) são dolorosamente conscientes de suas preocupações, e aquelas com depressão são muito conscientes de seu estado de humor negativo. Entretanto, essa consciência difere significativamente da consciência que a psicoterapia procura cultivar. Primeiro, essa consciência pode não ser *clara*, no sentido de que a pessoa percebe que se sente angustiada, mas não é capaz de apontar com precisão mudanças específicas e sutis em seu estado emocional, fisiológico ou cognitivo. Por exemplo, um cliente pode descrever um ataque de pânico que durou duas semanas (o que não é possível em termos fisiológicos) ou dizer que se sente "mal", sem saber claramente se está sentindo tristeza, raiva, medo ou uma emoção mista. A consciência da pessoa pode ser *crítica, acusatória* ou *reativa*. Por exemplo, uma cliente com episódios depressivos recorrentes pode perceber sua tristeza e ficar muito angustiada por estar triste novamente, pensar que sua tristeza é um sinal de que uma depressão debilitante está retornando, e ficar apavorada com sua ocorrência. Essas reações, provavelmente, perpetuam e pioram a tristeza, possivelmente levando à depressão, em vez de promover um funcionamento adaptativo. Maya é um exemplo desse tipo de qualidade de consciência. Ela ficava muito consciente de qualquer sinal de ansiedade e respondia a eles se acusando e criticando, o que perpetuava a sua ansiedade. A consciência também pode ficar mais *limitada* ou *seletiva*. Por exemplo, as pessoas com transtornos de ansiedade podem ficar tão conscientes de uma possível ameaça que não percebem outras deixas do ambiente que sinalizam segurança, ou podem ficar tão concentradas em suas respostas ansiosas que não detectam a ocorrência de respostas emocionais positivas. Essa atenção seletiva à ansiedade exacerba ainda mais sua impressão de que a ansiedade é imutável e global.

Todos esses exemplos de como a qualidade da consciência experiencial pode ser problemática podem ser pensados como aspectos de uma categoria mais ampla de *superidentificação*, ou *fusão* (Hayes, Strosahl e Wilson, 1999) ou *emaranhamento* (Germer, 2005), com a própria experiência interna de uma maneira que inibe o funcionamento adaptativo. Diferentes abordagens baseadas na aceitação empregam diferentes termos para identificar essa qualidade e enfatizar aspectos um pouco diversos, mas compartilham uma conceitualização desse relacionamento "enganchado" como uma fonte de sofrimento ou problemas clínicos e um alvo de intervenção importante. Esses modelos são consistentes com modelos comportamentais tradicionais de "medo do medo" (Goldstein e Chambless, 1978), angústia em relação às emoções[2] (Williams, Chambless e Ahrens, 1997), condicionamento interoceptivo (p. ex., Barlow, 2002), teorias cognitivas da sensibilidade à ansiedade (p. ex., Reiss, Peterson, Gursky e McNally, 1986) e crenças metacognitivas (p. ex., Wells, 1995), cada um dos quais sugere que reações negativas às experiências internas ou avaliações negativas dessas experiências explicam como elas progridem, de respostas humanas naturais que vêm e vão, para padrões mais rígidos de respostas problemáticas. Embora uma discussão detalhada desses modelos esteja além do escopo deste livro, alguns são destacados devido a sua possível utilidade nas formulações clínicas.

Reatividade e julgamento das experiências internas

Muitos modelos de problemas clínicos observam que as respostas internas se tornam problemáticas devido às reações da pessoa a essas respostas, e não às respostas em si (p. ex., Barlow, 1991; Borkovec e Sharples, 2004).[3] Enquanto toda uma série de respostas internas vem e vai, naturalmente, para todos nós, o ser humano também desenvolveu a capacidade de responder a essas experiências de certas maneiras que podem levá-lo a ficar mais rígido, "cravado" ou inflexível, o que resulta em problemas clínicos. Por exemplo, modelos de pânico observam que ataques de pânico são comuns na população, mas apenas algumas pessoas desenvolvem transtorno de pânico, e essas parecem ser as que sentem uma apreensão ansiosa em relação a futuros ataques de pânico (Barlow, 1991). Igualmente, modelos comportamentais sugerem que os indivíduos com transtorno de pânico aprenderam a sentir ansiedade em resposta às suas sensações corporais (condicionamento interoceptivo; Barlow, 2002). Essa angústia ou apreensão parece ser o elemento crucial do transtorno de pânico, e os tratamentos bem-sucedidos a tomam como alvo direto: os indivíduos continuam tendo sensações de pânico, mas já não sentem aquela ansiedade aumentada em resposta a essas sensações. A consciência reativa às sensações corporais que caracteriza os indivíduos com transtorno de pânico também fica limitada, de modo que eles se concentram apenas nas sensações de estimulação e podem ter uma consciência emocional limitada. Por exemplo, um estudo recente descobriu que os indivíduos que relatavam um nível elevado de sintomas de pânico relatavam mais respostas emocionais negativas e mais tentativas de evitação emocional em resposta a um clipe com conotações positivas do que aqueles não propensos ao pânico (Tull e Roemer, 2007); portanto, esses indivíduos respondem a todos os tipos de sintomas de estimulação com ansiedade, em vez de discriminar as fontes dessa estimulação.

Os modelos baseados na aceitação que enfatizam o *mindfulness* (um construto tirado de tradições budistas, mas usado em contextos seculares para propósitos de promoção e intervenção de saúde – por exemplo, Kabat-Zinn, 1990; Segal et al., 2002), que foi definido como "uma consciência sincera, de momento a momento, não julgadora" (Kabat-Zinn, 2005, p. 24), também enfatizam a importância das reações às próprias experiências, salientando o papel que essa consciência julgadora, crítica, pode desempenhar no sofrimento humano ou nos problemas clínicos. Em geral, os clientes julgam a si mesmos ou suas reações como "fracos", "loucos", "irracionais" ou "burros". Ao perceber suas experiências internas eles reagem com julgamentos críticos, o que desencadeia tentativas de evitar essas experiências. Esses julgamentos podem ter origem no modo pelo qual seus cuidadores responderam a eles quando crianças. De fato, os clientes geralmente conseguem reconhecer que as palavras críticas que usam para descrever suas respostas são as mesmas palavras que os pais habitualmente usavam para criticá-los. Esses julgamentos também podem ter origem na percepção de que os outros não parecem ter as mesmas reações internas (porque eles não conseguem observar as experiências internas das outras pessoas), ou ser perpetuados por essa percepção. Maya talvez não reconheça que seus amigos e familiares também sentem ansiedade em certas situações. Ela pode ter ouvido os pais ou outros se referirem às pessoas que expressavam ansiedade como "fracas", e isso a levou a ver a própria ansiedade dessa maneira. Esse tipo de julgamento provavelmente a impedirá de compartilhar suas experiências de ansiedade com as pessoas e também de ficar sabendo que elas tem experiências semelhantes.

Embora os clientes com frequência relatem crenças de que esse tipo de postura crítica ajuda a motivá-los a mudar, parece mais provável que essa perspectiva contribua para o sofrimento e o prejuízo. O clássico modelo de Linehan (1993a) do transtorno da personalidade *borderline* salienta o papel etiológico de um ambiente anulador sobre a subsequente desregulação da emoção, da cognição e do comportamento. Os indivíduos, então, aprendem a anular ou invalidar a sua experiência, o que contribui ainda mais para a desregulação. A presença de uma postura julgadora, autocrítica (e a ausência de autocompaixão) pode ser vista como um fator causal ou mantenedor em uma grande variedade de problemas apresentados (ver Neff, Rude e Kirkpatrick, 2007, para evidências da associação entre autocompaixão e bem-estar psicológico). Por exemplo, quando as pessoas ficam tristes e começam a criticar suas respostas, essa visão negativa de si mesmas pode diminuir sua motivação para fazer mudanças comportamentais ou viver plenamente a vida. As pessoas com ansiedade social geralmente julgam a si mesmas de uma forma que exacerba seu medo do julgamento alheio, reduz sua disposição para realizar várias ações quando isso poderia provocar julgamentos, e aumenta seu sentimento de estarem inseguras no mundo devido a algum tipo de falha pessoal. As críticas de Maya em relação a si mesma por sentir ansiedade exacerbam seu medo de não ser bem-sucedida, o que aumenta a sua ansiedade, em lugar de diminuí-la.

Consciência emaranhada ou fundida

Amplamente, os modelos baseados na aceitação que enfatizam o *mindfulness* destacam uma qualidade de consciência que leva ao sofrimento e comparam-na com uma qualidade de consciência que pode ser mais libertadora. Segundo esses modelos, nós comumente ficamos "enganchados" na nossa experiencia interna, parcialmente por vê-la como mais indicativa da realidade do que ela é, e parcialmente por julgá-la, por não gostar dela e querer que seja diferente do que é. Assim, em vez de simplesmente sentir raiva, nós temos raiva, não gostamos da raiva e desejamos que ela vá embora.[4] Em vez de experienciar uma resposta de medo, definimo-nos como uma pessoa medrosa. Paradoxalmente, essas respostas nos engancham mais justamente nas emoções que estamos tentando evitar.

É natural desejar que certas experiências internas fossem diferentes do que são, considerando como certas reações emocionais, cognitivas ou fisiológicas podem ser desagradáveis, e considerando também nossas experiências comuns de socialização (p. ex., alguém nos dizer "não se preocupe, fique feliz").[5] Acredita-se, contudo, que esse desejo de que as nossas experiências internas fossem diferentes do que são, especialmente quando nos apegamos a elas e agimos a partir delas, aumenta seu caráter desagradável sem diminuir as experiências em si. Hayes, Strosahl e Wilson (1999) descrevem um processo semelhante em sua descrição das emoções *limpas* versus *sujas*. As emoções limpas são as que sentimos em resposta a um acontecimento, enquanto as emoções sujas surgem do nosso grande desejo e esforço para fazer com que as emoções limpas desapareçam, o que só aumenta o nosso sofrimento.

A tendência humana de confundir experiências internas transitórias com indicações de verdade permanente ou realidade é uma causa provável ou um fator que contribui para esse desejo de sentir ou pensar diferentemente do que sentimos e pensamos. Por exemplo, se estamos ansiosos em relação a uma apresentação próxima e pensamos que não seremos capazes de fazê-la, podemos tomar esse pensamento como uma indicação de que somos incapazes de fazer a apresentação. Quando ficamos magoados com um comentário da nossa companheira e pensamos que ela não se importa verdadeiramente conosco, podemos tomar isso como uma indicação de seus sentimentos verdadeiros e permanentes. Inversamente, podemos tomar a nossa experiência transitória de raiva e desamor por nossa parceira como uma indicação dos nossos verdadeiros sentimentos e temer que o relacionamento tenha terminado. Quando sentimos tristeza e nos consideramos definidos por essa experiência, podemos desenvolver um senso estigmatizado de nós mesmos como danificados. Essa fusão entre a nossa experiência e a nossa percepção da realidade torna as experiências internas particularmente poderosas e, provavelmente, está por trás o nosso desejo de que fossem diferentes do que são. Se o pensamento de que a nossa parceira não se importa verdadeiramente conosco fosse só um pensamento, que surgisse e desaparecesse naturalmente e não refletisse necessariamente a realidade, ele não seria tão aversivo e perturbador.[6]

Hayes e colaboradores (p. ex., Hayes, Strosahl e Wilson, 1999) escreveram muito sobre o papel que a fusão cognitiva pode desempenhar nos problemas psicológicos e o processo de desenvolvimento dessa fusão. A teoria da estrutura relacional (TER, *relational frame theory*, RFT; Hayes, Barnes-Holmes e Rosche, 2001) sugere que nós, constantemente, derivamos relações entre eventos, palavras, sentimentos, experiências e imagens conforme nos envolvemos com nosso ambiente, interagimos com os outros, pensamos, observamos e raciocinamos. Essas relações resultam em estímulos internos (p. ex., imagens, pensamentos, sentimentos, lembranças) que assumem as funções dos eventos aos quais estão ligados. Isto é, a lembrança de um acontecimento doloroso pode eliciar as mesmas reações do próprio acontecimento, e pensamentos e sentimentos podem provocar reações comparáveis aos contextos externos com os quais foram associados. A aprendizagem relacional tem um componente adaptativo. Por exemplo, ela nos permite imaginar situações a fim de antecipar nossas possíveis reações a elas e fazer escolhas sem ter de vivenciar de fato cada opção. Podemos descrever nossas experiências para alguém e essa pessoa pode, indiretamente, imaginar a nossa experiência subjetiva. Dessa maneira, podemos aprender muito além da nossa experiência direta, aumentando exponencialmente o nosso potencial e a nossa flexibilidade. A aprendizagem relacional também prepara o terreno para a fusão entre as experiências internas e os acontecimentos que elas refletem, e as experiências internas passam a eliciar ansiedade, tristeza, raiva ou angústia, como se os próprios eventos estivessem acontecendo. Essa fusão pode provocar evitação experiencial, de modo semelhante ao que acontece na moderna teoria da aprendizagem do pânico descrita acima, em que o condicionamento interoceptivo (isto é, o condicionamento a sensações internas) faz com que sensações corporais sejam associadas à ansiedade e angústia, resultando no transtorno de pânico. As respostas em si podem não ser problemáticas, mas uma experiência fundida delas é. A ansiedade de Maya em relação à faculdade ou em situações sociais não é problemática em si, mas suas reações a qualquer sintoma de ansiedade que surja tornam a ansiedade mais perturbadora e global, criando dificuldades para ela.

A fusão ou o emaranhamento foram identificados como um componente importante na recaída depressiva. Segal e colaboradores (2002) sugerem que a depressão resulta de padrões aprendidos de estilos de pensamento negativo e respostas ruminativas ativados por um estado de humor negativo. Esses hábitos de processamento da informação alimentam a si mesmos, baixando cada vez mais o humor e dificultando a recuperação. A incapacidade de ver pensamentos apenas como pensamentos (em outras palavras, de recuar ou *descentrar-se* desses processos de pensamento e observá-los) é um elemento crucial dessa espiral depressiva. A consciência objetiva, a qualquer momento, ajudaria a alterar a trajetória e permitiria maior flexibilidade na resposta comportamental. Portanto, nesse modelo, a consciência negativa *crítica* caracteriza a depressão, e a *ausência de uma consciência mais descentrada, desemaranhada* desse processo de pensamento negativo a perpetua. Estudos descobriram que a terapia cognitiva bem-sucedida aumenta esse descentramento (Teasdale et al., 2002), sugerindo que pode haver um ingrediente ativo nas intervenções cognitivas e nas intervenções comportamentais baseadas na aceitação.

EVITAÇÃO EXPERIENCIAL

Uma das consequências mais relevantes, clinicamente, de um relacionamento fundido, emaranhado, com as experiências internas é que isso provavelmente leva a rígidos esforços para alterar ou evitar as experiências internas – à *evitação experiencial*. O trabalho seminal de Hayes, Strosahl e Wilson (1999) sobre o papel da evitação experiencial nos problemas clínicos nos dá um fundamento importante para os modelos comportamentais baseados na aceitação. Ao salientar a importância de se considerar a função, e não a forma, das apresentações clínicas, Hayes e colaboradores sugerem que muitos problemas clínicos diversos podem ser compreendidos como tendo a função de evitação experiencial. Comportamentos como abuso de substâncias, autoagressão deliberada e sintomas como preocupação ou ruminação podem ser todos estratégias destinadas a alterar a forma ou a frequência das experiências internas (pensamentos, sentimentos, sensações, imagens). Isto é, são todos tentativas (geralmente malsucedidas) de reduzir ou eliminar experiências internas indesejadas, perturbadoras. Esses esforços de evitação frequentemente parecem ter efeitos paradoxais, resultando num aumento dos alvos da evitação (p. ex., os pensamentos, sentimentos ou sensações indesejados) e num sofrimento psicológico mais geral (para revisões, ver Purdon, 1999; Salters-Pedneault, Tull e Roemer, 2004), interferindo na qualidade da vida. Às vezes, esses efeitos ocorrem em diferentes canais de resposta. Por exemplo, em um experimento, instruir os participantes para esconderem sua expressão emocional enquanto assistiam a um clipe emocionante resultou num aumento paradoxal de ativação fisiológica (Gross e Levenson, 1993, 1997). Ao tentar evitar a angústia, as pessoas podem facilmente ficar presas em um ciclo, que aumenta essa angústia e estimula um esforço maior de evitação. Vários estudos demonstraram uma relação significativa entre relatos de evitação experiencial e relatos de uma grande variedade de problemas clínicos (ver Hayes, Luoma, Bond, Masuda e Lillis, 2006, para uma revisão), e estudos experimentais demonstraram que indivíduos instruídos na aceitação experiencial demonstram menor sofrimento subjetivo em resposta a estressores no laboratório comparados àqueles que são instruídos na supressão experiencial (p. ex., Eifert e Heffner, 2003; Levitt, Orsillo e Barlow, 2004). Maya relatou se esforçar muito para evitar que os outros percebessem sua ansiedade, o que pode ter aumentado sua tensão e sofrimento. Ela também disse que tentava tirar da cabeça os pensamentos ansiosos, mas que eles frequentemente voltavam com intensidade ainda maior.

As tentativas de evitação experiencial costumam ser vigorosas e difíceis de mudar por muitas razões. Primeiro, as respostas evitantes em geral são negativamente reforçadas no início por uma imediata redução no sofrimento. Isto é, ações destinadas a reduzir o sofrimento provavelmente levam a uma redução inicial na angústia, e essa remoção de um estímulo indesejado aumenta a frequência do comportamento que o precedeu. Um entendimento comum do uso excessivo de substâncias nos dá um exemplo especialmente saliente desse processo (p. ex., Marlatt e Witkiewitz, 2005). Embora o uso de substâncias possa ter várias consequências negativas aparentes no longo prazo, ele costuma resultar numa mudança inicial do humor que é sentida como agradável e redutora do estresse. Essa consequência é extremamente reforçadora, em especial para pessoas que experienciam um grande sofrimento e/ou reagem de modo particularmente negativo a ele. Assim, o comportamento tende a continuar, embora suas consequências no longo prazo (p. ex., problemas em relacionamentos e em outras áreas de funcionamento, tolerância aumentada, sintomas de abstinência na ausência do uso e a incapacidade de processar ou resolver realmente o sofrimento que é habitualmente evitado) perpetuem e aumentem o sofrimento. Modelos semelhantes foram apresentados para o comer restritivo (p. ex., Heffner, Sperry, Eifert e Detweiler, 2002) e a autoagressão deliberada (Chapman, Gratz e Brown, 2006). O padrão de Maya de comer compulsiva *e* restritivamente se encaixa nesse modelo. Ela descreve uma redução inicial na ansiedade quando come excessivamente, mas sua ansiedade aumenta conforme começa a se preocupar com o peso. Então ela restringe a ingestão de alimentos, mais uma vez reduzindo sua ansiedade, mas tornando-se emocionalmente vulnerável devido à nutrição reduzida, o que aumenta o risco de ficar angustiada e comer demais novamente.

Além das consequências naturais que servem para manter e perpetuar estratégias experiencialmente evitantes, é provável que forças sociais também mantenham essas estratégias. Embora vários teóricos psicológicos (p. ex., Hayes, Strosahl e Wilson, 1999; May, 1996) e budistas (p. ex., Chodron, 2001) tenham observado a ubiquidade da dor emocional, com frequência recebemos dos outros a mensagem de que deveríamos ser capazes de controlar o nosso sofrimento emocional pela pura força de vontade. E, por não ter acesso a sua experiência, também pode nos parecer que os outros conseguem evitar a dor emocional. Maya comentou que seus amigos e irmãos não tem as mesmas ansiedades que ela, mas foi capaz de reconhecer que essas pessoas talvez também não percebam a ansiedade dela, dada a sua tendência a escondê-la. Além disso, o comportamento de evitação ou fuga pode ser funcional, e fica difícil percebermos sua ineficiência na redução do sofrimento interno. Evitar e escapar de contextos ameaçadores é adaptativo e funcional em termos evolutivos, mas a nossa incapacidade de escapar permanentemente das nossas experiências internas (alimentada por nossa capacidade de imaginar e lembrar) faz com que essas mesmas estratégias sejam inúteis e, de fato, prejudiciais quando dirigidas a respostas internas.

A evitação experiencial também é ubíqua porque o nosso relacionamento fundido e emaranhado com a nossa experiência interna motiva naturalmente essas tentativas. Se a sensação de ansiedade for experienciada como equivalente a um desastre iminente e os pensamentos negativos sobre nós mesmos forem experienciados como indicadores da realidade, será muito grande a motivação para evitar tais sensações e pensamentos. Se, por outro lado, essas experiências forem vistas como algo que vem e vai, nenhuma delas mais verdadeira ou permanente que a anterior, então o profundo desejo e esforço de evitá-las e delas escapar será diminuído. Inversamente, cada tentativa de evitá-las pode aumentar o perigo a elas associado, contribuindo para o ciclo e instigando novos esforços de evitação.

A pesquisa, a teoria e a observação clínica sugerem que a evitação experiencial é uma maneira útil de conceitualizar uma série de apresentações clínicas. Além dos sintomas comportamentais com função experiencialmente evitante descritos acima, alguns processos internos comuns também podem refletir esforços de evitação experiencial. O modelo de preocupação de evitação (Borkovec, Alcaine e Behar, 2004) afirma que a preocupação excessiva crônica (considerar repetidamente possíveis resultados negativos futuros) pode ter, em parte, a função de reduzir a excitação fisiológica. Embora a preocupação em si seja uma experiência interna da qual as pessoas geralmente querem se livrar, estudos mostram que a preocupação, na verdade, tem a função positiva de reduzir a excitação fisiológica em resposta a imagens ou situações temidas (p. ex., Borkovec e Hu, 1990). Essa propriedade negativamente reforçadora da preocupação aumenta a sua frequência. As pessoas, provavelmente, continuarão se preocupando devido a esse efeito fisiológico de alívio, mesmo que não estejam cientes dele. Mas a preocupação também perpetua associações ameaçadoras ao interferir no processamento completo dos acontecimentos temidos. Uma mulher que tem medo de socializar com os colegas no almoço pode reduzir sua tensão preocupando-se, durante toda a refeição, com a ida ao dentista naquela tarde, mas isso a impede de perceber que, embora socializar com os colegas possa provocar um certo medo, essa interação também pode ser muito agradável, o que diminuiria o sentimento de medo. Os processos ruminativos em pessoas deprimidas podem ter uma função semelhante, reduzindo níveis mais profundos de tristeza e dor, mas mantendo um estado de humor negativo generalizado.

Clientes com problemas clínicos diversos também se empenham mais intencionalmente em tentativas de evitar experiências internas. Por exemplo, indivíduos com transtorno obsessivo-compulsivo descrevem seus rituais cognitivos como uma estratégia que reduz o sofrimento no momento, mas a ansiedade e o medo prejudiciais são mantidos ao longo do tempo. Clientes com transtorno de estresse pós-traumático tentam evitar pensamentos, sentimentos e lembranças associados aos traumas que viveram. Embora possam obter algum alívio momentâneo com essas tentativas, acabam percebendo que as recordações voltam repetidamente, talvez com maior frequência, devido a esses esforços para rechaçá-los. Indivíduos com dependência de substâncias ou problemas de abuso tentam ignorar pensamentos e impulsos de usar, o que faz com que retornem com maior força. Casais em relacionamentos com sofrimento podem tentar, repetidamente, repelir a raiva, a mágoa ou a preocupação em resposta ao parceiro, e descobrem que essas reações voltam mais intensamente.

A evitação experiencial também pode ajudar a explicar apresentações clínicas em que a evitação não é tão óbvia. Por exemplo, Toni e Janelle descreveram um padrão de interação em que, durante o estresse, Toni expressava raiva e irritação, enquanto Janelle se retraía, ficava "amortecida" e expressava pouca emoção. Toni sentia o retraimento de Janelle como rejeição, o que aumentava a sua raiva, enquanto Janelle sentia a raiva de Toni como ameaçadora, o que aumentava seu retraimento. Uma sondagem mais profunda na experiência de cada parceira revelou que Toni sentia, primeiro, ansiedade e medo de rejeição. Essa vulnerabilidade era ameaçadora para ela, que a evitava pela raiva, atacando Janelle. Sua ansiedade aumentava quando Janelle se retraía, o que instigava explosões de raiva. Janelle, igualmente, temia a rejeição e tentava reduzir sua angústia se retraindo e "se fechando" emocionalmente; seu sofrimento era aumentado pelo comportamento raivoso de Toni. Esse entendimento compartilhado pode ajudar Toni e Janelle a cultivarem empatia uma pela outra (dada a experiência compartilhada que estão tendo, apesar de manifestações comportamentais bem diferentes; Jacobson e Christensen, 1996). Elas podem partir desse entendimento compartilhado para criar maneiras alternativas de se aproximar e responder uma à outra, às vezes tolerando o maior sofrimento, mas buscando uma resolução mais eficiente para ambas.

Complexidades da evitação experiencial

A evitação experiencial é uma parte crucial dos modelos comportamentais baseados na aceitação porque os esforços rígidos de controle experiencial parecem ter uma série de consequências clinicamente relevantes, o que a torna um alvo útil de intervenção. Antes de descrever essas consequências com mais detalhes, é importante notar que, em certos contextos, tentativas de modificar a experiência interna podem não ser problemáticas nem prejudiciais. Infelizmente, o aparente sucesso dessas estratégias pode alimentar e manter esforços desadaptativos de controle interno. A aplicação habilidosa da terapia comportamental baseada na aceitação depende de um claro entendimento das complexidades do controle experiencial e dos contextos em que tentar influenciar as nossas experiências internas poderia ser algo benéfico, em vez de prejudicial.

Em muitos casos, os esforços para *modular* as nossas experiências internas podem ser benéficos. Por exemplo, poderíamos nos concentrar na nossa respiração antes de falarmos em público e descobrir que isso reduz um pouco nossos batimentos cardíacos, permitindo-nos apresentar melhor o material para a nossa audiência. Por outro lado, essa concentração na respiração pode não ter nenhum efeito sobre nosso ritmo cardíaco ou, inclusive, aumentá-lo. Percebemos que não conseguimos deixar de pensar sobre um erro que cometemos no trabalho ou em algo que não queríamos ter dito a um amigo, e decidimos voltar nossa atenção para um filme ou um livro numa tentativa de diminuir nossa ruminação. Essa distração poderia nos dar certo alívio, ou poderíamos perceber que a nossa mente volta sempre ao que aconteceu, independentemente daquilo em que tentamos prestar atenção. Se conseguirmos tolerar a possibilidade de *qualquer uma* dessas consequências do nosso comportamento, não há nenhum problema em procurarmos fazer coisas que modulem ou alterem as nossas experiências internas. Quando elas funcionam, permitem-nos expandir nossa consciência, adquirir outras perspectivas, ter novas experiências e aumentar a nossa flexibilidade. Se conseguirmos aceitar o fato de que às vezes elas não funcionam, podemos continuar vivendo nossa vida com as experiências internas que fomos incapazes de alterar.

Podem surgir problemas quando começamos a tentar, rigidamente, *eliminar* ou *evitar* experiências internas perturbadoras e quando esse objetivo se torna um motivador proeminente do nosso comportamento, conscientemente ou não (a evitação experiencial muitas vezes se torna um processo automático). Esses esforços habituais, rígidos, são problemáticos porque (1) frequentemente não funcionam, (2) interferem na função das respostas emocionais, (3) perpetuam um relacionamento problemático com as experiências internas e (4) prejudicam o funcionamento. Como vimos acima, as tentativas de evitar ou suprimir nossos pensamentos ou sentimentos não costumam ter sucesso e, ao invés, intensificam os alvos de supressão ou evitação. E é provável que sejam mais ineficientes quando mais queremos que funcionem; de fato, nossos esforços podem piorar o nosso sofrimento em vez de melhorá-lo. A experiência de Maya ao estudar para os exames mostra bem esse processo. Quando ela tem pensamentos e sensações de ansiedade, tenta tirá-los da cabeça dizendo a si mesma para se concentrar no material que está estudando. Ela descobre que quanto mais tenta se acalmar e mais intensamente deseja que a ansiedade desapareça, mais ansiosa e fora de controle se sente. Isso faz com que seja difícil conseguir estudar, o que aumenta ainda mais a sua ansiedade.

Consequências da evitação

A evitação ou supressão de respostas emocionais que acontecem naturalmente (isto é, *emoções primárias*, segundo Greenberg e Safran, 1987, ou emoções que se originam natural e funcionalmente de um contexto específico) pode exacerbar o sofrimento emocional e interferir no processamento emocional bem-sucedido. Pesquisas extensivas sobre tratamentos baseados na exposição para transtornos de ansiedade revelam a importância de o cliente experienciar seu medo durante a exposição a estímulos temidos, para que possa ter pleno acesso a suas associações assustadoras e incorporar associações novas, não ameaçadoras (Foa e Kozak, 1986). Por exemplo, os clientes que apresentam expressões faciais de medo mais intenso (Foa, Riggs, Massie e Yarczower, 1995) e os que relatam maior ansiedade subjetiva (refletindo um maior envolvimento emocional; Jaycox, Foa e Morral, 1998) na primeira sessão de terapia de exposição tem melhores resultados com esse tratamento. A evitação ou distração inibe essa nova aprendizagem de associações não assustadoras. Portanto, a evitação experiencial provavelmente mantém o sofrimento, em vez de permitir que as respostas emocionais sigam seu curso e novas aprendizagens se desenvolvam. A ansiedade constante de Maya pode resultar, em parte, de seus repetidos esforços para suprimir ou limitar sua experiência ansiosa, o que provavelmente interfere com o fluxo e refluxo natural de suas respostas de ansiedade e medo, e ela não experiencia o declínio natural que acompanharia a continuada exposição a deixas de ameaça.

A evitação experiencial também pode interferir em outros aspectos do valor funcional das respostas emocionais. As emoções nos dão informações importantes sobre nossa interação com o ambiente, nos dizendo quando nossas necessidades estão sendo frustradas, quando uma ameaça está presente ou quando perdemos algo valioso (p. ex., Frijda, 1986; Greenberg e Safran, 1987; Linehan, 1993a, 1993b). As nossas respostas emocionais nos ajudam a comunicar nossas necessidades aos outros na forma de expressões que ocorrem rápida e automaticamente. A evitação habitual e rígida das nossas respostas emocionais provavelmente interfere no nosso entendimento das nossas interações com os outros e das nossas necessidades e desejos. Por exemplo, um cliente que está evitando seus crônicos sentimentos de tristeza e desapontamento distraindo-se com álcool poderia estar perdendo a informação que essa tristeza poderia lhe dar, tal como a sua insatisfação com o atual emprego e a necessidade de buscar maneiras de melhorar essa situação ou procurar um novo emprego. Da mesma forma, o constante foco de Maya em seu trabalho a impede de perceber a tristeza e a solidão que poderiam motivá-la a cultivar seus relacionamentos sociais e familiares.

A evitação experiencial também pode afetar nossa avaliação da nossa consciência interna ou nossas reações a ela. Um estudo revelou que instruções para suprimir pensamentos específicos levaram a relatos de ansiedade aumentada em relação a esses pensamentos (Roemer e Borkovec, 1994). Outro descobriu que os indivíduos orientados a controlar as sensações fisiológicas avaliaram essas sensações como mais perturbadoras do que aqueles orientados a aceitá-las, mesmo que a intensidade das sensações fosse semelhante entre os grupos (Levitt et al., 2004). Esforços constantes para eliminar pensamentos, emoções, sensações e lembranças específicas provavelmente levarão a um julgamento mais negativo desses eventos internos quando eles recorrerem, instigando maiores esforços para evitá-los. É fácil entrar em um ciclo em que a reatividade às experiências internas leva a tentativas de controle que aumentam a reatividade a essas experiências. A resposta crítica de Maya a seus sintomas ansiosos provavelmente piorou por suas tentativas repetidas e malsucedidas de reduzir esses sintomas, fazendo-os parecer mais ameaçadores e globais.

A evitação experiencial também pode promover reações mais críticas às nossas experiências internas porque ela inibe nossa capacidade de receber validação por parte dos outros. Uma estratégia comum para evitar o sofrimento é esconder as respostas emocionais. Além do efeito que isso pode ter sobre a nossa excitação fisiológica (possivelmente a aumenta; Gross e Levenson, 1993), mascarar a nossa angústia impossibilita os outros de responderem empaticamente à nossa experiência ou compartilhar conosco lutas semelhantes. A validação externa é uma maneira de cultivar a autocompaixão (reconhecer quão humanas são as nossas respostas), enquanto esconder o sofrimento pode aumentar o nosso sentimento de que nossas lutas são únicas, fazendo com que fique mais fácil julgar e criticar essas experiências.

A evitação experiencial também obstrui e limita a consciência. As tentativas de reduzir e evitar o sofrimento provavelmente estão associadas à tendência de afastar nossa atenção das experiências internas. Essa falta de atenção pode reduzir a clareza da nossa consciência interna, dificultando uma resposta adequada. Por exemplo, se Maya se zanga com os pais por eles terem feito comentários críticos sobre seu desempenho na faculdade, mas se sente mal por estar com raiva, ela pode perceber apenas muito brevemente a sua reação e depois dirigir sua atenção para esforços internos e externos de evitar essa experiência de raiva. Em resultado, ela provavelmente continuará a se sentir ativada e reativa, mas não estará mais consciente do que desencadeou essa reação. Ela pode interpretar mal a sua resposta como mais ansiedade, o que pode prejudicar sua capacidade de mudar a situação que eliciou sua raiva. Assim, a evitação experiencial habitual pode resultar em uma consciência interna reduzida, limitada ou "obscura".

Finalmente, a evitação experiencial com frequência leva à evitação comportamental ou a comportamentos que interferem no funcionamento mais amplo do indivíduo. Além dos custos mais óbvios (comportamentos como uso de substâncias, comer compulsivo ou autoagressão), a evitação experiencial pode influenciar sutilmente o comportamento impedindo que a pessoa se envolva plenamente em seus relacionamentos, busque um trabalho que tenha significado para ela ou lide bem com contextos estressantes da vida. Mais uma vez, a rigidez é o problema central – o esforço para reduzir o sofrimento pode promover o funcionamento em muitos contextos, mas o esforço rígido de evitação à custa de objetivos de vida significativos pode levar a uma vida restrita e insatisfatória.

CONSTRIÇÃO COMPORTAMENTAL: INCAPACIDADE DE SE EMPENHAR EM AÇÕES VALORIZADAS

Os modelos comportamentais baseados na aceitação focalizam particularmente os custos comportamentais da evitação experiencial, que às vezes são proeminentes e às vezes sutis. Os custos comportamentais assumem a forma de comportamentos que reduzem temporariamente o sofrimento (como limpar, arrancar o cabelo, fazer dietas rígidas ou fumar) e evitação de comportamentos por medo de sofrimento emocional. A evitação pode ser óbvia, como quando Jack, um veterano do Vietnã com transtorno de estresse pós-traumático (TEPT), se isola em casa para evitar a ansiedade que sente em multidões ou com outras pessoas, ou pode ser mais sutil, como quando Leia parece empenhada em seu trabalho, é voluntária em diversas organizações e tem uma grande rede social, mas evita diminuir a marcha para identificar o que realmente é importante para ela, o que a deixa com uma sensação geral de insatisfação que não consegue resolver. Da mesma forma, Maya se concentra nos trabalhos da faculdade e não os evita, apesar da ansiedade que eliciam, mas evita o contato com as pessoas da sua vida e não percebe o efeito que isso está tendo sobre ela. Ela também pode ter perdido o contato com as razões pelas quais a faculdade é importante para ela e pode continuar seu empenho acadêmico porque é o que "deve" fazer. Os custos comportamentais da evitação experiencial são um foco especialmente importante do tratamento, pois enfatizam como as dificuldades interferem na vida da pessoa.

Ironicamente, os esforços comportamentais para controlar, eliminar ou evitar experiências internas negativas geralmente perpetuam o sofrimento. Um homem que quer ter um relacionamento íntimo, mas teme a rejeição, pode não realizar ações que o colocariam em situações em que poderia ser rejeitado por uma possível parceira. Por mais que isso tenha a função imediata de reduzir o risco de ser rejeitado, também aumenta a chance de ele não encontrar uma parceira. Ele se protegeu efetivamente do risco imediato da rejeição, mas aumentou o risco em longo prazo de solidão e insatisfação global. Em geral, essas restrições de comportamento acontecem automaticamente, de modo que, embora o cliente sinta a dor associada à sua vida restrita, ele não está consciente do papel que desempenham na sua perpetuação.

Às vezes a evitação fica evidente na qualidade das ações, mais que na sua ocorrência. Por exemplo, no nosso trabalho com clientes que apresentam transtorno de ansiedade generalizada, muitas vezes temos a impressão de que estão envolvidos nas áreas da vida que são importantes para eles (trabalhos que valorizam, passar tempo com os filhos). Entretanto, quando os clientes começam a monitorar atentamente suas atividades, fica claro que eles não estão totalmente presentes quando realizam essas ações. Em vez disso, ficam se preocupando com o que vai acontecer a seguir, em outra área. Igualmente, os clientes podem se distrair ou se retrair emocionalmente em certos contextos, como uma maneira de evitar a angústia de uma possível rejeição ou mágoa. Por exemplo, Dex, um cliente que temia ser abandonado, aparentemente estava tentando desenvolver um novo relacionamento, mas se mantinha distante emocionalmente quando estava com a parceira, por medo desse resultado temido. Esse distanciamento poderia ter provocado um rompimento, que ele teria sentido como abandono, confirmando seu medo e reforçando seu comportamento. Todas essas formas de não envolvimento podem limitar a satisfação e o sucesso em muitas áreas, o que aumenta a evitação experiencial e perpetua o sofrimento.

Os clientes também podem, involuntariamente, diminuir a sua satisfação respondendo às situações externas da mesma forma rígida e julgadora com que reagem às experiências internas. As abordagens baseadas em *mindfulness* e aceitação salientam o papel que o julgamento de eventos externos desempenha no sofrimento. Desejar constantemente que as coisas fossem diferentes do que são (p. ex., que o parceiro fosse diferente, que os colegas fossem diferentes) pode prolongar o sofrimento e impedir uma ação efetiva. Linehan (1993b) dá o exemplo de escolher ficar preso num estado de raiva e frustração quando se está dirigindo atrás de alguém que anda muito devagar na pista de alta velocidade. Ela sugere que uma alternativa seria perceber que a pessoa está dirigindo mais devagar do que gostaríamos e mudar para outra pista, sem se deixar apanhar por "essa pessoa deveria estar dirigindo de um jeito diferente". Esse tipo de apego rígido a como as coisas ou pessoas *deveriam* ser geralmente é um fator nas dificuldades que os indivíduos têm. Ficar consciente dessa maneira de se relacionar com o mundo pode nos ajudar a fazer escolhas melhores.

Hayes, Strosahl e Wilson (1999) destacam como os padrões habituais de evitação experiencial podem levar a pessoa a não prestar atenção a como quer viver a sua vida. Ao invés disso, ela faz escolhas baseadas em evitar a angústia. Em essência, a pessoa escolhe um caminho baseado na evitação e não na aproximação, o que a impede de conseguir viver como gostaria. Muitas vezes essas "escolhas" acontecem fora da consciência. O indivíduo superaprende padrões de se envolver em ou evitar comportamentos e não está consciente de que existem outras opções, menos restritivas em termos comportamentais. Um primeiro passo importante do tratamento é tornar conscientes os comportamentos, para que escolhas intencionais, em vez de comportamentos reativos, possam começar a influenciar as ações da pessoa.

METAS E MÉTODOS DE INTERVENÇÃO

Valendo-se do modelo apresentado acima, as TCBAs procuram (1) alterar o relacionamento do indivíduo com suas experiências internas, (2) reduzir a evitação experiencial rígida e aumentar a flexibilidade e escolha, e (3) aumentar a ação em direções valorizadas. Os métodos empregados para atingir cada uma dessas metas são descritos em detalhes por todo o livro. A seguir, apresentamos uma breve visão geral.

Alterar o relacionamento com as experiências internas inclui expandir e esclarecer a consciência interna para agir contra a consciência restrita ou limitada que a pessoa geralmente vivencia. Além disso, enfatiza-se o cultivo de um relacionamento não julgador, compassivo com as experiências conforme elas surgem, para reduzir a reatividade, o medo e o julgamento, que sabemos que aumenta o sofrimento, motiva a evitação experiencial e prejudica o funcionamento. Finalmente, essa meta inclui cultivar uma experiência de pensamentos, sentimentos e sensações como coisas que ocorrem naturalmente e são temporárias, e reduzir a experiência deles como indicadores de uma verdade permanente. Por exemplo, Maya, que habitualmente experiencia sensações fisiológicas de ansiedade e as interpreta como uma prova de sua fragilidade, vulnerabilidade e incapacidade de lidar com as coisas, se empenharia em várias práticas destinadas a ajudá-la a perceber as sensações conforme surgem, sentir compaixão por si mesma por vivenciá-las, vê-las como sensações físicas superaprendidas que eliciam uma série de reações, mas não a definem, e expandir sua consciência a fim de perceber outras experiências e sensações que coocorrem com a ansiedade, e perceber também que as sensações relacionadas à ansiedade vão desaparecendo com o tempo.

Para atingir essa meta podemos empregar várias intervenções. A *psicoeducação* (descrita com detalhes no Capítulo 5) ajuda a pessoa a compreender a natureza das experiências internas (especificamente a função das emoções) e o papel que esses tipos de relacionamento com os eventos internos desempenham na manutenção do sofrimento e na restrição em sua vida. O *automonitoramento* ajuda a aumentar a consciência das experiências internas, especialmente de como essas experiências vêm e vão e sua conexão com contextos e comportamentos. Compreender não é suficiente para modificar esses relacionamentos superaprendidos, profundamente arraigados. Portanto, dedica-se um tempo significativo a algumas *práticas experienciais* que auxiliam a cultivar novas maneiras de se relacionar com as experiências internas. Essas estratégias baseadas em *mindfulness* e aceitação são descritas detalhadamente no Capítulo 6. O cliente vai praticar *mindfulness* de modo formal (uma prática específica e planejada de uma determinada técnica) e informal (aplicando as habilidades ao cotidiano), tanto dentro quanto fora das sessões. Embora as práticas padrão possam ser mais benéficas para começar (a fim de ajudar o cliente a desenvolver as habilidades básicas de prestar atenção, perceber e permitir intencionalmente), elas podem ser desenvolvidas ao longo do tempo, tendo como alvo aspectos específicos que são desafiadores para o cliente. Outras estratégias baseadas na aceitação, como desfazer a fusão, são tiradas da TAC, tais como classificar ou rotular pensamentos e sentimentos para conscientizá-los como experiências separadas, em vez de fundidas.

A segunda meta do tratamento é *reduzir os esforços de evitação experiencial e aumentar a escolha e a flexibilidade*. Isso inclui perceber que determinados comportamentos e sintomas funcionam como tentativas de evitar ou escapar do sofrimento interno. O cliente também é incentivado a praticar e aprender a escolher, em vez de reagir, em uma situação potencialmente evocativa, reduzindo o papel que a evitação experiencial desempenha na determinação de suas ações. Desenvolver um relacionamento novo e não emaranhado com as experiências internas reduzirá, de modo natural, o habitual impulso de evitar ou escapar rigidamente das experiências perturbadoras. Cultivar uma postura curiosa e convidativa em relação à experiência interna ajudará a diminuir a tendência a evitá-la.

Muitos dos métodos descritos acima também têm como alvo esse objetivo do tratamento. A psicoeducação apresenta exemplos de como tentar controlar as experiências pode aumentar as dificuldades. Incentivamos o cliente a examinar a sua experiência para ver se isso é verdade para ele. Nós o ajudamos a aumentar a flexibilidade percebendo como – embora os pensamentos, sentimentos e sensações pareçam puxar para determinadas ações – podemos separá-los e escolher respostas, em vez de reagir. O monitoramento ajuda o cliente a ver como a evitação experiencial afeta a sua vida e a identificar deixas ou estímulos iniciais em contextos nos quais pode praticar uma resposta de aceitação, em vez de evitação. As práticas baseadas em *mindfulness* e aceitação ajudam a desenvolver a capacidade de aceitação, fazendo com que a pessoa responda com maior flexibilidade a contextos que eliciam reações intensas.

Finalmente, as TCBAs enfatizam a meta de *intensificar a ação valorizada*. Isso inclui se abster de ações que poderiam ser muito tentadoras no momento (por terem uma função de evitação experiencial), mas não estão de acordo com o que o cliente quer para a sua vida, e se empenhar em ações que importam para ele, mas tem sido evitadas. Componentes importantes desse objetivo incluem a pessoa identificar e esclarecer o que é importante para ela, ter consciência dos momentos em que pode fazer escolhas, baseada nesses valores, e agir na direção desejada.

Todos os métodos para promover os primeiros dois objetivos também atendem a este, pois empenhar-se na ação escolhida é facilitado por um relacionamento não emaranhado e não fundido com a própria experiência e pela capacidade de escolher uma resposta que não seja evitativa em termos experienciais. Além disso, a psicoeducação e o monitoramento ajudam a trazer a atenção do cliente para o que é importante para ele, preparando o terreno para a ação escolhida. Escrever exercícios serve para esclarecer valores, assim como a prática de *mindfulness*. Uma consciência não reativa, descentrada, nos permite ver *refletidamente* o que importa, em vez de adotar *reflexivamente* valores por pressão societal ou medo (Shapiro, Carlson, Astin e Freedman, 2006). Finalmente, exercícios comportamentais entre as sessões, nos quais as ações são escolhidas e planejadas, realizadas e revisadas, permitem ao cliente expandir seu repertório comportamental e viver mais plenamente sua vida. Essas mudanças comportamentais muitas vezes provocam novos tipos de relacionamentos problemáticos com as experiências internas e impulsos que promovem evitação experiencial, o que nos leva de volta às duas metas anteriores.

CONCLUSÃO

As TCBAs utilizam essa conceitualização de problemas clínicos, desenvolvendo uma formulação de caso individualizada que salienta como os problemas apresentados pelo cliente podem ser explicados pelo modelo. As metas ou objetivos do tratamento tomam como alvo cada um desses três elementos (e suas inter-relações), e as estratégias de intervenção são escolhidas para se atingir esses objetivos. No próximo capítulo, apresentamos métodos de avaliação que podem ser usados para desenvolver uma conceitualização de caso e plano de tratamento individualizados baseados nesse modelo. Também descrevemos com detalhes as estratégias de intervenção que tomam como alvo os relacionamentos problemáticos com as experiências internas, a evitação experiencial e a constrição comportamental (isto é, a incapacidade de se empenhar em ações valorizadas).

Notas

1 Darren Holowka, em sua dissertação, sugere que a consciência experiencial pode ser um fator comum em diversas formas de psicoterapia (Holowka, 2008; Holowka e Roemer, 2007).

2 Embora os termos *medo do medo* e *medo da emoção* tenham sido usados na literatura, esses conceitos são mais exatamente classificados como "ansiedade de" ou "angústia em relação ao" medo e outras emoções, pois descrevem um processo antecipatório ou reativo com uma duração maior do que o medo (Barlow, comunicação pessoal; ver Barlow, 1991, para uma discussão do papel da ansiedade/distimia em resposta à experiência das emoções básicas nos transtornos emocionais).

3 Christensen e Jacobson (2000) observam um processo semelhante em casais. Eles distinguem os problemas *iniciais* (tais como uma diferença na frequência desejada de atividade sexual) dos problemas *reativos* (as dificuldades que surgem das tentativas de cada uma das partes de lidar com esse problema, tais como hostilidade, retraimento e acusação).

4 Vergonha em resposta à raiva ou outras reações emocionais a emoções eliciadas pelo ambiente são exemplos do que Greenberg e Safran (1987) chamam de emoções secundárias, ou emoções que ocorrem em resposta a emoções primária adaptativas. Eles sugerem que esse tipo de resposta emocional deve ser tomado como um alvo particularmente importante de intervenção terapêutica.

5 Os modelos baseados em *mindfulness* também notam que encarar os acontecimentos externos julgando-os ou desejando que fossem diferentes leva ao sofrimento. Discutimos esse aspecto do *mindfulness* na seção sobre constrição comportamental.

6 É importante notar que os pensamentos não precisam ser claramente falsos para que o ato de *desfazer a fusão (desfusão)* ou *descentrá-los (descentramento)* seja benéfico. Enquanto os modelos de terapia cognitiva em geral sugerem que a irracionalidade dos pensamentos é central para os problemas clínicos, os modelos baseados na aceitação enfatizam a natureza problemática de se relacionar com os pensamentos de determinada maneira, tomando-os como realidades imutáveis, em vez de como reações a um dado momento. Nesse contexto, um relacionamento fundido com um pensamento que reflete com exatidão uma realidade momentânea ainda seria problemático, pois impediria um modo de responder flexível e adaptativo, baseado numa escolha.

2

Avaliação Clínica de Esferas Relevantes

O primeiro passo para se trabalhar com o cliente de uma perspectiva comportamental baseada na aceitação é realizar uma avaliação abrangente da natureza e extensão dos problemas apresentados, *status* psicológico, atitudes em relação às experiências internas (como emoções e sensações físicas), estratégias comuns de manejo (incluindo evitação experiencial), qualidade de vida e experiências prévias de tratamento. Uma avaliação cuidadosa e sistemática não só é essencial para uma conceitualização de caso adequada e um plano de tratamento informado, como também ajuda a validar a experiência do cliente e a criar uma aliança terapêutica sólida.

Neste capítulo, focalizamos principalmente as estratégias de avaliação a serem usadas nas sessões iniciais, mas uma avaliação constante durante toda a terapia (discutida no Capítulo 9) é indispensável, pois fornece informações importantes sobre a possível eficácia da intervenção, incentiva uma rápida resposta a estratégias improdutivas, facilita a mudança ao dar um retorno, motiva tanto o cliente quanto o terapeuta, aumenta a responsabilidade e demonstra a efetividade do tratamento para terceiras pessoas relevantes (Woody, Detweiler-Bedell, Teachman e O'Hearn, 2004).

A seguir descrevemos cada uma das esferas importantes de se avaliar quando trabalhamos com o cliente em uma perspectiva comportamental baseada na aceitação. Para que este capítulo seja útil para terapeutas que trabalham com clientes muito variados, fomos superinclusivas ao descrever possíveis alvos de avaliação. Em nossa prática, selecionamos um subconjunto dessas medidas com base nas necessidades da pessoa, geralmente incluindo pelo menos uma medida de cada esfera.

Embora muitas das esferas possam ser avaliadas por uma entrevista clínica cuidadosa, também sublinhamos a importância de se usar o automonitoramento entre as sessões para termos informações sobre o padrão único de sintomas e comportamentos-problema experienciados pelo cliente. Adicionalmente, fazemos algumas recomendações sobre o uso de entrevistas e questionários específicos que podem nos dar informações valiosas durante todo o processo de avaliação. Em nossa seleção de instrumentos, tentamos seguir o conselho de Woody e colaboradores (2004): concentramo-nos em medidas que consideramos extremamente *aplicáveis* (porque avaliam construtos que são importantes e significativos para o cliente e orientam o tratamento), *aceitáveis* (breves e fáceis de usar), *práticas* (custos mínimos, fáceis de pontuar e interpretar) e *psicometricamente sólidas* (confiáveis, válidas e sensíveis à mudança).*

AVALIAÇÃO BASEADA EM SINTOMAS

Visão geral das preocupações apresentadas

Começamos o processo de avaliação tentando compreender as preocupações apresentadas pelo cliente, o que ele deseja para a sua vida e os fatores atuais que o motivam a buscar tratamento. Tipicamente, esse relato inicial incluirá uma descrição de sintomas psicológicos (p. ex., dificuldade de se concentrar, hiperexcitação), estado emocional atual (p. ex., triste, ansioso, zangado) e dificuldades de funcionamento que influenciam a qualidade de vida (p. ex., conflitos interpessoais, problemas no trabalho, saúde e bem-estar físico diminuídos). Persons (1989) e Woody e colaboradores (2003) su-

gerem que, cedo no período de avaliação, o terapeuta deve fazer uma lista completa de problemas, que pode ser usada para identificar, priorizar e manejar todas as dificuldades atuais do cliente. Por exemplo, Derek inicialmente apresentava queixas de depressão, incluindo humor deprimido, fadiga, dificuldade para dormir, apetite diminuído e dificuldade de se concentrar. Ele também comentou que estava muito irritado no trabalho e com sua parceira. Ela também estava preocupada com a falta de interesse sexual de Derek e ameaçara terminar o relacionamento. Derek relatou passar a maior parte do seu tempo livre assistindo à televisão e jogando videogame. Ele também admitiu fumar maconha quase todas as noites e no fim de semana, para conseguir "atravessar" seu tempo de lazer. Derek faltara a 10 dias de trabalho nos últimos três meses devido a doenças não especificadas (resfriado, dor de cabeça, etc.) e recebera um aviso escrito de que não poderia ter nenhuma outra ausência injustificada nos próximos seis meses. Trabalhamos com Derek para fazer uma lista de problemas (Figura 2.1). Quando o cliente apresenta múltiplas queixas e preocupações, pode ser difícil saber por onde começar a terapia. Conforme discutiremos no Capítulo 3, a conceitualização de caso baseada na aceitação tem por objetivo pro-

---

* N. de R. T.: Infelizmente, até o momento desta revisão, grande parte das escalas e testes psicológicos citados nesta obra não foram submetidos ao Sistema de Avaliação de Testes Psicológicos (SATEPSI) do Conselho Federal de Psicologia (CFP).

- Humor triste
- Fadiga
- Dificuldade para dormir
- Apetite diminuído
- Dificuldade para se concentrar
- Irritabilidade
- Interesse sexual diminuído
- Queixas somáticas difusas
- Uso de maconha
- Atividades recreativas limitadas
- Contato social limitado
- Dificuldades de relacionamento
- Problemas de ausência no trabalho
- Conflitos interpessoais no trabalho

FIGURA 2.1 Lista de problemas de Derek.

por um mecanismo subjacente que explique os problemas enumerados na lista e os ligue de uma maneira que oriente o tratamento.

Também procuramos conhecer a identidade cultural do cliente. Uma abordagem de avaliação culturalmente sensível tem o objetivo de garantir que os problemas do cliente sejam adequadamente compreendidos e definidos, que se leve em conta normas e expectativas culturais, que o plano de tratamento atenda adequadamente às necessidades do cliente e que se demonstre respeito pela sua cultura, numa tentativa de promover uma aliança terapêutica sólida (Tanaka-Matsumi, Seiden e Lam, 1996). O relacionamento terapêutico é um componente crítico da TCBA e acreditamos que cria um ambiente em que o cliente pode começar a desenvolver uma postura de autoaceitação e autocompaixão. As TCBAs requerem um comprometimento significativo por parte do cliente, pois é incentivada uma prática extensiva de *mindfulness* e ações valorizadas entre as sessões. Na nossa experiência, um relacionamento terapêutico sólido aumenta o empenho e a adesão às atividades terapêuticas.

Conforme discutimos mais detalhadamente no Capítulo 11, compreender a identidade cultural do cliente informa muitas facetas da TCBA. Os fatores culturais podem desempenhar um papel significativo em como a pessoa vê suas emoções, como as emoções são vistas pelos membros da família, e em seus valores pessoais (p. ex., individualistas ou interdependentes). Perceber de que modo as forças externas, como desvantagens econômicas e opressão, afetam o cliente informa a conceitualização de seus problemas e a escolha de estratégias terapêuticas. Perguntar sobre fontes de apoio específicas da sua cultura ajuda a comunicar respeito e a identificar fontes de apoio que poderão ser utilizadas em intervenções comportamentais posteriores (Hays, 2008). Hays descreve uma abordagem multidimensional para avaliar a cultura que inclui atenção (1) à idade do cliente e influências geracionais, (2) às deficiências de desenvolvimento e adquiridas, (3) à religião e orientação espiritual, (4) à etnicidade, (5) ao *status* socioeconômico, (6) à orientação sexual, (7) à herança nativa, (8) à origem nacional e (9) ao gênero.

Quando compreendemos a identidade cultural e os problemas apresentados pelo cliente, pedimos que descreva em que a sua vida seria diferente se seus problemas não estivessem atrapalhando. Geralmente os clientes chegam à terapia com tanto sofrimento e desespero que só conseguem se concentrar na frequência e intensidade de suas experiências dolorosas. Entretanto, a mudança comportamental que procura aumentar as atividades de vida valorizadas é um componente essencial das TCBAs. Portanto, são indicados métodos informais e formais de avaliar direções valorizadas.

Finalmente, como uma maneira de avaliar a prontidão para a mudança, incentivamos o cliente a falar sobre os fatores internos e externos que o motivaram a buscar ajuda. Obviamente, os que procuram a terapia por conta própria costumam estar mais motivados do que aqueles que são encorajados (ou obrigados) por outras pessoas a buscar tratamento. Todavia, geralmente compartilhamos com nossos clientes a nossa visão da motivação. Embora alguns suponham que a motivação é um traço ou característica de personalidade, nós a conceitualizamos de uma perspectiva comportamental. Em termos simples, acreditamos que os clientes ficam motivados a mudar quando as recompensas positivas da mudança parecem mais reforçadoras que as consequências negativas de se empenhar em esforços de mudança. Por exemplo, Maria era uma cliente diagnosticada com transtorno da personalidade *borderline* que se descrevia como uma procrastinadora preguiçosa sem nenhuma motivação para investir em sua carreira. Conversas adicionais revelaram que a vergonha e o autodesprezo que sentia em relação ao seu limitado histórico de empregos impediam que sequer considerasse o tipo de carreira que poderia querer. Dessa perspectiva, recebemos bem e esperamos aqueles clientes que se sentem tão desconectados das recompensas associadas a fazer uma mudança de vida e estão tão dolorosamente conscientes dos obstáculos para fazer essa mudança que se apresentam muito ambivalentes. O objetivo da TCBA é destacar as recompensas positivas da mudança, ajudando os clientes a acessar o que é pessoalmente significativo em suas metas de terapia e reduzir o tamanho e a magnitude dos obstáculos, modificando o relacionamento que mantêm com suas experiências internas.

Depois de obtermos uma visão geral ampla desses problemas, mergulhamos mais profundamente no processo de avaliação investigando de modo mais sistemático diversas esferas.

Psicopatologia

Hayes e colaboradores (1996) criticaram o modelo médico sindrômico de psicopatologia tão amplamente utilizado, citando altos índices de comorbidade, pouca utilidade do tratamento e frequente irrelevância do modelo diagnóstico para os tipos de problemas tipicamente encontrados na prática clínica. Como alternativa, eles propuseram uma abordagem dimensional e funcional à psicopatologia, que supõe que muitas formas de psicopatologia são melhor conceitualizadas como evitação experiencial. Embora apoiemos essa perspectiva, por várias razões práticas e clinicamente relevantes (p. ex., exigências dos planos de saúde, facilidade de comunicação entre os provedores, validação das experiências dos clientes, adequação das recomendações de tratamento dados os atuais padrões de prática), continuamos avaliando nossos clientes para determinar se eles satisfazem ou não os critérios de transtornos específicos do Eixo I, segundo o *Manual Diagnóstico e Estatístico de Transtornos Mentais*, 4ª Edição (DSM-IV).

Muitas vezes, descobrimos que uma entrevista estruturada ou semiestruturada nos esclarece melhor os sintomas e lutas específicos vivenciados por nossos clientes. Em vários casos, uma avaliação sistemática revelou a presença de importantes eventos de vida e/ou sintomas que o cliente, de outra forma, não teria conseguido mencionar.

Por exemplo, dada a elevada comorbidade entre o transtorno depressivo maior (TDM) e o transtorno de estresse pós-traumático (TEPT), é comum o cliente apresentar sintomas de TDM e também ter um histórico de vida com traumas significativos e sintomas relacionados que podem passar despercebidos. Da mesma forma, os clientes podem ter vergonha de revelar sua dependência de substâncias ilegais ou seus pensamentos de suicídio, a menos que sejam diretamente questionados sobre esses problemas de maneira compassiva e profissional.

Para muitos dos clientes que atendemos, o Anxiety Disorders Interview Schedule for DSM-IV* (ADIS-IV; DiNardo, Brown e Barlow, 1994) é um guia útil para avaliar bem os transtornos de ansiedade e do humor do DSM-IV. A Structured Clinical Interview for DSM-IV Axis I Disorders, Clinician Version** (SCID-CV; First, Spitzer, Gibbon e Williams, 1996) também é uma ferramenta clínica eficiente, que avalia os diagnósticos do DSM-IV mais comumente vistos pelos terapeutas (transtornos do humor, psicóticos, por uso de substâncias, de ansiedade, da alimentação e somatoformes) e inclui os critérios diagnósticos para esses transtornos, com perguntas de entrevista correspondentes.

Também existe alguns questionários globais e específicos para determinados sintomas que podem ser usados para nos dar mais informações sobre a natureza e gravidade dos sintomas psicológicos experienciados pelo cliente. O Depression Anxiety Stress Scales – 21 – Item Version (DASS-21; Lovibond e Lovibond, 1995) é uma medida com 21 itens que produz escores separados de depressão, ansiedade (isto é, excitação ansiosa) e estresse (p. ex., tensão). O Brief Symptom Inventory (BSI; Derogatis e Spencer, 1982) também é um questionário útil para avaliar o sofrimento psicológico geral. O BSI dá informações sobre os sintomas do

---

* N. de R. T.: Entrevista estruturada para os transtornos de ansiedade para o DSM-IV.

**N. de R. T.: Entrevista clínica estruturada para o DSM-IV.

cliente em nove dimensões primárias e produz mais três índices globais de funcionamento psicológico.

Comportamentos possivelmente prejudiciais

Comportamentos autoprejudiciais e impulsivos, tais como autoagressão deliberada (p. ex., cortar-se e queimar-se), uso inadequado de substâncias, práticas sexuais de risco, gastar, jogar e comer compulsivamente podem ser uma forma de evitação experiencial que é importante avaliar. Para muitos clientes, esses comportamentos também estão associados a muita vergonha, o que significa que com frequência são sub-relatados. Pode ser clinicamente útil perguntar rotineiramente aos clientes se eles usam álcool, drogas, comida ou atividades potencialmente perigosas como uma maneira de lidar com sua dor emocional. Perguntar diretamente sobre comportamentos embaraçosos e arriscados de maneira não emotiva demonstra aceitação e validação, e aumenta a probabilidade de os clientes se disporem a revelar essas informações.

Também é útil superestimar a frequência do comportamento potencialmente prejudicial durante o questionamento, para obter um relato mais exato. Por exemplo, durante uma triagem por telefone, perguntou-se a uma cliente chamada Rochelle quantos drinques ela consumia por dia e ela respondeu "um ou dois"; entretanto, durante a entrevista clínica, apresentamos a ela uma superestimativa – "Então, você costuma tomar seis ou sete drinques por dia?" – e ela revelou que tomava de quatro a cinco drinques diariamente.

Além de perguntar sobre a frequência de certos comportamentos, também convém inquirir sobre suas consequências. O CAGE (Mayfield, McLeod e Hall, 1974) é uma maneira curta e simples de investigar o uso problemático de álcool. Pergunta-se ao cliente se ele deveria diminuir [*cut* (C) *down*] a bebida, se os outros se incomodam [*are (A) annoyed*] com a quantidade que ele bebe, se ele já sentiu culpa [*guilty (G)*] por beber e se já bebeu de manhã, ao acordar [*eye-opening drink (E)*]. Embora duas respostas afirmativas sejam tipicamente sugestivas de um transtorno por uso de álcool, mesmo uma resposta positiva já merece uma investigação mais profunda.

Clientes com baixo limiar de tolerância à dor emocional também podem apresentar um risco maior de comportamento suicida. Chiles e Strosahl (2005) discutem como a avaliação do comportamento suicida precisa incluir uma avaliação do risco, com responsabilidade ética e legal, e um meio terapeuticamente eficiente de dar esperança ao cliente. Eles sublinham a importância, quando exploramos a ideação e a intenção suicida com um cliente, de validar sua dor emocional, permitindo uma discussão aberta dos pensamentos suicidas. E, mais notavelmente, reconceitualizam o comportamento suicida como uma tentativa de resolver problemas que são vistos como intoleráveis, inescapáveis e intermináveis. Por exemplo, Angel foi atendido por sintomas significativos de TEPT. Dado seu longo histórico de hospitalizações involuntárias por ideação suicida, ele estava hesitante em falar de seus pensamentos suicidas com o terapeuta, o que paradoxalmente aumentava a intensidade dos pensamentos, de seus sentimentos de isolamento e, por fim, da probabilidade de ser novamente hospitalizado. Durante a entrevista de avaliação, o novo terapeuta de Angel comentou que as pessoas apresentam vários tipos de comportamentos que sabem ser perigosos por sentirem sua dor emocional como intensa demais. O terapeuta normalizou pensamentos suicidas ao sugerir que o suicídio frequentemente parece a única opção quando alguém está sofrendo demais. Ele incentivou Angel a falar abertamente sobre seus pensamentos e sentimentos, e lhe ofereceu a possibilidade de aprender novas habilidades para resolver seus problemas (p. ex., aceitação e tolerância da dor emocional, ativação comportamental) por meio da TCBA como uma alternativa ao suicídio.

Alguns fatores individuais e situacionais devem ser avaliados para informar o terapeuta dos possíveis alvos de tratamento para diminuir a ideação suicida, incluindo estilo cognitivo (p. ex., inflexibilidade), estilo de solução de problemas (p. ex., déficit nas habilidades), dor e sofrimento emocional, estilo de manejo emocionalmente evitante, déficits interpessoais, déficits de autocontrole e estresse e apoio ambiental (Chiles e Strosahl, 2005). O Reasons for Living Inventory (Linehan, Goodstein, Nielsen e Chiles, 1983) pode ser usado para medir crenças (crenças sociais e de manejo, responsabilidade pela família, preocupações relacionadas aos filhos, medo de suicídio, medo de desaprovação social e objeções morais) que podem ser importantes para evitar que o cliente tente o suicídio.

RELACIONAMENTO COM EXPERIÊNCIAS INTERNAS

Consciência da experiência emocional

Uma parte central da nossa avaliação envolve explorar o relacionamento do cliente com suas experiências internas (como emoções, pensamentos, sensações internas). Primeiro, prestamos atenção ao nível de consciência e especificidade com o qual o cliente descreve seu estado emocional. Muitas vezes, os clientes buscam terapia com uma queixa inespecífica de afeto negativo geral e tem grande dificuldade para descrever as nuanças de seu atual estado emocional. Nesses casos, convém pedir que respondam a uma lista de adjetivos de humor como a Mood Adjective Check List, com 36 itens (MACL; Nowlis, 1965), ou o Positive and Negative Affect Schedule, com 20 itens (PANAS; Watson, Clark e Tellegen, 1988), em diferentes momentos do dia. Essa avaliação não só nos dá valiosas informações sobre a variação do afeto, como também começa a dar aos clientes um vocabulário mais complexo para descrever sua experiência interna.

Muitos clientes iniciam a terapia sem ter consciência das flutuações de momento a momento no seu humor. Por exemplo, trabalhamos uma vez com uma cliente, Sharon, que descreveu um ataque de pânico que durara aproximadamente duas semanas. Apesar do fato de o corpo humano ser fisicamente incapaz de sustentar um nível de excitação tão alto por tanto tempo, a experiência de Sharon era de medo e excitação constantes. Nesse caso, podemos usar uma folha de monitoramento muito simples como uma maneira de ensinar pacientes como Sharon a perceber as variações no seu humor. Uma escala de avaliação de 0 a 100 permite ao cliente indicar a intensidade da emoção sentida várias vezes ao dia – de manhã, à tarde, à noite e antes de deitar (ver Formulário 2.1, p. 67). Para melhorar a validade dessa avaliação, é importante dedicar um tempo à criação de âncoras comportamentais personalizadas para a escala de avaliação. O cliente deve pensar em situações em que não sentiria nenhuma ansiedade (0), ansiedade moderada (50) e ansiedade profunda (100). Ao preencher o instrumento de avaliação diária e escolher um número para avaliar sua ansiedade, ele pode considerar seu estado emocional relativamente às emoções evocadas nessas situações-âncora.

Da mesma forma, os clientes com frequência não estão conscientes dos gatilhos situacionais que desencadeiam determinadas emoções. Mais uma vez, podem ser criadas folhas individualizadas de automonitoramento para avaliar melhor essas esferas (ver Formulário 2.2, p. 68). Por exemplo, o cliente deve perceber o surgimento de duas ou três emoções intensas todos os dias. Quando ele sentir uma dessas emoções, anotará o dia e a hora, a situação, a emoção eliciada e quaisquer pensamentos ou sensações físicas concomitantes.

Embora as entrevistas e o automonitoramento possam revelar dificuldades em identificar e descrever emoções, também há questionários que avaliam esse estilo de resposta. Por exemplo, a Twenty-Item Toronto Alexithymia Scale (TAS-20; Bagby, Parker e Taylor, 1994) é um questionário que mede o construto de alexitimia. A alexitimia se caracteriza pela dificuldade de identificar e descrever emoções, tendência a minimizar a experiência emocional e um padrão de focar a atenção externamente. Itens como "Eu frequentemente fico confuso em relação à emoção que estou sentindo" e "Eu frequentemente não sei por que fico com raiva" são avaliados em uma escala de 5 pontos que varia de 1 ("discordo decididamente") a 5 ("concordo decididamente"). O TAS-20 produz um escore geral e escores para três subescalas: Dificuldade de Descrever Sentimentos, Dificuldade de Identificar Sentimentos e Pensamento Externamente Orientado.

A Difficulties in Emotion Regulation Scale (DERS; Gratz e Roemer, 2004) é uma medida com 36 itens que pode nos dar informações detalhadas sobre vários aspectos da regulação emocional do cliente (discutida a seguir com mais detalhes). Duas subescalas específicas dessa medida avaliam diretamente a consciência das emoções (p. ex., "Eu presto atenção a como me sinto") e clareza das emoções (p. ex., "Eu estou confuso em relação a como me sinto").

Mindfulness

As TCBA procuram desenvolver o *mindfulness* e, portanto, a avaliação desse construto é essencial. A consciência das emoções é um aspecto-chave do *mindfulness*; assim, algumas das medidas discutidas nessas seções podem ser usadas para medir ambos os construtos, mas há outros componentes no *mindfulness* além da consciência. Baer, Smith, Hopkins, Krietmeyer e Toney (2006) dizem que *mindfulness* é um construto multifacetado, consistindo em cinco elementos distintos: observar e prestar atenção à experiência interna, descrever e dar nome à experiência, ser capaz de se empenhar em atividades de forma consciente e sem se distrair, aceitar e não julgar a experiência, e não reagir à experiência interior. Embora muitas dessas facetas do *mindfulness* possam ser avaliadas pela entrevista clínica e por alguns dos exercícios de automonitoramento mencionados anteriormente, também há um número crescente de questionários que podem ser muito úteis para se avaliar os diferentes elementos do *mindfulness*.

A Mindful Attention Awareness Scale (MAAS; Brown e Ryan, 2003) é uma escala com 15 itens que mede um fator isolado de *mindfulness*: a tendência geral a estar atento a e consciente das experiências do momento presente na vida cotidiana. Itens como "Parece que estou 'funcionando no automático', sem muita consciência daquilo que faço" são avaliados em uma escala de 6 pontos que varia de "quase sempre" a "quase nunca". Embora essa medida seja útil para avaliar a consciência, ela não mede os outros elementos importantes do *mindfulness*.

Várias outras medidas de *mindfulness* procuram capturar mais de suas facetas. Por exemplo, o Freiburg Mindfulness Inventory (FMI; Bucheld, Grossman e Walach, 2001) é um questionário de 30 itens que avalia a observação não julgadora do momento presente e a abertura a experiências negativas. O Kentucky Inventory of Mindfulness Skills (KIMS; Baer, Smith e Allen, 2004) é uma escala recente de 39 itens que procura medir quatro dos cinco aspectos do *mindfulness* descritos acima: observação, descrição, ação consciente e aceitação sem julgamento. Também existe uma sustentação preliminar do desenvolvimento de uma medida de 39 itens, o Five Facet Mindfulness Questionnaire (FFMQ; Baer et al., 2006), que inclui itens de todas as medidas descritas.

Fusão com experiências internas

O modelo que impulsiona a TCBA propõe que estar fundido com ou enganchado em nossas experiências internas desencadeia tentativas de evitação experiencial. Assim, um dos objetivos da terapia é ajudar o cliente a se descentrar ou se desfundir de seus pensamentos, emoções, imagens e sensações físicas. Uma maneira potencialmente útil de avaliar a fusão do indivíduo com seus pensamentos e sentimentos é pedir que avalie a credibilidade de diferentes pensamentos e experiências internas que surgirem. Embora não haja nenhuma medida geral para avaliar esse construto, pesquisadores desenvolveram medidas específicas de conteúdos, que pedem ao indivíduo para avaliar a credibilidade do conteúdo dos pensamentos depressivos (Zettle e Hayes, 1987), alucinações e delírios (Bach e Hayes, 2002), e atitudes estigmatizantes (Hayes, Bissett et al., 2004).

A Thought-Action Fusion Scale (TAFS; Shafran, Thordarson e Rachman, 1996) é uma escala de 19 itens que tem sido usada principalmente para o transtorno obsessivo-compulsivo (TOC), mas pode ser útil, de modo mais geral, como uma medida da fusão cognitiva. A TAFS mede dois componentes: (1) a crença de que pensar sobre um evento inaceitável ou perturbador aumentará a probabilidade de ele ocorrer e (2) a crença de que ter um pensamento inaceitável é quase o equivalente moral de executar uma ação inaceitável. Itens como "Pensar em trair em um relacionamento pessoal é quase tão imoral para mim quanto trair" e "Se eu pensar em um parente ou amigo se acidentando de carro, isso aumenta o risco de ele se acidentar" são pontuados em uma escala de 5 pontos que varia de 0 (discordo decididamente) a 4 (concordo decididamente).

Sofrimento relacionado a experiências internas

Também existem alguns questionários especificamente desenvolvidos para avaliar quão angustiado está o cliente com a sua experiência interna, particularmente a emocional. A sensibilidade à ansiedade, ou o "medo do medo", é um construto comum no transtorno de pânico e em outros transtornos de ansiedade. O Anxiety Sensitivity Index (ASI; Reiss et al., 1986) é um questionário com 16 itens que mede a reatividade aos sintomas relacionados à ansiedade. Itens como "Fico apavorado quando o meu coração bate rapidamente" são avaliados em uma escala de 5 pontos que varia de 0 ("muito pouco") a 4 ("muito"). A Affective Control Scale (ACS; Williams, Chambless e Ahrens, 1997) é um questionário com 42 itens que amplia o construto de "medo do medo" e inclui o sofrimento em relação à ansiedade, depressão, raiva e estados afetivos positivos. Exemplos de itens são "Eu fico apavorado quando fico nervoso" (subescala de ansiedade), "A depressão é apavorante para mim – tenho medo de ficar deprimido e nunca me recuperar" (subescala de depressão), "Tenho medo de que ficar com muita raiva de alguma coisa possa me levar a uma fúria interminável" (subescala de raiva) e "Tenho medo de perder o controle quando fico extremamente feliz" (subescala de afeto positivo). As respostas são pontuadas numa escala de 7 pontos que varia de 1 ("discordo enfaticamente") a 7 ("concordo enfaticamente").

ESTRATÉGIAS DE MANEJO ATUAIS E PASSADAS

Estratégias gerais de manejo

Um pressuposto nuclear da TCBA é que as tentativas internas e externas de controlar ou escapar de pensamentos, sentimentos, imagens e sensações desconfortáveis criam um sofrimento psicológico significativo e impedem a satisfação com a vida. Portanto, uma cuidadosa avaliação das estratégias de manejo que o cliente usa quando experiencia sofrimento psicológico é essencial para o desenvolvimento de um programa de tratamento eficiente. Começamos esse processo de avaliação pedindo ao cliente que descreva como tem procurado lidar com os seus problemas (tipicamente pensamentos e sentimentos dolorosos). Perguntamos, especificamente, sobre o uso de estratégias de controle interno, tais como geração de imagens mentais, distração, diálogo interior, pensamento desejoso e evitação experiencial. Entretanto, em vez de simplesmente avaliar o uso geral e a utilidade dessas estratégias, pedimos que o cliente ofereça exemplos específicos de momentos em que usou alguma estratégia de controle interno e os resultados a curto e a longo prazos. O automonitoramento também é um método útil para avaliar a frequência e a efetividade de cada estratégia (ver Formulário 2.3, p. 67).

Por exemplo, um cliente com o qual trabalhamos, Bob, disse que a distração era uma estratégia de manejo muito eficiente, que ele conseguia usar quando se sentia extremamente ansioso. Uma avaliação mais detalhada revelou que essa estratégia era muitas vezes ineficaz e estava associada a consequências negativas a longo prazo. Bob contou que usara a distração como uma maneira de lidar com sua ansiedade durante uma interação com seu supervisor no trabalho. Apesar de ele julgar, inicialmente, que era uma estratégia útil, uma análise mais detalhada da situação revelou que, embora sua ansiedade tivesse diminuído no momento, dormira mal nas três noites seguintes, ruminando a interação. Além disso, ficou claro que Bob não codificara nem registrara a informação que seu supervisor tentara lhe dar durante a interação. Consequentemente, Bob tivera de pedir ao supervisor que repetisse a informação num encontro posterior, o que fez com que se sentisse envergonhado e estressado.

Da mesma forma, Mary relatou que o diálogo interno positivo era uma estratégia eficiente para lidar com seu humor disfórico. Ela descreveu várias situações em que conseguira "se convencer a não ficar deprimida". Mary também foi solicitada a monitorar seu humor durante a semana e a usar a estratégia do diálogo interior sempre que se sentisse triste. Na sessão seguinte, ela descreveu várias situações em que tentou usar a estratégia sem conseguir modificar seu humor. Com uma avaliação mais profunda, Mary percebeu que não parecia haver uma relação consistente entre o uso do diálogo interior positivo e a melhora do humor.

Medidas específicas de evitação experiencial

Uma vez que a evitação experiencial é tão importante para a conceitualização e o tratamento de uma perspectiva comportamental baseada na aceitação, também costumamos administrar pelo menos um questionário especificamente destinado a avaliar essa forma de manejo. O Acceptance and Action Questionnaire (AAQ; Hayes, Strosahl et al., 2004) é a medida de autorrelato da evitação experiencial mais utilizada, que avalia tanto a relutância da pessoa em permanecer em contato com determinados sentimentos e pensamentos quanto a relutância em agir intencionalmente quando experiencia eventos privados perturbadores. Itens como "Eu não tenho medo dos meus sentimentos" são avaliados em uma escala de 7 pontos que varia de 1 ("nunca verdade") a 7 ("sempre verdade"). Estão disponíveis diversas versões dessa medida. A mais comum é a escala de nove itens, que demonstrou propriedades psicométricas adequadas (Hayes, Strosahl et al., 2004). Também existem duas versões da escala com 16 itens que se mostram promissoras para medir processos subjacentes que podem mudar em função do tratamento. Como cada uma dessas três versões tem pontos fortes e fracos em termos psicométricos, muitos terapeutas optam por usar uma versão de 22 itens que combina todos os itens das três versões em uma medida. Por fim, está sendo atualmente desenvolvida uma versão com 10 itens do AAQ (o AAQ-II), que procura resolver alguns dos problemas das versões anteriores (p. ex., itens com enunciado complexo, baixa consistência interna) (F.G. Bond, comunicação pessoal).

O Thought Control Questionnaire (TCQ; Wells e Davies, 1994) é um instrumento com 30 itens destinado a avaliar a efetividade de estratégias usadas para controlar pensamentos desagradáveis e indesejados. Itens como "Eu me castigo por ter o pensamento" e "Eu digo a mim mesmo para não ser tão burro" são avaliados em uma escala de 4 pontos que varia de 1 ("nunca") a 4 ("quase sempre"). Embora o TCQ avalie cinco fatores que correspondem a diferentes estratégias para controlar pensamentos indesejados (distração, controle social, preocupação, punição e reapreciação), a punição e a preocupação se relacionam mais claramente ao construto de evitação experiencial. O White Bear Suppression Inventory (WBSI; Wegner e Zanakos, 1994) é outra medida planejada para avaliar estratégias de controle de pensamentos. Especificamente, essa medida de autorrelato com 15 itens avalia a tendência a evitar e reprimir os pensamentos indesejados. Itens como "Eu sempre tento tirar os problemas da cabeça" são avaliados em uma escala de 5 pontos que varia de 1 ("discordo decididamente") a 5 ("concordo decididamente").

Regulação da emoção

Regulação da emoção é um conceito amplo que tem sido empregado para descrever a capacidade de modular (p. ex., Gross, 1998), monitorar e avaliar o próprio estado emocional (p. ex., Thompson, 1994). Embora esse construto provavelmente esteja muito relacionado às estratégias gerais de manejo e ao *mindfulness*, ele também pode ser útil para avaliar isso de modo específico.

Gross e John (2003) criaram o Emotion Regulation Questionnaire (ERQ), com 10 itens, para avaliar diferenças individuais no uso habitual de duas estratégias reguladoras da emoção: apreciação cognitiva (p. ex., "Eu controlo as minhas emoções modificando minha maneira de pensar sobre a situação que estou vivendo") e supressão da expressão emocional ("Eu controlo as minhas emoções não as expressando"). Cada item é pontuado em uma escala de 7 pontos que varia de 1 ("discordo decididamente") a 7 ("concordo decididamente"). Kashdan e Steger (2006) modificaram essa medida e criaram o State Emotion Regulation Questionnaire, com 8 itens, para avaliar tentativas estratégicas de modificar o humor durante o dia. Essa medida adaptada pode ser útil para dar aos clientes e aos terapeutas algumas informações individualizadas sobre a relação entre as estratégias de regulação da emoção usadas pelo cliente em diferentes situações e sua subsequente resposta emocional.

Conforme descrevemos anteriormente, o Difficulties in Emotion Regulation Scale (DERS; Gratz e Roemer, 2004) é uma medida abrangente da regulação da emoção. A escala fornece um escore total além de seis escores de subescalas, medindo dificuldades em aspectos da regulação da emoção, incluindo a aceitação das emoções (p. ex., "Quando estou perturbado, fico com vergonha por me sentir assim"), a capacidade de realizar comportamentos dirigidos a um objetivo quando se está angustiado (p. ex., "Quando estou perturbado, tenho dificuldade em fazer as coisas"), o controle dos impulsos (p. ex., "Quando estou perturbado, perco o controle sobre meus comportamentos") e o acesso a estratégias de regulação (p. ex., "Quando estou perturbado, acredito que não há nada que eu possa fazer para me sentir melhor"), além das subescalas de consciência das emoções e clareza das emoções descritas anteriormente. Os participantes indicam a frequência com que cada item se aplica a eles numa escala Likert de 5 pontos, com 1 significando "quase nunca" (0 a 10%) e 5 "quase sempre" (91 a 100%).

Avaliando os pontos fortes

Embora essas avaliações das maneiras problemáticas de responder às experiências internas sejam uma parte muito importante de uma avaliação abrangente, também procuramos avaliar as tentativas eficientes de manejo do cliente e os seus pontos fortes. Conforme descrevemos no capítulo anterior, os clientes geralmente chegam para a terapia com uma visão limitada e crítica de si mesmos, resultante da fusão com suas experiências internas perturbadoras. Perguntar especificamente sobre pontos fortes ajuda a ampliar suas perspectivas para que também prestem atenção àquelas partes da sua vida que são gratificantes. Essa informação ajuda o terapeuta a planejar as primeiras tarefas comportamentais com maior chance de serem bem-sucedidas e reforçadoras, facilitando os futuros esforços de mudança.

QUALIDADE DE VIDA

Esferas de funcionamento

Como discutimos no Capítulo 1, a meta explícita da TCBA é melhorar a qualidade de vida do cliente de modo fundamental e significativo. Apesar de esse objetivo estar implícito em qualquer forma de terapia, a TCBA emprega alguns métodos clínicos para ajudar o cliente a se empenhar em comportamentos consistentes com valores pessoalmente relevantes. Portanto, recomendamos enfaticamente uma cuidadosa avaliação do comportamento e da satisfação do cliente em múltiplas esferas de vida. Costumamos pedir aos nossos clientes que descrevam seu atual funcionamento acadêmico/ocupacional, prestando atenção a qualquer problema de frequência, desempenho ou insatisfação. Avaliamos o tamanho e a qualidade das redes sociais de apoio, com atenção particular a sinais de isolamento, falta de intimidade nos relacionamentos ou relacionamentos conflitados. Além disso, perguntamos como passam seu tempo livre e avaliamos, especificamente, a presença de passatempos, atividades de lazer e interesses espirituais e comunitários.

A saúde e o bem-estar físicos também são alvos importantes de avaliação. Embora avaliemos rotineiramente a presença de condições médicas significativas, alguns outros indicadores de saúde importantes estão relacionados à satisfação com a vida. Por exemplo, segundo o Institute of Medicine, de 50 a 70 milhões de norte-americanos sofrem cronicamente de algum transtorno de sono. Uma recente pesquisa da National Sleep Foundation (2007) revelou que dois terços das mulheres têm problemas para dormir pelo menos algumas noites por semana. Entre os que relatam dormir mal, 80% se sente estressado e ansioso, e 55% se sentiu infeliz, triste ou deprimido no último mês. Adicionalmente, a dificuldade para dormir está associada a menos tempo passado com amigos e família e decréscimo da atividade sexual.

A relação entre sono e saúde mental é complexa e recíproca. Transtornos psicológicos como TDM e TEPT são caracterizados por perturbações no sono; a falta de sono contribui para a piora do humor, atenção e concentração; e substâncias prescritas (medicação psicotrópica) e não prescritas (drogas e álcool) influenciam a frequência e qualidade do sono. Além disso, déficits de sono podem intensificar a presença de emoções negativas e reduzir os efeitos positivos de atividades dirigidas a objetivos (Zohar, Tzischinsky, Epstein e Lavie, 2005).

Há vários métodos que podemos usar para avaliar a qualidade do sono. O Pittsburgh Sleep Quality Index* (PSQI; Buysse, Reynolds, Monk, Berman e Kupfer, 1989) é uma medida de autorrelato, com 19 itens, da qualidade e dificuldades do sono. Outra medida breve de autorrelato é a Sleep Scale, com 19 itens, do Medical Outcomes Study (Hays e Stewart, 1992). Além desses questionários, um diário do sono, em que os participantes automonitoram seus padrões diários de sono/vigília, se revelou um instrumento de avaliação confiável (Rogers, Caruso e Aldrich, 1993).

---

* N. de R. T.: Índice de qualidade do sono de Pittsburgh.

Dieta e exercício também são componentes importantes da qualidade de vida que vale a pena avaliar. Mesmo quando preocupações com a alimentação não são um problema apresentado, má nutrição e padrões alimentares erráticos podem ameaçar a saúde e o bem-estar da pessoa. O funcionamento sexual frequentemente é ignorado como um componente da qualidade de vida. Um grande levantamento epidemiológico realizado nos Estados Unidos (Laumann, Paik e Rosen, 1999) descobriu que 43% das mulheres e 31% dos homens experienciavam alguma forma de disfunção sexual. Problemas no funcionamento sexual podem influenciar negativamente o humor e criar tensão no relacionamento. Apesar de muitos clientes ficarem pouco à vontade para falar sobre sua sexualidade, descobrimos que pode ser muito normalizador perguntar sobre a satisfação nessa importante esfera de vida como parte de uma avaliação mais completa da qualidade de vida. E também podemos administrar um questionário, como o Derogatis Sexual Functioning Inventory (DSFI; Derogatis e Melisaratos, 1979), para termos uma ideia geral do funcionamento do cliente nessa área.

O Quality of Life Inventory (QOLI; Frisch, Cornwell, Villanueva e Retzlaff, 1992) é uma ferramenta excelente para ajudar o terapeuta a ter uma ideia global da satisfação do cliente em várias esferas importantes. Os respondentes avaliam a importância de (em uma escala de 3 pontos) e a satisfação atual com (em uma escala de 6 pontos) 16 áreas da vida (saúde, autoestima, metas e valores, dinheiro, trabalho, lazer, aprendizagem, criatividade, ajuda, amor, amigos, filhos, parentes, lar, vizinhança e comunidade). É obtido um escore global da qualidade de vida, além de um perfil ponderado da satisfação nas 16 áreas avaliadas.

Valores

Wilson e Groom (2002; conforme citado em Wilson e Murrell, 2004) criaram o Valued Living Questionnaire (VLQ), em que os clientes avaliam a *importância* de 10 domínios de vida comumente valorizados, em uma escala de 1 a 10: família, casamento/relacionamento de casal/íntimo, parentagem, amizades, trabalho, instrução, recreação, espiritualidade, cidadania e autocuidado físico. A seguir, os clientes devem estimar, usando uma escala de 1 a 10, quão *consistentemente* eles se comportaram, segundo cada um dos valores, na última semana. O VLQ é empregado principalmente como uma ferramenta clínica para identificar áreas de vida que poderiam ser alvo de tratamento.

Wilson e Murrell (2004) apresentam três perfis clinicamente notáveis que podem ser extremamente informativos para o terapeuta. O primeiro perfil comum reflete uma grande discrepância entre as pontuações de importância e de consistência em uma ou mais esferas valorizadas. Por exemplo, um cliente que está atualmente em licença por incapacidade devido a sintomas de TDM e valoriza muito ser desafiado e contribuir para o seu local de trabalho poderia avaliar essa esfera como extremamente valorizada e inconsistentemente buscada. Os clientes com esse perfil tendem a relatar um sofrimento psicológico significativo e parecem imobilizados com relação a ir em frente e fazer mudanças em esferas valorizadas.

Outro padrão que vale a pena destacar é aquele com escores de importância muito baixa na maioria ou em todas as esferas valorizadas. Por exemplo, um cliente extremamente isolado, com uma história de rejeição social, poderia pontuar uniformemente como não importantes os relacionamentos familiares, íntimos, de parentagem e amizade. Às vezes, esse padrão de "não se importar" pode, na verdade, refletir o desejo de evitar a dor associada ao reconhecimento do desejo de se conectar com os outros (Wilson e Murrell, 2004). Nesses casos, o terapeuta pode explorar com delicadeza se "não se importar" está impedindo o cliente de buscar essas importantes esferas da vida.

Um padrão final notável é aquele de escores extremamente elevados de importância e consistência totais. Particularmente quando o cliente relata pouco sofrimento psicológico, esse endosso pode refletir seu desejo de se apresentar de maneira socialmente aceitável (Wilson e Murrell, 2004). Na nossa prática, temos visto alguns clientes que endossam muitos valores como extremamente importantes e relatam estar agindo de maneira consistente com eles, mas descrevem um sofrimento psicológico significativo. Nesses casos, é comum "parecer" que vivem uma vida valorizada, mas eles não vivenciam suas experiências com *mindfulness*. Por exemplo, Wendy era uma profissional com uma carreira estimulante e desafiadora, um casamento sólido e três filhos maravilhosos. Num nível superficial, ela parecia estar encontrando o equilíbrio entre ter sucesso na carreira e passar um tempo de qualidade com a família; entretanto, numa entrevista mais cuidadosa, ficou claro que Wendy não estava trazendo *mindfulness* e propósito ao seu comportamento em esferas valorizadas. Quando estava no trabalho, embora seu desempenho fosse sólido, ela se distraía frequentemente com pensamentos e sentimentos de culpa em relação à família. Em casa, ela brincava com os filhos, mas sua atenção estava focada em pensamentos sobre o trabalho e prazos. Seu padrão de escores no VLQ, juntamente ao seu estado de angústia, indicou à terapeuta a importância de trabalhar com Wendy para trazer *mindfulness* às suas atividades valorizadas.

Emmons (1986) desenvolveu um sistema para avaliar buscas pessoais, um conceito semelhante ao de valores. Ele definiu *buscas pessoais* como construtos abstratos unificadores, organizadores, tais como querer afeição dos outros, que orientam e dirigem o comportamento cotidiano. Utilizando esse sistema, cada busca é pontuada em algumas dimensões, incluindo valor (felicidade ou infelicidade associada ao sucesso na busca), clareza referente à busca, ambivalência em relação a ela, comprometimento, nível de importância, expectativa de sucesso e motivos para perseguir esses objetivos.

Utilizando-se dessa medida, que é empregada principalmente na pesquisa sobre personalidade e bem-estar, Blackledge, Ciarocchi e Bailey (2007) criaram o Personal Values Questionnaire para uso em contextos clínicos. O questionário foi planejado para auxiliar o cliente a articular seus valores, identificar se esses valores são intrínseca ou extrinsecamente motivados, avaliar a importância pessoal de cada valor e estimar o comprometimento com ele. São avaliados valores em nove esferas da vida descritas na TAC (Hayes, Strosahl e Wilson, 1999): relacionamentos familiares, amizades/relacionamentos sociais, relacionamentos de casal/românticos, trabalho/carreira, instrução/escolarização/crescimento e desenvolvimento pessoal, recreação/lazer/esporte, espiritualidade/religião, comunidade/cidadania e saúde/bem-estar físico. Os clientes leem uma breve descrição de cada esfera de valores (p. ex., na esfera de amizades/relacionamentos sociais eles devem pensar sobre o que significa ser um bom amigo e recebem possíveis descrições a considerar, tais como ser apoiador, respeitoso, carinhoso, aceitador, leal ou honesto) e depois devem articular seus valores pessoais nessa esfera. A seguir, eles respondem a nove perguntas sobre o valor, cada uma pontuada em uma escala de 5 pontos, que avalia a motivação para manter o valor, a extensão em que o comportamento é atualmente consistente com o valor, o compromisso com o valor e se essa é uma possível área a ser melhorada.

Lundgren, Dahl e Hayes (2008) desenvolveram a Values Bull's Eye, uma medida de obtenção e persistência de valores quando se encontram barreiras, usando uma série de quatro representações pictóricas de alvos para dardos. Os primeiros três alvos são usados para avaliar a extensão em que os clientes estão vivendo consistentemente com seus valores. Pede-se ao cliente que descreva três direções valorizadas em que acredita firmemente, que são pessoalmente relevantes e ele gostaria de trabalhar na terapia. O centro do alvo representa viver inteiramente de acordo com esse valor, e pede-se que ele marque quão perto do alvo está vivendo no momento. Um quarto alvo é usado para avaliar a persistência de agir segundo os valores diante de barreiras psicológicas como ansiedade ou tristeza. O cliente deve escrever as barreiras individuais que dificultam viver consistentemente com seus valores, e depois indicar a persistência da ação valorizada diante dos obstáculos descritos (o centro do alvo significa que o cliente persiste sempre). A distância entre o centro e a borda do alvo em todos os quatro alvos de dardos é de 4,5 cm, e os escores, representando a distância entre a marca e o centro, podem variar de 0 a 4,5, com os escores mais baixos equivalendo à maior obtenção ou persistência. A obtenção dos valores é a média dos três primeiros alvos de dardos; a persistência apesar dos obstáculos é gerada pela medida isolada.

Embora essas medidas possam ser úteis para termos uma avaliação inicial dos valores, acreditamos que é importante avaliar os valores em maior profundidade durante o tratamento. Utilizamos uma série de tarefas escritas na terapia para ajudar nossos clientes a compreender de modo mais claro e rico os seus valores. Essas estratégias de tratamento serão discutidas no Capítulo 7.

TRATAMENTO PRÉVIO

Assim como é importante avaliar cuidadosamente as estratégias de manejo que o cliente usa para lidar com eventos psicológicos difíceis, também é essencial compreender bem suas experiências prévias de terapia. Pedimos aos nossos clientes, rotineiramente, que descrevam sua terapia anterior, digam quais métodos e estratégias consideraram mais eficientes e descrevam quaisquer componentes que consideraram pouco úteis.

Tratamento cognitivo--comportamental

Em nossa prática, trabalhamos com vários clientes que haviam tido uma experiência de terapia cognitivo-comportamental. Mesmo que as abordagens comportamentais baseadas na aceitação tenham origem nessa tradição e muitos dos métodos da TCC tradicional sejam extremamente consistentes com as abordagens baseadas na aceitação (ver Capítulo 10), devemos examinar atentamente a experiência do cliente com a TCC (para mais informações sobre as semelhanças e diferenças entre a TCC e as abordagens baseadas na aceitação, ver Orsillo e Roemer, 2005; Orsillo, Roemer, Lerner e Tull, 2004). As abordagens comportamentais baseadas na aceitação se valem de e são compatíveis com técnicas da TCC como automonitoramento, terapia de exposição, ativação comportamental e treinamento de habilidades. Algumas maneiras de tratar pensamentos irracionais com reestruturação cognitiva são consistentes com o objetivo da TCBA de modificar o relacionamento que o cliente tem com suas experiências internas. Por exemplo, incentivar o cliente a considerar seus pensamentos simplesmente como pensamentos e não fatos, a ir a uma festa mesmo quando está ansioso e a observar o que realmente acontece nessa situação temida poderiam ser parte de ambas abordagens de tratamento. Em contraste, outras abordagens cognitivas podem se concentrar mais em modificar o conteúdo de um pensamento específico a fim de diminuir a ansiedade, o que é menos consistente com uma perspectiva de TCBA. Por exemplo, um cliente que fica ansioso em festas pode tentar substituir o pensamento "Eu me sinto um idiota porque não sou tão instruído quanto as outras pessoas que estão aqui" por algo como "Eu sou uma pessoa interessante e instruída". O fundamento lógico da TCC, neste caso, seria reduzir a frequência e intensidade dos pensamentos desconfortáveis, o que diminuiria a ansiedade e facilitaria a exposição a situações temidas. Embora a redução dos sintomas seja uma meta óbvia da TCBA, a ênfase nessa abordagem está em desenvolver uma postura aceitadora e compassiva em relação a si e o empenho em ações que são consistentes com valores pessoalmente relevantes.

À medida que as abordagens cognitivo-comportamentais cresceram em popularidade, o termo passou a descrever uma classe muito mais ampla de técnicas distintas. Portanto, convém perguntar aos clientes de modo mais específico quais elementos da TCC eles receberam (p. ex., psicoeducação, reestruturação cognitiva, ativação comportamental, treinamento de habilidades, treinamento de relaxamento, terapia de exposição). Além disso, se eles relatam que certas técnicas não foram nem um pouco úteis, sondamos em busca de detalhes. Por exemplo, Sheila estava relutante em fazer um treinamento de relaxamento na terapia porque tivera uma tentativa anterior malsucedida. Em um questionamento mais detalhado, ficamos sabendo que, na sua terapia anterior, ela escutava uma fita gravada com sons do oceano como uma forma de relaxamento. Quando lhe explicamos como o relaxamento seria diferente do que ela tentara antes, Sheila se mostrou mais disposta a considerá-lo.

Também convém saber por que o cliente pensa que a TCC não foi eficiente. Por exemplo, com frequência atendemos clientes que não se beneficiaram da terapia de exposição. John, um veterano do Vietnã com TEPT, estava relutante em tentar a terapia de exposição porque, na sua experiência, esse método fracassara. Especificamente, John fizera uma sessão de terapia de exposição, durante a qual ele ficara extremamente alterado e agitado. A terapia de exposição é um tratamento extremamente eficaz para o TEPT e pode ser melhorada com técnicas de aceitação (ver Capítulo 10). Então sugerimos que ele considerasse fazer a terapia de exposição conosco e lhe demos os fundamentos lógicos para aliviar suas preocupações. Especificamente, explicamos que, primeiro, ele desenvolveria habilidades de *mindfulness* e desfusão, o que o ajudaria a diminuir o sofrimento associado aos pensamentos, imagens e emoções dolorosas que a exposição costuma eliciar.

Geralmente, quando o cliente teve uma experiência positiva com a TCC, ele pode lutar um pouquinho com algumas estratégias de aceitação, que talvez pareçam inconsistentes com o modelo cognitivo de que os pensamentos causam emoções e é necessária a reestruturação cognitiva para alterar pensamentos e torná-los mais "racionais". Uma cuidadosa avaliação dos métodos específicos que o cliente considerou úteis permite ao terapeuta tratar essas inconsistências aparentes. Por exemplo, Mark achara útil a reestruturação cognitiva que recebera numa terapia prévia para tratar seu transtorno de ansiedade social (TAS) e manifestou seu temor de que uma abordagem baseada na aceitação para seus sintomas de TAG com a atual terapeuta fosse inconsistente com o tratamento que concluíra. Conseguimos estabelecer paralelos entre o automonitoramento que completara e o desenvolvimento da habilidade de atenção em *mindfulness*. Além disso, discutimos as consistências entre não aceitar mais certos pensamentos como fatos e as habilidades de descentramento e desfusão de *mindfulness*. Em vez de confrontar Mark diretamente com a necessidade ou não de modificar o conteúdo de seus pensamentos para o tratamento, perguntamos se ele estaria disposto a expandir seu repertório e tentar algumas abordagens novas para lidar com suas emoções quando a reestruturação cognitiva fosse ineficaz.

Tratamento não diretivo

Embora os aspectos de aceitação e validação da TCBA sejam muito consistentes com muitas abordagens de terapia não diretivas, humanísticas, os elementos comportamentais da TCBA que requerem uma atividade fora da sessão significativa não são tão comuns nessas outras abordagens. É muito útil para o terapeuta conhecer a experiência e a satisfação prévias do cliente com terapias não diretivas, pois essa história pode influenciar claramente suas metas e expectativas de tratamento. Por exemplo, Richard buscou tratamento com uma de nós (Orsillo) depois de terminar com um terapeuta humanista que o atendera por aproximadamente 20 anos. Em princípio, Richard ficou desconcertado com a sugestão de que a terapia exigiria um trabalho fora das sessões, e disse que fizera temas de casa enquanto estava na escola e que não via necessidade de tarefas de casa na terapia. Eu passei um tempo considerável tentando dar a Richard motivos adequados e racionais para a prática desses exercícios. Uma armadilha clínica comum é o terapeuta, muito atarefado, se apressar a dar tarefas de casa sem fornecer motivos suficientes ou sem reconhecer o desafio de encaixar essas tarefas na vida já corrida dos clientes. Sempre é benéfico o terapeuta dedicar um tempo suficiente para explicar ao cliente os desafios da prática desses exercícios, mas é especialmente importante ser sensível a essa questão no caso de clientes que já fizeram uma terapia menos estruturada e diretiva.

Experiência prévia com *mindfulness*

Conforme *mindfulness*, meditação, ioga e outras práticas espirituais orientais se tornaram mais populares na cultura ocidental, mais e mais clientes chegam a tratamento com alguma história de prática de *mindfulness*. Essa experiência pode ser muito benéfica para preparar os clientes para começarem a TCBA, mas às vezes eles tiveram experiências negativas com essas abordagens que podem atrapalhar a psicoterapia. Mais uma vez, pedir ao cliente que descreva detalhadamente sua experiência anterior com *mindfulness*, do que ele gostou ou não nessa prática e sucessos e fracassos pode ser extremamente informativo no desenvolvimento dos fundamentos e plano de tratamento.

Por exemplo, Shoshanna, uma cliente com características de transtorno da personalidade dependente, estava entusiasmada com a TCBA porque achava que era consistente com sua prática de meditação prolongada em posição sentada. Como a terapeuta supôs que Shoshanna conhecia bem *mindfulness* e elas tinham apenas um número limitado de sessões, passou mais tempo na terapia incentivando Shoshanna a se empenhar em ações valorizadas do que conversando e praticando *mindfulness*. Quando ficou claro que Shoshanna não estava progredindo como esperava na terapia, ela e a terapeuta passaram algum tempo revisando o progresso e perceberam que Shoshanna estava lutando significativamente com os conceitos de autocompaixão e aceitação de *mindfulness*. Uma vez que a terapeuta não avaliou bem a experiência anterior de Shoshanna com a meditação, não se deu conta de que sua cliente tinha pouca prática dessas habilidades.

OUTROS RECURSOS DE AVALIAÇÃO PARA O TERAPEUTA

Procuramos descrever os métodos e medidas que consideramos mais úteis para realizar uma avaliação abrangente do cliente de uma perspectiva comportamental baseada na aceitação, mas há muitos outros recursos de avaliação disponíveis para o terapeuta. Alguns livros e *sites* que foram particularmente úteis para nos ajudar a identificar e obter instrumentos de avaliação estão resumidos no Quadro 2.1. Também é importante observar que fomos intencionalmente superinclusivas na nossa descrição das possíveis medidas e métodos que usaríamos para fazer uma avaliação. Embora seja importante avaliar todas essas esferas, acreditamos que o terapeuta deve escolher os instrumentos de modo cuidadoso e flexível para atender às necessidades individuais de cada cliente e situação.

QUADRO 2.1 Recursos adicionais de avaliação

Autores (ano)	Forma	Esfera	Medidas reimpressas
Antony, Orsillo e Roemer (2001)	Livro	Ansiedade	Sim
Nezu, Ronan, Meadows e McClure (2000)	Livro	Depressão	Sim
Cocoran e Fischer (2000)	Livro	Amplo espectro de construtos psicológicos	Sim
Association for Contextual Behavioral Science	Site (www.contextualpsychology.org)	Variedade de instrumentos de avaliação relacionados à TAC, incluindo muitos que estão sendo desenvolvidos	Sim
Buros Institute of Mental Measures	Site (www.unl.edu/buros)	Listagem geral e abrangente de instrumentos psicológicos	Não

FORMULÁRIO 2.1

FORMULÁRIO DE CONSCIÊNCIA DA ANSIEDADE

Por favor, avalie a sua ansiedade (em uma escala de 0 a 100, com 0 sendo absolutamente nenhuma ansiedade e 100 uma ansiedade profunda) em quatro momentos diferentes do dia. Se você perceber alguma coisa enquanto estiver avaliando sua ansiedade, sinta-se livre para anotar essas observações na parte inferior do formulário.

Escala de Avaliação

0	50	100
Absolutamente nenhuma ansiedade, completamente relaxado	Ansiedade moderada	Ansiedade profunda

Data	Manhã Hora/Pontuação	Meio-dia Hora/Pontuação	Entardecer Hora/Pontuação	Noite Hora/Pontuação

FORMULÁRIO 2.2

FORMULÁRIO DE MONITORAMENTO DA EMOÇÃO

Quando você perceber que está sentindo uma emoção forte, por favor, tire um momento para observar e descrever a situação em que está e a emoção que sente. Por favor, registre também qualquer pensamento que esteja tendo no momento e qualquer sensação física (p. ex., coração disparado, tensão muscular, fadiga).

Dia/Hora	Situação	Emoção	Pensamentos	Sensações físicas

FORMULÁRIO 2.3

FORMULÁRIO DE ESTRATÉGIAS DE MANEJO

Como tem feito, por favor, continue a observar emoções fortes que surgem em diferentes situações e os pensamentos e sensações que acompanham cada emoção. Observe também como você responde à emoção (p. ex., preste atenção a ela, tente se livrar dela, procure se distrair, tente modificá-la, etc.) e o resultado (consegue, não consegue, se sente melhor, se sente pior, etc.)

Dia/Hora	Situação	Emoções/Pensamentos/Sensações	Resposta	Resultado

3

Formulação de Caso e de Plano de Tratamento Individualizados

Conforme discutimos no Capítulo 1, um aspecto básico do tratamento é um entendimento compartilhado pelo cliente e pelo terapeuta da natureza dos desafios que o cliente está enfrentando. A formulação de caso individualizada se vale do modelo comportamental geral baseado na aceitação apresentado anteriormente, mas está ligada às características específicas das preocupações e experiências do cliente. Essa formulação, portanto, está vinculada à abordagem da intervenção, tanto em termos gerais, às metas e aos métodos de tratamento, quanto especificamente, a cada exercício, prática ou tópico introduzido. Dessa maneira, de uma perspectiva comportamental baseada na aceitação (como nas intervenções de TCC), o tratamento é *transparente*, com o terapeuta partilhando com o cliente seu entendimento e sua intenção o tempo todo, e *colaborativo*, com o terapeuta incorporando a perspectiva do cliente à formulação e seleção das intervenções. Essa formulação e o plano de tratamento são individualizados, pois se incorporam informações dos métodos de avaliação descritos no capítulo anterior a um modelo comportamental geral baseado na aceitação, se compartilha essa formulação com o cliente ajustando-a com base em seu *feedback*, e se adaptam métodos gerais de intervenção de acordo com os elementos específicos do caso. Neste capítulo, apresentamos uma visão geral de como desenvolver uma formulação de caso individualizada e a conectamos a um plano de tratamento. Os capítulos seguintes descrevem com detalhes como a terapia acontece de uma perspectiva comportamental baseada na aceitação, dando exemplos e exercícios que podem ajudar os terapeutas a desenvolver, implementar e melhorar planos de tratamento para clientes específicos.

DESENVOLVENDO UMA FORMULAÇÃO DE CASO

Como Persons (1989) observa, as formulações de caso envolvem identificar dois níveis da preocupação apresentada: *dificuldades manifestas* e *mecanismos psicológicos subjacentes*. Embora as abordagens comportamentais baseadas na aceitação salientem a importância de determinados mecanismos psicológicos subjacentes que desempenham um papel em uma grande variedade de dificuldades manifestas (relacionamentos problemáticos com a experiência interna, evitação experiencial, constrição comportamental), elas também procuram identificar e tratar dificuldades manifestas. Essas seriam as preocupações que trouxeram os clientes a tratamento, e a motivação e o comprometimento com a terapia dependerão de o cliente perceber que o tratamento proposto vai tratar dessas preocupações prementes. Igualmente, as dificuldades manifestas são os sinais de que mecanismos psicológicos subjacentes estão sendo ativados, de modo que identificá-los e monitorá-los dá informações importantes para orientar o cliente e o terapeuta quanto às oportunidades de praticar respostas recentemente aprendidas. Por exemplo, um cliente que diz que "se fecha" quando se sente criticado pela parceira pode estar se distanciando de sua experiência emocional (e da parceira) como uma maneira de reduzir o medo e a vulnerabilidade que sente diante dessa ameaça de abandono, embora não esteja consciente dessas respostas subjacentes. Ao prestar atenção à sua tendência identificada de se fechar (e ao reconhecer que isso é inconsistente com sua valorização da intimidade no relacionamento), ele e a terapeuta podem começar a explorar maneiras de permanecer aberto ou conectado nesses contextos e de tolerar o sofrimento que poderia surgir. Reconhecer seu fechamento como algo que surge quando se sente vulnerável pode ajudá-lo a cultivar outras respostas a essa situação.

O capítulo anterior descreveu o primeiro passo essencial de uma formulação de caso: a avaliação cuidadosa das preocupações apresentadas pelo cliente (dificuldades manifestas), incluindo sintomas, comportamentos problemáticos e prejuízos na qualidade de vida e no funcionamento. Ela também deve incluir uma avaliação (em uma entrevista ou por algum método de autorrelato) de como o cliente se relaciona com suas experiências internas, evidências de evitação experiencial e constrição comportamental, para começar a explorar possíveis mecanismos psicológicos subjacentes que ajudem a explicar e unificar as preocupações apresentadas. Quando o cliente descreve exemplos específicos de dificuldades manifestas, o terapeuta pode procurar evidências de conexões com maneiras específicas de se relacionar com, ou tentar evitar, as experiências internas, ou de constrições na vida que podem revelar a função dessas dificuldades para o indivíduo. Por exemplo, Ana, uma cliente que lutava com o uso excessivo de álcool, descreveu um período em que bebeu muito, desencadeado por uma interação difícil com o parceiro em que ela se sentiu insultada por ele.

TERAPEUTA: O que você sentiu logo depois do insulto?

CLIENTE: Eu fiquei tão furiosa!

TERAPEUTA: E qual foi a sua reação ao sentir tanta raiva? Surgiram também outros sentimentos ou qualquer sentimento em relação a estar com raiva?

CLIENTE: Bem, aquilo me assustou. Eu fiquei com medo de fazer ou dizer alguma coisa que não poderia desfazer ou desdizer.

TERAPEUTA: Entendo. Naquele momento você ficou com raiva e assustada. Quando fica com raiva, costuma sentir alguma outra coisa?

CLIENTE: Sim, a raiva me apavora. Eu recordo que o meu pai costumava ficar com raiva e me lembro das coisas que ele fazia. Eu não quero ser como ele. Eu sei como a raiva pode ser perigosa.

TERAPEUTA: Faz muito sentido você ter tido essa reação à sua raiva. O que você fez quando se sentiu ameaçada pela raiva? Como lidou com ela?

CLIENTE: Bem, eu só tentei não ficar com raiva, tentei afastar os sentimentos que estava tendo.

TERAPEUTA: Como isso funcionou?

CLIENTE: Eu só me senti mal – mal por inteiro.

TERAPEUTA: Você poderia me contar mais sobre isso? O que você sentiu em seu corpo?

CLIENTE: Eu senti como se estivesse pulando fora da minha pele. Meu coração estava disparado. Minha cabeça estava a mil.

TERAPEUTA: Então, parece que tentar não sentir raiva só fez com que você se sentisse mal de modo geral e fisicamente ativada. O que você fez depois?

CLIENTE: Eu saí e tomei um drinque para me acalmar um pouco e tentar parar de me sentir daquele jeito. Eu ainda estava com medo do que poderia fazer.

TERAPEUTA: Me fale um pouco sobre o que aconteceu quando você começou a beber.

CLIENTE: Eu me senti péssima por estar bebendo!

TERAPEUTA: Então, para você foi um ciclo muito difícil. Você sentiu alguma outra coisa além de péssima por estar bebendo, talvez até antes de se sentir péssima? Talvez algo parecido com alívio? Ou alguma mudança na sua angústia física?

CLIENTE: Oh, sim – primeiro eu me senti super bem. Assim que tomei um gole, senti meu coração começar a bater mais devagar; meu peito se aliviou um pouco. E a minha cabeça já não estava tão a mil, meu coração já não estava disparado. Foi super bom. Depois eu me senti culpada por estar me sentindo tão bem. Porque eu sei que estou tentando parar e que beber não é bom para mim.

TERAPEUTA: Bom, eu entendo muito bem por que você tomou um drinque nessa situação.

CLIENTE: Sério?

TERAPEUTA: Claro. Você está tendo esses sentimentos internos que são apavorantes, em parte porque a lembram de coisas muito assustadoras do seu passado. Você tenta lidar com elas internamente e isso não funciona – na verdade, você se sente mais angustiada. E você sabe que tomar uma bebida vai aliviar algumas dessas experiências difíceis. É muito difícil não beber considerando tudo isso.

CLIENTE: Sim, é muito difícil. Isso quer dizer que eu sempre vou beber?

TERAPEUTA: Não, de jeito nenhum. Só é importante ser capaz de entender por que esse é um hábito tão difícil de mudar e começar a ver as coisas que levam a isso, para que possamos encontrar uma maneira de você fazer escolhas diferentes ao longo do caminho. Portanto, agora sabemos que é importante prestarmos atenção ao seu medo da raiva e aos seus esforços para se livrar dela, para conseguirmos que esse ciclo pare de acontecer.

Esse tipo de análise ajuda a explicar o continuado envolvimento da cliente em um comportamento que ela gostaria de evitar (p. ex., beber demais) e a identificar alvos de intervenção (p. ex., medo da raiva, a forte conexão entre raiva e comportamentos indesejados, esforços automáticos para suprimir a experiência emocional). Uma avaliação mais cuidadosa do que é importante para Ana (isto é, direções valorizadas, descritas mais detalhadamente a seguir) ajudará a identificar outras maneiras, preferíveis para ela, de reagir a esse tipo de situação, fornecendo outros alvos de intervenção.

A formulação de caso também deve incluir o meio cultural do cliente. Fatores contextuais como etnicidade, origem religiosa e atual afiliação, orientação sexual, origem geográfica, idade e influências geracionais, deficiências de desenvolvimento e adquiridas, *status* socioeconômico e heranças de nacionalidade (Hays, 2008), assim como experiências de racismo e outras formas de marginalização ou opressão, contexto atual de vida e identificação pessoal com vários aspectos de identidade e origem, todos esses fatores devem ser considerados numa formulação de caso. A conceitualização do cliente de suas dificuldades pode ser informada por muitos aspectos de sua origem cultural e outros fatores contextuais, o que deve ser incorporado à formulação de caso resultante. Tanaka-Matsumi e colaboradores (1996) oferecem uma orientação útil para uma entrevista de avaliação funcional culturalmente informada (AFCI ou CIFA, *culturally informed functional assessment*) que ajuda na formulação do caso da TCC; essa entrevista também é útil na conceitualização comportamental baseada na aceitação. Essas questões serão discutidas com mais detalhes no Capítulo 11.

Formulários de monitoramento, conforme descrevemos no capítulo anterior, também ajudam muito a desenvolver ou aperfeiçoar a formulação de caso. Podemos pedir ao cliente que nos dê exemplos de seus problemas (ansiedade social, comer compulsivo, brigas com o parceiro, sentimentos de inadequação), que avalie um problema específico em vários momentos do dia (de manhã, ao meio-dia, na hora do jantar e na hora de dormir; ver Formulário 2.1, Formulário de Consciência da Ansiedade, p. 67, para um modelo) ou preste atenção a situações ou experiências especialmente problemáticas vivenciadas durante um determinado dia (ver Formulário 2.2, Formulário de Monitoramento da Emoção, p. 68, para um exemplo). Com esse tipo de monitoramento bem simplificado no início do tratamento, o cliente pode se acostumar a levar a terapia para a sua vida e começar a abrir espaço para ela (p. ex., criar algum sistema para se lembrar de monitorar e resolver quaisquer problemas que surgirem). Também ajuda que o terapeuta e o cliente saibam a frequência, os antecedentes e as consequências dos problemas apresentados. Enquanto revisa esses formulários, o terapeuta pode pedir detalhes do que aconteceu imediatamente antes de uma determinada experiência e do que veio logo a seguir, o que pode esclarecer como os vários problemas se inter-relacionam e como os princípios comportamentais baseados na aceitação explicam os problemas apresentados. Esse processo faz o cliente entender o vínculo entre suas dificuldades manifestas e o mecanismo subjacente proposto, o que ajuda a fazer a conexão entre o tratamento e suas razões para buscar a terapia.

Uma formulação de caso sempre é hipotética. Fazemos o melhor possível para examinar as evidências e aplicar a teoria e a pesquisa psicológica à apresentação idiográfica específica do cliente, a fim de explicar como várias dificuldades estão sendo mantidas na sua vida e identificar pontos de intervenção que podem ajudá-lo a viver a vida que quer viver. É importante que essa formulação esteja baseada nas experiências e nos valores do cliente e inclua evidências e princípios nomotéticos. Trabalhamos assumindo a postura terapêutica em que o cliente é visto como o perito ou especialista em sua experiência, enquanto o terapeuta possui certa perícia nos princípios gerais do comportamento e da adaptação humana, assim como suas próprias experiências, que podem ser partilhadas. Terapeuta e cliente precisam colaborar para adaptar o conhecimento geral à experiência específica do cliente e depois, com base nessa formulação, planejar e constantemente revisar e adaptar o rumo da terapia.

Persons (1989) dá uma orientação detalhada de como desenvolver uma formulação de caso. Embora ela esteja descrevendo uma formulação de caso cognitivo-comportamental tradicional, a principal diferença no processo da formulação cognitivo-comportamental baseada na aceitação é a identificação de mecanismos subjacentes, que faz parte do modelo comportamental baseado na aceitação. Assim, um primeiro passo útil é fazer uma lista de problemas que inclua todas as dificuldades apresentadas pelo cliente (a partir da avaliação descrita no capítulo anterior). É importante observar que o cliente pode achar que um ou dois problemas são os mais centrais, mas é preciso enxergar o panorama completo de desafios descrito por ele. Identificar áreas de força e satisfação também é útil para se ter o quadro completo da experiência do cliente e descobrir áreas que poderemos aproveitar e desenvolver.

O passo seguinte é começar a ver como os problemas apresentados pelo cliente se inter-relacionam. Formulários de monitoramento, respostas a perguntas de entrevistas e medidas de autorrelato podem nos auxiliar a fazer essas conexões. O terapeuta pode fazer perguntas específicas para compreender melhor esses relacionamentos (p. ex., "O que geralmente vem primeiro, os sentimentos de ansiedade ou depressão?", "O que você percebeu antes de começar a se sentir triste?", "Qual desses problemas você lembra de ter experienciado primeiro na vida?". Identificar claramente antecedentes e consequências em exemplos específicos de cada dificuldade (por meio de formulários de monitoramento ou lembranças de incidentes recentes) também ajuda a esclarecer as várias maneiras pelas quais um problema alimenta outro. Por exemplo, um cliente relata insônia, sentimentos de depressão e ansiedade, pensamentos ruminativos e dificuldade em expressar suas necessidades. Um exame mais atento de como essas dificuldades se manifestam revela que quando ele está numa situação em que quer alguma coisa fica ansioso e pouco à vontade devido a um possível conflito, e depois fica ainda mais angustiado por sua reação à ansiedade. Ele então deixa de expressar suas necessidades (o que reduz sua ansiedade e desconforto), mas fica ruminando sobre o que aconteceu e se sentindo triste e impotente. Ele descreve pensamentos críticos em relação a essas tendências ruminativas e o desejo de parar com isso e não ser tão "fraco". Esses sentimentos ruminativos e o ciclo de autocrítica geralmente acontecem à noite e, por isso, ele tem dificuldade para adormecer. Identificar essa sequência ajuda a revelar como esses diferentes sintomas caem um sobre o outro, como uma cascata, e começa a revelar os mecanismos subjacentes de reações críticas à sua experiência interna, evitação experiencial e constrição comportamental (não expressar suas necessidades), que serão alvo de intervenção.

Conforme o terapeuta formula conexões entre os problemas apresentados, ele pode especular sobre mecanismos subjacentes que poderiam explicar o espectro de preocupações que o cliente descreve. Perguntas incluem: "Como esse comportamento é mantido pelas consequências que se seguem a ele?", "Como o cliente se relaciona com seus pensamentos, sentimentos e sensações, e como isso influenciaria as dificuldades?", "De que maneira a vida do cliente ficou restrita ou limitada, e que fatores promovem e mantêm essas restrições?" e "Que ações o cliente realiza que serviriam para evitar angústia ou sofrimento?". Por meio desse tipo de questionamento, o terapeuta pode começar a desenvolver hipóteses sobre as funções que estão por trás das dificuldades manifestas, o que pode levar à identificação de alvos de intervenção e seleção de estratégias de tratamento. A descrição de Linehan (1993a) da análise encadeada na TDC é uma excelente orientação para esse tipo de investigação e análise.

De uma perspectiva comportamental baseada na aceitação (semelhante a uma perspectiva de TCC), as origens dos problemas apresentados não são alvos de intervenção; o tratamento não busca os fatores etiológicos, mas a manutenção. Entretanto, hipóteses referentes às origens de um comportamento problemático (p. ex., uma associação ameaçadora aprendida entre se separar de alguém amado, devido à separação na infância inicial, e perda ou uma forte reação negativa à própria angústia por ouvir, repetidamente, que as emoções são sinal de fraqueza) podem ajudar a validar as lutas do cliente, fazendo com que aquilo que era visto como indicação de ser "louco" ou "irracional" pareça, pelo contrário, natural e compreensível. Esse entendimento pode ajudar a neutralizar respostas críticas e condenatórias que o cliente tem aos sintomas e que os pioram. Uma explicação idiográfica de como as dificuldades podem ter se desenvolvido também mostra mais claramente o caráter humano da luta do cliente. Esse tipo de validação pode ser necessário para promover a mudança (Linehan, 1993a), como descreveremos com mais detalhes no próximo capítulo.

Hipóteses relativas às origens dos problemas apresentados podem ser formuladas a partir das informações dadas pelo cliente nas sessões iniciais de avaliação. Além de perguntar quando começou um problema atual, é bom perguntar se o cliente lembra experiências específicas na infância, via que seus pais/cuidadores tinham dificuldades semelhantes ou ouvia falar sobre esse tipo de problema. Muitas vezes, o cliente chega com algum entendimento de como seus desafios podem estar relacionados a experiências anteriores, ou relatam espontaneamente experiências que parecem funcionalmente relacionadas aos seus atuais problemas (p. ex., um cliente que limpa compulsivamente pode relatar sentimentos de depressão quando criança, indicando que o limpar compulsivo pode ser uma maneira de evitar esses sentimentos perturbadores). Fazer com que o cliente relembre uma resposta emocional específica e recente e depois perguntar se isso parece familiar pode identificar conexões com experiências anteriores que talvez contribuam para os problemas atuais. É importante lembrar que essas conexões são apenas hipóteses, e que o mais importante é que elas dão ao cliente um entendimento que facilita a autovalidação. E ver as próprias respostas emocionais, pensamentos ou sensações como conectadas ao passado pode ajudar o cliente a compreender que essas experiências são fenômenos que podem ser observados, o que dá início ao processo de se desemaranhar deles.

Outros (p. ex., Hayes, Strosahl e Wilson, 1999) notam que é importante reconhecer que nunca poderemos determinar exatamente os fatores que contribuíram para essa aprendizagem, dada a vasta quantidade de influências sobre o indivíduo durante a vida, as complexidades das interações, e os limites do relato retrospectivo. É importante que o terapeuta seja cauteloso, pois algumas explicações do comportamento podem ser incompletas e não informativas. Por exemplo, um cliente pode desenvolver uma adição porque seu pai era alcoolista, enquanto outro pode se abster totalmente de álcool pela mesma razão. Mesmo que uma possível explicação seja hipotética, ela pode ser validadora para o cliente e ajudá-lo a compreender seu atual comportamento. Por exemplo, um primeiro passo que permitiu a Bert ser mais autocompassivo com sua dificuldade de identificar suas emoções foi reconhecer que ele havia crescido numa família que jamais conversava sobre suas respostas emocionais.

Todavia, em certos casos, a explicação histórica do cliente para o seu atual comportamento pode interferir na sua resposta ao tratamento (Hayes, Strosahl e Wilson, 1999; Linehan, 1993a). Por exemplo, uma cliente que se sente danificada por ter sido sexualmente abusada quando criança e que acredita que esse abuso é o que causa seu comportamento impulsivo pode se sentir invalidada por tentativas de modificar seu comportamento. Se ela tivesse desde o princípio a capacidade de modificar seu comportamento impulsivo, talvez o abuso não fosse tão danoso como ela supunha e talvez ela seja responsável pela angústia que sentiu por toda a sua vida adulta. Um terapeuta habilidoso irá validar a experiência da cliente de que o abuso sexual realmente é uma violação horrível que tem consequências negativas e, ao mesmo tempo, a incentivará a ver que, no seu contexto atual, ela pode fazer alguma coisa para melhorar seu nível de funcionamento.

Assim, é essencial que o terapeuta esteja ciente de como é complexo derivar explicações históricas para o comportamento atual. Tipicamente, ajudamos os clientes a desenvolver uma explicação hipotética de suas atuais preocupações, mas os encorajamos a não dar tanta importância a isso e concentrar a atenção no presente, não no passado.

No próximo capítulo, descrevemos em detalhes como preparamos o terreno para a terapia, concluindo com um exemplo de como partilhar a formulação de caso com o cliente. Essa formulação deve ser apresentada de modo que fique claro que é uma hipótese e o cliente deve ser incentivado a dizer se ela se ajusta ou não à sua experiência. Também é importante tentar usar as palavras do cliente para os problemas e incorporar significados e interpretações tiradas do cliente, assim como de modelos nomotéticos. O cliente, geralmente, se interessa muito por esse processo, pois consegue ver conexões entre o que lhe pareciam experiências discrepantes e se sente escutado e validado pelo terapeuta. Entretanto, às vezes, o cliente discorda de parte da conceitualização ou não enxerga o papel que a evitação experiencial desempenha em sua vida. Por exemplo, Leila se descreveu como muito expressiva emocionalmente e aberta à experiência, e relatou sentir desespero e vazio quando seu parceiro se retraiu depois que expressou seus sentimentos, o que a levou a um esforço intensificado e compulsivo de se conectar com ele (o que foi recebido com maior retraimento). Inicialmente, ela sentia que não evitava as experiências internas, que as acolhia pressurosamente. Em sua opinião, o que ela realmente precisava era sentir menos, para se abster desses esforços problemáticos de conexão que eram impulsionados por suas intensas emoções.

CLIENTE: Eu aceito totalmente as minhas respostas emocionais. Eu as aceito demais! O que eu preciso é aceitá-las menos e sentir menos, para parar de fazer essas coisas que afastam o Sam.

TERAPEUTA: Realmente parece que as suas emoções a incentivam a se comportar de uma maneira que não é a que você preferiria, então é claro que você quer sentir menos.

CLIENTE: Eu realmente acredito que me entreguei demais aos meus sentimentos, e agora eles são intensos e fora de controle.

TERAPEUTA: O que faz com que os sentimentos pareçam fora de controle?

CLIENTE: O jeito como eu sempre vou atrás do Sam quando ele sai da sala. Eu entro em pânico e não consigo deixar de ir atrás dele. Sinto essa sensação profunda de vazio e não tolero esse sentimento.

TERAPEUTA: Então, o seu jeito de agir quando está perturbada faz com que os sentimentos pareçam fora de controle? Isso faz muito sentido. Você poderia me falar mais sobre suas reações quando se sente assim – você disse que não tolera o sentimento.

CLIENTE: Oh, sim, é terrível, mesmo. Eu me sinto tão fraca e vulnerável e vazia, e parece que não vou aguentar me sentir assim por nem mais um minuto. Então eu acabo correndo atrás dele ou digo ou faço alguma coisa para fazer esse sentimento desaparecer. E isso acaba piorando tudo!

TERAPEUTA: Parece um padrão muito difícil de vivenciar. Quando você se sente tão apavorada, isso lhe parece tão inaceitável que você se sente obrigada a fazer alguma coisa, e o que costuma fazer na verdade *aumenta* a probabilidade de você se sentir mal, em vez de melhorar as coisas. É assim que acontece?

CLIENTE: Exatamente. É por isso que eu tenho de parar de sentir tanto!

TERAPEUTA: Eu realmente entendo por que você pensa assim. Mas fico me perguntando se uma outra solução não seria tentar ver como você responde ao se sentir assim, como você se sente ao fazer isso e quanto deseja que o sentimento vá embora. Mesmo que pareça ao contrário, acho possível que, se você *não* quisesse tanto se livrar do sentimento, poderia descobrir que ele vai se tornando menos intenso, em vez de mais. E se você conseguisse ter um relacionamento diferente com o sentimento muito natural de vazio que surge quando essa pessoa que você ama sai da sala, poderia descobrir que é mais fácil se abster de fazer coisas que mais tarde vai lamentar porque elas parecem piorar tudo. Você acha que valeria a pena tentar isso e ver se é assim?

CLIENTE: Então você está dizendo que se eu não quisesse tanto que o sentimento desaparecesse, talvez ele desapareça sozinho?

TERAPEUTA: Sim, é mais ou menos isso. Por um lado, você sempre vai sentir alguma tristeza ou medo quando alguém que ama se afasta de você. Mas acho que a maneira pela qual você aprendeu a reagir a esses sentimentos normais e naturais os torna mais intensos e perturbadores. Acho que pode levar um tempo aprender a responder de outra maneira a sentimentos tão intensos, que você tem tantas vezes agora e se tornaram um hábito tão forte, mas parece que tentar se livrar deles faz com que piorem. Acho que encontrar uma maneira de não fazer isso iria pelo menos impedir que piorassem.

CLIENTE: Bem, acho que seria no mínimo um bom começo. Mas é tão difícil imaginar não tentar me livrar desses sentimentos. Eles são horríveis!

TERAPEUTA: Eu realmente entendo como eles parecem horríveis e por que você quer que desapareçam. Acho que se você se dispuser a praticar uma maneira diferente de se relacionar com seus pensamentos e sentimentos, vai descobrir que eles são mais toleráveis do que imagina. De fato, você os tolera o tempo todo, mesmo que pense que não é capaz, porque eles não vão embora quando você tenta. Assim, tudo o que estaremos fazendo é procurar não fazer uma coisa que, de qualquer maneira, já não estava funcionando tão bem.

CLIENTE: Ok, acho que podemos tentar isso. Mas eu não consigo imaginar como seria.

TERAPEUTA: Eu sei, isso faz muito sentido. Neste momento, tudo o que estou pedindo é que você esteja aberta à possibilidade de haver uma outra maneira de responder às suas emoções. Muitas vezes, quando criamos hábitos arraigados, é como se eles nos definissem de alguma maneira. Pode parecer impossível imaginar mudanças em coisas que parecem uma parte muito grande do que somos. Mas, se você estiver disposta, vamos ver o que acontece se a gente tentar fazer isso juntas.

Às vezes, a formulação de caso não se ajusta à experiência do cliente. O terapeuta pode compreender erroneamente essa experiência ou imaginar que o cliente está respondendo da maneira pela qual ele, o terapeuta, responderia, e chegar a conclusões erradas sobre como as dificuldades do cliente se encaixam. Escutar cuidadosamente a opinião do cliente sobre a formulação proposta permitirá ao terapeuta incorporar essa perspectiva e revisar a formulação de acordo com isso. Essa colaboração sempre é importante, mas é particularmente importante quando o cliente vem de um meio cultural diferente. O terapeuta precisa ter cuidado para não fazer suposições sobre o cliente com base no seu próprio meio cultural, e deve se informar sobre o contexto do cliente.

EXEMPLO DE FORMULAÇÃO DE CASO

Para ilustrar uma formulação de caso comportamental baseada na aceitação, descreveremos com detalhes um caso hipotético inspirado em muitos clientes reais. Nicole, de 16 anos, buscou terapia incentivada pela mãe, que estava preocupada com seus hábitos de alimentação. Nicole relatou preocupação com seu peso (que era normal para a sua altura) e tentativas repetidas e fracassadas de fazer dieta. Quando pedimos que descrevesse detalhadamente o que comia, Nicole revelou que frequentemente "perdia o controle" da alimentação e comia muito mais do que pretendia. Pedimos que descrevesse suas respostas emocionais, fisiológicas e comportamentais a essas "perdas de controle", e Nicole relatou sentimentos iniciais de conforto e satisfação enquanto comia, mas depois ficava profundamente envergonhada e enojada de si mesma, e tinha pensamentos negativos sobre si mesma, assim como sensações de "cheio" e empanturramento muito desconfortáveis. Ela disse que "dava um jeito" nesses problemas pela purgação, o que provocava sentimentos de alívio, seguidos por mais sentimentos de vergonha e preocupação com o que os outros poderiam pensar de suas ações.

Nicole também relatou altos níveis de sintomas depressivos quando esses foram diretamente avaliados, embora não os tivesse mencionado inicialmente. Em resposta a um questionamento adicional, Nicole disse que os sentimentos que precediam seu comer compulsivo geralmente eram tristeza ou solidão, além de pensamentos de que ela era uma "aberração" e uma "fracassada" que jamais teria amigos ou namorado. Ela contou que também se sentia triste e sozinha quando criança. Quando perguntamos como lidava com os sentimentos negativos quando criança, ela respondeu que recorria sempre à mãe em busca de apoio. No decorrer da avaliação, ficou claro que a mãe geralmente fazia para Nicole uma comida de seu agrado ou a levava para tomar sorvete, numa tentativa de alegrá-la.

Quando a terapeuta perguntou à Nicole sobre sua vida social e relacionamentos significativos, ela olhou para baixo e deu de ombros. Disse que não se entrosava facilmente na escola e passava quase todo o tempo sozinha. A princípio, falou que preferia ficar sozinha, pois assim ninguém riria dela nem julgaria seus comportamentos (como a purgação), e porque achava importante ser autossuficiente. Quando perguntamos mais sobre isso, Nicole falou que sua mãe sempre salientara a importância de contar consigo mesma, que elogiava e admirava as pessoas que via como fortes e independentes. Nicole confessou que sempre que sentia um desejo secreto de estar com outras pessoas, tomava isso como um sinal de fraqueza e tentava dominar seus sentimentos. Quando a incentivamos a falar mais, ela admitiu que, de fato, com frequência tinha vontade de compartilhar as coisas com as pessoas, fazer amigos e ser compreendida, mas ficava confusa com esses sentimentos e os condenava, e se esforçava para não senti-los.

Quando a terapeuta perguntou à Nicole que mudanças ela esperava fazer, ela disse que queria parar de comer compulsivamente. Quando questionada sobre como sua vida seria diferente se ela parasse de comer compulsivamente, Nicole respondeu que perderia peso e se sentiria melhor em relação a si mesma, mais forte e mais confiante. A terapeuta perguntou o que seria diferente se ela se sentisse mais confiante. Nicole fez uma pausa, começou a chorar e admitiu que seria capaz de fazer amizades e ter relacionamentos significativos.

Nicole apresentava várias dificuldades manifestas. Com frequência, apresentava o comportamento de ingestão compulsiva seguido por purgação, tinha sintomas depressivos e uma visão negativa de si mesma, e era socialmente isolada. Embora Nicole identificasse seu descontrole alimentar como o principal problema, o que sugere ser indicado um tratamento com o objetivo imediato de reduzir esse comportamento, a formulação de caso da terapeuta levou a um plano de tratamento um pouco diferente. A avaliação sugeriu que o comer compulsivo de Nicole era precedido por sentimentos de tristeza e solidão. Nicole relatou duas experiências históricas que provavelmente a levaram a um relacionamento problemático com suas experiências desses sentimentos. Primeiro, ela lembrou que a mãe dizia que era fraqueza depender dos outros, o que levou Nicole a responder criticamente aos seus sentimentos de solidão e frequente desejo de estar com outras pessoas – e a querer se livrar desses sentimentos. A mãe também lhe dava comida para acalmá-la quando ela se sentia assim quando criança, o que levou a uma associação entre comer e controle emocional. O conforto que ela sentia inicialmente depois de comer reforçava o comportamento de comer compulsivamente, mas depois ela sentia vergonha e tinha pensamentos negativos – o que tentava evitar pelo comportamento de purgação. O alívio imediato que ela sentia depois da purgação reforçava seu comportamento, mas os efeitos a longo prazo eram pensamentos e sentimentos continuados que a angustiavam e sentimentos de isolamento mais fortes – o que reforçava o ciclo.

Inicialmente, Nicole quis dar a impressão de que não tinha tanta necessidade de interação social quanto realmente tinha. Mas logo ficou claro que, embora quisesse desesperadamente poder se sentir bem sozinha e ser percebida como uma mulher forte e independente, ela ansiava por ter amigos e relações de intimidade. Seu objetivo inicial de se sentir confiante era, na verdade, apenas um meio de conseguir estar com as pessoas sentindo-se à vontade. Essa constrição comportamental em sua vida (não ter relacionamentos interpessoais significativos) era inconsistente com seus valores e uma fonte de continuado sofrimento para ela, e isso motivava ainda mais seus esforços de evitação experiencial.

Compartilhar essa formulação com Nicole poderia ajudá-la a ver como os seus comportamentos faziam sentido, mesmo que também fossem dolorosos. Essa formulação identificou vários alvos específicos de intervenção que diferiam dos alvos iniciais de Nicole. Em vez de tomar como alvo inicial o comer descontrolado, a primeira fase da terapia teria por objetivo alterar o relacionamento de Nicole com seus sentimentos de tristeza e solidão, ajudando-a a cultivar uma atenção honesta e bondosa com essas experiências, em vez de julgá-las e criticá-las. Essa consciência a ajudaria a tolerar essas experiências em vez de tentar se livrar delas com comportamentos extremos como o comer compulsivo e a purgação. Ao mesmo tempo, Nicole e sua terapeuta trabalhariam juntas para tratar a constrição em sua vida social. Apesar de Nicole pensar que precisava sentir de modo diferente para agir diferente (p. ex., menos solitária, mais confiante, etc.), a terapeuta a incentivaria a praticar comportamentos que eram importantes para ela (como conversar com as pessoas na escola), independentemente de como se sentisse no momento. Diminuir suas reações críticas à tristeza e à solidão a ajudaria a se abster de comportamentos experiencialmente evitantes, o que reduziria a intensidade de suas respostas internas e a ajudaria a ser mais capaz de agir da maneira desejada. Assim, esperava-se que seus comportamentos de comer compulsivo e purgação diminuíssem em resultado de se trabalhar seu relacionamento com a experiência interna e seu comportamento constrito. Se esses comportamentos não diminuíssem em resultado de outras mudanças, seriam trabalhados mais diretamente numa fase posterior da terapia.

VINCULANDO A FORMULAÇÃO DE CASO AO PLANO DE TRATAMENTO

A formulação de caso está estreitamente ligada ao plano de tratamento – a primeira identifica os mecanismos subjacentes que explicam as dificuldades manifestas e o último toma como alvo esses mecanismos para ajudar o cliente a buscar a vida que deseja viver. Por mais que se espere que trabalhar os mecanismos subjacentes altere as dificuldades manifestas que trouxeram o cliente à terapia, o tratamento de uma perspectiva comportamental baseada na aceitação geralmente envolve expandir ou modificar sutilmente os objetivos iniciais da terapia. Se um dos mecanismos que sustentam os problemas apresentados é o forte desejo e o repetido esforço de reduzir esses problemas, o que paradoxalmente os aumenta, os tratamentos que focalizam exclusivamente tentar reduzir os sintomas talvez sejam igualmente ineficazes. As TCBA procuram reduzir os fenômenos que parecem estar piorando as dificuldades manifestas, tais como respostas de julgamento e crítica a essas dificuldades, esforços rígidos para evitá-las e restrições na vida da pessoa em resultado desses esforços.

A formulação de caso explica por que alterar esses mecanismos subjacentes ajudaria o cliente a viver uma vida mais satisfatória e gratificante. Se um relacionamento problemático com as experiências internas está levando a restrições em comportamentos desejados, alterar esse relacionamento e simultaneamente tratar as limitações comportamentais terá resultados benéficos. Se um comportamento problemático está funcionando para reduzir a angústia, praticar a aceitação da angústia vai reduzir a motivação para o comportamento, e será mais fácil a pessoa se abster dele. Como todas essas conexões propostas são hipóteses, os clientes são incentivados a testá-las juntos com os terapeutas praticando as estratégias de intervenção propostas e observando seus efeitos. Se uma intervenção proposta não tiver o efeito hipotetizado na formulação de caso, a formulação deve ser revisada e retestada. Esse processo envolve ativamente o cliente no tratamento e o torna mais capaz de perceber a relação entre antecedentes e consequências, e como a sua reação às próprias respostas acaba tornando problemáticas essas respostas.

4

Preparando o Terreno para a Terapia

Este capítulo apresenta uma visão geral das informações que o terapeuta e o cliente precisam ter enquanto estão se preparando para se comprometer com o tratamento de uma perspectiva comportamental baseada na aceitação. Apresentamos uma breve revisão dessa abordagem terapêutica, incluindo uma discussão dos objetivos gerais, possíveis modos de terapia, número e duração das sessões, tipos de métodos e estratégias usados no tratamento e a estrutura de uma sessão de terapia típica. Descrevemos a postura que nós (e outros) adotamos ao trabalhar dessa maneira e damos orientações para cultivar essa postura e exemplos de como ela pode ser modelada explicitamente na sessão. Por fim, demonstramos como preparamos o terreno, ao introduzir o cliente no tratamento, apresentando a nossa conceitualização do seu problema, dando-lhe uma visão geral do tratamento, descrevendo abordagens alternativas, definindo papéis e estabelecendo expectativas.

BREVE RESUMO DA ABORDAGEM DE TRATAMENTO

Objetivos gerais

Conforme discutimos no Capítulo 1, ao trabalhar com o cliente nos concentramos nos três objetivos principais típicos de uma abordagem terapêutica comportamental baseada na aceitação. O primeiro é *alterar o relacionamento que o cliente tem com a sua experiência interna*. Uma vez que geralmente trabalhamos com clientes que apresentam consciência reduzida ou limitada e condenam e criticam sua experiência interna, procuramos cultivar uma consciência aberta, curiosa, compassiva e desemaranhada. Nosso objetivo é validar e normalizar a gama completa de emoções, pensamentos e sensações fisiológicas, e incentivar o cliente a ver os eventos internos como experiências transitórias que não representam patologia, não ameaçam seu senso de *self* e não os impedem de viver uma vida relevante e significativa.

O nosso segundo objetivo é *diminuir a evitação experiencial e aumentar a escolha e a flexibilidade*. Depois que o cliente deixa de se condenar tanto e se sentir tão ameaçado por sua experiência interna, incentivamos a prática de prestar atenção e aceitar pensamentos, sentimentos e sensações, para substituir a resposta habitual de evitá-los e querer fugir deles. Esse trabalho permite ao cliente assumir uma postura mais expansiva de prestar atenção às experiências internas e externas, motivada por um envolvimento curioso e não por uma evitação ansiosa. Isso também lhe permite maior escolha e flexibilidade de ação, pois ele não estará mais escolhendo reativamente (ou evitando) ações apenas para minimizar a angústia.

Finalmente, o nosso objetivo é *aumentar comportamentos em esferas valorizadas*. Partimos do pressuposto de que uma postura temerosa, condenatória e evitante em relação às experiências internas restringe e limita significativamente o comportamento do indivíduo. Ao cultivar uma postura alternativa de aceitação, o cliente pode se empenhar com mais flexibilidade em relacionamentos, atividades profissionais, carreira e eventos recreativos, melhorando significativamente sua qualidade de vida.

Modo de terapia

Tipicamente, conduzimos a TCBA em psicoterapia individual (Roemer e Orsillo, 2005, 2007), o que permite o desenvolvimento de um vínculo terapêutico sólido, com o cliente se sentindo genuinamente conhecido, aceito e validado pelo terapeuta. A psicoterapia individual cria um contexto em que o cliente pode começar a se sentir, simultaneamente, vulnerável e seguro em termos emocionais. É possível introduzir e tratar diferentes tópicos e modelar novas habilidades no ritmo apropriado, levando-se em conta o estilo de aprendizagem próprio do cliente. Um esforço significativo deve ser dedicado à exploração de objetivos e valores pessoalmente significativos.

Também trabalhamos com diferentes versões desse tipo de terapia em contextos de grupo, com clientes diagnosticados com TAG (Orsillo, Roemer e Barlow, 2003) e TEPT. Muitas abordagens terapêuticas baseadas na aceitação utilizam um formato de grupo ou um formato individual e grupal combinado. A redução do estresse baseada em *mindfulness* (REBM) e a terapia cognitiva baseada em *mindfulness* (TCBM) são conceitualizadas mais como instrução em sala de aula dirigida por um currículo estruturado do que como experiências de terapia, e envolvem muita prática em classe. Os grupos de REBM geralmente compreendem cerca de 30 participantes, enquanto a TCBM inclui classes de até 12 participantes (Segal et al., 2002). Na TDC, costuma-se usar grupos para treinar habilidades de *mindfulness*, regulação da emoção, efetividade interpessoal e tolerância à angústia com clientes que também estão em psicoterapia individual. A TAC também é realizada em uma combinação de sessões grupais e individuais (Gifford et al., 2004; Hayes, Wilson et al., 2004).

A terapia de grupo pode ser muito efetiva para validar as experiências do cliente e salientar a ubiquidade de pensamentos e sentimentos dolorosos, e de impulsos de controlar e evitar eventos internos. Pode ser mais fácil seguir um plano de trabalho, cobrir tópicos específicos e ensinar habilidades gerais em um ambiente de grupo, pois na terapia individual a discussão de estressores diários e de preocupações prementes pode tirar a sessão do rumo planejado. Nas oficinas de treinamento de terapeutas na TAC, os participantes geralmente devem se posicionar diante dos colegas, honesta e genuinamente, revelar um valor pessoal e se comprometer publicamente a agir de modo consistente com esse valor. Na nossa experiência, esse método é igualmente poderoso, instigador e motivador na psicoterapia de grupo.

Também encontramos alguns obstáculos na TCBA em grupo. Pode ser desafiador dar a cada cliente a atenção individualizada e necessária para que ele consiga observar e aplicar pessoalmente os amplos conceitos tratados na terapia de grupo. Obstáculos e barreiras individuais podem ser difíceis de resolver num ambiente de grupo, e cada cliente tem menos tempo para explorar seus valores pessoais com o terapeuta.

Em resumo, embora utilizemos nossa versão de TCBA principalmente em psicoterapia individual, um formato de grupo também pode trazer benefícios significativos, particularmente quando a ênfase estiver na psicoeducação e/ou desenvolvimento e prática de habilidades. O modo ideal talvez seja uma combinação de terapia individual e de grupo, unindo as vantagens de um vínculo terapêutico sólido, atenção individualizada para promover aprendizagem e exploração personalizada de valores aos benefícios da psicoeducação estruturada e treinamento de habilidades, em um contexto em que os clientes tenham a oportunidade de experienciar diretamente a ubiquidade do sofrimento humano e a sua capacidade inata de cura e crescimento. Incentivamos os terapeutas a adaptar flexivelmente, de acordo com suas necessidades, os métodos descritos neste livro.

Número e duração das sessões

Em nossa pesquisa sobre a TCBA para o TAG (Roemer e Orsillo, 2005, 2007), utilizamos um protocolo padronizado em que conduzimos a terapia (depois das sessões iniciais de avaliação) em 14 sessões, sendo uma por semana, seguidas por duas sessões, uma a cada 15 dias. Para incentivar o desenvolvimento precoce de uma aliança terapêutica sólida e envolver mais rapidamente o cliente na terapia, as primeiras quatro sessões duram 90 minutos. A partir da quinta sessão, a duração é de 50 a 60 minutos.

Em outros contextos, temos variado o número de sessões e o tempo da terapia com base nas necessidades dos clientes e nas demandas dos sistemas. Por exemplo, se não é possível realizar sessões de 90 minutos num determinado contexto clínico, poderia ser benéfico atender o cliente duas vezes por semana nas primeiras vezes. Também trabalhamos com clientes para os quais uma sessão de 90 minutos ou um contato duas vezes na semana seriam intensos demais. Nesses casos, diminuímos o ritmo da terapia e aumentamos o número de sessões. Conforme discutimos no Capítulo 9, é a avaliação constante do progresso na terapia o que orienta mais acuradamente as decisões sobre a duração do tratamento.*

Métodos e estratégias

Os próximos capítulos são dedicados a uma discussão profunda de cada uma das estratégias clínicas empregadas nas TCBA; aqui, apresentamos um resumo breve e geral. Valendo-se de suas raízes cognitivo-comportamentais e comportamentais tradicionais, as TCBAs envolvem uma avaliação contínua das respostas do cliente (pensamentos, sentimentos, sensações e comportamentos) em situações especialmente desafiadoras, por meio do automonitoramento e da auto-observação. A psicoeducação informa sobre a função das emoções e os relacionamentos entre experiências internas e comportamentos, e apresenta outros conceitos novos relevantes para os problemas do cliente. Observar diretamente a experiência e experienciar os conceitos é considerado um elemento essencial para que a pessoa aprenda uma nova maneira de se relacionar com experiências internas e novos padrões de resposta. O treinamento de habilidades (p. ex., efetividade interpessoal) e solução de problemas é uma forma frequente de tratar preocupações específicas. Finalmente, são utilizadas estratégias comportamentais como planejamento de atividades e tarefas de exposição, na sessão e entre as sessões.

Essas abordagens comportamentais são integradas a estratégias destinadas a aumentar a aceitação e a desfusão/descentramento, e as intensificam. A prática

---

* N. de R. T: A duração do tratamento deve ser baseada em critérios objetivos, utilizando métodos quantitativos e qualitativos de avaliação psicológica. Um número definido de sessões é comum em pesquisas e/ou instituições de saúde.

formal e informal de *mindfulness* e outros exercícios experienciais são considerados fundamentais na prática das TCBAs. Terapeuta e cliente são incentivados a criar metáforas e histórias para capturar a essência de conceitos-chave e promover a aprendizagem experiencial.

Apesar de descrevermos separadamente, nos próximos três capítulos, muitos dos métodos e estratégias que utilizamos para promover *mindfulness*, aceitação e mudança comportamental, na prática integramos cada um desses elementos em todas as sessões, não os apresentamos linearmente. Para isso, criamos uma estrutura típica que orienta cada sessão.

A sessão típica

Como dissemos, dedicamos várias sessões iniciais à avaliação, à formulação de caso e ao planejamento do tratamento. No final deste capítulo, descrevemos uma sessão típica de planejamento do tratamento, durante a qual compartilhamos nossa formulação e plano de tratamento, obtemos o consentimento do cliente e preparamos o terreno para a terapia. Aqui, descrevemos a estrutura de uma sessão de terapia semanal típica.

Pedimos ao cliente que chegue pelo menos 15 minutos antes do horário marcado para entregar seus formulários de monitoramento e/ou temas de casa entre as sessões, e para preencher alguma breve medida de autorrelato avaliando seu atual funcionamento psicológico e seu empenho na prática de *mindfulness*, aceitação e atividades valorizadas durante a semana prévia. Antes de começar a sessão, dedicamos um tempo à revisão dessas medidas, à leitura dos formulários de monitoramento e à nossa preparação.

Cada sessão começa com o terapeuta e o cliente realizando algum tipo de exercício de atenção ou concentração. Ao escolher esses exercícios, seguimos uma progressão, começando pela concentração na respiração e nas sensações físicas e passando, em sessões posteriores, para exercícios mais desafiadores envolvendo a observação de emoções e cognições (ver Capítulo 6 para saber mais sobre esse processo). Também personalizamos esses exercícios, focalizando habilidades específicas que podem ser particularmente desafiadoras para o cliente e, em sessões posteriores, estimulando-o a escolher e, muitas vezes, a comandar o exercício.

A seguir, revisamos brevemente com o cliente o trabalho fora da sessão, perguntas ou preocupações da sessão anterior e qualquer evento significativo ocorrido durante a semana, com ênfase especial em alguma mudança que ele percebeu em seu relacionamento com as experiências internas ou em seu comportamento, e em qualquer problema ou obstáculo encontrado. Por exemplo, sempre pedimos ao cliente que nos conte o que observou em relação às suas experiências internas durante a semana, incluindo os pensamentos, emoções e padrões comportamentais eliciados por situações específicas. Podemos pedir que descreva suas experiências com uma determinada prática de *mindfulness*, alguma dificuldade nessa prática, as observações suscitadas pela prática e áreas que requerem maior atenção. Também costumamos perguntar sobre oportunidades aproveitadas e perdidas, durante a semana, de realizar atividades personalizadas e valorizadas e examinamos obstáculos específicos que podem ter atrapalhado determinadas ações.

Durante os primeiros estágios do tratamento, a parte seguinte da sessão é dedicada à apresentação de um novo conceito (p. ex., a função da emoção, os problemas associados às tentativas de controlar a própria experiência interna, as habilidades básicas de *mindfulness*, a diferença entre valores e objetivos). Cada um desses conceitos é apresentado de múltiplas maneiras, descritas em mais detalhe ao longo do livro. Por exemplo, podemos fornecer psicoeducação sobre a função da emoção discutindo o tópico na sessão e dando um material para o cliente ler depois. Também utilizamos metáforas e/ou exercícios experienciais, tais como estabelecer uma analogia entre a função vital e comunicativa da dor física e da dor emocional, permitindo ao cliente experienciar o conceito de modo mais pessoal. Por fim, pedimos que observe sistematicamente aspectos do conceito em sua vida cotidiana. Podemos pedir que o cliente automonitore o surgimento de emoções intensas em vários momentos durante a semana e se pergunte sobre a função da emoção em cada momento. Na nossa experiência, é a combinação desses métodos o que parece ajudar o cliente a compreender, profunda e pessoalmente, os conceitos apresentados na terapia.

Toda sessão termina com o cliente se comprometendo a praticar elementos da terapia durante a semana. Apesar de sermos flexíveis, dependendo das necessidades particulares do cliente, costumamos pedir que ele dedique bastante tempo entre as sessões a explorar e praticar as abordagens e estratégias trabalhadas na terapia. Acreditamos que *mindfulness* é uma capacidade humana universal que pode ser cultivada para reduzir o sofrimento e aumentar a consciência e a compaixão. Todavia, algumas forças culturais e históricas interferem na nossa capacidade básica de usar essa habilidade e, por isso, precisamos de muita prática para desenvolver e manter essa consciência não julgadora. Dada a ausência de orientações empiricamente derivadas sobre a questão, não prescrevemos regularmente uma quantidade ou tipo específico de prática. Em vez disso, incentivamos o cliente a explorar flexivelmente diferentes opções e observar suas consequências. Também pedimos a ele, regularmente, que dedique algum tempo entre as sessões a melhorar a qualidade da sua vida. Como discutiremos com mais detalhes no Capítulo 7, o cliente deve explorar profundamente seus valores, observar o que o impede de viver de acordo com esses valores e agir, de modo regular e consistente, em esferas que valoriza.

Embora a prática entre as sessões seja vista como uma parte da terapia extremamente importante, é preciso reconhecer que alguns clientes podem ter uma vida muito desafiadora em que realmente não têm muito tempo para praticar. Às vezes, esse "não ter tempo" se deve a uma percepção equivocada, e o cliente pode ser auxiliado a encontrar uma maneira de encontrar tempo para praticar, o que vai ajudá-lo a se sentir menos pressionado pelo tempo em outras esferas da vida. Outras vezes, demandas externas como múltiplos empregos, criação dos filhos e compromissos com outros membros da família realmente impossibilitam que a pessoa tenha tempo para a prática entre as sessões. Nesses casos, é importante trabalhar com o cliente para encontrar maneiras de incorporar a terapia ao seu cotidiano. A prática informal de *mindfulness* (descrita no Capítulo 6), em vez da formal, pode permitir que o cliente pratique ao mesmo tempo em que se dedica a atividades necessárias. Por exemplo, uma de nossas clientes, que não conseguia encontrar um momento para se dedicar à prática de *mindfulness* em casa, passou a praticar durante o tempo em que andava de metrô.

A POSTURA TERAPÊUTICA

Quando os clientes nos procuram para tratamento, estão experienciando uma angústia significativa e problemas de funcionamento. Na maioria dos casos, eles satisfazem os critérios de um ou mais transtornos psicológicos, o que sugere que são substancialmente diferentes da norma, mas foi teorizado que os processos básicos que estão por trás de muitas formas de psicopatologia (uma perspectiva crítica e julgadora de certas experiências internas, como tristeza ou raiva, uma propensão a pensar sobre o futuro ou ruminar sobre o passado, um desejo de evitar sentimentos desagradáveis e uma tendência a deixar que esse desejo, ocasionalmente, nos impeça de buscar atividades pessoalmente relevantes e significativas) são aspectos universais, fundamentais, da condição humana (p. ex., Hayes, Strosahl e Wilson, 1999).

Essa teoria tem duas implicações importantes para os terapeutas. Primeiro, ela influencia a nossa maneira de ver os clientes. Mesmo que o cliente apresente psicopatologia, ele não é patologicamente defeituoso. Acredita-se que todo cliente tem a capacidade de viver uma vida relevante e significativa. O terapeuta precisa acreditar na capacidade de cada cliente de tolerar experiências internas dolorosas e de escolher, em última análise, o próprio caminho. Na TAC, esse conceito é descrito como desenvolver e manter um respeito radical pelo cliente e por como ele escolhe viver sua vida (Hayes, Strosahl e Wilson, 1999). Hayes e colaboradores descrevem as barreiras que podem impedir esse respeito, particularmente quando o cliente apresenta comportamentos socialmente inaceitáveis, como dependência de substâncias. Os terapeutas podem exercer pressões sutis e óbvias na terapia quando trazem suposições *a priori* sobre a maneira "certa" de o cliente viver sua vida. Para evitar essa armadilha, os terapeutas precisam estar muito atentos ao impulso de convencer e controlar o cliente, e dispostos a agir de acordo com o valor de apoiar o cliente em suas escolhas.

Um exercício que fazemos às vezes com os terapeutas para ajudá-los a desenvolver esse respeito radical por seus clientes é pedir que pensem sobre uma ou duas coisas que gostariam de mudar em si mesmos. Eles poderiam querer ser mais assertivos com os colegas, iniciar mais atividades sociais com os vizinhos, estabelecer prazos mais razoáveis para terminar trabalhos, ou se exercitar com mais frequência. Apesar de sermos peritos na importância de desfazer a fusão com estados internos difíceis e aceitá-los, e no impacto de ações valorizadas sobre a satisfação na vida, todos podemos facilmente identificar mudanças que aumentariam o nosso bem-estar, mas que, por uma ou outra razão, não estamos prontos a fazer. É importante manter isso bem presente, particularmente quando estamos trabalhando com um cliente que, em determinado momento, talvez não esteja disposto a fazer uma mudança.

Segundo, a teoria sugere que precisamos estar vigilantes em relação à nossa tendência a lutar com muitas das mesmas questões básicas de nossos clientes. Os terapeutas comportamentais baseados na aceitação são encorajados a aplicar, consistentemente, os conceitos e os métodos dessa abordagem à sua própria experiência e comportamento, dentro e fora da terapia. Por exemplo, se uma terapeuta fica pouco à vontade quando o cliente expressa raiva e começa a pensar que é incompetente, talvez ela escolha as estratégias clínicas que mais agradarão ao cliente, em vez das mais eficazes. Recomendamos que os terapeutas pratiquem *mindfulness* e utilizem ativamente outras estratégias de desfusão para promover consciência, aceitação e comportamentos motivados por valores.

Com base no trabalho seminal de Carl Rogers (1961), incentivamos os terapeutas comportamentais baseados na aceitação a desenvolver uma visão empática e não condenatória adequada do cliente e manifestar essa empatia, afeição e aceitação na sessão, de modo genuíno e consistente. O desenvolvimento dessa postura é influenciado, em parte, pelo entendimento da natureza ubíqua dos processos básicos subjacentes aos problemas do cliente e pelo autoconhecimento de como ele próprio também luta com as mesmas questões.

A TCBA combina estratégias de aceitação adaptadas de fontes orientais (Zen) e de outras práticas espirituais, de meditação e de *mindfulness* com estratégias de mudança das tradições cognitivas e comportamentais. Assim, conforme Linehan (1993a) discutiu eloquentemente, os terapeutas precisam manter uma postura dialética em relação aos clientes – validando suas dificuldades e, simultaneamente, sugerindo áreas de crescimento e mudança. Estando consciente da necessidade de validar *e* promover mudança, o terapeuta poderá intervir para maximizar a possibilidade de o cliente se empenhar sinceramente na terapia e se dispor a considerar novas opções. Geralmente, as intervenções mais eficientes são aquelas que primeiro validam quão dolorosa ou dura é determinada coisa e depois sugerem, gentilmente, agir numa direção desejada ou experimentar um jeito novo de responder (como disposição ou *mindfulness*). O objetivo é fazer com que o cliente sinta que o terapeuta está com ele, não se opondo a ele.

Cultivar a postura terapêutica

Claramente, são necessárias pesquisas que orientem as recomendações para o ótimo treinamento de terapeutas comportamentais baseados na aceitação. Orientações específicas para terapeutas/professores variam significativamente de uma abordagem para outra. O Center for Mindfulness da University of Massachusetts Medical School fornece orientações muito específicas para instrutores de REBM (*www.umassmed.edu/Content.aspx?id=41322&linkidentifier=id&itemid=41322*). Os instrutores que desejarem ter certificação nessa abordagem precisam, no mínimo, ter experiência profissional e um diploma de graduação no campo de atendimento de saúde, educação e/ou mudança social; prática diária de meditação e compromisso com a integração de *mindfulness* à vida cotidiana; participação regular em retiros de 5 a 10 dias de meditação silenciosa coordenados por professores; e experiência com disciplinas de concentração centrada no corpo como *Hatha yoga*. Além disso, eles precisam frequentar programas de treinamento em RCBM e dar aulas para completar o processo de certificação.*

A partir da nossa experiência pessoal como terapeutas, supervisoras e professoras, acreditamos profundamente que os terapeutas comportamentais baseados na aceitação precisam ler múltiplas fontes sobre a teoria e a pesquisa que fundamentam as abordagens terapêuticas de *mindfulness*, aceitação e comportamental. Participar de treinamento, supervisão e/ou consultas com colegas também é extremamente benéfico. Finalmente, incentivamos os terapeutas a praticarem aceitação e *mindfulness* fora do contexto terapêutico. Acreditamos que não é necessária uma prática extensiva de meditação para ser um terapeuta efetivo, mas com certeza é necessária alguma forma de prática de *mindfulness*.

Benefícios do cultivo da postura terapêutica

Incentivamos os terapeutas a realizarem alguma forma de prática de *mindfulness* antes e durante as sessões, por várias razões. Primeiro, a prática de *mindfulness* nos permite tomar consciência de nossos pensamentos, sentimentos e sensações quando estamos no processo de terapia. Podemos ser afetados por algum evento pessoal em nossa vida, tal como estarmos preocupados com nossos filhos ou pensando num conflito com nosso parceiro. Podemos estar aborrecidos ou sonolentos durante uma sessão num dia cheio ou atendendo um cliente emocionalmente distante. Podemos nos entristecer com a comovente descrição do cliente de uma perda ou nos assustar com a revelação de um assalto. Podemos achar muito dolorosa a expressão emocional do cliente ou lutar com pensamentos sobre a nossa incompetência como terapeutas.

Essa consciência compassiva das nossas experiências aumenta a nossa capacidade de empatizar com as lutas dos nossos clientes e lhes dar validação e *feedback* genuínos. A prática regular de *mindfulness* pode fortalecer a nossa capacidade de prestar uma atenção genuína e constante ao cliente, diminuindo a probabilidade de "dessintonizarmos" ou ficarmos inquietos ou aborrecidos numa sessão com um clien-

---

* N. de R. T.: No Brasil, ainda não há uma orientação objetiva. Os profissionais devem possuir treinamento e supervisão em terapia cognitivo-comportamental.

te emocionalmente distante (Fulton, 2005). Uma postura de atenção e aceitação nos permite manter o envolvimento no processo terapêutico, mesmo quando surgem emoções dolorosas nos nossos clientes e em nós mesmos. Em nossa experiência, quando estamos atentos é mais fácil perceber o impulso de aliviar a angústia dos clientes e a nossa própria, e conseguir superar esse impulso e agir de acordo com nossos valores como terapeutas. Por fim, essa postura nos permite modelar a essência do tratamento para nossos clientes e aproveitar a nossa experiência para dar a eles exemplos que tornam os conceitos mais acessíveis e pessoais.

Modelar o tratamento

Frequentemente utilizamos uma versão adaptada da "metáfora das duas montanhas" (Hayes, Batten et al., 1999), retirada da TAC, para ilustrar aos nossos clientes a universalidade de suas lutas e reconhecer que não estamos imunes a essas forças.

> Como seu terapeuta, farei algumas observações sobre as suas dificuldades e darei algumas sugestões de possíveis opções em resposta a essas lutas. Pode parecer que eu estou no topo de uma montanha, com a montanha representando as barreiras que você enfrenta ao buscar uma vida gratificante e satisfatória. Pode parecer que, do alto da minha montanha, eu vejo mais claramente as coisas que contribuem para as suas dificuldades, uma vez que eu já consegui subir ao topo. Mas não é essa a minha visão da terapia. Eu acredito que as dificuldades que você está vivendo são comuns a todos os seres humanos e que os terapeutas não são imunes a essas dificuldades. De fato, um terapeuta é como qualquer outro ser humano, pois cada um tem a sua própria montanha e enfrenta dificuldades e obstáculos. Como seu terapeuta, às vezes eu poderei lhe dar alguma perspectiva das suas dificuldades, porque estarei olhando de certa distância e com uma perspectiva única daqui de cima da minha montanha.

Incentivamos os terapeutas a dar exemplos, de modo consistente, quando for terapeuticamente apropriado, dos pensamentos e sentimentos que experienciam em situações difíceis. Por exemplo, uma terapeuta pode revelar seus pensamentos de inadequação ao ser convidada a dar uma conferência científica ou descrever seu impulso de escapar de uma situação de conflito. Consideramos essas revelações particularmente úteis quando o cliente está pouco à vontade ao narrar suas experiências internas. Por exemplo, uma cliente com TDM que valorizava muito seu papel como mãe estava inicialmente pouco disposta a examinar como os seus problemas poderiam estar interferindo no seu relacionamento com os filhos. A terapeuta revelou que ser uma mãe disponível e conectada também era um valor para ela, mas admitiu que quando se sentia muito pressionada no trabalho notava que ficava mais crítica em relação aos filhos e mais distante deles. Depois da honesta revelação da terapeuta, a cliente se dispôs a dar exemplos de momentos em que se sentia triste e sem valor e se afastava dos filhos. Embora essas revelações sejam poderosas, elas devem ser cuidadosamente escolhidas e guiadas pela intenção de dar um modelo da universalidade dessas dificuldades.

Também recomendamos que os terapeutas empreguem na sessão uma linguagem que reflita uma postura atenta e cognitivamente desfundida. Por exemplo, ao discutir a experiência do cliente, o terapeuta deve empregar termos precisos e não patológicos e incentivar o cliente a usar a mesma linguagem. O intercâmbio abaixo ilustra esse conceito.

> CLIENTE: Eu tinha planos de sair para jantar com minhas amigas na sexta-

-feira, mas não consegui ir por causa da minha depressão.

TERAPEUTA: Eu compreendo que você foi diagnosticada com transtorno depressivo maior e que, às vezes, usa a palavra "depressão" para resumir muitos pensamentos, emoções e sensações físicas que tem. Para que nós duas possamos realmente compreender o que você sente momento a momento, peço que você tente ser mais específica quando falar sobre suas experiências. Você concorda em tentar? (*A cliente faz que sim com a cabeça.*) Então, que emoções você sentiu na noite de sexta?

CLIENTE: Eu me senti deprimida.

TERAPEUTA: Você diria que estava sentindo tristeza?

CLIENTE: Sim, eu decididamente me sentia triste.

TERAPEUTA: Alguma outra emoção?

CLIENTE: Não, só triste.

TERAPEUTA: Como se sentia fisicamente? Percebeu alguma coisa acontecendo em seu corpo?

CLIENTE: Meu corpo estava pesado, como se eu fosse um bloco de chumbo.

TERAPEUTA: E teve alguns pensamentos? Notou se pensava alguma coisa ou dizia a si mesma alguma coisa?

CLIENTE: Só o habitual. Eu me sentia inútil, uma fracassada.

TERAPEUTA: Então você pensou: "Eu sou inútil. Sou uma fracassada."

CLIENTE: Sim, foi isso.

TERAPEUTA: Geralmente as emoções estão ligadas ao que chamamos de "tendências de ação". Em outras palavras, certas emoções nos impulsionam a agir de determinada maneira, como quando estamos ansiosos e sentimos o impulso de fugir ou lutar com aquilo que está nos apavorando. Você notou algum impulso comportamental quando se sentiu triste?

CLIENTE: Com certeza. Eu senti vontade de voltar para a cama. Eu só queria evitar minhas amigas, voltar para a cama e puxar as cobertas, tapando a cabeça.

TERAPEUTA: Certo, uma última coisa. O que você escolheu fazer?

CLIENTE: Eu fiquei na cama. Não atendi o telefone quando minha amiga ligou.

TERAPEUTA: Bem, deixe-me ver se entendi como foi a sua experiência na sexta à noite. Você percebeu sentimentos de tristeza, seu corpo parecia pesado, teve o pensamento de que era inútil e sentiu o impulso de voltar para a cama e evitar suas amigas. No final, preferiu ir para a cama em vez de sair para jantar. Isso captura a sua experiência?

CLIENTE: Sim.

TERAPEUTA: Se você estiver disposta, vou lhe pedir para tentar falar sobre a sua experiência dessa maneira bem específica, em vez de usar o termo resumido "depressão". Você concorda com isso?

CLIENTE: Certo, eu posso tentar. Mas não é assim que estou acostumada a falar.

TERAPEUTA: Eu entendo isso muito bem. E vou lhe pedir para tentar várias coisas novas que podem lhe parecer estranhas e diferentes no começo.

Em resposta a um cliente que disse: "Eu me automediquei para o meu *flashback* do TEPT", o terapeuta poderia explorar os elementos dessa afirmação, incentivando o cliente a perceber que tivera uma imagem de um acontecimento passado doloroso, juntamente com sentimentos de tristeza e medo, e que notara pensamentos como "Eu não consigo lidar com isso", sentiu o impulso de beber e optou por beber uma dose de uísque na esperança de que as imagens, pensamentos e sentimentos dolorosos desaparecessem.

Às vezes, a modelagem assume uma forma mais sutil, com menor intervenção, como no seguinte diálogo.

CLIENTE: Quarta-feira foi um dia horrível. Eu acordei sabendo que seria um dia "gordo".

TERAPEUTA: Então, logo que acordou, você percebeu o pensamento "Eu me sinto gorda hoje"?

CLIENTE: Foi bem assim. Eu não conseguia nem pensar em vestir a calça jeans e ir para a aula. Sabia que tinha de ir à academia e malhar o dobro do tempo.

TERAPEUTA: Então, você percebeu o impulso de matar aula e ir para a academia. Parece que isso foi muito forte.

CLIENTE: Eu estava com nojo de mim mesma. Tinha de ir à academia.

TERAPEUTA: Essas emoções podem ser muito intensas e poderosas. Parece que você realmente se sentiu impulsionada a se exercitar.

Da mesma forma, incentivamos os terapeutas a usar o conceito de ação valorizada para se comprometerem com o trabalho que se espera deles. Em outras palavras, ser terapeuta significa se comprometer em se preparar para as sessões, examinar com o cliente todas as tarefas combinadas para o período entre as sessões, estar disposto a experienciar o próprio desconforto e o do cliente, manter anotações adequadas, preparar-se bem para a supervisão ou consulta com colegas e utilizá-las eficientemente.

APRESENTANDO O TRATAMENTO AO CLIENTE

Depois que a avaliação foi concluída e o terapeuta desenvolveu um plano de tratamento individualizado e informado por uma conceitualização comportamental dos problemas do cliente baseada na aceitação, é útil fazer uma sessão de devolução para apresentar esse plano ao cliente, obter seu consentimento informado e preparar o terreno para a terapia. Essa sessão pode ser desafiadora, pois é preciso tratar brevemente muitos tópicos. Por essa razão, o terapeuta deve esperar que as questões discutidas durante essa sessão sejam revistas repetidamente durante todo o tratamento. Incluída na sessão está uma conceitualização muito breve do problema apresentado pelo cliente, uma visão geral do plano de tratamento, uma discussão de tratamentos alternativos que o cliente pode considerar, o desenvolvimento de objetivos terapêuticos compartilhados, um plano para avaliar o progresso rumo a esses objetivos e o esclarecimento das expectativas sobre o papel do terapeuta e do cliente na terapia.

Conceitualização do problema apresentado

Embora tanto a conceitualização quanto o plano de tratamento tenham sido desenvolvidos em um processo colaborativo com o cliente durante algumas sessões (conforme discutimos no Capítulo 3), reiterar essas informações de modo sistemático durante a sessão de devolução pode tornar mais fácil para o cliente perceber os custos associados à evitação experiencial e à limitada utilidade das tentativas de controle interno. Como discutimos no Capítulo 2, costumamos avaliar a natureza e extensão dos problemas apresentados e características associadas, influências históricas pertinentes, atitudes em relação às experiências internas (como emoções e sensações físicas), *mindfulness*, estratégias comuns de manejo, tratamento anterior e, extremamente importante, a atual qualidade de vida. Durante a sessão de devolução, a nossa conceitualização integra as informações, valida a experiência do cliente, fornece os motivos para o modelo de tratamento e prepara o terreno para a mudança.

Visão geral do plano de tratamento

As abordagens de TCBA enfatizam a importância da aprendizagem experiencial, em vez da verbal. Por exemplo, embora possamos ouvir ou ler sobre *mindfulness*, a experiência de observar e perceber eventos conforme eles acontecem é necessária para se compreender realmente o conceito. Da mesma forma, na TAC, os terapeutas devem estar atentos aos esforços dos clientes para "compreender" prematuramente os conceitos de aceitação e desfusão, pois isso às vezes reflete evitação experiencial. Apesar de a TCBA se constituir num tratamento que deve ser mais experienciado que explicado, os terapeutas precisam dar informações suficientes sobre os motivos e métodos do tratamento, para permitir que o cliente faça uma escolha informada quando concordar com o plano de tratamento. Achamos muito útil, na sessão de devolução, mencionar os três componentes principais do tratamento e descrever como cada método trata diretamente dos problemas do cliente.

Alterar o relacionamento com as experiências internas

Conforme discutimos no Capítulo 1, uma conceitualização comportamental de psicopatologia baseada na aceitação supõe que as nossas respostas às experiências internas influenciam significativamente o nosso funcionamento. A nossa tendência de nos fundirmos com nossos pensamentos, sentimentos e sensações, de respondermos temerosamente a muitas experiências internas, de julgarmos experiências dolorosas como negativas e estigmatizantes, de sentirmos como se essas experiências nos impedissem de seguir em frente, e de tentarmos repetidamente evitar e escapar dessas experiências pode causar um sofrimento psicológico significativo e afetar negativamente o nosso funcionamento. Portanto, um objetivo essencial do tratamento é modificar o relacionamento que o cliente mantém com a sua experiência interna. Dizemos ao cliente que examinaremos a função de suas emoções e ensinaremos alguns métodos para ele observar suas experiências internas com curiosidade e compaixão e perceber a transitoriedade de cada pensamento, sentimento e sensação. Também esclarecemos que aumentar a consciência e alterar a qualidade dessa consciência melhorará sua capacidade de escolher como quer agir e viver sua vida. Explicamos que um objetivo do tratamento é ajudar o cliente a buscar atividades valorizadas sem ter de se livrar de suas experiências internas e sem ter de controlá-las.

Diminuir a evitação experiencial e aumentar a escolha e a flexibilidade

Como discutimos anteriormente, durante as fases de avaliação e formulação de caso, esforçamo-nos significativamente para mostrar como as tentativas de evitação experiencial foram ineficazes e interferiram na vida do cliente. Na TAC, esse processo é descrito como "por tudo para fora" e envolve determinar o que o cliente quer, os métodos que usou para conseguir isso, e uma avaliação precisa da "viabilidade" de cada abordagem. Durante a sessão introdutória, transmitimos explicitamente a nossa impressão, baseada no conhecimento clínico geral e no nosso entendimento específico das dificuldades passadas do cliente, de que a evitação experiencial não foi eficaz e que a nossa recomendação de tratamento envolve o desenvolvimento de uma postura de maior aceitação das experiências internas.

Nesse estágio inicial do tratamento, muitos clientes são receptivos à ideia de aceitação, mesmo que tenham dificuldade para aplicar o conceito conforme o tratamento progride. Mas também não é raro que não fiquem muito entusiasmados com esse objetivo do tratamento e afirmem que controlar as experiências é um objetivo possível e desejável de terapia. Eles podem responder de muitas maneiras, variando de ceticismo à rejeição absoluta. De um ponto de vista clínico, esperamos e recebemos bem essa reação, pois ela se encaixa na nossa conceitualização de dificuldade psicológica. Se um cliente apresenta uma reação mista ao nosso modelo de tratamento, nosso objetivo é determinar sua disposição a explorar mais cuidadosamente a "viabilidade" e os custos da evitação experiencial e das tentativas de controle, e a considerar experimentar uma nova maneira de responder. Se o cliente, decididamente, prefere um tratamento voltado para o controle interno, poderíamos recomendar um tratamento alternativo (discutido com mais detalhes a seguir). Os clientes talvez precisem experienciar mais completamente a futilidade do controle experiencial para poderem se comprometer com tentar uma abordagem diferente.

Aumentar o empenho em atividades valorizadas

Além de tomar como alvo a evitação experiencial, as TCBAs procuram diminuir a evitação comportamental. Durante a sessão introdutória, mostramos ao cliente como a sua vida se tornou limitada e restrita por causa da evitação experiencial, e recomendamos que o tratamento envolva o compromisso com a busca de atividades consistentes com seus valores. Embora todos os tratamentos psicológicos visem, implicitamente, melhorar a qualidade de vida, as abordagens cognitivo-comportamentais tradicionais às vezes superenfatizam a redução ou eliminação dos sintomas como o principal objetivo do tratamento. Em contraste, as abordagens baseadas na aceitação procuram, explicitamente, aumentar comportamentos em esferas valorizadas.

A maioria dos clientes espera que o tratamento mude sua vida de alguma maneira, mas nem todos esperam que seu foco seja a mudança de comportamento. O cliente pode procurar tratamento para ter maior *insight* ou para receber apoio por uma condição que considera crônica e incurável. O foco do cliente no tratamento pode ser a modificação de experiências internas, tal como reduzir a ansiedade, sentir-se autoconfiante, aumentar a autoestima ou se sentir feliz. Assim, é importante falar claramente que esse modelo de tratamento enfatiza a mudança de comportamento para melhorar a qualidade de vida.

Discussão de tratamentos alternativos

Hayes, Strosahl e Wilson (1999) salientam a importância de se descrever formas alternativas de terapia, para garantir que o cliente dê um consentimento plenamente informado para o tratamento com TCBA. Concordamos inteiramente, em especial se existe forte apoio empírico para abordagens alternativas, tal como ativação comportamental para TDB ou tratamento do controle do pânico para o transtorno de pânico. Certamente há muito debate e controvérsias no campo sobre a criação de listas de tratamentos com apoio empírico e sua recomendação como tratamentos de primeira linha para transtornos diversos. Como cientistas e terapeutas, realmente acreditamos que é essencial uma abordagem terapêutica baseada em evidências. Entretanto, a aceitabilidade também é um critério importante para julgar a efetividade de diferentes abordagens de tratamento. Frequentemente encontramos clientes com TEPT ou transtorno de pânico que, sem dúvida, se beneficiariam da terapia de exposição, mas não estão dispostos a se submeter a essa forma de tratamento. Nesses casos, esses tratamentos extremamente eficientes podem (e tem sido) adequadamente integrados a uma abordagem baseada na aceitação, conforme mencionamos a seguir e discutimos mais completamente no Capítulo 10.

Em nossa prática, descrevemos com frequência para os clientes as diferenças entre as terapias tradicionais de orientação cognitiva e a TCBA. Especificamente, de uma perspectiva cognitiva tradicional, acredita-se que a psicopatologia surge da presença de pensamentos irracionais. Assim, um terapeuta cognitivo tradicional procuraria descobrir as distorções cognitivas subjacentes à ansiedade social de um cliente, contestar sistematicamente a veracidade dos pensamentos e incentivar o cliente a desenvolver uma atitude mais racional diante de situações sociais. Também reconhecemos as semelhanças entre as duas abordagens. Ambas enfatizam a importância de aumentar a consciência das experiências internas, descrever as experiências usando múltiplos canais de resposta (p. ex., pensamentos, sensações, emoções) e aumentar comportamentos proativos. (As diferenças e semelhanças teóricas e clínicas entre as abordagens baseadas na aceitação e outras TCCs são discutidas com mais detalhes em Orsillo, Roemer e Holowka, 2005; Orsillo et al., 2004; e o Capítulo 10 deste livro.) Consideramos muito importante que essas semelhanças e diferenças sejam reconhecidas quando trabalhamos com clientes que já fizeram uma TC com resultados mistos. Por exemplo, se formos tratar um cliente que já fez uma TC para TDM, poderíamos dizer mais ou menos o seguinte.

Parece que você teve resultados mistos com a sua última terapia. Você mencionou que aprendeu muito sobre a relação entre o seu humor e o seu comportamento por meio do automonitoramento. Você costumava pensar que a depressão era algo que pairava sobre você por semanas, mas aprendeu que o seu humor flutua dependendo de diferentes situações. Também parece que se beneficiou de uma programação de eventos agradáveis, embora não cumprisse as tarefas quando se sentia muito triste e letárgico.

A partir do que você me falou, vejo que a reestruturação cognitiva algumas vezes o ajudou muito. Tirar um tempo para parar e perceber o que está pensando e sentindo foi bastante útil. Ver os pensamentos apenas como pensamentos os tornou menos apavorantes. Às vezes, você conseguiu interpretar acontecimentos de um modo bem diferente ou se convenceu de que não deveria pensar de determinada maneira, mas outras vezes esses métodos não funcionaram tão bem.

Isso que estou dizendo está certo?

Bem, a minha recomendação de tratamento é a de manter muitas dessas estratégias, mudar algumas e adicionar outras. Especificamente, gostaria muito que continuássemos a pensar sobre como você passa seu tempo e programar algumas atividades toda semana. Também gostaria dedicar mais tempo a examinar o que você realmente quer fazer com seu tempo e, particularmente, como gostaria de passar o tempo que tem em relacionamentos, no trabalho e no lazer. Gostaria que trabalhássemos juntos para aumentar o tempo que você dedica ao que realmente tem importância para você.

Também acho que faz muito sentido continuar observando seus pensamentos, sentimentos, sensações e comportamentos. Se você estiver disposto, gostaria de lhe mostrar uma maneira um pouco diferente de perceber essas experiências, que envolve sentir compaixão em relação a elas. Se estiver disposto, praticaremos algumas habilidades de *mindfulness* para ver como poderíamos modificar o relacionamento que você tem com suas experiências internas.

Uma coisa que poderá ser diferente nessa terapia é a ideia de tentar modificar seus pensamentos irracionais. Eu concordo com a sua experiência de que, às vezes, aquele método parece funcionar e outras não. Atualmente, há algumas evidências mostrando que quanto mais tentamos mudar os pensamentos, mais perturbadores eles se tornam e mais se grudam em nós. Então, se você se dispuser, poderíamos deixar de lado essa estratégia por um tempo e experimentar uma coisa um pouco diferente.

Também é importante notar que, conforme discutiremos no Capítulo 10, muitas das aplicações mais comuns da TCBA já envolvem a integração da aceitação com outras abordagens de terapia bem estabelecidas. Por exemplo, a TCBM integra a aceitação com a TC, uma abordagem mais estabelecida ao tratamento da depressão, e o tratamento do controle do pânico tem se valido da aceitação (Levitt e Karekla, 2005). Geralmente as abordagens baseadas na aceitação podem ser usadas para aumentar a disposição do cliente a adotar os elementos necessários dessas outras abordagens de tratamento baseadas em evidências.

Também pode ser útil comparar a TCBA com a prática de *mindfulness* fora do contexto terapêutico (p. ex., aulas de ioga ou meditação, zen budismo). Às vezes os clientes tiveram experiências com práticas meditativas orientais e esperam que a terapia siga um caminho parecido. Isso pode acontecer dependendo da experiência que o cliente teve com formas específicas de *mindfulness*. E o trabalho que nossos clientes fazem na terapia geralmente é espelhado e intensificado por sua prática de *mindfulness* em outros contextos: temos clientes que usam ioga ou meditação muito eficientemente em conjunção com o tratamento ou depois dele. Por outro lado, essas práticas às vezes não coincidem muito bem com o trabalho da terapia. Por exemplo, tratamos um cliente com TAG que desenvolvera uma abordagem ritualizada à meditação. Ele sentia que tinha de completar uma sequência de meditações para se preparar para o dia e ficava extremamente ansioso se algo interferia nessa rotina. Na terapia, o cliente conseguiu perceber que a meditação havia se tornado mais uma estratégia para controlar a ansiedade. Outro cliente com uma história de prática de meditação meditava regularmente como uma maneira de evitar interações conflitantes com a esposa. Na terapia, o *mindfulness* foi introduzido como uma estratégia para ele se tornar mais capaz de se aproximar da esposa e se comunicar com ela de forma compassiva.

Ocasionalmente encontramos clientes que ficam desconfiados das conotações espirituais de *mindfulness* e preocupados com a inclusão da prática de *mindfulness* no tratamento, pois isso sugeriria um foco espiritual na terapia que eles não desejam. Escolhemos cuidadosamente as palavras quando descrevemos a TCBA e esclarecemos que as práticas de *mindfulness* que incorporamos à terapia são diferentes do contexto das tradições espirituais orientais que as formam. Achamos importante distinguir o uso de *mindfulness* no contexto da psicoterapia da prática de *mindfulness* fundamentada em algo pessoal ou espiritual. Existe uma grande variedade de práticas de *mindfulness*, para os mais variados propósitos. Os clientes que procuram psicoterapia estão buscando um tipo específico de assistência. Não somos professores de meditação nem conselheiros espirituais. Retiramos estratégias dessas tradições, mas as usamos para propósitos psicológicos, especificamente para ajudar os clientes a se envolverem mais ativamente na própria vida de maneiras significativas para eles.*

---

* N. de R. T.: Ver SNYDER, C. R.; LOPEZ, S. J. *Psicologia positiva*: uma abordagem científica e prática das qualidades humanas. Porto Alegre: Artmed, 2009. 516p. STRAUB, R.O. *Psicologia da saúde*. Porto Alegre: Artmed, 2005. 676p.

Definir os papéis de terapeuta e cliente

Algumas variáveis relativas aos clientes, incluindo fatores culturais, experiências anteriores de terapia e estilo interpessoal, podem influenciar extraordinariamente as suas expectativas em relação à natureza dos papéis na psicoterapia. Os clientes podem esperar que o terapeuta seja um observador relativamente silencioso, um conselheiro ativo ou um amigo apoiador. Portanto, descobrimos que convém esclarecer explicitamente o que acreditamos ser o papel do terapeuta e o do cliente na nossa abordagem de terapia, e também avaliar as expectativas que cada pessoa traz ao tratamento.

As abordagens cognitivo-comportamentais tradicionais salientam a importância de se identificar, colaborativamente, áreas de problema, objetivos e sinais de progresso no relacionamento cliente-terapeuta. O estabelecimento de uma relação colaborativa entre cliente e terapeuta é essencial na TCBA. Embora a teoria geral da TCBA sugira que a evitação está influenciando negativamente a vida do cliente e ofereça vários métodos clínicos para tratar essa evitação, o que dita o curso da terapia são as preocupações e os valores pessoais de cada indivíduo. Supomos que o cliente é o especialista em si mesmo, mas também reconhecemos que a fusão, a evitação e os comportamentos governados por regras podem, às vezes, obscurecer a sua capacidade de observar adequadamente a sua experiência e ter consciência das contingências que orientam seu comportamento. Assim, esperamos que o cliente fique inicialmente confuso em relação a alguns dos conceitos discutidos ou discorde da utilidade de certas estratégias para ele, mas pedimos que esteja aberto à possibilidade de fazer mudanças radicais na sua maneira de ver a própria experiência interna e de escolher suas respostas. Em outras palavras, respeitamos a ideia do cliente sobre a utilidade de certas abordagens ou estratégias para melhorar sua qualidade de vida, mas pedimos que considerem dedicar um tempo a observar cuidadosamente o seu comportamento e tentar alguns métodos novos de responder antes de decidirem. Ao descrever esse relacionamento para um cliente com transtorno de ansiedade, poderíamos dizer:

> Aqui está o que eu penso sobre os nossos papéis na terapia e a melhor forma de trabalharmos juntos. Como terapeuta, tenho algum conhecimento dos princípios gerais da ansiedade e da preocupação, de como elas podem limitar a vida das pessoas e de métodos para ajudar alguém que está lutando com a ansiedade a levar uma vida mais satisfatória e gratificante. Mas o meu conhecimento é geral, e você é o especialista na sua experiência pessoal e em como esses princípios gerais se aplicam ou não a você. Assim, farei o possível para lhe apresentar todas essas informações, meus pensamentos e ideias, e lhe oferecer meu apoio, entendimento e orientação, mas acredito que você é o único perito em você mesmo. Só você pode dizer o que realmente é importante para você e como gostaria de viver o restante da sua vida. Você é o único que pode observar a sua experiência para ver se as coisas que falamos aqui, que poderiam estar causando as suas dificuldades, realmente se confirmam e para avaliar se as mudanças tentadas melhoram a sua vida. Se formos trabalhar juntos, eu lhe pedirei para considerar algumas das minhas sugestões, baseadas no meu conhecimento geral, para ver se elas se ajustam à sua experiência. Também vou lhe pedir para experimentar algumas maneiras novas de responder, que talvez no início não lhe pareçam muito lógicas ou úteis. A sua experiência com essas novas abordagens nos ajudará a determinar se elas são úteis ou não para você. Gostaria que você se comprometesse em considerar algumas novas abordagens, e eu me comprometo em lhe ouvir e respeitar suas experiências com essas abordagens.

Para resumir as questões que levantamos neste capítulo, apresentamos a seguir um exemplo das informações que tentamos transmitir a um cliente com transtorno de ansiedade social durante uma sessão inicial. Embora tenhamos dado essas informações como um monólogo, para ilustrar todos os pontos que queremos mencionar, na prática clínica há um diálogo temperado pelas perguntas e reações do cliente.

Com base em tudo o que você me contou até o momento sobre sua luta com a ansiedade e sobre como já tentou melhorar sua vida, pensei algumas coisas a respeito do que poderia estar lhe atrapalhando e como poderíamos trabalhar juntos para fazer algumas mudanças. Parece que as sensações físicas (p. ex., palpitações, excitação), os pensamentos ("Sou um fracasso") e os impulsos comportamentais (de escapar ou evitar) que você tem quando está em uma situação ameaçadora ou a imagina aumentam ainda mais a sua perturbação. Em alguns dos questionários que preencheu, você diz que o que mais teme são as suas emoções e que prefere evitar situações que possam evocar emoções fortes. Você também descreve como a sua família fica pouco à vontade com as suas expressões de ansiedade e como, desde tenra idade, foi incentivado a parecer forte e competente em todas as interações sociais.

Você tem tentado se livrar da ansiedade desde que consegue se lembrar, e acredita que nunca terá uma vida significativa e gratificante se não conseguir aprender alguma estratégia para controlar sua ansiedade. No passado, tentou estratégias de relaxamento, táticas de distração, medicação e diálogo interior para modificar seus pensamentos e sentimentos. Embora tenha tido certo sucesso com essas abordagens, não teve a melhora significativa que esperava. Às vezes, suas tentativas de controle parecem funcionar no momento, mas os pensamentos e sentimentos ansiosos sempre voltam. E você também descreveu algumas situações durante as quais achou ser essencial controlar sua ansiedade, mas não conseguiu. Também tentou tomar alguns copos de vinho antes de cada interação social para ficar mais à vontade e, embora isso tenha ajudado um pouco, você começou a se preocupar por depender do álcool para vivenciar situações sociais. Você realmente não tem nenhuma amizade íntima, satisfatória e gostaria de se sentir menos ansioso para poder começar a namorar e fazer amizades íntimas. E também teme se prejudicar no trabalho por ter recusado promoções que envolveriam apresentações ou contatos sociais significativos.

Você tem pensado muito em seus problemas e lhe parece que a melhor maneira de resolver suas dificuldades é aprender a controlar melhor suas experiências internas. Por outro lado, parece que as suas experiências lhe dizem que essa abordagem talvez não seja a resposta. Então, por mais que tenha esperanças com esta terapia, bem no fundo teme não conseguir fazer as mudanças de vida significativas que espera fazer.

Isso lhe parece estar certo? Será que deixei de fora alguma coisa que você acha importante tratarmos aqui?

Tudo o que você me contou faz muito sentido e se ajusta ao conhecimento que eu tenho sobre a ansiedade e sobre como ela interfere na vida das pessoas. Compreendo por que acha que controlar completamente esses pensamentos e sentimentos ansiosos é o melhor que pode fazer por si mesmo. Essa crença é muito comum na nossa sociedade, mas atualmente estão sendo feitas pesquisas que confirmam o que a sua experiência já lhe mostrou. Especificamente, algumas pesquisas descobriram que quanto mais tentamos suprimir nossos pensamentos ou sentimentos, mais fortes e perturbadores eles se tornam. E as tentativas de resolver os problemas de modo ativo (como beber vinho e se manter distante das pessoas) e suprimir seus pensamentos e sentimentos parecem estar afastando você ainda mais do tipo de vida que realmente quer.

Se trabalharmos juntos, vou lhe pedir para considerar uma abordagem diferente da que vem tentando há tempo. Minha sugestão seria que começássemos examinando, especificamente, em que quer que a sua vida seja diferente e como a sua forma de lutar com a ansiedade tem impedido que viva como quer viver. Parece que você tem uma ideia geral do que quer, mas não pensou realmente sobre como quer que a sua vida melhore, pois muitos dos seus objetivos lhe parecem inalcançáveis.

Quando entendermos de que maneira específica você quer que sua vida seja diferente depois da terapia, lhe pedirei para considerar um jeito novo de responder aos seus pensamentos, sentimentos e sensações. Até agora, seu hábito tem sido percebê-los e repeli-los rapidamente, na esperança de que desapareçam. Você os rotulou como perigosos e um sinal de fraqueza, e fez tudo o que podia para fazê-los sumir. Eu vou sugerir um jeito diferente de responder a eles, que é observar a si mesmo com compaixão, pois isso pode lhe abrir mais opções. Embora eu não acredite que alguém consiga não sentir ansiedade ou qualquer outra emoção humana, podemos trabalhar para diminuir o poder que a ansiedade tem sobre a sua vida. Especificamente, essa abordagem de terapia procura melhorar a qualidade da sua vida incentivando-o a buscar atividades que realmente são importantes para você e lhe ensinando habilidades de *mindfulness* e outras, para lhe ajudar a aceitar mais as suas emoções e pensamentos. Aprender a se relacionar com pensamentos e emoções de uma maneira diferente vai diminuir a intensidade e a frequência da angústia.

Sei que você já fez terapia no passado e tentou muitas coisas para melhorar a sua vida. Eu vou ser claro: esta abordagem de terapia exige um comprometimento significativo da sua parte. Como já mencionou, você criou uma maneira habitual de responder à ansiedade e a situações que despertam ansiedade. Para quebrar esses hábitos e criar novos, você precisa passar bastante tempo fora da sessão praticando os novos métodos que aprender na terapia. Se trabalharmos juntos, vou lhe pedir para se comprometer em criar um tempo no seu dia para se concentrar em si mesmo e nas mudanças que gostaria de fazer na sua vida.

Também quero que saiba que vou lhe pedir para fazer algumas coisas na terapia que despertarão emoções fortes e pensamentos dolorosos. É claro, você sempre vai poder escolher se quer fazer ou não as coisas que sugiro, mas precisa saber que é preciso assumir riscos para fazer as mudanças significativas que espera fazer. E também deve saber que trabalharemos juntos para desenvolver habilidades que tornarão menos assustador assumir riscos do que no passado.

Esta abordagem de terapia é nova e, embora existam achados de pesquisa muito promissores, ainda estamos começando a testá-la. Conforme conversamos, a terapia cognitivo-comportamental é outra forma de tratar a ansiedade social que também tem mostrado um progresso significativo. Eu sei que você já tentou a TCC com resultados mistos e está procurando uma alternativa. Se decidirmos trabalhar juntos, vou monitorar cuidadosamente o seu progresso e verificaremos, periodicamente, se é indicada alguma mudança no seu plano de tratamento. E se em algum momento ficar preocupado com seu progresso na terapia, você deve me dizer.

Tudo o que fiz hoje foi lhe dar uma visão geral do trabalho que penso que podemos realizar juntos. Gostaria de saber o que você acha disso e responderei a qualquer pergunta que quiser fazer. Também gostaria de lhe dizer que é perfeitamente normal ter dúvidas e preocupações em relação a qualquer abordagem de tratamento. Você não precisa ter certeza de que esta vai funcionar para você. É difícil ter certeza antes de começarmos o trabalho e, portanto, gostaria que você me falasse sobre quaisquer preocupações ou temores que tenha. Se decidirmos seguir em frente, tudo o que lhe pedirei é que mantenha a mente aberta e experimente novas abordagens durante um certo tempo. Depois, vamos verificar os resultados para saber se devemos mantê-las.

5

Oferecendo ao Cliente um Modelo Comportamental de Funcionamento Humano Baseado na Aceitação

Elementos psicoeducacionais são um padrão nas abordagens cognitivo-comportamentais à psicoterapia.* Há certa variedade entre as TCBAs na inclusão formal e ênfase na psicoeducação, mas todas enfatizam uma conceitualização e entendimento compartilhados de um modelo baseado na aceitação. A TDC inclui quatro módulos psicoeducacionais de habilidades em que os elementos-chave do tratamento são introduzidos, descritos, explicados, ilustrados e discutidos num contexto de grupo. A REBM e a TCBM são apresentadas em um formato educacional, embora também enfatizem a primazia da prática e experiência pessoal. Os criadores da TAC (Hayes, Strosahl e Wilson, 1999) alertam contra uma explicação excessiva dos princípios da terapia, salientando que o cliente precisa experienciar os conceitos em vez de compreendê-los racionalmente, para ser guiado por uma aprendizagem baseada em contingências e não por princípios governados por regras, que podem se tornar rígidos e inflexíveis.

Nesse contexto, vemos a apresentação e o entendimento do modelo como elementos necessários, mas não suficientes, das TCBAs.

A transparência é um elemento importante dessas abordagens (e de outras abordagens cognitivas e comportamentais), e o terapeuta deve explicar claramente o modelo de terapia e os motivos das intervenções, para que o cliente continue trabalhando sozinho entre as sessões e depois do término da terapia. Embora o entendimento e a encenação experienciais de novos padrões comportamentais (a fim de alterar respostas habituais, superaprendidas) sejam considerados mecanismos centrais de mudança, acredita-se que o entendimento intelectual prepara o terreno para essas mudanças comportamentais, dando ao cliente uma razão e motivação para fazer mudanças difíceis em sua vida e para tolerar um aumento de angústia temporário como resultado. Também acreditamos que esse entendimento ajuda o cliente a autoadministrar o tratamento depois do término, quando surgirem novos contextos e desafios na sua vida. Portanto, passamos um tempo considerável no início do tratamento apresentando, ilustrando e ajudando o cliente a observar elementos básicos de uma conceitualização compartilhada de suas dificuldades e dos métodos para promover mudanças. Neste capítulo, revisamos os elementos relacionados a um entendimento compartilhado dos problemas apresentados pelo cliente, tipos de aprendizagem, função das emoções e o

---
* N. de R. T.: Ver BECK, A. T.; RUSH, A. J.; SHAW, B. F.; EMERY, G. *Terapia cognitiva da depressão*. Porto Alegre: Artmed, 1997. 318p.

problema das tentativas de controle experiencial. Nos três capítulos seguintes, discutiremos mais detalhadamente o *mindfulness*, a aceitação e a ação valorizada.

MÉTODOS DE APRESENTAÇÃO DAS INFORMAÇÕES

O nosso método de psicoeducação é retirado de muitas abordagens terapêuticas comportamentais e cognitivas que receberam apoio empírico, e de elementos psicoeducacionais de outras terapias comportamentais baseadas na aceitação. Conforme descrito no Capítulo 4, enfatizamos elementos psicoeducacionais principalmente nas sessões iniciais do tratamento. Depois de uma prática inicial de *mindfulness* e revisão das tarefas de casa da semana precedente, combinamos com o cliente o que será tratado na sessão, salientando os novos conceitos que serão apresentados e os conceitos antigos que serão revisados. Costumamos introduzir cada novo conceito com um exercício experiencial, para que o cliente se envolva imediatamente com o tema em um nível experiencial, e não apenas intelectualmente. Por exemplo, antes de discutir o ciclo da ansiedade com uma cliente ansiosa, faríamos com que ela imaginasse uma situação recente que provocou ansiedade e que observasse a sua resposta. Utilizaríamos, então, essas observações para discutir os fatores que eliciaram e prolongaram respostas ansiosas. A sua reatividade à própria ansiedade, juntamente com tentativas fracassadas de controle experiencial, ilustrariam aspectos importantes do ciclo de ansiedade.

Também costumamos dar materiais sobre os tópicos apresentados. Os clientes revisam o material enquanto discutimos o conceito e criam um esquema organizacional para as informações. Damos a nossos clientes uma pasta em que podem arquivar as folhas, para terem referências sobre os elementos do tratamento. As pastas também constituem um registro de elementos importantes da terapia, que eles podem consultar depois do término em momentos de maior angústia ou evitação experiencial. (Como descreveremos no Capítulo 10, também fazemos com os clientes resumos a serem colocados nessas pastas, que os orientarão em futuras recaídas.) Incluímos neste livro exemplos dos materiais que utilizamos comumente (outros exemplos muito úteis são apresentados em Eifert e Forsyth, 2005; Hayes e Smith, 2005; Hayes, Strosahl e Wilson, 1999; Linehan, 1993a; Segal et al., 2002). Adaptamos os materiais de acordo com as necessidades de cada cliente, dependendo dos problemas apresentados, nível de instrução, capacidade linguística e outros fatores relevantes.

Incentivamos os clientes a fazerem perguntas sobre os materiais, e a relação entre o material geral e a sua experiência pessoal é examinada em conversas e demonstrações. Quaisquer preocupações e refutações devem ser respondidas nesse momento, mas em geral incentivamos o cliente a explorar novos conceitos entre as sessões, independentemente de seu ceticismo inicial. Fazemos menção à nossa conversa inicial sobre a probabilidade de algumas dessas ideias não parecerem adequadas por causa dos hábitos rígidos que eles criaram no decorrer do tempo e pedimos que considerem e observem atentamente cada novo conceito da terapia antes de chegarem a conclusões sobre a adequação ou aplicabilidade de cada ideia. A postura que pedimos que assumam em relação à terapia é semelhante à postura mais geral que esperamos que cultivem. Em vez de aceitarem o que sabem ser verdade baseados em sua experiência passada, o que "deve" ser verdade ou o que sugerimos que pode ser útil, pedimos aos clientes que adotem uma "perspectiva de principiante" ou uma curiosidade nova, totalmente atenta, em relação às suas experiências de vida, na esperança de que possam enxergar algo novo em seus antigos padrões de resposta. Ao mesmo tempo, validamos suas preocupações e certamente consideramos a possibilidade de que um conceito específico não se aplique totalmente às suas experiências. Os terapeutas precisam estar prontos para alterar modelos conceituais, leve ou significativamente, e incorporar a eles elementos específicos da experiência ou do ambiente de cada cliente. Os modelos são sempre considerados hipóteses que são testadas pelas experiências e observações dos clientes; portanto, esses entendimentos são revisados durante toda a terapia e alterados de acordo com as experiências dos clientes, conforme eles experimentam novas maneiras de responder em diferentes contextos.

Um aspecto crítico de apresentar e compartilhar esses modelos gerais é o desenvolvimento de tarefas de casa relevantes que ajudem o cliente a observar ou aplicar conceitos específicos em seu cotidiano. Planejamos e ampliamos exercícios de automonitoramento em que os clientes fazem uma parada em momentos prescritos durante o dia (de manhã, ao meio-dia, na hora do jantar e antes de deitar) ou antes ou depois de eventos emocionais significativos (ataques de pânico, incidentes que provocam ansiedade, reações depressivas, impulsos de beber) e observam deixas contextuais, respostas emocionais, reações a essas reações, e/ou ações realizadas (dependendo do ponto da terapia). Incluímos neste capítulo exemplos de formulários de monitoramento que poderíamos usar em diferentes momentos do tratamento com diferentes clientes, depois de apresentarmos os conceitos relevantes. Esses formulários devem ser adaptados de acordo com as necessidades de cada cliente. O princípio básico de monitoramento é promover a auto-observação que ilustrará os conceitos vistos na terapia e desenvolver essa observação acrescentando novos elementos a serem observados ao longo do tratamento (sempre tentando manter o monitoramento relativamente fácil e simples). Há vários livros de terapia com outros exemplos de formulários bastante úteis de monitoramento (Hayes, Strosahl e Wilson, 1999; Linehan, 1993a; Segal et al., 2002).

Além do automonitoramento entre as sessões, podemos pedir aos clientes que pratiquem exercícios específicos (p. ex., exercícios de *mindfulness*, descritos com mais detalhes no próximo capítulo) ou determinadas ações. Durante a última parte da terapia, são escolhidas ações consistentes com os valores do cliente e ele é solicitado a experimentá-las entre as sessões e perceber o que ocorre e quais são os obstáculos (ver Capítulo 8 para mais detalhes). A prática cria exemplos de respostas alternativas que dão informações capazes de alterar o entendimento do cliente de possíveis respostas e suas consequências, e desenvolvem habilidades que enfraquecem antigos hábitos de resposta e fortalecem novas respostas habituais.

COMPARTILHANDO O MODELO DE FUNCIONAMENTO E DIFICULDADES HUMANAS

Os Capítulos 6 e 7 descrevem os elementos psicoeducacionais diretamente ligados às estratégias de *mindfulness* e aceitação, assim como estratégias de ação valorizada e comportamentais que utilizamos comumente. Aqui, damos alguns exemplos de como um modelo geral de funcionamento e dificuldades humanas pode ser apresentado de uma perspectiva comportamental baseada na aceitação (utilizamos o modelo descrito no Capítulo 1, mas destacamos como compartilhar esses conceitos com o cliente). Essas explicações combinam formulações cognitivo-comportamentais tradicionais com elementos baseados na aceitação.

Modelo geral de respostas aprendidas

Consideramos esse modelo comportamental básico de respostas aprendidas (tanto por associação quanto por consequências) extremamente útil para clientes com uma gama muito variada de dificuldades psicológicas. Por exemplo, ao apresentar o modelo, poderíamos dizer mais ou menos o seguinte (na prática, interrompemos o monólogo e encaixamos muitos dos exemplos pessoais trazidos pelo cliente até o momento):

> Os seres humanos aprendem naturalmente com as suas experiências. Aprendemos a associar coisas que aconteceram juntas no passado – por exemplo, passamos a associar ameaça ou conforto a um determinado som, cheiro ou situação. Também passamos a esperar certas consequências de nossas ações (tais como rejeição por expressar sentimentos ou demonstrar fraqueza). É muito bom podermos aprender dessa maneira e podermos aprender rapidamente e sem pensar muito. É assim que conseguimos, rapidamente, evitar ameaças e funcionar no nosso ambiente cotidiano.
>
> Por outro lado, também podemos superaprender certas respostas e associações. Às vezes, aprendemos uma resposta ou associação tão bem e tão profundamente que a temos o tempo todo, mesmo quando ela não é mais útil. Isso é provável quando estamos crescendo, quando é mais importante aprendermos a nos adaptar bem ao nosso ambiente. As nossas respostas podem se tornar tão rígidas e automáticas que as temos o tempo todo, mesmo quando elas não são úteis em determinadas situações. [Aqui, geralmente daríamos um exemplo direto do cliente ou um exemplo hipotético relacionado às suas preocupações, como ansiedade, tristeza ou medo de rejeição.]
>
> Às vezes, as nossas respostas podem ser úteis num determinado momento, mas atrapalhar a nossa vida no decorrer do tempo. Por exemplo, podemos aprender a nos afastar de conflitos, o que nos faz bem a curto prazo, mas deixa as questões sem uma solução. Esses hábitos podem ser particularmente difíceis de desaprender, pois têm consequências desejáveis no início, e tendemos a aprender com aquilo que acontece primeiro.
>
> Outra dificuldade da nossa forma de aprender é que ela geralmente acontece fora da nossa consciência, é mais um instinto do que alguma coisa que raciocinamos a respeito. Isso faz com que seja bem difícil modificar hábitos superaprendidos só pensando em como preferiríamos agir. Você já percebeu isso? Descobrimos que a maneira mais útil de aprender novos hábitos é experimentá-los, em vez de apenas compreendê-los melhor. Por outro lado, podemos aprender respostas problemáticas simplesmente a partir do que as pessoas nos dizem. Por exemplo, quando crianças podemos ter recebido a mensagem de que é importante ser emocionalmente forte e independente. Se aprendemos bem essa mensagem, não será fácil notar que nosso esforço para sermos independentes na verdade está nos tornando solitários. Uma das coisas que faremos no tratamento, então, é começar a perceber mais o que está funcionando e o que não está. Essa consciência também nos ajudará a encontrar momentos para modificar esses hábitos e tentar alguma coisa nova. Mas mudar hábitos é realmente muito difícil, de modo que precisaremos de paciência e de tempo!

Na nossa opinião, compartilhar esse tipo de modelo é muito terapêutico para os clientes. Isso, imediatamente, começa a tratar alguns dos julgamentos e reações negativas que eles apresentam em relação às próprias respostas e mostra a importância do cultivo de uma atitude de compaixão e entendimento em relação a essas dificuldades. E também estabelece, rapidamente, que *nós* vemos as dificuldades deles com compaixão e entendimento (ver Gilbert, 2005, para uma revisão minuciosa do papel da compaixão na terapia e no bem-estar psicológico). Esse tipo de modelo de aprendizagem também é útil porque sugere que novas respostas também podem ser aprendidas, como descrevemos mais completamente a seguir.

Utilizamos as histórias pessoais e as preocupações de cada cliente para dar exemplos específicos de como as respostas problemáticas são aprendidas. Por exemplo, Janine disse que habitualmente concordava com os outros em vez de expressar suas necessidades, para não ser criticada ou rejeitada. Contou que sua mãe frequentemente se afastava dela e a criticava quando elas discordavam. A terapeuta observou que ela aprendeu desde pequena, de modo muito adequado, a esperar críticas e distanciamento depois de discordar dos outros e que seu hábito de aquiescer era uma evolução natural dessa aprendizagem. A terapeuta também levou em conta fatores desenvolvimentais, salientando como era importante para Janine aprender a minimizar a rejeição da mãe quando criança, pois o apego é uma necessidade primária das crianças. Ao mesmo tempo em que validava as experiências precoces de Janine, a terapeuta pediu que considerasse que agora, já adulta, ela tinha outros recursos e talvez pudesse expandir seu repertório de comportamentos e fazer valer suas opiniões e necessidades em seus relacionamentos. Além disso, elas examinaram juntas os contextos atuais em que as preocupações de Janine talvez não se justificassem mais. Apesar de incentivar Janine a aprender novos padrões de interação, a terapeuta também reconheceu que, às vezes, as pessoas podem nos criticar ou rejeitar quando discordamos delas, e que isso realmente nos faz sofrer. O objetivo era ajudar Janine a chegar às próprias decisões e equilibrar os riscos de se magoar ao tentar criar relacionamentos mais íntimos com a segurança de evitar o sofrimento ao se distanciar das pessoas.

Conforme discutimos no Capítulo 3, sempre apresentamos os exemplos específicos como hipóteses, e comentamos que não podemos saber com certeza como os hábitos se estabeleceram. A causa original de um determinado comportamento não precisa estar estabelecida para que ele seja alterado; para fazer esse tipo de mudança precisamos identificar os fatores mantenedores. A perspectiva histórica é útil principalmente porque dá aos clientes um entendimento de suas respostas que reduz a culpa e o estigma e promove cuidado e entendimento (embora, em alguns casos, possa interferir no tratamento, como mencionamos no Capítulo 3). Acreditamos que esse tipo de validação cria um contexto ótimo para a mudança comportamental.

Embora o nosso modelo seja um pouco diferente dos modelos cognitivos tradicionais (no sentido de que não sugerimos que pensamentos ou crenças causam as respostas emocionais nem que esses pensamentos precisam ser modificados para que as respostas emocionais mudem), realmente observamos que pensamentos e apreciações de situações são respostas internas aprendidas e podem influenciar outros modos de responder (emocional, comportamental). Valemo-nos da TAC e de suas bases na teoria da estrutura relacional para descrever como, por meio da aprendizagem bidirecional, nossas palavras e pensamentos acabam assumindo as mesmas propriedades psicológicas dos fenômenos que representam, levando-nos a reagir a eles da mesma forma que reagiríamos a estímulos externos (como medo e evitação). Descrevemos o modelo da evitação experiencial apresentado no Capítulo 1, ilustrando-o com as experiências, respostas e comportamentos do cliente. Exercícios da TAC como "tentar não pensar no bolo de chocolate" ajudam a demonstrar como pode ser desafiador tentar evitar ou eliminar um pensamento ou imagem e como essas tentativas podem, paradoxalmente, aumentar a prevalência do pensamento alvo. Pedimos aos clientes que passem alguns minutos pensando em qualquer coisa, menos em comer uma fatia do bolo de chocolate. Inevitavelmente, eles relatam que esse pensamento surge, em geral de modo muito persistente.

No contexto de um modelo típico de aprendizagem de dificuldades psicológicas, enfatizamos particularmente o papel que as reações aprendidas às nossas experiências internas e as tentativas associadas de evitar essas experiências desempenham na criação e manutenção das dificuldades. Conforme discutimos no Capítulo 1, diferentes clientes têm diferentes métodos de evitação. Alguns se empenham em comportamentos problemáticos (p. ex., brigas, rituais compulsivos) para evitar experiências internas às quais eles reagem e julgam. Outros se abstêm de comportamentos desejados (tais como buscar um relacionamento, conhecer pessoas ou sair em público) para evitar experiências internas indesejadas. Outros, ainda, se absorvem em obsessões, preocupações ou ruminações, porque essas atividades cognitivas têm uma função experiencialmente evitante. Embora os aspectos específicos dessas apresentações sejam importantes, o papel geral da reatividade e evitação experiencial é um foco especial do tratamento e ajuda a explicar associações entre apresentações comórbidas aparentemente distintas.

Como parte da psicoeducação, frequentemente compartilhamos achados de pesquisa com os clientes, de modo simplificado e acessível. Por exemplo, descrevemos como estudos mostram que, quando os indivíduos tentam não pensar em alguma coisa (como um urso branco), eles na verdade relatam pensar mais sobre essa coisa subsequentemente (Wegner, 1994). Com nossos clientes ansiosos, gostamos de ilustrar a capacidade humana de aprender associações de medo sem ter consciência do emparelhamento inicial de um estímulo com uma ameaça. Por exemplo, LeDoux (1996) descreve uma paciente com amnésia anterógrada cujo médico a espetou com um alfinete enquanto a cumprimentava com um aperto de mão. Na próxima vez em que se encontraram, a paciente não se lembrava do médico, mas não quis apertar sua mão, demonstrando seu medo aprendido. Esses exemplos ajudam os clientes a verem suas dificuldades como compreensíveis e merecedoras de compaixão.

Prestamos especial atenção aos métodos que ajudam o cliente a compreender melhor suas respostas. Ver essas respostas mais claramente é um aspecto da mudança do relacionamento com as respostas. Assim, fazemos o cliente monitorar múltiplos componentes de suas respostas (cognitivo, emocional, somático, comportamental), para que comece a identificar cada parte do que chamava de "angústia", "ansiedade", "comer compulsivo", e assim por diante. Também pedimos que recorde imagens de um episódio significativo de seu problema, descrevendo os pensamentos, sentimentos e sensações que percebe, para que consiga enxergar como cada elemento leva a outros e alimenta outros elementos da reação. Esse processo ajuda a criar um entendimento colaborativo de como as dificuldades se desenvolveram e indica oportunidades para a experimentação de novos hábitos e novas respostas.

Tratar aspectos específicos dos problemas do cliente

Além de apresentar e desenvolver um modelo geral do funcionamento e das dificuldades humanas, é importante que o terapeuta trate especificamente os problemas apresentados por aquele cliente. Podemos encontrar em múltiplas fontes modelos comportamentais, cognitivos e baseados na aceitação de transtornos específicos (Barlow, 2008; Hayes e Strosahl, 2004; Orsillo e Roemer, 2005) e apresentá-los aos clientes. Fornecemos aos clientes com TAG o Material 5.1 (p. 122), ilustrando um modelo comportamental baseado na aceitação para se compreender ansiedade, preocupação e evitação, fundamentado no modelo de TAG de Borkovec e colaboradores (2004), com o acréscimo de elementos baseados na aceitação.

Para os clientes com TAG, costumamos apresentar alguma versão do modelo de medo de dois fatores de Mowrer. Explicamos como as associações de medo são aprendidas pelo emparelhamento e como essas associações se generalizam para outras deixas ou estímulos relacionados e, inclusive, originam novas experiências de aprendizagem (p. ex., quando estamos dirigindo e aprendemos uma resposta de medo tão forte que o medo passa a ser associado a todos os estímulos em um novo contexto de dirigir, tal como o local para onde estamos indo). A tendência a evitar estímulos temidos é descrita e ilustrada a partir da própria experiência do cliente. Explicamos que essa evitação impede a aprendizagem de novas associações não assustadoras com os estímulos temidos, o que mantém a resposta de medo. Também salientamos como o indivíduo geralmente passa a sentir angústia por suas respostas, o que leva a um processo semelhante de angústia aprendida, evitação e manutenção da angústia com estímulos internos. Novamente, destacamos a funcionalidade desse sistema – é adaptativo, em termos evolutivos, aprender medo e ansiedade e ficar longe das coisas que tememos – e como ele pode se tornar rígido, habitual e deixar de ser adaptativo. Também descrevemos como a ansiedade influencia a nossa atenção às informações e o processamento dessas informações (tendemos a detectar ameaça e a interpretar informações ambíguas como ameaçadoras), relatando achados de pesquisa nessa área. Essa conversa prepara o terreno para o cliente começar a observar suas respostas ansiosas, tanto dentro quanto fora da sessão, com um pouco mais de distância e perspectiva. É também uma premissa para se ver respostas e julgamentos apenas como reações e avaliações, e não necessariamente um reflexo da realidade. Depois de apresentar essas informações, podemos utilizar um formulário de monitoramento como o de Consciência da Ansiedade (Formulário 5.1, p. 127). A versão preenchida (Figura 5.1) exemplifica uma cliente com ansiedade em situações sociais que observou o contexto e a natureza da sua ansiedade (quais sensações e pensamentos parecem caracterizar a experiência que ela rotula como "ansiedade"). Esse exercício tem o objetivo de ajudá-la a se voltar para suas experiências internas temidas conforme elas surgem, em vez de tentar evitá-las. O monitoramento ajuda a cliente a observar o ciclo de ansiedade e começar a se descentrar de sua experiência fundida de ansiedade observando e desmantelando seus componentes.

A uma cliente que apresenta TDM daríamos informações sobre a relação bidirecional entre atividade e humor, esclarecendo que os sentimentos de tristeza levam a pessoa a se retrair e ficar inativa, o que pode manter e exacerbar sentimentos de tristeza e apatia. Embora a inatividade pareça consistente com a tristeza e anedonia muito reais que a pessoa está sentindo, geralmente piora o problema. Também descreveríamos a relação bidirecional entre humor e capacidade cognitiva, descrevendo como o humor deprimido pode tornar lento o pensamento, fazer a pessoa recordar mais eventos tristes e menos eventos agradáveis e resultar no viés para interpretações negativas. Também discutiríamos como alterações na rotina podem ter efeitos significativos sobre o humor, salientando novamente o efeito do comportamento sobre o humor. Utilizando informações das auto-observações e relatos da cliente criaríamos, colaborativamente, um modelo de como o humor, a cognição e o comportamento interagem para afetar a sua experiência, preparando o terreno para que ela observe mais atentamente esses padrões conforme eles se desdobram.

Damos detalhes específicos semelhantes para os clientes com outros problemas (p. ex., o impacto da dieta extrema sobre o metabolismo e a fome, as propriedades aditivas das substâncias), a fim de ajudá-los a compreender mais completamente os vários fatores que podem explicar as suas dificuldades. Portanto, mesclamos um modelo mais geral de funcionamento humano com informações específicas sobre sintomas para criar um modelo funcional das dificuldades do cliente.

CONSCIÊNCIA DA ANSIEDADE

Gostaríamos que você começasse a observar a natureza e o contexto da ansiedade que sente em situações sociais. Portanto, gostaríamos que tentasse observar mais atentamente quando sente ansiedade e como é essa experiência de ansiedade. Quando notar alguma sensação de ansiedade antes ou durante uma situação social, por favor, tire um momento para escrever as sensações que está percebendo e a situação em que se encontra. Por exemplo, talvez você perceba um aperto no peito e as palmas da mão suando, e a situação que desencadeou isso foi almoçar com a família do seu parceiro; ou você imagina que alguém está pensando coisas ruins sobre você quando você fala em aula.

Data/Hora	Experiência de ansiedade	Situação
14/3 13h	Coração disparado, não consigo pensar direito	Apresentação em sala de aula
14/3 19h	Aperto no peito, palmas da mão suando, rubor no rosto	Dália convidou três amigos e os apresentou a mim
15/3 14h	Todo o mundo vê como eu sou idiota!	Questionado na aula, não soube responder
15/3 15h	Não consigo deixar de pensar sobre a aula, não consigo me concentrar, coração disparado	Dei um encontrão em alguém no corredor
15/3 18h	Coração disparado, aperto no peito	Escolher os pratos em um restaurante

FIGURA 5.1 Exemplo de um formulário de Consciência da Ansiedade preenchido.

Modelo de psicoterapia

Convém revisar claramente o modelo de tratamento com o cliente, dar esclarecimentos sobre as sessões e os formulários a serem preenchidos, para que ele compreenda bem os motivos das tarefas entre as sessões e das atividades dentro da sessão. Fornecemos o Material 5.2 (p. 124) no contexto do nosso atual estudo sobre o tratamento do TAG. Ele se vale do modelo conceitual da preocupação apresentado no Capítulo 1, esclarecendo que a preocupação tem uma função experiencialmente evitante, e dá aos clientes motivos claros e concisos para o que se seguirá na terapia, consistindo também num material a ser consultado para manter presentes os princípios mais importantes do tratamento. Adaptamos esse modelo no nosso trabalho clínico com clientes que apresentam problemas variados: fornecemos explicitamente um modelo ou apresentamos mais informalmente os objetivos centrais da terapia e as razões que os fundamentam. Conforme discutimos previamente, isso inclui, tipicamente: (1) ajudar o cliente a modificar seu relacionamento com suas experiências internas, (2) reduzir a evitação experiencial e aumentar a escolha e a flexibilidade e (3) aumentar ações intencionais, conscientes e valorizadas. Um modelo terapêutico comportamental baseado na aceitação utiliza o modelo dos problemas desenvolvido colaborativamente com o cliente, salientando a natureza habitual das respostas problemáticas e como novas respostas podem ser aprendidas por meio da maior consciência e constante prática. Enfatizamos como é desafiador modificar padrões de resposta superaprendidos, para ajudar o cliente a praticar pacientemente mesmo enquanto continua repetindo habitualmente antigos padrões de resposta. Também alertamos que a maior consciência dos padrões de resposta e a diminuição dos comportamentos experiencialmente evitantes provavelmente aumentará temporariamente a angústia, pois o cliente estará mais consciente das próprias respostas, conforme discutimos no capítulo anterior.

Função e regulação da emoção

Descobrimos que é muito útil revisar a natureza e função das emoções com os clientes, que frequentemente buscam tratamento com o desejo de reduzir suas emoções negativas e aumentar as positivas, e com um senso indiferenciado da própria experiência emocional (isto é, com uma experiência de "angústia" ou "perturbação", sem um senso claro de estímulos e emoções específicos e seus correlatos). Valendo-nos da TDC (Linehan, 1993b), da terapia focada na emoção de Greenberg (2002) e da terapia de regulação da emoção de Mennin (2006), dedicamos um tempo a examinar a natureza das experiências emocionais do cliente (como descrevemos anteriormente) e a função que até as emoções desagradáveis possuem.

Temos achado útil revisar essas informações cedo no tratamento, depois de desenvolver um modelo dos problemas apresentados pelo cliente e a nossa abordagem de tratamento proposta, e depois de uma breve introdução e demonstração de *mindfulness* (como descreveremos no próximo capítulo). Sugerimos ao cliente que, embora as pessoas em geral queiram controlar suas experiências emocionais, essas tentativas nem sempre dão certo, pois as emoções tem uma função útil. Começamos perguntando qual é, na opinião dele, a função das suas emoções, e depois perguntamos especificamente sobre emoções "desagradáveis" e momentos em que as sentiram nos quais elas podem ter sido úteis. Então damos ao cliente um material sobre a função das emoções (Material 5.3, p. 125) e o examinamos com ele detalhadamente, dando exemplos.

Ao revisar a parte superior do formulário, convém dar exemplos de cada função, usando as experiências do cliente ou as nossas experiências. O terapeuta pode ilustrar como as nossas reações emocionais nos avisam quando está presente uma possível ameaça (ansiedade ou medo), quando nossas necessidades não estão sendo atendidas (raiva) ou quando estamos perdendo alguma coisa que valorizamos (tristeza). Deve ser dada ênfase à função comunicativa das expressões emocionais. Podemos pedir ao cliente algum exemplo de momentos em que a expressão emocional no rosto de alguém amado o ajudou a compreender a importância de uma preocupação e realmente prestar atenção ao que a pessoa estava dizendo. Embora as pessoas geralmente recebam a mensagem de que é importante controlar expressões emocionais, os clientes normalmente conseguem lembrar momentos em que a clara comunicação de emoções, por parte deles ou de outros, ajudou a gerar mudanças. Além disso, discutimos como as propagandas e os comerciais procuram eliciar emoções específicas para aumentar a probabilidade de os consumidores lembrarem o produto que está sendo anunciado.

Também podemos pedir ao cliente que dê exemplos de momentos em que sua resposta emocional o ajudou a realizar uma ação importante, ilustrando como as emoções podem nos organizar para ações eficientes em certos contextos. Por exemplo, a excitação e o medo em relação a uma competição esportiva podem motivar um atleta a manter um programa de treinamento difícil e demorado. Quando discutimos essa função da emoção, reconhecemos como as emoções estão associadas à tendência para determinadas ações. Por exemplo, quando estamos com medo, nos preparamo para lutar, fugir de uma situação perigosa, ou nos imobilizamos, na esperança de que ameaça passe. A raiva nos prepara para lutar ou nos defender de uma possível ameaça. Deixamos claro que, embora as emoções possam nos preparar fisiologicamente para a ação e aumentar a probabilidade de escolhermos um determinado comportamento, as nossas ações não são causadas por respostas emocionais. Conforme discutimos posteriormente, um componente importante do tratamento envolve distinguir respostas emocionais e respostas comportamentais.

Finalmente, pedimos ao cliente que imagine como seria não ter nenhuma resposta emocional (às vezes usamos exemplos da ficção científica, como Data, de *Star trek: the next generation*, que frequentemente ficava perplexo com a experiência humana da emoção, mas ansiava senti-la), para que perceba como as emoções tornam a vida mais intensa. Com alguns clientes, pode ser útil reconhecer o paradoxo, muitas vezes desagradável, de sermos humanos e sentirmos a gama completa das emoções. Por exemplo, é impossível sentir a alegria e o amor associados aos relacionamentos íntimos sem sentir também a dor da separação. Não é possível sentir a exultação de assumir um risco ou responder a um desafio pessoal sem também sentir certo medo do que é novo ou possivelmente ameaçador. É importante demonstrar como os estados emocionais que muitas vezes rotulamos como "positivos" ou "negativos" estão intimamente conectados.

Como em outras abordagens que descrevem a emoção aos clientes, empregamos a metáfora de um fogão quente para ilustrar o aspecto informacional das nossas respostas emocionais e como é complexo responder bem a elas. Salientamos os principais pontos da metáfora no Material 5.3, mas a apresentamos na íntegra ao cliente, como no seguinte exemplo.

> Muitas vezes desejamos evitar emoções negativas, o que parece ser uma resposta humana natural e adaptativa. Se existe alguma forma de desligar a dor emocional (como beber ou usar drogas, se distrair ou evitar uma tarefa que realmente teríamos de realizar), nós a experimentamos. Isso faz muito sentido e, infelizmente, podemos ter problemas quando ignoramos nossa programação biológica básica. Pense na dor emocional como uma dor semelhante à dor física. A maioria das pessoas concordaria

que a dor física é desagradável e deveria ser evitada a qualquer custo. Agora imagine que você colocou a mão sobre um fogão quente. Você, obviamente, estaria muito motivado a tentar evitar a dor associada. Então, o que poderia fazer?

Você poderia tomar um analgésico muito, muito forte e manter a mão em cima do fogão. Poderia se distrair e procurar não se concentrar na dor (como as mulheres fazem durante o trabalho de parto ou as pessoas de algumas culturas quando tentam caminhar sobre brasas). Você poderia dizer a si mesmo que não está sentindo dor (o que às vezes chamamos de negação).

O que aconteceria se você conseguisse colocar em prática alguma dessas técnicas de evitação ou distração? A sua mão ficaria gravemente queimada. Obviamente, o que precisa fazer é tirar a mão do fogão.

Mas tirar a mão não é suficiente para garantir que jamais se queimará de novo. Se você a tirar sem prestar atenção suficiente ao processo, corre o risco de repetir o mesmo erro. Para responder de modo adaptativo, você precisa:

1. Ter consciência de que está sentindo dor.
2. Ter consciência do tipo de dor que está sentindo.
3. Ter consciência de que é o fogão que está causando a dor.
4. Estar pronto para agir.

Se não cumprir todas essas etapas, talvez consiga parar a dor no momento, mas terá outras dificuldades mais tarde. Por exemplo, se você queimar a mão numa panela sobre o fogão, pode culpar a panela pela dor e evitar panelas quando foi o fogão o que realmente causou a dor. Talvez tente remover a dor da sua vida jogando fora o fogão ou jamais cozinhando novamente, mas, nesse caso, suas tentativas de evitar a dor teriam se tornado mais importantes para você do que a sua necessidade de cuidar de si mesmo e se alimentar.

Vejamos como essa metáfora se ajusta a um exemplo emocional. Imagine que está sentindo tristeza e desapontamento porque o seu emprego atual não é gratificante. Esses sentimentos são desconfortáveis, e é natural que queira se livrar deles. Você poderia começar saindo até tarde com os amigos, indo a bares, para não perceber que está triste. Poderia começar a achar razões para faltar ao trabalho ou devanear quando está trabalhando. Todas essas coisas reduzem a dor da tristeza, mas nenhuma delas resolve o problema, e elas podem criar novos problemas conforme você passa a dormir menos e ter pior desempenho no trabalho. Em vez de tentar se livrar da dor, você primeiro precisa perceber que está sentindo dor, reconhecer que a dor é tristeza e desapontamento, e se dar conta de que isso se origina da sua situação profissional. Depois você pode ir para a etapa final e agir para resolver a situação, tal como procurar um novo emprego ou novos desafios no seu atual emprego.

A dor emocional pode ser mais complicada que a dor física, pois às vezes queremos ignorar a resposta associada a um sinal emocional. Por exemplo, podemos sentir ansiedade em resposta a uma possível ameaça, tal como conhecer alguém. Mesmo que identifiquemos corretamente a fonte da nossa dor emocional como a exposição a uma pessoa desconhecida, talvez não desejemos evitar essa pessoa. Se valorizamos os relacionamentos, talvez combine mais com os nossos valores conhecer essa pessoa, mesmo que isso aumente a nossa dor emocional no momento. Nesse caso, depois das primeiras três etapas (tomar consciência da dor, identificar o tipo de dor, identificar a fonte da dor), poderiamos escolher uma ação mais de acordo com os nossos valores do que uma ação que simplesmente elimina a dor.

Naturalmente, a consciência e a identificação de respostas emocionais é um processo complexo, desafiador. Adaptamos o conceito de emoções "limpas" e "sujas" da TAC, combinado com o construto de Greenberg e Safran (1987) de emoções primárias e secundárias, para explorar com os clientes como as emoções às vezes são *claras* e, outras vezes (talvez com frequência muito maior) são *turvas*. As emoções claras estão diretamente relacionadas, em conteúdo e intensidade, à situação do momento. Por exemplo, quando estamos atravessando a rua e um carro está vindo na nossa direção, sentimos medo em relação direta a esse evento, e esse medo nos motiva a acelerar o passo e evitar ser atropelado. Muitos fatores, entretanto, podem provocar reações emocionais que são mais intensas do que o contexto atual justifica ou não têm relação com ele. Esses fatores estão listados na parte inferior do Material 5.3, e o revisamos com os clientes, dando ilustrações pessoais de como todos os seres humanos têm respostas emocionais turvas. A desregulação fisiológica, como falta de sono ou má nutrição, pode nos tornar emocionalmente vulneráveis, levando-nos a respostas emocionais mais intensas do que um determinado contexto justifica. Eu (Roemer) compartilho com os clientes que, no início de um dia em que não dormi bem, lembro a mim mesma de não agir em função das reações emocionais que tiver naquele dia, mas esperar para ver se a situação continua sendo emocionalmente evocativa depois de uma boa noite de sono. Um foco mental no passado ou no futuro também pode afetar as nossas respostas emocionais no momento. Uma preocupação excessiva com o futuro pode piorar o impacto dos acontecimentos presentes, levando a respostas ansiosas devido a uma suposta associação com futuros acontecimentos catastróficos imaginados. Da mesma forma, os eventos atuais podem nos lembrar de situações emocionais do passado, levando a uma resposta mais intensa no momento devido a sentimentos relacionados a um contexto anterior. Por exemplo, se brigamos com nosso parceiro de manhã e a nossa raiva não foi resolvida, talvez tenhamos uma resposta muito forte a um comentário crítico brando de um colega que nos lembra de algo que nosso parceiro disse. E, muitas vezes, também respondemos a pessoas e contextos do presente que nos lembram de experiências dolorosas do passado. Como já discutimos, as nossas reações às nossas respostas emocionais, incluindo nosso esforço para controlá-las ou eliminá-las, podem amplificar e exacerbar essas respostas, levando a emoções turvas que não nos dão informações claras. Quando nos sentimos definidos por nossas emoções ou nos emaranhamos nelas, elas passam a ser mais turvas, mais intensas e mais globais. Cada um desses fatores resulta num sinal emocional que não está ligado à sua verdadeira fonte, de modo que não há nenhuma indicação clara de como responder adequadamente. Respostas baseadas em *mindfulness* e aceitação nos ajudam a esclarecer respostas emocionais e escolher ações apropriadas. Além disso, esses modos de responder facilitam ações escolhidas e intencionais em resposta a sinais emocionais, permitindo que o cliente, às vezes, escolha ações que se opõem a tendências de ação emocional, mas são consistentes com o que é importante para ele.

Esta última distinção entre reagir a estímulos emocionais e agir em resposta a emoções foi identificada, por muitos especialistas na área, como um aspecto importante da regulação da emoção e funcionamento adaptativo (Barlow, Allen e Choate, 2004; Germer, Siegel e Fulton, 2005; Greenberg e Safran, 1987; Linehan, 1993a, 1993b). Um cliente se referiu à nossa abordagem de tratamento como "terapia de pausa", pois ela ajuda a pessoa a fazer uma pausa entre a sua reação emocional e sua ação comportamental, de modo que a ação pode ser informada, mas não ditada, por suas respostas emocionais. Uma extensa observação, aplicação e prática ajudam os clientes a desenvolverem essa postura de resposta, mas um primeiro passo importante é aumentar seu entendimento de suas emoções e das razões pelas quais devemos prestar atenção às emoções, mas não segui-las cegamente.

Por fim, em nossa discussão sobre a função e regulação da emoção, tratamos da maneira complexa pela qual as emoções se relacionam a ações valorizadas. As respostas emocionais podem nos dar informações importantes sobre o que é importante para nós. Podemos tentar viver uma vida influenciada por coisas que são importantes para uma outra pessoa (como os pais ou o parceiro) em vez de seguir o caminho que valorizamos. A continuada experiência emocional de descontentamento é uma deixa importante de que isso está acontecendo, e examinar essa resposta nos ajuda a determinar o caminho que realmente queremos seguir. Por outro lado, às vezes, as nossas emoções turvas interferem no caminho que queremos seguir, como quando respondemos ao nosso medo superaprendido de rejeição evitando a intimidade em vez de buscar um relacionamento íntimo valorizado. A atenção constante e consciente a contextos, consequências e às nossas respostas nos ajudará a identificar cada uma dessas situações e ajustar nossas ações adequadamente.

Depois de apresentar essas informações, costumamos ampliar o automonitoramento dos clientes, para que comecem a perceber suas respostas emocionais. Por exemplo, um cliente com TAG poderia preencher o formulário Preocupação Consciente, da Figura 5.2, em que começa a observar suas respostas emocionais quando percebe que está se preocupando. Isso lhe dá a oportunidade de ver como a sua preocupação surge em diferentes contextos emocionais e pode, na verdade, distraí-lo de sua experiência emocional. No Formulário 5.2 (p. 128) apresentamos uma versão em branco do formulário de Preocupação Consciente.

O problema das tentativas de controle

As abordagens comportamentais baseadas na aceitação enfatizam e ilustram os problemas inerentes aos rígidos esforços de controle experiencial. Em nosso trabalho, gostamos de tratar dessa questão depois de examinarmos a função das emoções, porque a utilidade da resposta emocional é uma das razões pelas quais um esforço excessivo de controle pode ser problemático. Valendo-nos da TAC, apresentamos ao cliente um material que descreve o problema de tentar viver uma vida significativa e, simultaneamente, tentar limitar experiências internas negativas. O Material 5.4 (p. 126) salienta as escolhas que temos ao tentar negociar esse dilema.

Achamos útil apresentar essa questão depois que o cliente começou a examinar o que é importante para ele (seus valores) e como os problemas apresentados e a evitação experiencial atrapalham suas ações nessas esferas (isso está descrito com mais detalhes no Capítulo 7). Esse contexto ajuda a preparar o cliente para examinar como o seu desejo de evitar experiências internas negativas se opõe ao seu desejo de viver uma vida significativa (embora ele ainda possa esperar que exista uma maneira de fazer as duas coisas). Achamos útil examinar cuidadosamente com o cliente as duas primeiras opções de resposta no formulário. Primeiro, uma cliente poderia escolher limitar sua vida para evitar sofrer, mas é improvável que limitar a vida a proteja de experiências internas desagradáveis, e esse curso de ação levará a outras experiências internas negativas associadas à constrição. Por exemplo, talvez ela não busque um relacionamento íntimo para evitar o sofrimento associado a uma possível rejeição, mas podem ocorrer outras situações de aparente rejeição e ela vai experienciar outras reações angustiantes, como solidão ou inveja, porque a sua vida está muito restrita.

Uma segunda opção é a escolha que as pessoas com frequência fazem, embora

PREOCUPAÇÃO CONSCIENTE

Por favor, continue prestando atenção à natureza e aos gatilhos da sua preocupação, como já vem fazendo. Quando perceber que está se preocupando, por favor, tire um momento para escrever sobre o que está preocupado e a situação em que está. Por exemplo, você pode estar se preocupando com as suas finanças, e a situação que desencadeia essa preocupação pode ser um almoço com a família da sua parceira, ou você pode estar preocupado com a sua segurança e bem-estar, e a situação pode ser estar dirigindo. Observe também todas as emoções que sente quando está preocupado. Por exemplo, você pode perceber que está ansioso, triste ou com raiva enquanto se preocupa.

Data/Hora	Tópico	Situação	Emoção
22/6 23h	Lidar com questões no trabalho amanhã	Tentando dormir	Triste com a partida de S
23/6 8h	Como conseguirei me concentrar no trabalho	Me aprontando para ir trabalhar	Nervoso, frustrado
23/6 8h30	Me atrasar para o trabalho	No metrô	Tenso, ansioso, ainda triste por causa de S
23/6 16h	As reações das pessoas ao que estou dizendo	Reunião	Envergonhado
23/6 23h	Não conseguir dormir	Tentando dormir	Agitado, ansioso

FIGURA 5.2 Exemplo de um formulário de Preocupação Consciente preenchido.

tipicamente sem consciência, de continuar se empenhando na sua vida e, simultaneamente, tentar controlar seus pensamentos e sentimentos negativos. Por exemplo, um cliente pode estar tentando fazer amizades e investir na carreira enquanto procura evitar sentimentos de ansiedade ou dúvidas em relação a si mesmo. Ele pode ter um longo histórico de estratégias fracassadas de manejo das emoções e dos pensamentos, e buscar tratamento na esperança de que a terapia o motive a intensificar seus esforços e, finalmente, superar suas dificuldades. Alguns exercícios experienciais ajudam a ilustrar o problema dessas estratégias. Por exemplo, utilizamos a seguinte adaptação da metáfora do polígrafo da TAC com nossos clientes ansiosos:

> Às vezes, as pessoas acham que poderiam controlar a sua ansiedade ou preocupação se estivessem mais motivadas a isso. Vou lhe dar um exemplo em que você teria a motivação máxima para controlar a ansiedade, mas talvez não conseguisse. Imagine que eu o conecto a uma máquina que vai lhe dizer, com 100% de exatidão, se você está ou não experienciando sentimentos de ansiedade, e lhe digo que a sua tarefa nessa situação é ficar relaxado. Se você ficar um nadinha ansioso, a máquina vai sentir. A sua motivação para controlar a ansiedade seria extremamente alta porque, se a máquina sentir qualquer ansiedade, ela vai explodir (provavelmente deixando você gravemente ferido). O que aconteceria nessa situação?

Também usamos exemplos da TAC que ilustram como é difícil controlar experiências emocionais positivas. Por exemplo, você conseguiria sentir amor por alguém se lhe pagassem 10 milhões de dólares? Os clientes são rápidos em responder que poderiam *agir* como se estivessem apaixonados, mas que não conseguiriam sentir amor genuinamente, mesmo que estivessem extremamente motivados a isso. Muitos clientes se identificam com o exemplo de um homem ou mulher que romperia com uma "pessoa muito legal", bonita e bondosa e, aparentemente, alguém perfeito para ele ou ela, simplesmente por não poder se obrigar a amar essa pessoa. Salientamos como essa dificuldade de controlar nossas experiências internas é muito diferente do efeito das tentativas de controlar nossas ações. Por exemplo, se alguém nos disser para bater palmas, pois isso evitará alguma consequência negativa, faríamos isso mesmo achando bobagem e sem querer realmente agir assim.

Alguns clientes podem, facilmente, dar exemplos de momentos em que suas tentativas de controle experiencial falharam, mas muitos mencionarão ocasiões em que conseguiram reduzir ou até eliminar suas reações emocionais. Como fazemos com todas as informações novas, incentivamos os clientes a considerar aquilo que estamos sugerindo e depois testar ativamente diferentes hipóteses: tentar controlar uma resposta emocional e observar conscientemente as consequências *versus* tolerar uma emoção e, igualmente, ver o que acontece. É importante evitar debates gerais sobre esses conceitos com os clientes. No início do tratamento os clientes talvez não avaliem bem a eficácia das estratégias que empregam. Por exemplo, um cliente que evita se abrir com os outros para não se magoar pode pensar que essa estratégia está funcionando porque acredita profundamente que ela deveria funcionar, apesar da evidência de que ele sofre mesmo utilizando a estratégia. Além disso, é essencial o terapeuta se dispor a escutar as experiências específicas do cliente com diferentes estratégias e não supor que os princípios gerais valem para todo o mundo. O automonitoramento e a observação e discussão de situações específicas e experiências vividas pelo cliente fornecem a melhor oportunidade para se descobrir o que funciona para cada um.

Durante o componente psicoeducacional da terapia, achamos útil reconhecer que, embora as tentativas de controle realmente resultem numa diminuição do nosso sofrimento, especialmente a curto prazo, esses efeitos em geral não duram muito. Além disso, as nossas tentativas de controle costumam funcionar menos justamente quando mais queremos que funcionem. Por exemplo, podemos usar a respiração profunda para diminuir a ansiedade quando estamos lidando com uma pergunta hostil de um aluno na aula, mas tentar reduzir a ansiedade de maneira semelhante antes de uma apresentação particularmente importante para uma grande audiência geralmente é menos eficiente e, de fato, pode aumentar a nossa ansiedade. E os esforços habituais para evitar a angústia podem restringir a consciência das nossas respostas emocionais e limitar a nossa atenção ao momento presente, e essas duas coisas interferem na nossa capacidade de responder adaptativamente a diferentes contextos.

Devemos tratar aqui de um ponto comum de confusão com relação às tentativas de controle. Às vezes, afirmações relativas à dificuldade de controlar experiências internas parecem sugerir que qualquer tentativa de alterá-las terá efeitos paradoxais e que é impossível regular nossas experiências internas; todavia, todos já tivemos experiências bem-sucedidas de modular a intensidade das nossas respostas emocionais. Às vezes, respirar profundamente, mudar a nossa atenção ou buscar apoio emocional reduz a nossa angústia. Igualmente, a prática de *mindfulness* e da aceitação tende a reduzir a turvação da nossa experiência emocional, limitando a amplificação associada a esforços rígidos de controle e, portanto, às vezes reduzirá a angústia (embora o estar plenamente presente na nossa experiência possa resultar às vezes em maior angústia e dor emocional). Nenhuma estratégia é capaz de eliminar por completo experiências internas negativas, que são uma parte natural da nossa condição humana. Ademais, a extensão em que desejamos eliminar essas experiências parece estar diretamente relacionada aos efeitos paradoxais desses esforços. Portanto, mesmo quando nos empenhamos em estratégias que podem reduzir a excitação ou a angústia, parece importante não exigirmos que nos confortem eficientemente para só então seguirmos com a vida. Assim, o problema está em nos concentrarmos, exclusiva ou predominantemente, em tentativas de eliminar experiências internas negativas, não em tentar diminuí-las ocasionalmente. Quando fazemos isso de modo flexível, abertos a qualquer consequência emocional que venha a ocorrer, essas tentativas são adaptativas em vez de problemáticas.

Valendo-nos da TAC, também compartilhamos com os clientes que os esforços de controle são ubíquos porque parece que os outros conseguem controlar suas experiências internas. As pessoas raramente compartilham suas reações de angústia, e nós com frequência recebemos mensagens que sugerem que podemos controlar nossas experiências internas ("Anime-se!", "Não chore") e, então, crescemos acreditando que é possível exercer esse tipo de controle e que existe algo de errado conosco por não conseguirmos fazer isso tão bem como todos os outros.

Tentativas de controle também têm sucesso em muitas outras áreas da nossa vida. Se precisamos limpar a casa nós simplesmente fazemos isso, independentemente de como nos sentimos a respeito. Podemos nos obrigar a ir praticamente a qualquer lugar e a fazer qualquer coisa (se o nosso nível de habilidades permitir), de modo que faz sentido tentar nos obrigar a pensar e sentir certas coisas e não pensar nem sentir outras. Mas a nossa experiência nos diz que esses esforços não dão certo e trazem consigo outros problemas, especialmente quando nos empenhamos neles rigidamente, sem consciência ou propósito. De fato, algumas evidências experimentais sugerem que tentar suprimir nossos pensamentos na verdade nos leva a ver esses pensamentos como mais ansiogênicos (Roemer e Borkovec, 1994), sugerindo que esses esforços de controle aumentam a qualidade negativa subjetiva do conteúdo-alvo, perpetuando ainda mais o ciclo.

Depois de explorar inteiramente com o cliente os problemas inerentes a essa opção, apresentamos uma terceira opção, a qual passaremos o resto da terapia investigando. Nessa opção, o cliente escolhe se empenhar em sua vida de maneiras significativas e se dispor a experienciar todas as reações internas que surgirem. Essa disposição é cultivada por meio de estratégias de *mindfulness* e aceitação, descritas no próximo capítulo, e está a serviço das esferas valorizadas detalhadas no capítulo logo após.

A seguir, fazemos o cliente monitorar suas tentativas de controle durante toda a semana. Uma cliente com um problema de bebida que já vinha monitorando seus impulsos de beber e as emoções que sentia nesses momentos passaria a monitorar também seus esforços de controle nesses contextos (ver Figura 5.3; uma versão em branco é apresentada no Formulário 5.3, p. 129). Esse monitoramento a ajudará a começar a perceber a frequência com que ela tenta controlar sua experiência interna e os efeitos desses esforços. Conforme a terapia progride, tipicamente diminuímos a ênfase nos problemas específicos apresentados e pedimos aos clientes que monitorem o desdobramento de suas respostas a contextos emocionalmente significativos em geral (as instruções podem ser alteradas para ajudar o cliente a identificar esses contextos com base em seus problemas específicos). No formulário de Monitoramento Consciente preenchido (Figura 5.4), uma cliente documenta suas respostas iniciais a uma determinada situação, de que maneira respondeu a elas (p. ex., com evitação ou julgamento ou, inversamente, com *mindfulness* ou aceitação), e as ações que decidiu realizar (p. ex., evitar a situação ou agir de acordo com seus valores independentemente de sua reação emocional). Esse processo ajuda a cliente a começar a perceber como certas reações e ações inicialmente parecem úteis, mas na verdade prolongam a angústia, enquanto outras facilitam o funcionamento mesmo que não pareçam naturais ou desejáveis no momento. Uma versão em branco do formulário de Monitoramento Consciente é apresentada no Formulário 5.4 (p. 130).

DESAFIOS NA APRESENTAÇÃO DOS MODELOS

Adesão às tarefas entre as sessões

Um dos desafios mais comuns nos métodos descritos anteriormente são as tarefas que os clientes devem realizar entre as sessões. Eles geralmente têm uma dificuldade especial em fazer o automonitoramento, que é uma maneira particularmente eficiente de ilustrar vários conceitos psicoeducacionais. Prevemos esses desafios e tentamos tratar muitos dos possíveis obstáculos à adesão a essas tarefas na terapia. Os clientes talvez não entendam a sua importância, de modo que os terapeutas precisam esclarecer bem as suas razões e tratar de qualquer dúvida sobre como essas tarefas se relacionam aos objetivos da terapia. Isso significa que os próprios terapeutas precisam entender bem essa conexão e ter certeza de que estão propondo tarefas úteis. A revisão imediata do automonitoramento nas sessões subsequentes e o aproveitamento do material no curso das sessões ajudam a ilustrar a sua relevância para os clientes. Uma atenção especial às observações que surgem das tarefas também ajuda a reforçar a sua realização. Os terapeutas devem alterar logo aquelas tarefas que não parecem estar sendo muito úteis e levar a sério a opinião dos clientes sobre a dificuldade *versus* a utilidade do automonitoramento. Eles podem, no entanto, pedir aos clientes que persistam na tarefa por mais uma ou duas semanas, se acreditam que ela se tornará útil com o passar do tempo. Muitas vezes, as tarefas de automonitoramento

CONSCIÊNCIA DOS IMPULSOS

Por favor, continue a prestar atenção à natureza e aos gatilhos de seus impulsos de beber, como já vem fazendo. Quando perceber um impulso, por favor, tire um momento para escrever a natureza do impulso e a situação em que está. Por exemplo, você pode perceber um pensamento sobre alguma bebida alcoólica, acompanhado por salivação, e a situação pode ser uma conversa telefônica com sua mãe. Observe também as emoções que sente imediatamente antes ou durante esse impulso. Além disso, escreva suas tentativas de controlar sua experiência emocional (p. ex., tentar se distrair do sentimento de ansiedade ou tristeza).

Data/Hora	Impulso	Situação	Emoção	Tentativas de controle
1/11 17h	Imaginei uma cerveja gelada	Tinha chegado em casa do trabalho	Frustrado do dia, cansado, triste	Só queria me sentir melhor. Disse a mim mesmo para superar e ser forte.
1/11 23h	Não consigo deixar de pensar em beber, sinto o gosto na boca	Brigando com M	Com raiva, assustado	Tento não mostrar raiva nem medo, quero tanto parar de me sentir assim, odeio me sentir assim.
2/11 20h	Imaginei que estava segurando um drinque, tomando pequenos goles, sentindo a sensação	Conversa séria com M	Apavorado, triste	Percebi que queria que o sentimento fosse embora. Tentei, ao invés, deixar lá o sentimento. Isso realmente ajudou um pouco!
3/11 13h	Vi uma loja de bebidas, senti um forte impulso de entrar e comprar uma garrafa	Voltando do almoço	Com raiva de mim pelo impulso	Tentei afastar o impulso, a raiva. Senti-me pior. Então tentei praticar a aceitação. Isso ajudou brevemente, mas ainda sentia raiva pelo impulso. Algum dia vou conseguir me livrar deles?
2/11 15h	Forte impulso de sair do trabalho e beber, sinto o gosto da bebida	Recém saído de uma reunião que não correu bem	Envergonhado, ansioso em relação ao trabalho	Queria que os sentimentos sumissem. Queria desistir. Ainda tentando tirar da cabeça o impulso anterior. Tentei perceber os sentimentos e tolerá-los. Isso me pareceu melhor.

FIGURA 5.3 Exemplo de um formulário de Consciência dos Impulsos preenchido.

MONITORAMENTO CONSCIENTE

Utilize o espaço abaixo para anotar tudo o que perceber em relação aos seus pensamentos, sentimentos ou reações durante a semana. Isso pode incluir situações que despertam angústia, os sinais emocionais que percebe, os pensamentos ou preocupações que tem, e sua maneira de responder aos pensamentos, preocupações ou angústia.

Data/Hora	Situação	Primeira reação (pensamentos, sentimentos, sensações)	Segunda reação (tentativas de controlar, emoções turvas, disposição, aceitação)	Ações/Respostas
14/7 15h	Buscando S na escola	Sei que vou me atrasar, estou tensa, a professora acha que não sou responsável	Sinto-me mal porque a minha ansiedade ainda surge tão facilmente e tão forte, gostaria que fosse diferente	Corro para chegar lá, fico de cabeça baixa pra não olhar para a professora, sinto-me pior
14/7 21h	Tentando relaxar com D	Fico pensando nas coisas que preciso fazer, me preocupo com dinheiro, estou inquieta	Lembro de praticar mindfulness, tolerar esses pensamentos e sentimentos, respirar	Concentro-me no que D está dizendo, digo a ele que estou tensa, mas também contente por passar um tempo com ele
16/7 12h	Lendo meu boletim informativo HS	Sinto um buraco no estômago, parece que as outras pessoas têm mais sucesso, triste, com vergonha	Digo a mim mesma que estou sendo idiota, não deveria me importar com a opinião dos outros	Jogo fora o boletim, sinto-me pior
16/7 18h	Jantar com D	Irritável, áspera com D, sinto-me um fracasso e mal comigo mesma	Tento perceber os sentimentos e pensamentos, tento afastá-los, mas depois volto a apenas percebê-los	Lembro o meu valor de passar um tempo com D, me concentro nisso, sinto meu humor melhorar um pouco
18/7 12h	No meu quarto	Acabei de brigar com S. Sinto-me uma pessoa desprezível. Com raiva, frustrada	Percebi a minha cabeça a mil, meu corpo tenso. Respirei fundo, fiz uma pausa.	Voltei a conversar com S mais calmamente, expressei meus sentimentos. Senti-me bem!

FIGURA 5.4 Exemplo de um formulário de Monitoramento Consciente preenchido (num momento mais adiantado do tratamento).

se tornam tão maquinais para os terapeutas que eles não prestam a devida atenção à experiência individual de cada cliente e não adaptam a tarefa correspondentemente.

Dificuldades relacionadas incluem o cliente preencher todos os formulários, mas de maneira descuidada, superficial ou colocar palavras em cada coluna sem realmente seguir as instruções. Nesses casos, convém fazê-lo dar menos exemplos, mas de modo mais cuidadoso, preenchendo todas as colunas para que o processo de monitoramento seja significativo. Geralmente dizemos aos clientes que preferimos alguns exemplos mais cuidadosos, com consciência e intencionalidade, a uma longa lista de entradas descuidadas.

Também é importante avisar os clientes que, inicialmente, o automonitoramento pode aumentar a angústia. Muitas vezes, os clientes ignoram a extensão da sua angústia ou o grau em que se desligaram de partes da sua vida, de modo que monitorar essa angústia ou desligamento mais atentamente pode parecer desanimador. Sugerimos que geralmente precisamos sentir o desconforto de ver a extensão de um problema para podermos fazer mudanças significativas, e que essa angústia é um aspecto importante da mudança. Aqui, mais uma vez, as pesquisas podem ajudar. Estudos recentes sobre processos mostram que a mudança na psicoterapia é não linear, com picos nos sintomas (associados à exposição) predizendo subsequentes ganhos terapêuticos (Hayes, Laurenceau, Feldman, Strauss e Cardaciotto, 2007). Consideramos a metáfora do "caminho subindo a montanha" da TAC uma boa ilustração desse fenômeno:

> Imagine que você está fazendo uma trilha nas montanhas. Você sabe como as trilhas nas montanhas são construídas, especialmente se a subida é íngreme. Elas são sinuosas, às vezes têm "zigue-zagues" e, às vezes, o caminho até desce abaixo de um nível que você já tinha atingido. Se eu lhe pedisse para avaliar seu progresso em relação ao objetivo de atingir o topo da montanha em vários pontos da trilha, ouviria uma história diferente a cada vez. Se você estivesse no modo zigue-zague, provavelmente me diria que as coisas não estavam indo bem, que nunca conseguiria chegar ao topo. Se você estivesse num trecho aberto, enxergando o topo da montanha e o caminho que leva a ele, provavelmente me diria que as coisas estavam indo muito bem. Agora, imagine que estamos do outro lado do vale com binóculos, olhando as pessoas que sobem a trilha. Se nos perguntassem como elas estavam se saindo, daríamos um relato positivo todas as vezes. Conseguiríamos ver que a direção global da trilha, não o que ela parece num determinado momento, é a chave do progresso. Veríamos que seguir aquela trilha maluca, cheia de sinuosidades, é exatamente o que conduz ao topo.[1]

Essa perspectiva também pode impedir que os clientes respondam negativamente ao aumento na sua angústia e queiram interromper prematuramente a terapia ou se abster do automonitoramento. E também fornece um exemplo comportamental de escolher *não* evitar as experiências e, em vez disso, continuar com a tarefa apesar da angústia associada, para atingir o objetivo mais amplo de aumentar o entendimento a serviço da mudança. Terapeutas e clientes talvez precisem voltar a essa questão muitas vezes, sempre que os clientes expressarem suas preocupações em relação às tarefas de automonitoramento.

Muitas vezes, os clientes descrevem obstáculos pragmáticos ao automonitoramento, tais como uma vida corrida demais, com múltiplas demandas. E alguns clientes podem reagir muito negativamente a ter de escrever, temem que sua escrita seja avaliada ou reagem mal ao conceito de "tema de casa". Por essa razão, não empregamos a palavra "tema de casa". Em vez disso, referimo-nos às "práticas" ou "exercícios entre as sessões". Deixamos muito claro que os exercícios estão a serviço do cliente, não do terapeuta. (Essa explicação é mais complicada no contexto de um estudo sobre terapia, em que precisamos reconhecer que algumas avaliações tem propósitos de pesquisa além dos propósitos clínicos, embora todas tenham uma função clínica.) Também adaptamos as tarefas para adequá-las à vida dos clientes de modo mais eficiente. Por exemplo, alguns preferem manter um diário de suas observações em vez de usar formulários. Outros usam cadernetas que levam sempre consigo. Incentivamos os clientes que estão muito preocupados com ter de escrever e ser avaliados a usar uma taquigrafia ou anotações próprias e simplesmente nos contar suas observações em cada sessão. Se a tarefa de escrever o automonitoramento é tão aversiva que atrapalha a capacidade do indivíduo de se observar, experimentamos um automonitoramento sem registros escritos, utilizando, por exemplo, recordações e imagens mentais quando revisamos as observações na sessão. O nosso principal objetivo é trabalhar com os clientes de modo que eles se tornem mais conscientes de suas respostas no momento; todas as tarefas são escolhidas com esse objetivo. Manter registros parece ser uma maneira especialmente eficiente de chegar a esse objetivo com muitos clientes, mas se isso se torna um obstáculo em vez de um auxílio, nós os deixamos de lado ou os interrompemos por um tempo. Quando vemos que os clientes estão integrando os conceitos à sua vida, não nos preocupamos muito com a adesão ao automonitoramento, mas quando sentimos que eles ainda estão lutando com aspectos do tratamento, incentivamos a retomada de alguma forma de automonitoramento, com um foco específico em áreas aparentemente problemáticas. Conforme a terapia progride, encorajamos explicitamente os clientes a utilizar algumas de suas habilidades recém-desenvolvidas, como *mindfulness* e disposição, na realização dessas tarefas.

Interessantemente, alguns de nossos clientes com TAG demonstraram uma superadesão que se revelou um problema. Alguns clientes registravam cada observação de modo tão diligente que parecia que passavam mais tempo registrando do que vivendo a sua vida. Para eles, começamos a reduzir as tarefas de automonitoramento e sugerimos que não concluíssem algumas tarefas, de modo a sentirem flexibilidade nesse comportamento e observarem suas reações a não preencher inteiramente um formulário. Uma abordagem semelhante pode ser necessária com clientes que apresentam transtorno obsessivo-compulsivo.

Problemas de adesão aos exercícios também fornecem uma excelente oportunidade para se trabalhar o relacionamento terapêutico. Frequentemente os clientes relatam preocupações sobre o que o terapeuta poderia pensar deles se não realizassem as tarefas, o que nos permite examinar padrões interpessoais relativos a expectativas e possíveis conflitos. Prestar atenção a esses padrões e compartilhar observações sobre as respostas do cliente e hipóteses relativas aos seus padrões e, simultaneamente, escutar e adequar as suas respostas correspondentemente pode ajudá-lo a ter uma experiência corretiva nesse contexto interpessoal. Alguns clientes podem apresentar mudanças comportamentais significativas quando não cumprem as tarefas e conseguem contar isso ao terapeuta sem faltar às sessões, sem raiva e sem seguir algum outro padrão característico. Inversamente, os clientes podem expandir seu repertório comportamental ao perceber que não cumpriram expectativas e não aderiram às tarefas quando *realmente* queriam investir na terapia por eles mesmos e, portanto, começar a fazer os exercícios por si mesmos e não pelo terapeuta. Esse processo é fortalecido pelo grau em que o terapeuta é capaz de continuar consciente da sua intenção de ajudar o cliente a tomar o caminho escolhido por ele em vez do caminho determinado pelo terapeuta.

O terapeuta não pode esquecer que as pesquisas ainda não determinaram exatamente quanta adesão é necessária para que ocorram efeitos terapêuticos. Embora pareça preferível o automonitoramento diário, talvez alguns clientes possam aumentar a consciência sem essa frequência. Ademais, se alguns clientes simplesmente não querem ou não podem manter um automonitoramento tão frequente, faz mais sentido se ajustar ao que eles são capazes de fazer e prosseguir a partir daí. Novamente, é importante prestar atenção à função da tarefa – devemos tentar aumentar a consciência do cliente de todas as maneiras possíveis. Atendemos uma cliente com TAG que raramente fazia o automonitoramento ou tarefas formais de prática, mas que nas sessões relatava as observações da semana, ampliava conceitos apresentados nas sessões com metáforas próprias e parecia verdadeiramente envolvida com os conceitos da terapia. Eu (Roemer) tomei a decisão de reduzir as tarefas e a importância dos formulários de automonitoramento e aumentar o foco nos aspectos de tratamento em que ela estava se empenhando. Essa cliente respondeu bem à terapia segundo avaliações baseadas em sintomas, tanto no pós-tratamento quanto no seguimento depois de três meses, e recentemente entrou em contato conosco (três anos depois de terminar a terapia) para dizer como a terapia foi útil para ela. Em especial, ela queria nos dizer que a terapia a ajudara mesmo sem ela ter realizado as tarefas entre as sessões.

É importante compreender as limitações culturais e situacionais que podem influenciar a adesão (essa questão será discutida mais profundamente no Capítulo 11). Clientes com dificuldades econômicas podem ter limitações reais de tempo que dificultam a realização das tarefas. Trabalhar com os clientes para desenvolver um plano de tarefas individualizado e exequível pode ajudá-los a se empenhar no tratamento. Para aqueles que falam inglês como segunda língua também são necessárias modificações. Atendemos uma cliente que conseguia fazer as tarefas gravando suas observações em vez de escrevendo.

Evitar a intelectualização excessiva e estilos de ensino desconectados

Outro desafio na apresentação dos conceitos é manter o foco no entendimento experiencial e não no intelectual, uma questão particularmente salientada no contexto da TAC. Embora os terapeutas apresentem os conceitos em palavras e falem sobre eles racionalmente, em última análise pedimos que usem sua própria experiência para ver o que funciona bem para eles. Conforme dissemos anteriormente, por mais que um elemento educacional ajude a preparar o terreno para a aprendizagem experiencial, a terapia não é um processo de convencer o cliente de certas ideias ou princípios. No entanto, é fácil escorregar para um debate intelectual sobre essas ideias. Quando apresentamos um conceito, discutimos brevemente as reações do cliente e lhe pedimos para testá-lo por duas semanas e ver se ele se ajusta ou não e quais são as suas limitações no seu caso específico. Normalmente o cliente começa a perceber como algo parecido com a evitação experiencial desempenha um papel na sua vida e, pelo menos em alguns contextos, fica evidente que suas tentativas de controle experiencial aumentam seu sofrimento. Se isso não acontecer, examinamos com ele outros modelos possíveis, continuando a prestar atenção à ocorrência de evitação, ainda que sutil.

Um conceito relacionado na psicoeducação é que as sessões podem se tornar excessivamente focadas na instrução, interferindo no desenvolvimento de um relacionamento terapêutico e na presença experiencial. Ao apresentar materiais e conceitos, o terapeuta precisa continuar experiencialmente presente e conectado com o cliente. Utilizar exemplos da própria vida e da vida do cliente ajuda a manter essa conexão pessoal. Exercícios experienciais também ajudam a trazer o cliente por inteiro para a sessão, e compartilhar com o terapeuta suas reações a esses exercícios ajuda o terapeuta a se conectar com ele de forma empática. Dedicar um tempo, no início da sessão, para revisar formulários de automonitoramento e eventos da semana também ajuda a estabelecer e fortalecer o relacionamento terapêutico. A prática compartilhada de *mindfulness* no começo da sessão também intensifica essa presença e conexão compartilhadas. Embora todas essas estratégias ajudem nesse desafio, o terapeuta precisa continuar atento, verificando com o cliente e cultivando ativamente uma conexão terapêutica significativa enquanto apresenta os conceitos. Às vezes, será preciso adiar ou alterar a apresentação do material; essas escolhas devem ser feitas com base em cuidadosa observação e reflexão, de acordo com o que será mais benéfico para o cliente e o ajudará a seguir em frente. A prática compartilhada de *mindfulness*, como descreveremos no próximo capítulo, também facilita o aprofundamento da experiência e do relacionamento terapêutico.

Nota

1 De Hayes, Strosahl e Wilson (1999, p. 222). © 1999 da The Guilford Press. Reimpresso com permissão.

> **MATERIAL 5.1**

MODELO DE MEDO E ANSIEDADE

Este material contém muitas informações sobre como pensamos a respeito da ansiedade e da preocupação. Por favor, leia e registre todas as reações ou dúvidas que tiver. Faremos um exame detalhado delas na próxima sessão e continuaremos a conversar sobre isso durante todo o seu tratamento.

Ansiedade e medo são respostas naturais que nos ajudam a lidar com ameaças

A ansiedade e o medo são reações naturais e úteis que ajudam a nos manter em segurança. Sentimos medo quando estamos em uma situação que consideramos perigosa. Ficamos ansiosos quando imaginamos ou pensamos sobre algo ameaçador que poderia acontecer no futuro. Ansiedade e medo são compostos por pensamentos, sentimentos, sensações físicas e comportamentos. Quando estamos ansiosos ou com medo, vemos ameaças facilmente e pensamos sobre a pior coisa que poderia acontecer, sentimos tensão e excitação no nosso corpo, e tentamos escapar ou evitar as coisas que tememos. Todas essas respostas são úteis para nos dizer que uma ameaça está presente, e ajudam-nos a ficar em segurança. Elas nos aprontam para lutar ou fugir de uma situação perigosa ou para congelar (ou não responder de nenhuma maneira) na esperança de que o perigo passe. Já que essas reações são tão importantes para a nossa sobrevivência como seres humanos, elas acontecem rapidamente, sem muito raciocínio ou esforço da nossa parte, sempre que vemos uma possível ameaça. Ficamos apavorados e tensos sem sequer saber o que está causando essa reação. E podemos, automaticamente, evitar situações que parecem perigosas sem sequer perceber isso. Todas essas reações realmente podem nos ajudar a estar a salvo de riscos, especialmente quando nos deparamos com algum perigo físico.

Às vezes, ignoramos reações de sobrevivência e escolhemos enfrentar a ameaça

Embora lutar ou fugir possam ser as melhores reações a um perigo físico, isso nem sempre funciona tão bem com outros tipos de ameaça. Por exemplo, é natural e adaptativo querer que os outros gostem de nós. Até os animais são sensíveis a uma possível rejeição. Eles tentam se dar bem com os outros do bando porque isso aumenta as suas chances de sobrevivência. Mas, às vezes, tentar evitar que os outros nos rejeitem na verdade causa *mais* problemas. Por exemplo, se você está ansioso por ter de fazer uma apresentação em seu local de trabalho porque as pessoas poderiam achar que você não se saiu bem, talvez decida telefonar e dizer que está doente e não fazer a apresentação. Mas dizer que está doente não torna a situação no trabalho mais segura, como aconteceria se você fugisse de um tigre. Você também pode achar que fazer a apresentação é realmente importante em termos profissionais e resolver fazê-la mesmo estando com medo. Ou você pode ter medo de dizer "Eu te amo" a alguém pela primeira vez, porque não sabe se essa pessoa retribui o sentimento. Mas pode decidir que quer correr esse risco porque valoriza muito ter um relacionamento íntimo. Uma das coisas complicadas na nossa condição humana é que buscar as coisas que são importantes para nós (relacionamentos, empregos, objetivos pessoais) normalmente envolve correr riscos. É natural a pessoa se sentir vulnerável, insegura ou ansiosa diante de um risco. Assim, apesar de o nosso sistema de sobrevivência nos dizer para evitar as coisas que tememos, às vezes temos de enfrentá-las se quisermos viver uma vida mais gratificante.

(continua)

MATERIAL 5.1 (continuação)

A nossa capacidade de pensar complica o sistema de sobrevivência

O nosso sistema de sobrevivência também pode ser acionado por nossas lembranças e imaginação. Podemos nos sentir tão apavorados lembrando alguma coisa que aconteceu *antes* ou imaginando alguma coisa ameaçadora que *poderia* acontecer quanto nos sentiríamos se estivéssemos correndo um perigo real, físico. Captamos, em resposta a eventos da nossa mente, o mesmo sinal de ameaça que captamos diante de ameaças físicas do nosso ambiente. Recordamos todo o tipo de eventos passados e imaginamos todo o tipo de futuros perigos. Então, muitas vezes nos preparamos para e reagimos a situações perigosas que já passaram ou que talvez jamais aconteçam. Isso significa que captamos mais sinais de perigo do que deveríamos e que, frequentemente, eles são muito desorientadores.

As preocupações são um tipo de pensamento que claramente aumenta a nossa ansiedade e dificulta a nossa vida. Se estamos preocupados com alguma coisa ruim que poderia acontecer, talvez evitemos fazer coisas que seriam divertidas e gratificantes. Por exemplo, podemos evitar começar um novo relacionamento por medo de sermos rejeitados. Ou sentimos que precisamos passar muito tempo fazendo determinadas coisas na esperança de que isso impeça que algo de ruim aconteça. Por exemplo, a pessoa poderia ficar ligando para os filhos para se assegurar de que eles estão bem (eles estão com a babá que fica com eles à tarde), mesmo que isso não seja necessário e até aumente o estresse e a frustração.

A nossa capacidade de pensar e imaginar pode nos deixar num estado quase constante de medo e ansiedade.

A ansiedade e o medo podem nos afastar do que realmente está acontecendo na nossa vida e impedir a nossa satisfação

Uma das coisas mais perturbadoras de se estar constantemente com medo e ansioso é que isso realmente prejudica muito a nossa qualidade de vida. Os pensamentos sobre coisas assustadoras que aconteceram no passado e a preocupação com o que pode acontecer no futuro nos distraem do que está acontecendo no presente. Por exemplo, se durante uma entrevista de emprego você estiver preocupado com o que vai acontecer se o entrevistador não gostar de você ou com não ser contratado, talvez tenha dificuldade em escutar o que o entrevistador diz e responder adequadamente. Ou, se ficar pensando durante o jantar com a sua família sobre algo estressante que aconteceu no trabalho, é menos provável que consiga ter prazer com a companhia deles. Como mencionamos antes, as pessoas às vezes evitam fazer certas coisas ou assumir riscos porque têm medo de ficar ainda mais ansiosas. Isso pode fazer parecer que não temos muita escolha na vida, pois precisamos gastar a maior parte do tempo e da nossa energia garantindo que as coisas ruins não aconteçam. A ansiedade e a preocupação podem consumir muito tempo e energia e fazer com que a pessoa se sinta sobrecarregada, cansada, e como se estivesse no piloto automático, fazendo as coisas maquinalmente, vendo a vida passar em vez de vivê-la plenamente. Acreditamos que o efeito que a ansiedade e a preocupação têm sobre a vida das pessoas é, na verdade, mais perturbador do que as próprias experiências de preocupação e ansiedade.

MATERIAL 5.2

MODELO DE TRATAMENTO PARA UMA TERAPIA COMPORTAMENTAL BASEADA NA ACEITAÇÃO PARA PACIENTES COM TAG
Aumentar a consciência
Aumentar a escolha e a flexibilidade
Aumentar a ação consciente

O TAG interfere na consciência.
- A ansiedade restringe a nossa atenção, passamos a nos concentrar na ameaça.
- A preocupação nos faz focar o futuro, de modo que muitas vezes perdemos o que está acontecendo no presente.
- Esse ciclo acontece fora da nossa consciência e, por isso, é difícil modificá-lo.
- A consciência de pensamentos, sentimentos e sensações pode ser crítica, negativa ou "emaranhada", tornando essas respostas mais intensas.

Nesse tratamento você vai:
- Ficar mais consciente de suas respostas internas aos eventos, e se sentirá mais presente na sua vida ao:
  - Monitorar as suas experiências durante a semana.
  - Experimentar alguns exercícios de consciência na sessão e entre as sessões.
  - Aprender a desenvolver um relacionamento diferente com as suas respostas internas.

O TAG pode criar inflexibilidade.
- A resposta ansiosa é automática e rígida.
- A resposta mais natural à ameaça é evitar/fugir/congelar.

Nesse tratamento você vai:
- Tomar consciência de diferentes respostas possíveis a eventos que provocam ansiedade ou angústia.
- Romper o relacionamento automático entre pensamentos ("Alguma coisa ruim vai acontecer se eu tentar fazer isso", "Eu não consigo fazer isso") e comportamentos.
- Aprender a escolher ações, em vez de evitar situações automaticamente.

O TAG pode fazer você se sentir como se estivesse no piloto automático, empacado e/ou um espectador da própria vida.
- A preocupação é com aquilo que poderia acontecer a seguir, e afasta as pessoas do que está acontecendo agora.
- A preocupação pode fazer parecer que você não tem escolha e precisa se comportar de determinada maneira.
- A preocupação pode ser tão exaustiva a ponto de não deixar tempo para você fazer coisas que tornam a sua vida gratificante.

Nesse tratamento você vai:
- Identificar as direções importantes na sua vida que a preocupação lhe impediu de buscar.
- Começar a agir para viver uma vida significativa e satisfatória.
- Criar soluções práticas para problemas que aumentam a preocupação.

MATERIAL 5.3

A FUNÇÃO DAS EMOÇÕES

Por que temos emoções?
- As emoções nos dão informações importantes.
- As emoções comunicam coisas aos outros.
- As emoções nos organizam e nos preparam para a ação (em geral *rapidamente*).
- As emoções aprofundam as nossas experiências de vida.

Analogia do fogão quente: Para responder eficientemente ao fogão quente, você precisa:
- Ter consciência de que está sentindo dor.
- Ter consciência do tipo de dor que está sentindo.
- Ter consciência de que é o fogão que está causando a dor.
- Estar pronto para agir.

Emoções "claras" e "turvas" (por que pode ser difícil saber o que as nossas emoções estão nos dizendo):
- As emoções podem ser claras (vinculadas em intensidade e tipo a um evento) ou turvas.
- Como as emoções se tornam turvas?
  - Quando não estamos cuidando de nós mesmos (p. ex., excessivamente cansados, tempo insuficiente para relaxar, maus hábitos alimentares).
  - Quando são reações a eventos futuros imaginados (e não a eventos atuais reais).
  - Quando as nossas reações a um evento atual se somam a reações "residuais".
    - Eventos recentes sem relação (p. ex., uma briga com uma amiga turva a minha reação emocional ao ataque de raiva da minha filha naquela noite).
    - Eventos relacionados (p. ex., a minha resposta emocional ao meu chefe, que está me dando um *feedback* crítico, é turvada por minhas experiências com pais excessivamente críticos).
  - Quando temos reações às nossas respostas emocionais iniciais.
    - Temos reações emocionais às nossas emoções.
    - Achamos que ter emoções é algo ruim ou problemático.
    - Tentamos mudar o que estamos sentindo ou impedir que uma emoção aconteça.
  - Quando nos sentimos definidos por nossas emoções.
    - Quando é difícil ver as emoções como respostas humanas naturais que vêm e vão.
    - Quando começamos a nos sentir emaranhados e atolados nas nossas emoções.

> **MATERIAL 5.4**

O PROBLEMA

- Queremos evitar pensamentos e sentimentos negativos.
- Queremos uma vida significativa.
- Uma vida significativa nos coloca em situações que vão provocar sentimentos e pensamentos negativos.

Possíveis respostas

1. **Limitar a vida fazendo escolhas referentes a relacionamentos, trabalho e autocuidado induzidas pelo desejo de evitar pensamentos e experiências dolorosas.**
   - É possível conseguir evitar algumas situações difíceis, mas é impossível evitar completamente o medo, a tristeza, a vulnerabilidade e os pensamentos críticos sobre nós mesmos.
   - Fazer a escolha de não buscar coisas que são importantes para nós também provoca pensamentos e sentimentos difíceis e dolorosos.

2. **Tentar viver uma vida significativa e controlar nossas respostas e reações.**
   - O controle total sobre nossos pensamentos, sentimentos e reações corporais não é possível, e as tentativas de controle frequentemente pioram essas reações.
   - É difícil abandonar as tentativas de controle porque:
     - Às vezes, elas parecem funcionar.
     - Outras pessoas parecem controlar suas experiências internas.
     - O controle funciona tão bem em outras partes da vida.

3. **Viver uma vida significativa e estar disposto a experienciar os pensamentos e sentimentos que surgem ao longo do caminho.**
   - Talvez seja necessária uma mudança de foco.
     - Desistir do cabo de guerra com os pensamentos e sentimentos negativos.
     - Pensar sobre o que gostaríamos de fazer para tornar nossa vida mais gratificante e começar a agir.
   - Técnicas de *mindfulness* podem ser úteis se escolhermos uma postura de disposição.

FORMULÁRIO 5.1

CONSCIÊNCIA DA ANSIEDADE

Gostaríamos que você começasse a observar a natureza e o contexto da ansiedade que sente em situações sociais. Portanto, gostaríamos que tentasse observar mais atentamente quando sente ansiedade e como é essa experiência de ansiedade. Quando notar alguma sensação de ansiedade antes ou durante uma situação social, por favor, tire um momento para escrever as sensações que está percebendo e a situação em que se encontra. Por exemplo, talvez você perceba um aperto no peito e as palmas da mão suando, e a situação que desencadeou isso foi almoçar com a família do seu parceiro; ou você imagina que alguém está pensando coisas ruins sobre você quando você fala em aula.

Data/Hora	Experiência de ansiedade	Situação

FORMULÁRIO 5.2

PREOCUPAÇÃO CONSCIENTE

Por favor, continue prestando atenção à natureza e aos gatilhos da sua preocupação, como já vem fazendo. Quando perceber que está se preocupando, por favor, tire um momento para escrever sobre o que está preocupado e a situação em que está. Por exemplo, você pode estar se preocupando com as suas finanças, e a situação que desencadeia essa preocupação pode ser um almoço com a família da sua parceira, ou você pode estar preocupado com a sua segurança e bem-estar, e a situação pode ser estar dirigindo. Observe também todas as emoções que sente quando está preocupado. Por exemplo, você pode perceber que está ansioso, triste ou com raiva enquanto se preocupa.

Data/Hora	Tópico	Situação	Emoção

FORMULÁRIO 5.3

CONSCIÊNCIA DOS IMPULSOS

Por favor, continue a prestar atenção à natureza e aos gatilhos de seus impulsos de beber, como já vem fazendo. Quando perceber um impulso, por favor, tire um momento para escrever a natureza do impulso e a situação em que está. Por exemplo, você pode perceber um pensamento sobre alguma bebida alcoólica, acompanhado por salivação, e a situação pode ser uma conversa telefônica com sua mãe. Observe também as emoções que sente imediatamente antes ou durante esse impulso. Além disso, escreva suas tentativas de controlar sua experiência emocional (p. ex., tentar se distrair do sentimento de ansiedade ou tristeza).

Data/Hora	Impulso	Situação	Emoção	Tentativas de Controle

FORMULÁRIO 5.4

MONITORAMENTO CONSCIENTE

Utilize o espaço abaixo para anotar tudo o que perceber em relação aos seus pensamentos, sentimentos ou reações durante a semana. Isso pode incluir situações que despertam angústia, os sinais emocionais que percebe, os pensamentos ou preocupações que tem, e sua maneira de responder aos pensamentos, preocupações ou angústia.

Data/Hora	Situação	Primeira reação (pensamento, sentimentos, sensações)	Segunda reação (tentativas de controlar, emoções turvas, disposição, aceitação)	Ações/Respostas

6

Estratégias Baseadas em *Mindfulness* e Aceitação

Cultivar uma percepção de aceitação, sem julgamentos, não reativa e honesta das próprias experiências internas é um elemento central das TCBAs. Embora o cultivo de um relacionamento desse tipo com as reações internas seja um fator comum em uma ampla variedade de psicoterapias (Germer et al., 2005; Martin, 1997), uma ênfase explícita nesse cultivo é uma característica definidora das abordagens comportamentais baseadas na aceitação. Neste capítulo, revisamos como essa postura é compreendida, cultivada, praticada e fortalecida nas TCBAs.

A NATUREZA DA ACEITAÇÃO

Um modelo conceitual que enfatiza a natureza problemática da reatividade às próprias respostas e do julgamento e evitação dessas respostas sugere que é terapêutico aprender uma maneira nova de responder às reações internas. Se reatividade e evitação são características de uma resposta prejudicial às experiências internas, então a abertura e a aceitação provavelmente serão mais benéficas. "Aceitação", neste contexto, significa admitir o que acontece em vez de desejar ou tentar fazer com que as coisas sejam diferentes, mas não significa necessariamente gostar das coisas como elas são. Podemos perceber a nossa ansiedade e gostaríamos de não senti-la, sem tentar ativamente rechaçá-la ou evitá-la de maneira problemática. Aceitação se refere ao reconhecimento de que pensamentos, sentimentos e sensações inevitavelmente surgirão (e inevitavelmente irão embora), e de que julgá-los, rechaçá-los ou evitá-los não é muito útil. Portanto, em vez de manter um foco limitado de atenção nas nossas experiências, caracterizado por julgamento, avaliação e tentativas de controle, podemos buscar uma postura aberta e compassiva, prestando atenção a tudo o que acontece. Essa postura nos ajuda a deixar de ver nossas respostas internas como obstáculos que nos impedem de fazer coisas que são importantes para nós, permitindo que as vejamos como ocorrências ao longo do caminho que nos conduz aonde queremos ir (conforme discutiremos mais detalhadamente no próximo capítulo).

Embora a aceitação com frequência seja confundida com resignação, como se fosse uma resposta passiva a eventos ou experiências, Sanderson e Linehan (1999; citados em Robins, Schmidt e Linehan, 2004) observam que a raiz de aceitar*, do inglês médio,

---
* N. de R.: No original, *accept*.

é *kap*, que significa tomar, agarrar ou pegar, o que sugere uma resposta muito mais ativa. Aceitação é entrar ativamente na realidade do que existe, em vez de nos apegarmos a como desejaríamos que as coisas fossem ou a quanto gostamos ou não dessa realidade.

A aceitação é um processo em constante evolução. Podemos aceitar as nossas sensações de ansiedade ou podemos julgá-las, perceber que as estamos julgando e aceitar esses julgamentos como inevitáveis e humanos. Poderíamos julgar os nossos julgamentos e só conseguir introduzir a aceitação nesse terceiro nível, ou poderíamos descobrir que cultivamos a aceitação, mas escorregamos continuamente para julgamentos e evitação. Sempre que notamos dificuldades, temos uma nova oportunidade de praticar uma postura mais aberta, de aceitação. O importante é perceber e cultivar uma resposta diferente; não importa se precisamos fazer isso muitas vezes ou quanto tempo isso leva. Assim, incentivamos os clientes a verem a prática da aceitação como algo vitalício. Algumas vezes essa aceitação será mais fácil, e lembraremos mais facilmente de cultivar a aceitação devido à nossa prática consistente, mas sempre se apresentarão novas oportunidades e desafios. E, quando praticarmos pouco ou esquecermos de praticar, ainda teremos a oportunidade de retomá-la – ela jamais será perdida.

CULTIVANDO A ACEITAÇÃO POR MEIO DA PRÁTICA BASEADA EM *MINDFULNESS*: UMA VISÃO GERAL

Muitas das TCBAs utilizam práticas baseadas em *mindfulness* para cultivar essa postura aceitadora.[1] Essas abordagens variam em termos da proeminência e extensão das práticas de *mindfulness* no tratamento. A REBM e a TCBM ensinam aos clientes a meditação de *mindfulness* (em uma forma conhecida como escaneamento corporal) e a ioga, e os fazem praticar pelo menos 45 minutos todas as noites. A TDC inclui um módulo psicoeducacional sobre habilidades de *mindfulness* e usa essas habilidades em todos os outros módulos e durante todo o tratamento, optando por breves práticas de *mindfulness* em vez de uma meditação formal mais longa em posição sentada (porque indivíduos com transtorno da personalidade *borderline* poderiam ter dificuldade nessa meditação mais prolongada [Linehan, 1993b]). Segal e colaboradores, 2002, sugerem que a meditação pode ser problemática para indivíduos em episódio depressivo; eles defendem seu uso com pessoas que se recuperaram de episódios repetidos. A TAC usa numerosos exercícios para ilustrar e cultivar experiencialmente a aceitação, incluindo várias práticas semelhantes a *mindfulness*. Valemo-nos da TDC e combinamos *mindfulness* com abordagens comportamentais tradicionais de treinamento de habilidades. Consistentemente com as abordagens comportamentais, ensinamos múltiplos métodos para cultivar essa habilidade, de modo que os clientes podem empregar aqueles que funcionam melhor para eles (p. ex., Borkovec et al., 2004). Achamos importante encontrar um equilíbrio entre fornecer aos clientes múltiplas práticas, para aumentar a flexibilidade e ajudá-los a atingir uma prática consistente que sejam capazes de manter. Múltiplos métodos podem fazer com que seja mais difícil criar uma prática sólida em que se emprega um único método consistentemente, o que permite a formação do hábito e novas descobertas em um contexto constante. Por outro lado, múltiplos métodos podem ajudar o cliente a encontrar as práticas que se adaptam melhor a ele, sem se apegar rigidamente a um único método de prática. Portanto, tentamos ajudar nossos clientes a desenvolver uma espécie de consistência flexível ao longo do tempo, apresentando primeiro múltiplos métodos e depois incentivando a prática regular de uma pequena quantidade de métodos preferidos.

Conforme observamos no capítulo precedente, *mindfulness* e aceitação podem ser descritos e discutidos, mas precisam ser experienciados. Nos exercícios durante e entre as sessões, a prática ajuda o cliente a desenvolver essas habilidades e perceber os efeitos dessa maneira de responder, fornecendo evidências experienciais que vão apoiar o esforço para manter a prática. Damos ênfase tanto à prática formal, que envolve reservar um período de tempo especificado para praticar algum tipo de *mindfulness* (habitualmente um tipo que o cliente já praticou na sessão), quanto à informal, que envolve aplicar *mindfulness* às atividades do cotidiano. A prática formal ajuda a cultivar essas habilidades, enquanto a informal é uma aplicação essencial dessas habilidades à vida. (Essa abordagem é semelhante aos métodos do relaxamento aplicado, em que a pessoa aprende a prática formal, inicialmente mais longa, para aplicar depois em situações de ansiedade; p. ex., Bernstein, Borkovec e Hazlett-Stevens, 2000.) Não há pesquisas sobre a quantidade ótima de prática entre as sessões. Embora a REBM e a TCBM, conforme mencionamos, defendam 45 minutos de meditação formal diária, tendemos a usar períodos mais curtos, a menos que o cliente prefira uma meditação mais prolongada. A REBM e a TCBM também incluem um retiro de meditação com duração de um dia, que não tem sido parte da nossa abordagem de tratamento. A prática formal prolongada pode trazer grandes benefícios, mas preferimos incorporar muita flexibilidade para que o cliente descubra os modos e as doses de prática que realmente consegue realizar e usar eficientemente. Incentivamos os clientes que estão interessados em uma prática formal mais prolongada a buscar fora da terapia contextos que apoiem essa prática (p. ex., centros de meditação ou de ioga, *sanghas*), em vez de incorporar formalmente esses métodos ao nosso tratamento. Desconfiamos que diferentes abordagens funcionam bem com diferentes clientes, apesar de ainda não haver pesquisas para orientar os terapeutas nessas escolhas.[2] Sugerimos uma cuidadosa avaliação das respostas do cliente a práticas específicas, incentivo para que experimentem praticar por um período de tempo suficiente (como duas semanas de esforço consciencioso), avaliação das reações e efeitos, e ajustamento da prática de acordo com isso.

Em nossa experiência, a consistência e a qualidade da prática talvez sejam mais importantes do que a quantidade. Fazemos o cliente automonitorar sua prática de *mindfulness* usando o formulário de Prática de *Mindfulness* (Formulário 6.1, p. 157), incluindo práticas formais e informais especificamente designadas, com base no conteúdo da sessão do dia (descrição mais completa a seguir), e outras práticas que realizam. Intencionalmente, fizemos esse formulário de monitoramento minimamente detalhado para facilitar seu preenchimento e manter o foco na prática, não no formulário. Com clientes que enfrentam dificuldades para praticar, podemos dar um formulário mais detalhado, por um período determinado de tempo, que o ajude a prestar atenção à sua prática.

Também consideramos útil apresentar uma progressão de práticas de *mindfulness*, começando com focos de consciência mais fáceis e, gradualmente, expandindo para práticas mais desafiadoras, como consciência de pensamentos e cultivo de compaixão. Isso é semelhante a práticas budistas tradicionais, que frequentemente começam com um foco na respiração para desenvolver a capacidade de atenção antes de cultivar uma consciência mais plena. Interessantemente, Patel (2006) sugeriu que, com clientes ansiosos, seria benéfico alterar a ordem de exercícios de acordo com o modo dominante de apresentação da ansiedade (cognitivo *versus* somático). Assim, uma cliente com TOC e uma apresentação de ansiedade particularmente somática começaria com a meditação em posição sentada, focada em pensamentos, e progrediria para a ioga e escaneamento corporal; alguém com uma apresentação mais cognitiva seguiria a ordem contrária, concentrando-se primeiro no corpo. A progressão ótima de exercícios é uma área que tem de ser mais bem estudada. Por enquanto, os terapeutas precisam ver como cada exercício interage com a apresentação sintomática do cliente e, de acordo com isso, adaptar os exercícios ou ajustar sua ordem para otimizar a resposta do cliente. Como na seleção de exercícios comportamentais, o terapeuta precisa tentar maximizar a probabilidade de o cliente realizar os exercícios e aprender com eles, minimizando possíveis obstáculos. Devemos observar cuidadosamente suas respostas para ajustar os exercícios, visando uma ótima realização e experiência. É importante selecionar ou alterar exercícios, a fim de intensificar a aprendizagem do cliente, e fazer escolhas que não estejam a serviço da evitação experiencial. O objetivo *não é* garantir que os clientes não sintam angústia nos exercícios. De fato, a experiência consciente, não julgadora e não evitante de pensamentos e sentimentos perturbadores é um objetivo central desse aspecto do tratamento. Como nos exercícios de exposição, é importante que os clientes estejam dispostos a permanecer em contato com essas respostas e consigam fazer isso, em vez de evitá-las. Portanto, as escolhas relativas à ordem dos exercícios se baseiam, em parte, na criação de uma hierarquia de exposição gradual, para que os clientes consigam continuar inteiramente dedicados a cada exercício, sem terminá-los prematuramente e sem se distrair durante o exercício.

Desenvolvemos uma progressão padrão de exercícios (adaptada da REBM, TCBM, TAC, TDC e outras fontes) que costumamos usar com todos os clientes nas primeiras sessões. Descobrimos que essa progressão combina bem com a maioria dos clientes, especialmente quando alteramos as instruções do foco na respiração para minimizar respostas ansiosas a esse foco (novamente, para maximizar o empenho no exercício, não para promover evitação experiencial). Introduzimos a maioria dos exercícios nas sessões, onde os fazemos com os clientes no início da sessão e depois discutimos suas reações/experiências. Depois, os clientes praticam os exercícios durante a semana e registram suas observações e reações. Depois que os clientes avançaram até o final da progressão, voltamos aos exercícios que se mostraram particularmente difíceis ou criamos novos, individualmente planejados para atender às necessidades específicas de cada cliente. Também fazemos com que selecionem os exercícios nos quais querem se concentrar durante uma determinada semana ou os que gostariam que fizessem parte de sua prática regular. Assim, eles começam a criar as suas práticas pessoais de *mindfulness*, que manterão depois do final do tratamento (conforme discutiremos de modo mais completo no Capítulo 9).

Abordagens baseadas na aceitação e outras abordagens comportamentais enfatizam a importância de eliciarmos as reações do cliente aos exercícios. O terapeuta pergunta ao cliente como foi realizar cada exercício, o que ele percebeu e a que ele reagiu. Esse *feedback* ajuda o terapeuta a entender melhor a experiência singular de cada cliente e facilita o planejamento de exercícios futuros, para que a linguagem empregada nas instruções corresponda à linguagem que o cliente emprega para descrever suas experiências. O *feedback* também informa o terapeuta de quaisquer reações possivelmente problemáticas. O terapeuta precisa procurar indicações de que o cliente está usando os exercícios baseados na aceitação como uma maneira de controlar ou evitar emoções perturbadoras, ou de que está começando a se fixar em uma determinada reação ao exercício e se angustia quando tem alguma outra reação. O terapeuta deve lembrar o cliente da importância de estar aberto a *qualquer* experiência, sem tentar cultivar apenas um tipo de resposta (embora, evidentemente, seja natural ter uma resposta inicial de querer se sentir calmo ou feliz e querer experienciar isso novamente).

Por exemplo, uma cliente respondeu a um exercício inicial de respiração e *mindfulness* descrevendo como, naquele momento, se sentira mais calma do que há muitos anos. A terapeuta teve o cuidado de validar essa experiência e compartilhar o entusiasmo da cliente com ela, mas, ao mesmo tempo, observou que o *mindfulness* nem sempre é tranquilizante e que é importante praticar também essa abertura a experiências perturbadoras. Outro cliente teve uma série de respostas iniciais de dificuldade nos exercícios de *mindfulness*, mas conseguiu manter a prática. No decorrer do tempo, ele começou a ter uma sensação de paz e tranquilidade quando praticava, e ficava desapontado quando não sentia isso durante o exercício. A terapeuta validou essa experiência, comentando que é natural querer essa tranquilidade, mas lembrou o cliente de suas experiências no começo da terapia e perguntou se ele poderia se manter aberto a todas as experiências na sua prática, incluindo a vontade de se sentir diferente.

O terapeuta deve treinar as instruções de prática de *mindfulness*, para chegar a um estilo ótimo, lento e tranquilo. Praticar a *mindfulness* antes das sessões ajuda a cultivar uma voz calma e tranquila, que ajuda o ouvinte a seguir as instruções e tomar consciência de suas experiências. Embora Segal e colaboradores [2002] sugiram que se fale com uma voz normal, sem mudar o nosso tom. Fazer pausas frequentes durante as instruções permite ao cliente se engajar na prática em vez de só escutar o terapeuta. Sempre dizemos aos nossos supervisionandos que falem *muito* mais lentamente do que parece natural; é muito difícil um terapeuta que está orientando uma prática falar devagar demais. Também seguimos a sugestão de Segal e colaboradores (2002) de usar os verbos no gerúndio ("percebendo", "tomando consciência de") para salientar o processo contínuo de *mindfulness*.

ENSINO E PRÁTICA ESPECÍFICOS DE *MINDFULNESS* E OUTRAS PRÁTICAS BASEADAS NA ACEITAÇÃO

Introdução de *mindfulness*: *mindfulness* da respiração, da alimentação e das sensações

Começamos (tipicamente nas duas primeiras sessões) apresentando tanto a experiência quanto o conceito de *mindfulness*. Com clientes ansiosos, gostamos de introduzir a técnica comportamental tradicional da respiração diafragmática, adaptada para enfatizar o *mindfulness*. Começamos fazendo com o que o cliente simplesmente observe sua respiração, prestando atenção a tudo o que sentir. Muitas vezes, ele percebe um aperto no peito, dificuldade para respirar, e assim por diante, ou que surgem pensamentos ansiosos quando ele presta atenção na respiração. Respondemos que tudo isso é uma parte natural do processo. Depois pedimos que ele modifique levemente a sua respiração para que ela inicie mais embaixo, no diafragma, e observe os efeitos dessa mudança.[3] Então discutimos suas observações, atentos a quaisquer julgamentos, tentativas de controle ou evitação. Pedimos que o cliente pratique essa consciência e altere levemente a respiração, informalmente, durante toda a semana. Praticamos com ele um pouco, notando suas respostas habituais e os efeitos de uma leve mudança nessas respostas. Às vezes, o cliente fica preocupado com não fazer "direito" o exercício. Nós o incentivamos a praticar e perceber o que surge. Se ele não consegue levar a respiração para o abdome, a sua prática será perceber isso e continuar a respirar. Se ele esquecer de prestar atenção à respiração, sua prática poderá ser a de notar, periodicamente, que não está percebendo sua respiração. Qualquer prática é útil e algo com que podemos trabalhar.

Também damos ao cliente o Material 6.1, O Que É *Mindfulness*? (p. 153-154), pedimos que o revise entre as sessões e o examinamos detalhadamente com ele na semana seguinte. Durante o mesmo período, também gostamos de indicar o exercício formal inicial de *mindfulness*, adaptado da REBM, para dar ao cliente mais experiência de *mindfulness*, o que pode informar discussões posteriores.

Exercício Inicial Formal de Respiração (Mindfulness)

1. Assuma uma posição confortável, deitado de costas ou sentado. Se estiver sentado, mantenha a coluna reta e deixe os ombros caírem.
2. Feche os olhos se for confortável.
3. Preste atenção à sua barriga, sentindo-a se erguer ou se expandir levemente com a inspiração e afundar ou recuar na expiração.
4. Mantendo o foco na respiração, pratique "estar com" cada inspiração enquanto ela durar e com cada expiração enquanto ela durar, como se estivesse acompanhando as ondas da sua respiração.
5. Sempre que perceber que a sua mente se afastou da respiração, veja o que o distraiu e depois, suavemente, traga a sua atenção de volta para a sua barriga e para a sensação de inspirar e expirar.
6. Se a sua mente se afastar da respiração mil vezes, a sua "tarefa" é simplesmente trazê-la de volta para a respiração todas as vezes, sem se importar com o que o distraiu.
7. Pratique esse exercício por 15 minutos todos os dias, num momento conveniente, independentemente de estar com vontade, durante uma semana e veja como se sente ao incorporar uma prática disciplinada [de *mindfulness*] à sua vida. Fique atento a como se sente ao dedicar esse tempo, todos os dias, a apenas estar com sua respiração sem ter de *fazer* nada.[4]

Frequentemente, começamos as sessões iniciais com um exercício de respiração baseado nessa primeira prática. Damos orientações verbais gentis que incentivam o cliente a prestar atenção à sua respiração e aprofundá-la. Por exemplo, poderíamos dizer algo assim:

Percebendo como está sentado na cadeira... Percebendo onde o seu corpo está tocando na cadeira... Agora, começando a prestar atenção à sua respiração... Percebendo como o ar entra no seu corpo, por onde ele passa e como sai do seu corpo... Percebendo as partes do seu corpo que se mexem enquanto você respira... Agora, pondo a mão sobre o abdome e percebendo se ele se mexe quando você respira... Aprofundando suavemente a sua respiração, passando a respirar a partir do abdome... Percebendo seu abdome, peito e ombros se expandirem quando você inspira... Continuando a aprofundar e tornar mais lenta a sua respiração... Prestando atenção às sensações que experiencia... Apenas continuando a se concentrar na respiração pelos próximos momentos...[5]

As reticências indicam os momentos em que o terapeuta pode inserir uma pausa substancial para permitir que o cliente siga as instruções e experiencie bem a prática. Esse é um exercício de *mindfulness* não muito tradicional, pois há uma leve ênfase em uma mudança e não apenas em observar o que acontece. Na nossa experiência, essa ênfase ajuda a diminuir a possibilidade de aumento da angústia nos indivíduos que talvez reajam negativamente à consciência inicial da própria respiração, evitando o término prematuro do exercício. No entanto, é importante enfatizar que a ansiedade e a angústia podem surgir durante o exercício e que isso, também, pode ser percebido sem julgamento. Se o cliente ficar excessivamente preocupado em tentar mudar para a respiração diafragmática, o terapeuta pode deixar de lado essa porção do roteiro e simplesmente enfatizar um foco na respiração. Nas discussões depois do exercício, ficamos especialmente atentos a qualquer aspecto do roteiro que pareceu interferir na experiência do cliente, e à sua descrição do processo, para podermos adequar o que lhe diremos no futuro. Embora usemos roteiros para guiar esses exercícios, não os lemos na sessão, e incentivamos os terapeutas a criarem as próprias instruções e as darem sem ler, para que soem naturais.

Também gostamos de usar outro exercício de *mindfulness* no início do tratamento, no qual o cliente é instruído a comer alguma coisa (em geral uma passa de uva) atentamente, fazendo a atividade com a "mente de principiante" (Segal et al., 2002). O cliente é orientado a comer muito lentamente aquela coisa conhecida, como se jamais a tivesse visto antes. Ele começa olhando o objeto cuidadosamente, de todos os ângulos, depois o toca e cheira. Então o põe na boca, prestando atenção às suas respostas e ao impulso de mastigar ou engolir. Finalmente, ele o mastiga bem devagar e o engole, prestando atenção a todas as sensações, pensamentos e reações enquanto faz isso. Depois do exercício, conversamos sobre a sua experiência, o que geralmente envolve falar sobre como seria diferente fazer as tarefas diárias (como lavar louça, comer, escovar os dentes) com esse tipo de consciência e "mente de principiante".

Depois que o cliente realizou uma ou duas tarefas de *mindfulness* para ter essa experiência, passamos para uma introdução mais formal do conceito. Enfatizamos a natureza experiencial de *mindfulness*, observando que, embora possamos tentar falar sobre o que ela é, ela só é realmente aprendida por meio da prática repetida e da observação. Portanto, como dissemos no capítulo anterior, cuidamos para não mergulhar em uma discussão prolongada sobre o conceito, mas introduzimos algumas habilidades que nós (e outros terapeutas baseados na aceitação) consideram essenciais no uso terapêutico de *mindfulness*. Damos ao cliente o Material 6.2, Habilidades de *Mindfulness* (p. 155) e discutimos os pontos mais importantes, assim como fazemos com o Material 6.1.

A observação sem julgamento é uma habilidade particularmente importante e difícil de cultivar. Nossos clientes relatam, frequentemente, que têm extrema consciência de suas experiências internas e gostariam de não percebê-las tanto. Validamos esses sentimentos e perguntamos se a sua percepção é caracterizada por compaixão e entendimento ou por crítica e julgamento. Eles são rápidos em dizer que esta última percepção é muito mais comum. Sugerimos que é isso que pode ser problemático, que uma consciência mais compassiva ou bondosa poderia ter consequências muito diferentes para eles. Imaginar como responderíamos a um amigo se ele nos contasse que tem o mesmo tipo de pensamento, emoção ou reação vai nos mostrar que seríamos muito mais compassivos com nosso amigo do que somos conosco. Explicamos aos clientes que essa é uma atitude particularmente difícil de cultivar, e que nos esforçaremos juntos para fortalecer a sua capacidade de responder compassivamente à própria experiência. Achamos que uma resposta julgadora/condenatória às experiências internas geralmente é tão superaprendida que, para alterá-la, é preciso praticar muito e estar muito atento. Às vezes, os clientes dizem acreditar que as próprias respostas de julgamento os motivam a lutar e se esforçar mais. Em resposta a essa suposição, no início do tratamento, perguntamos se estão dispostos a experimentar uma maneira diferente de responder para ver se essa crença está certa. E compartilhamos com eles a nossa descoberta de que, na verdade, conseguimos fazer muito mais quando somos mais bondosos conosco, pois nossos julgamentos condenatórios interferem na nossa capacidade de agir como gostaríamos. Temos o cuidado de não tentar convencê-los de que isso é verdade e, especialmente, cuidamos para que não se agarrem a essa verdade por nós; em vez disso, incentivamos os clientes a perceberem por si mesmos se essa postura tem funcionado para eles e a considerarem se uma outra postura não funcionaria melhor.

O conceito da mente de principiante pode ser vinculado ao exercício da passa de uva, para que o cliente tenha um exemplo experiencial de ver alguma coisa como se fosse a primeira vez, em vez de deixar que suas experiências passadas ou suas expectativas obscureçam suas experiências atuais. Usamos o exemplo de ter com nosso parceiro uma discussão que já tivemos muitas vezes antes, observando como é fácil responder ao que esperamos que ele diga em vez de responder ao que ele realmente diz, e quão diferente seria escutar cada comentário como se fosse a primeira vez. Ao adotar, intencionalmente, a mente de principiante nessas situações, podemos ser mais abertos ao que de fato está acontecendo no momento e ter uma experiência ampliada, em vez de uma ditada por nossas reações e expectativas. Incentivamos os clientes a praticar e vivenciar várias experiências cotidianas com a mente de principiante.

Durante essa discussão, é importante avaliar as reações do cliente à ideia de *mindfulness*. Os clientes podem ter experiências com tipos diferentes de prática de *mindfulness*, ou uma noção preconcebida do que é a *mindfulness*. Eliciamos suas respostas e esclarecemos dúvidas e preocupações. Às vezes, eles se preocupam com a conexão entre *mindfulness* e budismo e a possível inconsistência com as próprias tradições e crenças religiosas. Em resposta, discutimos o papel da percepção ou *mindfulness* em diferentes tradições religiosas e explicamos que, na terapia, o *mindfulness* é empregado em um contexto secular, não religioso. Quando o cliente já praticou alguma forma de *mindfulness*, pedimos que aproveite suas experiências passadas, mas esclarecemos que essa prática anterior talvez seja diferente da nossa (como discutimos no Capítulo 4).

Desde o início, e ao longo de todo o tratamento, enfatizamos que o *mindfulness*, assim como a aceitação, é um processo. O *mindfulness* nos faz retornar à nossa percepção; é irrelevante o número de vezes em que a nossa atenção vagueia, o importante é voltar. Para ilustrar o conceito, citamos o tradicional ditado budista "cair sete vezes, levantar oito". Da mesma forma, retornamos repetidamente à compaixão, em vez de atingir um estado constante de compaixão que jamais varia. Em cada momento de julgamento, temos a oportunidade de praticar o não julgamento. Assim, cada aparente fracasso de *mindfulness* é simplesmente uma oportunidade de praticar novamente. Também enfatizamos a importância de ambas as práticas, a formal e a informal, fornecendo um material que detalha vários tipos de prática informal (Material 6.3, p. 156).

Nas primeiras sessões, utilizamos vários exercícios de percepção/*mindfulness* que enfatizam a percepção dos sentidos e sensações. Para clientes com TAG, usamos uma versão modificada do relaxamento muscular progressivo (RMP; Bernstein et al., 2000), em que enfatizamos dar atenção às sensações associadas ao tensionamento e relaxamento de cada grupo muscular, e aceitar as respostas que acontecerem. Como acontece com o nosso exercício de respiração diafragmática, esse exercício de *mindfulness* não é muito comum, pois inclui uma ação que pode modificar ativamente a experiência do cliente (tensionar e relaxar os músculos costuma deixar os músculos mais relaxados). Entretanto, acreditamos que a integração desse tratamento empiricamente confirmado para o TAG ajuda o indivíduo a ampliar a sua experiência (ao introduzir uma resposta mais relaxada no que é, tipicamente, um estilo rígido de tensão) e a acolher tudo o que surgir. Temos o cuidado de não sugerir que o exercício resultará em relaxamento e incentivamos o cliente a perceber tudo o que ocorrer, incluindo pensamentos e sensações associados à ansiedade, que tendem a surgir juntamente com as respostas de relaxamento. Fazemos esses clientes praticarem o

RMP em casa, entre as sessões, reduzindo gradualmente o número de grupos musculares, para que se torne mais breve e, finalmente, um exercício aplicado.

Também descobrimos que o *mindfulness* de sons (Segal et al., 2002) é outro exercício útil, que ajuda o cliente a cultivar a mente de principiante e desenvolver habilidades de *mindfulness*. Depois de guiá-lo para a percepção do próprio corpo, incentivamos o cliente a levar a percepção aos ouvidos e deixar que se abram para todos os sons que surgirem. Sugerimos que fique atento aos sons, próximos e distantes, óbvios e sutis, e também note o silêncio. Que perceba os sons como sensações, sem prestar atenção ao seu significado ou implicações, e perceba quando a sua percepção se desliga dos sons ou começa a pensar sobre os sons, em vez de escutá-los.

Esse exercício geralmente mostra, para clientes e terapeutas, como é difícil *não* rotular ou qualificar nossas observações. Damos nomes às nossas experiências e as julgamos quase no mesmo instante em que as registramos. Esse exercício nos ajuda a perceber como esse processo é automático e a aumentar o tempo entre perceber e julgar, para começarmos a observar sem julgar e ver nossos julgamentos, mais claramente, como separados das nossas experiências.

Outro exercício inicial útil para uma grande variedade de clientes é o "espaço de três minutos para respirar", também de Segal e colaboradores (2002), que pode ser usado igualmente em momentos posteriores do tratamento. Começamos pedindo ao cliente que assuma

> uma postura bem definida... relaxada, aprumada, costas retas, mas não rígida, deixando o corpo expressar uma sensação de estar presente e atento.
>
> Agora, fechando os olhos, se isso for confortável para você, o primeiro passo é prestar atenção ao que passa pela sua mente; que pensamentos há nela? Aqui, também, tanto quanto conseguir, apenas percebendo os pensamentos como eventos mentais... Nós os percebemos e depois percebemos os sentimentos que estão lá no momento... em particular, voltando-nos para qualquer sensação de desconforto ou sentimentos desagradáveis. Então, sem tentar afastá-los ou expulsá-los, simplesmente reconhecendo-os, talvez dizendo "Ah, vocês estão aí, é assim que é agora." E fazemos o mesmo com as sensações no corpo... Há sensações de tensão, de controle ou alguma outra? De novo, apenas tomando consciência delas, simplesmente percebendo as sensações. "Está bem, é assim que é agora".
>
> Bem, percebemos o que está acontecendo agora. Saímos do piloto automático. O segundo passo é focalizar a nossa percepção, concentrando-nos em um único objeto – os movimentos da respiração. Concentrando a atenção nos movimentos do abdome, no vem e vai da respiração... passando um minuto, mais ou menos, concentrando-nos no movimento da parede abdominal... momento a momento, em cada respiração, o melhor que pudermos. Para sabermos quando o ar está entrando, quando o ar está saindo. Apenas ligando a nossa consciência ao padrão de movimentos lá embaixo... concentrando-nos, usando a âncora da respiração para estar realmente no presente.
>
> E agora, como um terceiro passo, tendo nos concentrado até certo ponto, deixamos a nossa percepção se expandir. Além de termos consciência da respiração, passamos a perceber nosso corpo como um todo. Então sentimos essa percepção mais espaçosa... Um senso do corpo como um todo, incluindo qualquer tensão ou sensações relacionadas a contrair ombros, pescoço, costas ou rosto... seguindo a respiração como se o nosso corpo inteiro estivesse respirando. Mantendo o corpo todo nessa consciência mais suave... mais espaçosa.
>
> E então, quando estiver pronto, deixe que seus olhos se abram.[6]

Esse exercício começa a introduzir flexibilidade de atenção, com o cliente percebendo primeiro toda a sua experiência, depois focando a respiração para se concentrar e, então, expandindo-se novamente para a sua experiência completa. Ele começa a praticar, perceber pensamentos e reações sem se enganchar neles, o que será aperfeiçoado em exercícios posteriores. Às vezes esse exercício pode ser desafiador, especialmente se o cliente sentia como relaxante o foco na respiração ou no corpo. Mas é uma oportunidade de mostrar como o *mindfulness* inclui todas as nossas experiências, até as menos agradáveis. A brevidade da prática também pode ser difícil, e há clientes que ficam frustrados por não ter mais tempo para se acalmar. Novamente, é uma oportunidade de aprender a lidar com a frustração e começar a dar uma resposta de *mindfulness* mais breve, mais "portátil". Com a prática e a aceitação da frustração que porventura surja, o espaço de três minutos para respirar pode se tornar uma prática excelente e breve de *mindfulness* que o cliente pode usar constantemente, mesmo depois do tratamento, para se reconectar com os princípios centrais de *mindfulness*. Incentivamos nossos clientes a praticá-la diariamente e, para alguns, ela se torna uma parte regular da rotina diária, que se mantém após o tratamento.

Mindfulness de emoções e pensamentos e exercícios de desfusão

Depois que o cliente começou a desenvolver a capacidade de levar paulatinamente a atenção para suas sensações e sentidos, começamos a expandir sua prática para o desafio de perceber e aceitar pensamentos e sentimentos, de viver essa experiência com curiosidade e compaixão. Como na TDC, vinculamos o *mindfulness* da emoção à nossa discussão da função da emoção (descrita no capítulo precedente), para que o cliente compreenda a utilidade de perceber e entender, em vez de evitar, as experiências internas. Frequentemente, usamos um exercício que permite que o cliente recorde um evento emocional recente e pratique uma consciência expansiva de suas respostas emocionais a esse evento. Inicialmente, fazemos o cliente escolher uma experiência moderadamente perturbadora, para maximizar a probabilidade de ele continuar consciente das suas emoções durante todo o exercício. Depois de uma prática continuada, começamos a fazer o exercício com eventos extremamente emocionais, muito recentes, e o incentivamos a praticar sozinho sempre que algo assim ocorrer na sua vida.

A terapeuta e a cliente selecionam um evento antes do exercício. Depois, a terapeuta vai guiando a cliente para que tome consciência de si mesma na sala, paulatinamente levando a sua atenção ao jeito como está sentada na cadeira, como sua respiração entra e sai do seu corpo, e assim por diante. A cliente é instruída mais ou menos assim:

> Agora trazendo para a sua consciência [o evento emocional]... Imaginando-se novamente na situação... Percebendo o que enxerga, os sons que ouve... Notando as sensações no seu corpo... Percebendo os pensamentos que passam pela sua cabeça... e agora percebendo como está se sentindo.... Simplesmente percebendo cada sentimento conforme ele surge... não tentando alterar ou modificar a sua experiência... Percebendo o desejo de alterar ou modificar o que está sentindo e suavemente desfazendo-se desse desejo... Expandindo-se para aceitar a sua experiência completa... Percebendo quais são os sentimentos... Percebendo se os sentimentos mudam, de algum jeito...

Os clientes também podem praticar *mindfulness* das emoções utilizando o material Soltando o Sofrimento Emocional, da TDC (Linehan, 1993b). Esse material instrui o cliente a *observar* a emoção percebendo a sua presença, recuando e se desgrudando da emoção. Ele pode *experienciar* a emoção

(1) como uma onda, chegando e se afastando; (2) tentando não bloquear a emoção; (3) não tentando suprimir a emoção; (4) não tentando se livrar da emoção; (5) não tentando rechaçá-la; (6) não tentando manter a emoção; (7) não se agarrando à emoção; e (8) não intensificando a emoção. Ele é instruído a *lembrar* que não vai agir, necessariamente, em função da emoção e a recordar momentos em que se sentiu de outro modo. Por fim, ele pode *praticar* amar a sua emoção não a julgando, praticando a disposição e aceitando radicalmente a emoção.

Frequentemente, os clientes relatam que trazer o *mindfulness* à sua experiência na sessão lhes permite perceber emoções mais complexas do que perceberam inicialmente durante a situação. Por exemplo, Sandra relatou um alto nível de ansiedade quando a filha teve a oportunidade de viajar em uma competição esportiva, temendo por sua segurança e bem-estar. Durante esse exercício, ela percebeu que, além do temor, também sentia orgulho da filha e estava feliz com o seu sucesso. Embora a consciência desses sentimentos não eliminasse o medo, criou um contexto em que o medo não precisava guiar tanto o seu comportamento e a lembrou de por que talvez quisesse que a filha viajasse, apesar do medo. Às vezes, os clientes simplesmente se dão conta de que as respostas emocionais vêm e vão, o que ajuda a diminuir a intensidade das respostas. Eles percebem que suas emoções são muito intensas e muito perturbadoras, mas não "intoleráveis", porque, na verdade, são capazes de suportá-las. Essa experiência enfraquece a resposta de evitação aprendida à resposta emocional: talvez se possa ficar com as respostas emocionais, em vez de tentar eliminá-las a qualquer custo (como restrições na vida ou subsequente aumento da angústia).

Também descobrimos que o poema de Rumi, "A hospedaria" (*The guest house*), traduzido por Coleman Barks e também utilizado por Segal e colaboradores (2002), ajuda os clientes a imaginar uma maneira diferente de responder às suas experiências emocionais. Nós o usamos como um exercício de *mindfulness*, primeiro guiando o cliente para que tome consciência de si mesmo na sala, de suas sensações e respiração, e depois pedindo que apenas escute com atenção enquanto lemos devagar o poema:

Ser humano é como ser uma hospedaria.
A cada manhã há uma nova chegada.

Uma alegria, uma depressão, uma mesquinharia,
uma percepção momentânea,
todas chegam
como visitantes inesperados.

Acolha e receba bem todos eles!
Mesmo que seja uma multidão de tristezas,
que invade a sua casa violentamente,
levando de roldão toda a mobília,

mesmo assim, faça as honras a cada hóspede.
Eles podem estar desembaraçando você
e preparando-o para um novo deleite.

O pensamento sombrio, a vergonha, a malícia,
Receba-os à porta sorrindo,
e convide-os a entrar.

Seja grato a quem vier,
porque cada um deles foi enviado
como um guia do além.[7]

Os clientes geralmente acham essas imagens particularmente úteis para cultivar uma resposta compassiva às suas emoções. O poema é uma outra proposta da psicoeducação, mais experiencial, sobre a função da emoção descrita no capítulo precedente. Muitas vezes, os clientes contam que quando se perceberam ansiosos, tristes ou com raiva, e inicialmente com vontade de expulsar esses sentimentos, eles lembraram o poema e se imaginaram acolhendo as emoções, em vez de tentar bani-las. Esse tipo de alteração na resposta habitual permite ao cliente experienciar a transitoriedade de sua resposta emocional, enfraquecendo a associação ameaçadora com emoções negativas e fortalecendo a sua capacidade de se abster de tentativas inúteis de eliminar essas respostas.

Recorremos à TAC, TDC e TCBM na nossa escolha de exercícios que enfatizam, especificamente, o perceber pensamentos sem ficar preso a eles. Adaptamos o exercício das nuvens, da TDC, para ajudar os clientes a praticarem essa percepção desapaixonada ou descentrada dos pensamentos que surgem.

> Feche os olhos... Primeiro se concentrando na sua respiração, apenas percebendo a sua respiração, o ar que entra, passa pelo seu corpo e então sai. Percebendo como o seu corpo se sente... Agora, imaginando-se deitado em algum lugar, ao ar livre, onde pode ver o céu. Você pode imaginar qualquer lugar que lhe pareça confortável e claro – deitado em um barco num lago, sobre um cobertor num campo, no terraço de uma casa, em qualquer lugar com uma vista clara do céu. Agora, imagine-se confortavelmente deitado e olhando para o céu. Percebendo o céu e as nuvens que se movem lentamente por ele. Vendo como as nuvens são parte do céu, mas não são todo o céu. O céu existe por trás das nuvens. Imaginando que seus pensamentos e sentimentos são as nuvens no céu, enquanto a sua mente é o céu. Vendo seus pensamentos e sentimentos flutuando suavemente pelo céu... Percebendo os pensamentos e sentimentos e colocando-os nas nuvens, vendo como eles se deslocam pelo céu... Percebendo como você se distrai, ou imerge nas nuvens, perdendo o céu de vista... Percebendo como as nuvens podem ser muito finas e delicadas ou escuras e ameaçadoras... Percebendo como, mesmo quando as nuvens cobrem o céu, ele continua existindo por trás delas... Percebendo momentos em que seus pensamentos e sentimentos parecem estar separados de você... e momentos em que eles parecem ser você... Imaginando o céu por trás das nuvens e as nuvens vagando pelo céu... Praticando colocar seus pensamentos e sentimentos sobre as nuvens... Percebendo as diferentes formas que elas assumem... a consistência diferente das nuvens em que eles estão... Quando chegar nas nuvens, mudando lentamente a sua atenção de volta para o céu que está por trás e praticando colocar seus pensamentos e emoções sobre as nuvens... [Dar tempo ao cliente para fazer o exercício em silêncio, depois guiando a percepção suavemente de volta para a sala, as sensações presentes, como ele está sentado na cadeira, e convidá-lo a abrir os olhos quando estiver pronto.]

Um exercício semelhante, da TAC, "folhas em um regato", também pode ser usado para esse propósito (Hayes, Strosahl e Wilson, 1999). O *mindfulness* de sons e pensamentos de Segal e colaboradores (2002) também é um ótimo exercício, que expande a prática prévia de *mindfulness* de sons para *mindfulness* de pensamentos. Eifert e Forsyth (2005) também apresentam um exercício de aceitação de pensamentos e sentimentos que pode ser usado para praticar percepção e aceitação de uma ampla variedade de experiências internas.

Muitos clientes consideram esses exercícios os mais difíceis até o momento (também achamos e dizemos isso a eles). Esses exercícios criam um contexto excelente para enfatizar o processo de *mindfulness* – o objetivo é fazer retroceder a nossa atenção, repetidamente, e perceber novamente os nossos pensamentos. Não somos capazes de manter esse tipo de percepção continuamente, mas esperamos desenvolver a nossa capacidade de lembrar de praticar essa percepção, para que fique mais fácil lembrarmos de ver nossos pensamentos como pensamentos e nossos sentimentos como sentimentos. Praticar isso formalmente nos ajuda a desenvolver a habilidade. Os clientes podem praticar esses exercícios durante a semana e começar a notar como às vezes é mais fácil, e outras mais difícil, atingir essa percepção. Alguns pensamentos se agarram a nós mais do que outros e, embora o processo fique mais fácil no decorrer do tempo, ele nunca fica fácil. Gradualmente, o cliente pode começar a aplicar essa prática informalmente ao vivenciar alguma situação desafiadora, procurando perceber os pensamentos conforme surgem, vendo-os como pensamentos e não se prendendo a eles como verdades.

Algumas técnicas de desfusão de TAC também são muito úteis para percebermos pensamentos apenas como pensamentos. Por exemplo, adotamos com nossos clientes a estratégia de rotular nossas experiências internas como experiências internas. Assim, em vez de dizer "Meu parceiro está com raiva de mim" ou "Eu jamais ficarei pronto para essa apresentação", incentivamos os clientes a dizer (para si mesmos) "Estou pensando que o meu parceiro está com raiva de mim" ou "Estou pensando que jamais ficarei pronto para essa apresentação". Essa pequena mudança de construção pode nos ajudar a perceber que pensamentos são apenas pensamentos, e não a determinação de uma coisa como ela é (que é como experienciamos frequentemente). Essa convenção estilística pode, portanto, ajudar o cliente a se descentrar ou desfundir de seus pensamentos. Consideramos isso um miniexercício de *mindfulness*, pois ele realmente chama a atenção para a natureza dos pensamentos, aumentando a percepção.

Cultivar a autocompaixão

Como mencionamos acima, cultivar a compaixão pelas experiências pessoais é um dos aspectos mais desafiadores dessas intervenções. Conversamos sobre isso diretamente com nossos clientes, explicando que podemos ter aprendido a não ter compaixão por nós mesmos (p. ex., nossos pais ou outras pessoas importantes podem ter modelado a ausência de compaixão; aprendemos a associar a compaixão, equivocadamente, a encontrarmos desculpas para tudo ou sermos indolentes e pouco persistentes). Pedimos que o cliente preste atenção aos efeitos de suas respostas não compassivas a si mesmo e os efeitos das respostas alheias não compassivas dirigidas a ele. Também os lembramos da função das emoções e de como todas as experiências internas fazem parte da nossa condição humana, para que possam cultivar a compaixão por essas experiências.

Talvez o modo mais eficiente de cultivar a autocompaixão na terapia seja por meio da resposta compassiva do terapeuta ao relato que o cliente faz de suas experiências. Rogers (1961), há muito tempo, percebeu o impacto terapêutico do interesse empático, e a nossa experiência clínica certamente confirma suas observações. Durante todo o tratamento, nossos clientes compartilham as experiências internas que julgam mais negativamente em si mesmos, e nós respondemos consistentemente a esses relatos conforme os experienciamos: como aspectos naturais da experiência humana. Também comunicamos compaixão e aceitação de suas respostas ao *não* tentar eliminar suas experiências; isso mostra que não as vemos como perigosas ou más, mesmo entendendo que é assim que eles sentem. Nossos clientes, e os de terapeutas que supervisionamos, com frequência dizem que ouvir mentalmente as palavras compassivas do terapeuta é um primeiro passo para cultivar uma resposta compassiva às próprias experiências. Praticar *mindfulness* ajuda o terapeuta a cultivar essa compaixão e sintonia com as experiências emocionais dos clientes (Fulton, 2005) e há exercícios específicos para cultivar a empatia pelo cliente (ver Morgan e Morgan, 2005).

Também reunimos uma série de exercícios de *mindfulness* que usamos com clientes que têm uma dificuldade especial em cultivar a autocompaixão. Williams, Teasdale, Segal e Kabat-Zinn (2007) descrevem um breve exercício de espaço para respirar, destinado a suavizar a reação da pessoa à própria dor e sofrimento, que usamos com algumas adaptações (p. ex., ampliando a ênfase nas sensações corporais de modo a incluir todas as situações internas). O cliente começa se concentrando na respiração e depois passando para o corpo todo. Então lhe pedimos que pense em uma dificuldade atual na sua vida e continuamos conforme segue.

Agora que você está se concentrando em algum pensamento ou situação perturbadora – alguma preocupação ou sentimento intenso – dedique um momento para entrar em sintonia com alguma sensação física que essa dificuldade evoca. Percebendo se você consegue notar e se aproximar de quaisquer sensações que estejam surgindo em seu corpo, tomando consciência dessas sensações físicas, deliberadamente [mas suavemente] dirigindo seu foco de atenção para a região do corpo onde as sensações são mais fortes e abrindo os braços para elas, acolhendo-as. Esse gesto pode incluir respirar nessa parte do corpo, levando o ar para essa região, fazendo o ar sair na expiração, explorando as sensações, observando sua intensidade aumentar e diminuir de um momento para o seguinte.

[...] Vendo se você consegue levar para essa atenção uma atitude ainda mais profunda de compaixão e abertura a quaisquer sensações, [pensamentos ou emoções] que estiver experienciando, por mais desagradáveis que sejam, dizendo a si mesmo de vez em quando: "Tudo bem. Seja o que for, já está aqui. Eu vou me abrir para isso." Então simplesmente mantenha a consciência dessas sensações [internas], respirando com elas, aceitando-as, permitindo-as, deixando que sejam exatamente o que são. Repetindo: "Está aqui agora. Seja o que for, já está aqui. Eu vou me abrir para isso". Serenamente se abrindo para as sensações que percebe, desfazendo-se de qualquer tensão e controle. Lembre-se de que ao dizer "Já está aqui" ou "Tudo bem", você não está julgando a situação original nem dizendo que tudo está bem, mas simplesmente ajudando a sua percepção, neste momento, a continuar aberta às sensações do seu corpo. Se quiser, também pode manter presentes as sensações do corpo, da inspiração e expiração, conforme respira com as sensações momento a momento.

E quando perceber que as sensações corporais já não estão atraindo a sua atenção no mesmo grau, simplesmente volte 100% para a respiração e a mantenha como seu principal objeto de atenção.[8]

Os clientes podem começar a responder mais serenamente a sensações perturbadoras e depois, gradualmente, se abrir também para pensamentos e sentimentos perturbadores. Praticar isso diariamente de maneira formal (p. ex., sempre que acordar com alguma reação perturbadora) ajuda a fortalecer a resposta, e a pessoa pode aplicar isso sempre que tiver alguma experiência angustiante, respirando e se abrindo para a sua experiência em vez de tentar evitá-la ou julgá-la.

Frequentemente adaptamos o exercício de "aceitar-se com fé", da TAC (Hayes, Strosahl e Wilson, 1999), para ajudar o cliente a praticar uma resposta compassiva mais ampla, em oposição ao sentimento esmagador de autocrítica desenvolvido a partir de experiências passadas. Pedimos ao cliente que pense em como repetidamente se analisa e não se acha suficientemente bom. Pedimos que considere uma alternativa – que ser aceitável é uma escolha, um pulo de fé, e não algo a ser constantemente testado e avaliado. Nesse exercício, perguntamos se ele está disposto a dar esse pulo, a se ver como uma pessoa completa, que tem valor, exatamente como é, neste momento e em todos os momentos.

Outros exercícios utilizados nas abordagens baseadas em *mindfulness* se valem da prática budista tradicional (ver Germer, 2005, para uma revisão) para cultivar a compaixão. A prática tibetana de Tonglen, que envolve inspirar (e se abrir para) a nossa dor e sofrimento e os dos outros e expirar alívio (Brach, 2003; Chodron, 2001) pode ser usada para se cultivar uma resposta aberta e não evitante a qualquer ocorrência de dor ou sofrimento. A prática continuada, em todo sofrimento que surgir, ajuda o cliente a desenvolver um senso da sua capacidade de conter a dor e o sofrimento, em vez de precisar rechaçá-los. Podemos usar a meditação de amor-bondade ou *metta* (p. ex., Kabat-Zinn, 1994) para cultivar uma resposta amorosa e bondosa a nós mesmos e depois dirigir esse amor-bondade para outras pessoas. Praticar a compaixão pelos outros pode ser útil no contexto das dificuldades interpessoais do cliente e ajudá-lo a aprender maneiras mais hábeis e eficientes de resolver conflitos.

Juntando tudo: compreender a transitoriedade da experiência e das definições de *self*

Utilizamos com os clientes diversos exercícios que reúnem múltiplos aspectos de *mindfulness* (consciência da respiração, sensações, pensamentos, sentimentos), destacando a transitoriedade global da experiência humana. O exercício do *"self observador"*, da TAC, conduz o cliente, sistematicamente, por meio de todos os aspectos da sua experiência, fazendo-o perceber como nenhuma sensação, sentimento ou pensamento específico é constante ou o define. Esse exercício salienta como algum aspecto de nós existe além das experiências que temos em um dado momento e o chama de *self* observador.

Kabat-Zinn (1994) descreve vários exercícios de meditação que também mostram a natureza transitória da nossa experiência. Geralmente usamos uma versão adaptada do exercício de meditação da montanha, e muitos de nossos clientes o acham extremamente proveitoso para o cultivo dessa perspectiva. Depois de guiar o cliente para que se concentre em si mesmo na sala, em suas sensações e respiração, apresentamos a seguinte meditação:

A Meditação da Montanha

Imagine a montanha mais linda que você conhece ou consegue imaginar, uma montanha cujo formato tem um significado pessoal para você. Concentrando-se na imagem ou no sentimento da montanha em sua mente, percebendo seu formato global, o pico grandioso, a base incrustada na rocha, os lados íngremes ou suavemente inclinados. Percebendo também como ela é maciça, imóvel, e como é linda, vista de longe ou de perto...

Talvez a sua montanha tenha neve no topo e árvores nos declives mais baixos. Talvez tenha um pico proeminente, talvez uma série de picos ou um alto platô. Seja qual for a sua aparência, você está apenas sentando e respirando com a imagem da montanha, observando-a, notando suas qualidades. Quando se sentir pronto, você começa a trazer a montanha para o seu corpo, de modo que o seu corpo sentado aqui e a montanha da sua mente se tornam uma coisa só. A sua cabeça se torna o pico grandioso; seus ombros e braços os lados da montanha; suas nádegas e pernas a sólida base incrustada na sua almofada no chão ou na cadeira. Sentindo em seu corpo a sensação de levantamento, a... elevação da montanha, profundamente, na sua coluna. Convidando-se a se transformar em uma montanha que respira, firme na sua imobilidade, completamente o que você é – além das palavras e pensamentos, uma presença centrada, enraizada, imóvel.

Agora, como você sabe, durante o dia, enquanto o sol viaja pelo céu, a montanha simplesmente fica lá. A luz, a sombra e as cores mudam praticamente de momento a momento na imobilidade inexorável da montanha. Até olhos destreinados conseguem ver as mudanças a cada hora... Conforme a luz muda, conforme a noite se segue ao dia e o dia à noite, a montanha apenas está lá, simplesmente sendo ela mesma. Ela continua imóvel estação após estação e quando o tempo muda, momento a momento, dia a dia. É a calma enfrentando todas as mudanças.

No verão, não há neve na montanha, exceto talvez só no topo ou em penhascos protegidos da luz direta do sol. No outono, a montanha ostenta um manto brilhante cor de fogo; no inverno, um cobertor de neve e gelo. Em qualquer estação, ela pode ser encoberta por nuvens ou nevoeiro, ou bombardeada por chuvas geladas. Os turistas que a visitam podem ficar desapontados por não conseguir enxergar a montanha claramente, mas para a montanha não faz diferença – vista ou não vista, sob o sol ou as nuvens, quentíssima ou gelada, ela apenas está lá, sendo ela mesma. Às vezes visitada por violentas tempestades, açoitada pela neve e pela chuva e por ventos de impensável magnitude, a tudo ela resiste. Vem a primavera, os pássaros cantam nas árvores novamente, as folhas voltam para as árvores que as haviam perdido, as flores desabrocham nas campinas altas e nos declives, os córregos transbordam com as águas da neve derretida. A montanha passa por tudo isso, indiferente ao tempo, ao que acontece na superfície, ao mundo das aparências.

Conforme permanecemos aqui, sentados, com essa imagem na mente, podemos corporificar a mesma tranquilidade e natureza inabalável diante de tudo o que o muda na nossa vida a cada segundo, hora e ano. Na nossa vida e na nossa prática de *mindfulness*, sentimos constantemente a natureza mutável da mente, do corpo e do mundo exterior. Experienciamos períodos de luz e sombra, cores brilhantes e monotonia insípida. Experienciamos tempestades de variada intensidade e violência, no mundo exterior, na nossa vida e na nossa mente. Somos fustigados por ventos fortes, pelo frio e pela chuva, suportamos períodos de escuridão e dor, assim como momentos de alegria e elevação. Até a nossa aparência muda constantemente, exatamente como a da montanha, submetida a um clima e desgaste peculiares.

Ao nos tornarmos a montanha neste exercício, conseguimos nos vincular à sua força e estabilidade e adotá-las como nossas. Podemos usar suas energias para enfrentar cada momento com *mindfulness*, equanimidade e clareza. Isso nos ajuda a ver que os nossos pensamentos e sentimentos, nossas preocupações, nossas tempestades e crises emocionais, até as coisas que acontecem *para* nós são como o tempo [o clima] na montanha. Tendemos a interpretar tudo isso como algo pessoal, mas a sua característica principal é impessoal. O tempo da nossa vida não deve ser ignorado ou negado. Deve ser acolhido, respeitado, sentido, conhecido como realmente é, e percebido muito conscientemente, pois pode nos matar. Ao contê-lo dessa maneira, passamos a conhecer um silêncio, serenidade e sabedoria mais profundos do que imaginávamos possível, bem dentro das tempestades. As montanhas têm isso a nos ensinar, e muito mais, se quisermos escutar.[9]

Kabat-Zinn (1994) também dá instruções para uma meditação em pé e deitado (a meditação da árvore e a meditação do lago) com temas semelhantes, e muitas vezes as usamos com nossos clientes. Essas meditações geralmente permitem que a cliente crie uma imagem nítida, que é capaz de recordar em situações difíceis, e a lembra, em um nível experiencial, da transitoriedade de sua experiência e da sua capacidade de transcender a quaisquer respostas perturbadoras que tenha. Apresentamos essa grande variedade de exercícios porque descobrimos que os clientes respondem a diferentes práticas e a diferentes imagens, e depois conseguem integrá-las melhor à sua vida. Alguns realmente se conectam com o exercício das nuvens e comparam suas respostas emocionais e cognitivas intensas e compelidoras a céus muito carregados, lembrando a si mesmos de que o céu existe por trás das nuvens, mesmo que não consigam vê-lo. Outros evocam a imagem de uma montanha quando estão angustiados, e encontram aquela sensação de serenidade dentro de si mesmos em meio ao tumulto da superfície e são capazes de agir em sua vida, em parte devido a essa sensação de serenidade e transcendência.

Um aspecto dessas práticas que pode ser muito útil clinicamente é que elas ilustram com clareza como a pessoa não é seus pensamentos, reações, sentimentos ou sensações. Os exercícios do *self* observador e da meditação da montanha evocam um senso de observador transcendente dessas experiências, distinto do *self* impulsionado pelo conteúdo com o qual o cliente tão frequentemente se identifica. Esse senso permite à pessoa se desemaranhar das ideias que criou sobre si mesma ao longo da vida, tais como "Eu sou uma pilha de nervos", "Eu sou insegura e incapaz de expressar minhas necessidades" ou "Eu sempre acabo fracassando". Experienciar essas avaliações como pensamentos que vêm e vão, e não são mais constantes do que o tempo ou as estações, pode ajudá-lo a começar a agir de uma maneira que seja inconsistente com essas definições de *self*. Por exemplo, uma cliente pode pensar que não consegue ser assertiva, mas, simultaneamente, comunicar claramente suas necessidades a alguém.[10] A repetida experiência de se separar desses pensamentos e sentimentos anteriormente definidores aumenta a flexibilidade comportamental do cliente e reduz sua motivação para evitá-los (porque pensamentos e sentimentos não definidores são menos ameaçadores que os definidores).

Perceber a sabedoria da experiência e os limites da linguagem

Encontramos na TAC outras estratégias de desfusão. O terapeuta pode explicar ao cliente como a linguagem não consegue capturar a complexidade da experiência. Por exemplo, explicamos como não ensinamos os bebês a caminharem – eles precisam experimentar, assumir riscos, cair e tentar alguma coisa diferente para aprender. Da mesma forma, ler um livro não ensina ninguém a jogar tênis ou dirigir um carro – a linguagem deixa muita coisa de fora e, geralmente, precisamos de uma experiência direta para aprender.

Também incentivamos o terapeuta a adotar certas convenções de linguagem e ajudar o cliente a fazer o mesmo, para aprender a se relacionar de outro modo com as suas experiências internas. Conforme mencionamos acima, os pensamentos, sentimentos, lembranças e sensações são rotulados como tais. E para romper a fusão entre experiências internas e comportamentos, os clientes precisam deixar de usar pensamentos e sentimentos como razões para agir ou não agir. Embora seja socialmente aceitável dizer "Eu queria cumprir o combinado, mas estava deprimida demais para ir" ou "Eu não consegui convidá-la para sair porque estava ansioso demais", essas declarações não são inteiramente exatas. Apesar de soarem como fatos, essas razões para inação e evitação na verdade podem refletir julgamentos e/ou escolhas ocultas ou difíceis de enxergar. A pessoa é fisicamente capaz de comparecer aos compromissos mesmo estando deprimida, ou convidar alguém para sair mesmo se sentindo ansiosa. O nosso raciocínio acontece tão rapidamente e os outros nos levam tão a sério que nem sequer notamos a suposição inerente a esse tipo de raciocínio (isto é, que não podemos fazer alguma coisa se isso vai nos deixar ansiosos). Portanto, perguntamos aos clientes se substituir o "mas" desse tipo de afirmação por "e" não seria uma maneira mais exata de transmitir o relacionamento entre as experiências internas e os comportamentos. Combinando essas duas convenções linguísticas, a pessoa seria incentivada a dizer "Eu queria cumprir o combinado" *e* "Percebi sentimentos de tristeza". Desatar o relacionamento entre nossas palavras e experiências faz com que sejamos guiados de modo mais eficiente pela nossa experiência, em vez de sermos limitados por nossa linguagem.

OBSTÁCULOS AO DESENVOLVIMENTO DE *MINDFULNESS* E ACEITAÇÃO

Mindfulness como uma maneira de evitar a angústia

Geralmente, os clientes acham agradável ou relaxante a prática de *mindfulness* e começam a se empenhar nela para aliviar sua angústia. É importante perceber e discutir esse processo, ao mesmo tempo validando a inevitabilidade da satisfação com essa consequência e esclarecendo os custos de se agarrar a esse resultado. Incentivamos os clientes a estarem atentos a tudo o que surgir na sua prática, a perceberem quando começam a julgar um resultado como mais (ou menos) desejável e a soltarem suavemente esse julgamento, voltando à experiência em si. A pessoa habitualmente percebe que suas respostas à prática variam, o que cria a oportunidade de observar os efeitos de desejar um determinado resultado quando outro ocorre. Essa situação pode ajudar o cliente a ver como o seu desejo de reduzir a angústia pode, de fato, aumentá-la. Ele deve praticar perceber qualquer angústia que surja, observando seu desejo compreensível de que ela desapareça e escolhendo, em vez, reconhecer a sua experiência, talvez "convidá-la" a "sentar ao seu lado", e seguir adiante com sua prática.

Se os clientes experienciam repetidamente a prática de *mindfulness* como agradável, sugerimos que pratiquem em contextos mais perturbadores, a fim de garantir que também tenham experiências, durante o curso da terapia, em que *mindfulness* é difícil ou desafiador, para que isso não seja um obstáculo depois do término. A prática da percepção da emoção fornece uma excelente oportunidade para praticar com respostas perturbadoras, assim como a prática informal da percepção em contextos emocionais desafiadores que surgem na vida. Igualmente, quando os clientes começam a se empenhar em ações valorizadas (conforme descrevemos nos próximos capítulos), eles geralmente descobrem que sua angústia e excitação emocional aumentam, dificultando a prática de *mindfulness*.

Às vezes, o cliente pratica *mindfulness* com uma função de evitação experiencial, enfatizando a concentração mais que a consciência em si. Embora as TCBAs usem inicialmente formulários de *mindfulness* de concentração, para ajudar o cliente a desenvolver a sua capacidade de atenção (tal como se concentrar na respiração), com o passar do tempo ele é incentivado a ampliar a sua atenção e perceber tudo o que surge, em vez de usar um foco concentrativo (como a respiração, uma imagem ou um mantra). Geralmente falamos sobre expandir a percepção para incluir tudo o que surgir ou acrescentar novos conteúdos ao que já está presente; assim, os clientes são capazes de perceber a sua respiração *e* o pensamento ansioso que acabou de surgir, em vez de usar a respiração para evitar o pensamento. A própria experiência do cliente já lhe mostrou a futilidade dessa última tentativa, pois o pensamento ansioso habitualmente acaba voltando, mais tarde ou até no próprio momento de prática. Lembramos o cliente que estamos tentando desenvolver uma maneira de ele realmente viver sua vida, não uma maneira de ele conseguir um breve alívio na vida.

Evitação experiencial

Inversamente, os clientes podem estar evitando há tanto tempo a sua dor e sofrimento, que imediatamente acham tão perturbadoras a prática de *mindfulness* e uma postura de aceitação que começam a evitá-las. Os clientes que, sem perceber, restringiram sua vida significativamente podem ficar entristecidos quando começam a prestar atenção às suas experiências mais abertamente. Podem considerar angustiantes os pensamentos e sentimentos que surgem durante a prática e em seu cotidiano, e procurar razões para evitar a prática e a percepção. O terapeuta deve responder com empatia a essas experiências; se fosse fácil se abrir para as experiências, todos nós faríamos isso naturalmente, e está claro que não fazemos. É humano querer ficar longe da dor e da angústia, mas os clientes podem examinar as suas experiências para ver se essas tentativas de bloquear ou se afastar da dor foram úteis. Gostamos da metáfora do cabo de guerra, da TAC, que ilustra como esse esforço na verdade mantém o sofrimento presente. Pedimos ao cliente que imagine que a sua angústia (tristeza, ansiedade, raiva, dor, etc.) é um monstro e que ele está empenhado num cabo de guerra com esse monstro, com um grande fosso entre ambos. O monstro da angústia está tentando puxá-lo para o fosso, que é um abismo profundo no qual ele não quer cair, de modo que puxa com toda a sua força, usando ambas as mãos e plantando bem os pés no chão. Quanto mais ele puxa, mais o monstro também puxa. Parece que a única coisa que ele pode fazer para evitar cair no abismo é continuar puxando. Mas há uma outra opção – ele pode largar a corda. O monstro ainda estaria lá, mas ele não estaria se aproximando do abismo, e poderia fazer outras coisas com as mãos e os pés em vez de lutar com o monstro. A prática de *mindfulness* pode ser um bom exemplo de "largar a corda". Os clientes geralmente gostam dessa metáfora e se imaginam concretamente largando a corda ao escolher *não* lutar com a dor, nem durante a prática formal nem, extremamente importante, ao viver seu dia a dia. Conforme o cliente começa a praticar "largar a corda", ou aceitar a sua experiência emocional, e descobre que as experiências internas podem não se dissipar, mas também não ficam mais intensas, geralmente fica mais fácil para ele continuar praticando.

Mindfulness requer tempo demais

Descobrimos que pode ser difícil para o cliente perceber o valor da prática de *mindfulness*, especialmente no início do tratamento, de modo que às vezes temos de trabalhar para aumentar a sua motivação. Revisar o nosso modelo de por que a prática de *mindfulness* é benéfica pode ajudar nesses casos. O terapeuta valida as dúvidas sobre a possível utilidade dessa prática, mas pede ao cliente que se comprometa em tentar alguns dos exercícios prescritos e observar para ver se foram benéficos. Por exemplo, poderia acontecer a seguinte conversa:

> CLIENTE: Eu simplesmente não consegui tempo para praticar esta semana. Tive coisas demais para fazer.
>
> TERAPEUTA: Eu sei como é difícil achar um tempo extra. Você poderia me dar um exemplo de um dia desta semana e o que aconteceu quando você tentou praticar?
>
> CLIENTE: Bem, no dia seguinte à sessão pensei em acordar de manhã e fazer a respiração por alguns minutos. Eu levantei e fui para o canto do quarto onde estava planejando fazer a minha prática. Mas, então, comecei a pensar sobre tudo o que precisava fazer naquele dia, e simplesmente não entendi como ficar sentado sem fazer nada iria me ajudar.

TERAPEUTA: Entendo. Então, parte do que aconteceu foi que você achou que praticar não ajudaria, visto que você tinha muitas coisas para fazer. É isso?

CLIENTE: Sim, acho que é. Quero dizer, entendo o que você disse, que fazer isso me ajudaria a ver as minhas emoções de um jeito diferente, mas quando tenho tanto a fazer simplesmente não parece certo tirar esse tempo para esse tipo de coisa. As pessoas contam comigo para fazer coisas para elas.

TERAPEUTA: Eu realmente compreendo essa reação. Também sinto isso quando tento encontrar um tempo para praticar. É tão incrivelmente difícil acreditar que ficar sentado sem fazer nada fará por nós alguma outra coisa além de nos tirar tempo para tudo o que precisamos fazer. E pode parecer egoísmo. Mas, na minha experiência, quando eu me obrigo a tirar um tempinho e faço esses exercícios, descubro que faço o que tenho a fazer de modo mais eficiente e com menos angústia do que quando não os faço, e consigo estar com as pessoas e atender melhor às suas necessidades. Mas é muito difícil acreditar nisso, particularmente no começo. Então, de alguma maneira, estou pedindo que você dê um pulo de fé e simplesmente faça essas práticas, mesmo que pareçam perda de tempo, por umas duas ou três semanas. Se, depois de algumas semanas de prática, você achar que eles não estão ajudando em nada, prometo que tentaremos outras coisas. Mas realmente acho que praticar perceber sua experiência e sua respiração vai lhe ajudar a se sentir menos esmagado pelo restante da sua vida no decorrer do tempo. Você não acha que vale a pena tentar, visto que tem se sentido tão mal?

CLIENTE: Bem, ouvindo você falar assim, acho que vale a pena tentar alguma coisa em vez de não tentar nada.

TERAPEUTA: Ótimo. Agora, como uma ajuda para você começar para valer, que tal tentar praticar por apenas cinco minutos por dia nesta próxima semana?

CLIENTE: Mesmo? Esse tempo é suficiente?

TERAPEUTA: O principal é começar a criar esse novo hábito. E é um hábito difícil de criar. É muito melhor praticar cinco minutos regularmente do que estabelecer objetivos tão grandiosos que a pessoa nunca vai cumprir. Então, vamos facilitar as coisas para que você sinta que vale a pena o sacrifício de começar. Depois, talvez possamos aumentar o tempo se você achar proveitoso.

CLIENTE: Certo, cinco minutos eu sem dúvida posso fazer.

TERAPEUTA: Ótimo. Agora, lembre-se, você provavelmente ainda vai sentir que é uma perda de tempo. E pode sentir isso mesmo depois de praticar. A prática pode ser aborrecida ou provocar ansiedade, ou talvez você se sinta mal e pense "Por que ela me diz para fazer isso?". Você acha que pode continuar tentando mesmo se isso acontecer?

CLIENTE: Sim, posso fazer qualquer coisa durante cinco minutos. Vou me lembrar do que conversamos e vou fazer isso, de qualquer maneira.

Nesse exemplo, a terapeuta usou várias estratégias para ajudar o cliente a fazer esse compromisso inicial. Primeiro, ela validou o sentimento de que a prática de *mindfulness* é uma perda de tempo. Ela compartilhou suas experiências, genuínas, de sentir a mesma coisa. Reconheceu que começar a praticar realmente envolve um pulo de fé. Também tratou da preocupação do cliente de que praticar seria egoísmo, descrevendo como se sentia mais conectada com as pessoas e mais responsiva a elas quando praticava. Isso é algo que os clientes frequentemente percebem sozinhos num momento posterior da terapia, mas é bom sugerir a possibilidade antes que tenham a chance de sentir isso. Finalmente, ela diminuiu o tempo de prática para o cliente senti-la como realizável. Não precisamos, necessariamente, fazer tudo isso numa única conversa, mas são maneiras de trabalhar a impressão do cliente de que essa prática é um mau uso do tempo.

Na nossa experiência, mesmo bem no início, práticas breves de *mindfulness* aumentam a consciência do cliente de quão raramente ele presta atenção ao presente e de como pode estar perdendo coisas em sua vida em resultado disso. Uma discussão detalhada das experiências de prática ajudará a identificar seus possíveis efeitos e motivará o cliente a continuar. Além disso, depois de um tempo, o cliente geralmente sente que a prática de *mindfulness* aprofunda suas experiências de vida, de modo que o compromisso de praticar por algumas semanas normalmente é suficiente para envolvê-lo numa prática de *mindfulness* mais consistente e constante. Quando, mais tarde, ele diminuir um pouco a prática, o que é comum, poderá recorrer às próprias experiências e observações para reconhecer que a prática regular melhora a sua vida.

Dificuldades posteriores de aceitação

Alguns clientes têm dificuldades com a aceitação e *mindfulness* quando os conceitos são apresentados, enquanto outros parecem adotar as ideias imediatamente e só terão dificuldades num momento posterior do tratamento. Por exemplo, um cliente inicialmente se abriu para as suas experiências emocionais, fazia sempre os exercícios de *mindfulness* e manifestava um forte comprometimento com a prática da aceitação na sua vida. No entanto, quando começou a identificar as áreas de vida que mais importavam para ele e a agir em direções valorizadas, o cliente retornou a um estilo emocional mais evitante e começou a questionar o valor de aceitar suas respostas. Alterar os próprios padrões de restrição da vida pode ser perturbador e desorientador, provocando medos e respostas que a pessoa vem evitando há anos. É importante validar a compreensível relutância em aceitar essas reações e o impulso de evitar ou reduzir esse sofrimento de qualquer maneira possível. Convém reiterar o modelo de tratamento, usando exemplos das próprias observações do cliente de momentos prévios da terapia, para ajudá-lo a se reconectar com as experiências que confirmam esse modelo. Essa abordagem pode ajudá-lo a continuar a praticar diante da maior angústia e a ter novas experiências que confirmarão a utilidade disso em sua vida. Frequentemente, dizemos aos clientes que *mindfulness* e a aceitação podem se tornar mais difíceis quando eles começarem a se envolver na própria vida mais completamente, sugerindo que podem sentir maior dor inicialmente, conforme ampliarem sua vida. Mas que devem ver isso como pensamentos e sentimentos temporários e se abrir inteiramente para a experiência (em vez de tentar afastá-la), pois isso vai diminuir a natureza potencialmente perturbadora da angústia.

Notas

1 Conforme Hayes e Shenk (2004) observam, um ponto de confusão na literatura é se o termo *mindfulness* se refere a um processo (tal como a autorregulação da atenção para a experiência imediata, com essa atenção tendo a qualidade de abertura, curiosidade e aceitação; Bishop et al., 2004) ou a práticas, tais como meditação, que evocariam esse processo. Empregamos o termo *mindfulness* em referência ao processo e o termo *práticas baseadas em mindfulness* em referência àquelas práticas tradicionalmente utilizadas para evocar esse processo. Também discutimos

aqui práticas de *mindfulness* não tradicionais que, na nossa opinião, também evocam o mesmo processo.

2 Por exemplo, terapeutas de clientes com doenças mentais graves compartilharam conosco suas observações de que esses clientes precisam de práticas muito breves, devido à dificuldade de manter o foco. Nesse caso, um ou dois minutos de prática de *mindfulness* talvez seja a melhor maneira de dar ao cliente uma experiência de descentramento e desfusão. São aconselhadas práticas mais frequentes e mais breves.

3 Esse tipo de instrução não é típico das estratégias baseadas em *mindfulness* e aceitação. Estamos adaptando instruções de relaxamento (Bernstein et al., 2000) com eficácia demonstrada, especialmente com clientes com TAG, para que eles possam se beneficiar dessa ativação do sistema nervoso parassimpático enquanto prestam atenção às próprias respostas e praticam responder a elas sem julgá-las. Na verdade, é possível que a sua ansiedade aumente ou que eles tenham dificuldade em seguir as instruções; em todos os casos, pedimos que aceitem o que vier, ao mesmo tempo em que alteram suavemente a respiração. Acreditamos que essa instrução de mudança suave ajuda os clientes com níveis elevados de excitação ansiosa ou tensão a atingirem de modo mais completo a consciência da respiração (o que também pode intensificar tanto o julgamento e a sensibilidade à ansiedade que eles sentem dificuldade em agir de acordo com as instruções).

4 De Kabat-Zinn (1990, p. 58). © de Jon Kabat-Zinn. Reimpresso com a permissão da Dell Publishing, uma divisão da Random House, Inc.

5 Existem várias referências excelentes para roteiros de *mindfulness*/meditação que os terapeutas podem usar ou adaptar. Veja a lista de recursos no final deste livro, na qual apresentamos os que se revelaram particularmente úteis no nosso trabalho clínico (e práticas pessoais).

6 De Segal, Williams e Teasdale (2002, p. 174). © da The Guilford Press. Reimpresso com permissão.

7 © 1995 de Coleman Barks. Reimpresso com permissão.

8 De Williams, Teasdale, Segal e Kabat-Zinn (2007, p. 151-152). © 2007 da The Guilford Press. Reimpresso com permissão.

9 De Kabat-Zinn (1994, p. 136-139). © 1994 de Jon Kabat-Zinn. Reimpresso com permissão da Hyperion. Todos os direitos reservados.

10 Nas tradições budistas, essas experiências gradualmente levam à percepção de que todas as definições de *self* são insuficientes, conduzindo à percepção de não *self*. Enquanto transcender definições limitadas de si mesmo se situa na esfera psicológica, as implicações mais amplas de transcender qualquer senso de *self* se situam numa esfera mais espiritual e não fazem parte da nossa abordagem de tratamento. Portanto, encaminhamos os clientes que começam a se questionar sobre isso a fontes e recursos budistas, para que explorem essas questões.

MATERIAL 6.1

O QUE É *MINDFULNESS*?

Neste tratamento, falaremos sobre o papel da *percepção* como um primeiro passo para nos ajudar a fazer mudanças na vida. Em particular, focalizaremos um tipo especial de percepção chamado *mindfulness*. O termo *mindfulness* vem de tradições orientais espirituais e religiosas (como o zen budismo), mas a psicologia começou a reconhecer que, retirada do contexto espiritual e religioso, ela pode ser usada para aumentar o bem-estar físico e emocional. Embora muitas das ideias sugeridas por nós sejam consistentes com filosofias e tradições orientais, não nos concentraremos na parte religiosa ou espiritual de *mindfulness*, e acreditamos que essa abordagem será útil seja qual for a sua preferência religiosa ou espiritual.

Mindfulness é uma percepção não julgadora (ou compassiva), no presente momento, do que está acontecendo dentro de nós e ao nosso redor. Muitas vezes vivemos a nossa vida concentrados em outras coisas, não no que está acontecendo no momento – nos preocupando com o futuro, ruminando sobre o passado, pensando no que virá a seguir e não no que está bem diante de nós. É bom poder fazer uma série de coisas sem prestar atenção nelas. Podemos caminhar sem pensar sobre caminhar, o que permite que conversemos com a pessoa que está caminhando conosco sem ter de pensar "Agora eu preciso levantar este pé". No entanto, essa capacidade de fazer as coisas automaticamente, sem percebê-las, também nos faz perder contato com o que está acontecendo bem diante de nós. Podemos criar hábitos (tais como evitar conflitos) que nem percebemos e que talvez não estejam de acordo com nossos objetivos maiores.

Mas, às vezes, prestamos muita atenção ao que estamos pensando e sentindo, e criticamos muito os nossos pensamentos e sentimentos. Então, podemos tentar modificá-los ou nos distrair deles, porque a percepção julgadora, condenatória, pode ser muito dolorosa. Por exemplo, ao conversar com alguém que acabamos de conhecer, podemos perceber que a nossa voz falha, ou que não estamos falando claramente, e pensar: "Eu sou mesmo um idiota! O que há de errado comigo? Se eu não me acalmar, essa pessoa jamais gostará de mim!".

Ter *mindfulness* se situa entre esses dois extremos. Prestamos atenção ao que está acontecendo dentro de nós e ao nosso redor, reconhecemos os eventos e experiências como realmente são, e deixamos que as coisas que não podemos controlar sejam como são, enquanto concentramos a nossa atenção no que estamos fazendo. Por exemplo, ao conversar com alguém que acabamos de conhecer, podemos perceber essas mesmas mudanças na nossa voz, mas paramos um momento para refletir: "É assim que é agora. Lá vêm meus pensamentos de novo" e, suavemente, levamos a nossa atenção de volta para a pessoa e a nossa conversa. Essa segunda parte de *mindfulness* – soltar a necessidade de julgar criticamente e modificar a nossa experiência interna – é particularmente complicada. De fato, para ter *mindfulness*, muitas vezes precisamos praticar não condenar a nossa tendência de julgar!

Acreditamos que ter *mindfulness* é uma experiência pessoal capaz de trazer flexibilidade à nossa vida, e trabalharemos juntos para encontrar a melhor maneira de fazer isso.
Aqui estão alguns pontos sobre *mindfulness*:

- *Mindfulness é um processo.* Não *atingimos* um estado final e total de *mindfulness*. É uma maneira de estar em um momento que vem e vai. *Mindfulness* é perder o nosso foco 100 vezes e voltar a ele 101 vezes.

(continua)

MATERIAL 6.1 *(continuação)*

- *Mindfulness é um hábito.* Exatamente como aprendemos a seguir no piloto automático ao praticar determinada coisa muitas vezes, podemos aprender *mindfulness* pela prática. Quanto mais praticarmos, mais fácil será ter momentos de *mindfulness*.
- *As atividades de mindfulness têm muitas formas diferentes.* As pessoas realizam práticas formais de *mindfulness* como meditação, ioga e *tai chi*. Essas práticas podem levar horas ou até dias. As pessoas também podem ter *mindfulness* por um momento – prestar atenção à sua respiração em qualquer momento do dia e perceber a sua experiência. Todas as formas de prática de *mindfulness* são benéficas. No tratamento, vamos nos concentrar principalmente numa prática diária mais breve, mas talvez você queira buscar outros modos mais formais de prática de *mindfulness* fora da terapia ou depois que a terapia acabar.
- *A mindfulness nos traz mais completamente para a nossa vida.* Às vezes, especialmente no início do tratamento, praticaremos *mindfulness* de uma maneira que pode parecer muito relaxante e distante dos estressores da nossa vida cotidiana, mas o objetivo fundamental é usar *mindfulness* para nos manter por inteiro na nossa vida e aumentar a nossa satisfação global e bem-estar. *Mindfulness* permite que façamos uma pausa e nos aprontemos para alguma coisa (p. ex., concentramo-nos na nossa respiração *antes* de atender o telefone) e nos permite viver mais completamente as coisas (p. ex., estarmos presentes e concentrados no momento, quando estamos interagindo com alguém, em vez de ficarmos imaginando o que essa pessoa está pensando ou nos preocupando com o que virá a seguir).

MATERIAL 6.2

HABILIDADES DE *MINDFULNESS*

Esses aspectos de *mindfulness* exigem prática e aperfeiçoamento. Todos nós podemos continuar prestando atenção a esses elementos e desenvolvê-los melhor ao longo da nossa vida. Tenha-os em mente ao aperfeiçoar a sua prática e observe como eles surgem, desaparecem e voltam.

Percepção

- Aprender a focar a nossa atenção, em vez de dirigi-la para vários lugares ao mesmo tempo.
- Perceber pensamentos, emoções e sensações corporais, assim como imagens, sons, cheiros e gostos.

Observação não julgadora

- Desenvolver um senso de compaixão em relação à própria experiência interna.
- Perceber os julgamentos constantes que fazemos sobre as nossas experiências.
- Recuar e perceber as experiências sem rotulá-las como "boas" ou "más".

Permanecer no momento

- Observar o aqui e agora, em vez de focar o passado e o futuro.
- Praticar a paciência no momento presente, em vez de se apressar para o que quer que esteja por vir.
- Participar das experiências conforme elas acontecem.

Mente de principiante

- Observar as coisas como realmente são, em vez de deixar que o que "sabemos" ser verdade obscureça a nossa experiência.
- Abrir-se para novas possibilidades.

> **MATERIAL 6.3**

PRATICANDO *MINDFULNESS*

As habilidades de *mindfulness* podem ser praticadas formalmente, durante uma meditação programada, e informalmente, durante as suas atividades cotidianas. A seguir há uma lista de atividades que podem ser praticadas com *mindfulness*. Ao realizar essas atividades, pratique as habilidades de *mindfulness* aprendidas na sessão.

- Perceba eventos internos e externos, tentando concentrar sua atenção nas coisas que estão acontecendo ao seu redor e nos pensamentos, sentimentos, sensações e imagens que vêm. Perceba se a sua atenção se desvia.
- Pratique a paciência com o momento presente, permanecendo no momento e percebendo o impulso de se apressar para o que vem a seguir.
- Tente perceber julgamentos sobre a sua experiência e você mesmo. Tente ser compassivo na percepção da sua experiência interna, praticando ter pensamentos e sentimentos sem rotulá-los como "bons" ou "maus".
- Perceba o impulso de julgar as coisas com base na sua experiência passada. Tente trazer à experiência a mente de principiante, observando as coisas como são e não como você pensa que elas serão.
- Perceba o impulso de se agarrar a certos sentimentos (como felicidade, relaxamento) e o impulso de se livrar de outros (como tristeza, ansiedade). Pratique largar essa luta, simplesmente permitindo que os pensamentos e sentimentos venham e vão como desejarem.

Você pode praticar *mindfulness* enquanto faz praticamente qualquer coisa. Aqui estão algumas sugestões de atividades a serem realizadas com *mindfulness*:

Comer	Dirigir
Respirar	Cozinhar
Ficar sentado	Ouvir música
Caminhar	Examinar um objeto
Lavar louça	Abraçar alguém
Tomar banho	Trabalhar
Falar ao telefone	Ouvir um amigo

FORMULÁRIO 6.1

PRÁTICA DE *MINDFULNESS*

Por favor, preencha uma linha desta folha de monitoramento no final do dia.

Esta semana, por favor, pratique o seguinte exercício de monitoramento:

Gostaríamos que você observasse a frequência com que pratica *mindfulness*. Estamos interessados tanto em atividades *formais* que podem ser usadas para promover *mindfulness* (como ioga, meditação, etc.), quanto em qualquer outra atividade que você realizar com *mindfulness* (*informal*). Por exemplo, embora normalmente não se faça isso desta maneira, é possível lavar a louça com *mindfulness*, prestando uma atenção completa à experiência (p. ex., a sensação da água quente, o cheiro do detergente, etc.). Outras atividades *informais* que você pode realizar com *mindfulness* incluem respirar, brincar com seus filhos ou dirigir seu carro. Então, no final do dia, por favor, anote nas colunas quantas vezes você fez cada atividade. Você não precisa escrever o tipo de atividade. Se perceber algo relacionado à sua prática de *mindfulness* que gostaria de lembrar, anote esses pensamentos na seção de comentários.

Data	Atividade designada	Atividades formais de *mindfulness*	Atividades informais de *mindfulness*	Comentários

7

Preparando o Terreno para a Mudança Comportamental

O principal objetivo da TCBA é expandir o repertório comportamental do cliente, para melhorar a qualidade e o significado de sua vida. Os clientes, com frequência, desenvolvem repertórios comportamentais restritos, numa tentativa de limitar sua exposição a situações e atividades que eliciam eventos internos dolorosos e negativamente avaliados. Além disso, já que somos capazes de *imaginar* futuros eventos potencialmente ameaçadores ou dolorosos, também podemos criar uma maneira defensiva e ineficaz de responder ao que *poderia* acontecer, o que em geral atrapalha a nossa resposta ao que *realmente está acontecendo*. A TCBA procura tirar o cliente de um lugar onde a ação é ditada por aquilo que ele deve ou não deve fazer para evitar estresse/ansiedade e levá-lo para um lugar de escolhas e ações valorizadas. Ela incentiva a pessoa a experimentar e praticar repetidamente novas respostas, tais como comportamentos de aproximação e a realização de atividades, conforme elas se desdobram, com *mindfulness*. Praticar novas respostas abre a possibilidade de escolhas comportamentais e permite à pessoa ser mais flexível e escolher dentre uma variedade de possíveis opções.

Melhorar a qualidade de vida do cliente é um objetivo universal, compartilhado por todas as orientações teóricas de psicoterapia, mas isso muitas vezes é considerado secundário a outros objetivos, tais como *insight* ou redução de sintomas. Nas abordagens tradicionais de TCC, a mudança comportamental geralmente é o marcador mais notável da redução dos sintomas. Por exemplo, o sucesso relativo de um tratamento para TDM seria parcialmente indicado pela extensão em que o cliente participa de eventos agradáveis em seu dia a dia. Um resultado positivo da terapia de exposição para transtornos de ansiedade inclui o envolvimento regular em situações previamente temidas ou evitadas. Finalmente, a terapia do comportamento via de regra tem como foco o desenvolvimento e emprego de alguma habilidade previamente ausente. Em contraste, embora as abordagens comportamentais baseadas na aceitação sejam associadas à redução dos sintomas e ao desenvolvimento de novas habilidades, o objetivo global de viver uma vida valorizada constitui um foco explícito da terapia.

Neste capítulo, apresentamos uma visão geral ampla do conceito de valorização, um componente da TAC que pode ser incrivelmente poderoso para provocar mudanças comportamentais significativas (Hayes, Strosahl e Wilson, 1999; Wilson e Murrell, 2004). Na terapia, achamos importante que o cliente se envolva experiencialmente com seus valores antes de defini-los, de modo que começamos por uma avaliação e uma série de tarefas de casa escritas relacionadas a valores (descritas mais adiante neste capítulo), antes de discutir na sessão as características dos valores. No presente capítulo, todavia, primeiro definimos essas características (usando exemplos de como apresentamos o material aos clientes) para permitir que o leitor compreenda melhor o construto. A seguir, descrevemos o nosso processo de avaliação e apresentamos uma progressão de métodos clínicos que podem ser usados para incentivar o cliente a definir seus valores, reconectar-se com eles e identificar obstáculos à sua capacidade de se empenhar consistentemente em comportamentos valorizados. Por todo o capítulo, também discutimos alguns obstáculos frequentes à mudança comportamental e oferecemos sugestões com relação a isso. O trabalho descrito neste capítulo prepara o terreno para o restante da terapia, em que técnicas de aceitação e *mindfulness* são integradas à busca de comprometimento com os valores, com o objetivo de influenciar significativamente o comportamento e a qualidade de vida do cliente.

UMA INTRODUÇÃO AO CONCEITO DE VALORES

Valores são "qualidades de ação escolhidas que podem ser insinuadas no comportamento, mas não possuídas como um objeto" (Hayes, 2004, p. 22) e refletem o que o cliente quer que a sua vida represente. Por exemplo, a pessoa pode valorizar a criação e manutenção de relacionamentos íntimos, a realização de um trabalho desafiador e gratificante, e a adoção de um estilo de vida saudável. Ações valorizadas são atividades específicas que o cliente realiza (ou evita), que são consistentes com seus valores pessoais, tais como convidar um amigo para almoçar, coordenar um novo projeto no trabalho ou participar de aulas de ioga.

Considerando-se os vários usos da palavra "valores", é importante esclarecer que empregamos o termo em referência ao que é pessoalmente importante para o cliente, sem nenhuma conotação moral ou religiosa. Utilizamos alguns métodos psicoeducacionais, exercícios experienciais e tarefas entre as sessões para ajudar a pessoa a se conectar com o conceito de valores e trazer valores para a sua vida. Em nosso trabalho clínico, tentamos, especificamente, comunicar várias características centrais dos valores.

Valores *versus* objetivos

Os valores se distinguem, de várias maneiras, do conceito de objetivos mais tradicional da TCC. Embora os objetivos possam ser bastante úteis para dirigir o comportamento, eles também apresentam certas características que limitam sua utilidade na promoção de um estilo de vida saudável e gratificante. Por exemplo, os objetivos focalizam o futuro e consideram, inerentemente, o que a *pessoa deveria ser*, mais do que aquilo que ela é no momento. Embora essas propriedades possam tornar motivadores os objetivos, também podem gerar sentimentos de descontentamento e desesperança, e promover a não aceitação do momento presente. Em contraste, os valores se centram no momento e incentivam a participação e o empenho em atividades valorizadas.

A valorização é conceitualizada como um processo ou uma direção (p. ex., cuidar da própria saúde e bem-estar), ao passo que o objetivo é um ponto final ou resultado (p. ex., perder cinco quilos). É possível conquistar ou atingir um determinado objetivo, mas os valores jamais são totalmente satisfeitos ou permanentemente obtidos. Apesar de suas diferentes funções, os objetivos e os valores se inter-relacionam: podemos pensar nos valores como a cola entre os objetivos. Por exemplo, podemos ter o objetivo de sair com alguém em um encontro, o que pode ser impulsionado por um valor importante de desenvolver, nutrir e manter relacionamentos íntimos. Enquanto o objetivo pode ser atingido, a valorização é um processo constante que dirige o comportamento antes que o relacionamento seja iniciado e continua a informar e aperfeiçoar um relacionamento mais íntimo e profundo conforme ele evolui.

Em nosso trabalho clínico, pedimos ao cliente que considere e discuta suas experiências positivas e negativas com objetivos. Ele geralmente consegue perceber momentos em que seus objetivos mantiveram seu comportamento nos trilhos e outros em que os objetivos foram associados à procrastinação e desapontamento. Frequentemente utilizamos o Material 7.1 (p. 178) para resumir muitos dos pontos descritos acima. Também utilizamos a seguinte metáfora, adaptada da TAC, para distinguir esses dois construtos (Hayes, Strosahl e Wilson, 1999):

> Suponha que você gosta muito de esquiar e planeja uma viagem há semanas. Finalmente chega o dia da viagem; você compra o ingresso para o teleférico, espera na fila e chega ao topo do monte. Quando está prestes a dar a largada, um homem se aproxima e lhe pergunta sobre o seu objetivo: "Aonde você está tentando chegar?" Quando você responde "à base do monte", ele insiste que pode lhe ajudar a atingir esse objetivo e prontamente a empurra para um helicóptero, a leva até a base do morro e desaparece. Imagine como você se sentiria. Embora o objetivo de esquiar seja chegar à base do morro, a parte divertida está no processo. Ter o objetivo de chegar à base é importante porque lhe permite se engajar no processo, mas o valor de esquiar está em deslizar velozmente morro abaixo.
>
> E agora vamos imaginar a situação de se apaixonar. Imagine que o seu objetivo é se comprometer com um parceiro de vida. Você vai a uma festa e atrai o olhar de um homem atraente e interessante. Magicamente, a sua vida avança velozmente por meio do processo e retoma a velocidade normal no momento em que você atinge seu objetivo. Quando se dá conta, está indo embora da festa com esse homem, que é agora o seu companheiro de vida. Você conseguiu pular os momentos embaraçosos, a primeira briga e conhecer a família dele, mas também pulou a antecipação do primeiro beijo, a emoção intensa que acompanha o sentimento de verdadeira conexão, e a experiência de declarar o seu amor diante dos amigos e da família durante uma cerimônia de casamento ou comprometimento.

Pense se essa caracterização está de acordo com a sua experiência. Os objetivos são úteis porque nos mantêm voltados para direções valorizadas, mas talvez precisemos encará-los de modo menos sério, para que continue claro o que realmente importa na vida.

Um exemplo clínico pode ajudar a ilustrar algumas das sutis distinções entre valores e objetivos. Amy, uma jovem cliente diagnosticada com TEPT relacionado a um ataque sexual, chegou à terapia com o objetivo declarado de encontrar um parceiro de vida. Ela tinha muito medo dos pensamentos, lembranças e emoções relacionadas ao ataque, e evitava a maioria das interações interpessoais por medo de que eliciassem essas experiências indesejadas. Embora o seu objetivo de ter um relacionamento íntimo parecesse ser benéfico para o tratamento, no decorrer do tempo ficou mais claro que isso não estava tendo nenhuma função motivacional. Amy estava muito isolada e passava muito tempo imaginando como a sua vida seria maravilhosa se ela tivesse tido a sorte de encontrar o parceiro certo. Ela, regularmente, comparava o seu *self* atual com seu futuro *self* idealizado, e mantinha uma lista mental do que precisava "consertar" em si mesma antes de buscar seu objetivo (p. ex., ela precisava parar de ruminar sobre o abuso sexual, precisava ser mais feliz e menos deprimida, precisava se sentir inteira).

Utilizando vários dos métodos discutidos neste capítulo, trabalhamos com Amy os seus valores. Exploramos o valor de "ter contatos íntimos com as pessoas" que informava seu objetivo de relacionamento e a incentivamos a realizar algumas ações consistentes com esse valor (p. ex., fazer contato visual, conversar com as pessoas ouvindo-as com *mindfulness*, revelar seus pensamentos e sentimentos) em seus atuais relacionamentos (com a terapeuta, seus médicos, as outras mulheres de seu grupo de terapia, e as mulheres com as quais morava em seu programa de residência), mesmo que ainda experienciasse ruminações, sentimentos de tristeza e pensamentos de inadequação. Ao longo do tempo, Amy começou a fazer mais amizades e, depois, a namorar. Seu objetivo foi atingido, mas, mais importante, a qualidade global de sua vida melhorou quando ela começou a agir de acordo com seu valor e a se relacionar com as pessoas em seu dia a dia.

Valorização como um comportamento

A maioria das abordagens terapêuticas baseadas na aceitação enfatiza a importância de se ver o comportamento como independente de eventos internos como pensamentos ou sentimentos. Por exemplo, as habilidades de regulação da emoção na TDC descrevem o engajamento em "ações opostas", nas quais a pessoa age intencionalmente de uma maneira oposta à tendência de ação de uma determinada emoção. Assim, o cliente que está sentindo tristeza e o impulso de se isolar procuraria se relacionar com as pessoas para separar o seu comportamento do seu estado emocional. Da mesma forma, as abordagens cognitivo-comportamentais tradicionais como a terapia de exposição (em que o cliente precisa tolerar o impulso de escapar e evitar, permanecendo em situações que despertam medo) e a programação de eventos agradáveis (em que o cliente é estimulado a experimentar atividades que antigamente considerava agradáveis, independentemente do que está sentindo no momento) incentivam a pessoa a agir de maneira contrária às suas experiências internas.

A valorização, em si, é definida como uma ação ou comportamento que é diferente de um estado de sentimento ou de uma crença. É esperado que os clientes com frequência tenham pensamentos e sentimentos que são inconsistentes com seus valores declarados. O problema acontece quando a pessoa interpreta essa inconsistência como significando uma falha nela ou como um sinal de que o comportamento ou o valor precisa ser modificado. Tomemos o exemplo de Sarah, que valoriza atividades pessoalmente desafiadoras que promovem saúde e bem-estar. Se Sarah decidisse fazer um teste para participar de uma equipe de natação competitiva, esperaríamos que ela tivesse alguns sentimentos de medo e incerteza, que a encorajaríamos a levar consigo ao se dedicar a essa nova atividade consistente com seus valores. A valorização de Sarah se traduziria em um comportamento. Mas se Sarah lutasse com a inconsistência entre seus valores e seu estado interno, se ela interpretasse seus sentimentos como um sinal de que nadar é perigoso (e, portanto, não consistente com os valores), se ela concluísse que era uma falha fundamental nela ter esses pensamentos e sentimentos e acabasse decidindo não competir, essa resposta seria considerada uma resposta que interfere na vida.

Quando trabalhamos de uma perspectiva comportamental baseada na aceitação, é importante normalizar a incompatibilidade entre as experiências internas e as ações valorizadas. Na terapia, damos vários exemplos de como as pessoas muitas vezes se comportam de acordo com seus valores e, ao mesmo tempo, têm pensamentos e sentimentos que não estão de acordo com eles. Por exemplo, a maioria das pessoas que se exercitam fisicamente entende bem o exemplo de alguém que decide ir à academia mesmo tendo pensamentos e sentimentos que são inconsistentes com essa ação (p.

ex., "Eu preferiria ficar em casa assistindo à televisão. Não estou com vontade de malhar."). Da mesma forma, muitos clientes tiveram a experiência de ir ao médico ou ao dentista mesmo tendo pensamentos ou sentimentos inconsistentes com esse comportamento ("Eu não queria estar aqui. Isso é muito desagradável."). Os relacionamentos são um exemplo muito claro da associação entre comportamentos e estados internos. Nossos sentimentos em relação a um amigo muito valorizado podem oscilar de acordo com o momento ou o dia, mas, para que um relacionamento duradouro resista a essas flutuações, precisamos nos comportar consistentemente como amigos.

Valendo-se das habilidades de *mindfulness* e desfusão adquiridas na terapia, o cliente vai observar desconexões entre as experiências internas de cada momento e os valores pessoais mais duradouros. Mesmo que no passado ele tenha tido o hábito de se comportar de acordo com o seu humor, pedimos que experimente usar seus valores como uma bússola para dirigir seu comportamento.

Valores são escolhas

Dado o amplo repertório de comportamentos disponíveis para a maioria dos indivíduos, os valores são úteis para orientar escolhas (Hayes, Strosahl e Wilson, 1999). Na TCBA, a própria valorização é uma escolha extremamente pessoal, que não pode ser avaliada ou julgada. Podemos escolher livremente um determinado valor, sem precisar defendê-lo ou explicar sua adoção por meio de uma argumentação ou justificativa racional.

Essa característica da TCBA difere de algumas abordagens de solução de problemas utilizadas na TCC tradicional. Em algumas formas de TCC, o cliente é incentivado a fazer uma lista de prós e contras, numa tentativa de chegar racionalmente à resposta "certa" de um problema ou à decisão "certa" com base em uma oportunidade. Por mais que concordemos que há alguns benefícios em se reconhecer e processar completamente nossas possíveis escolhas, acreditamos que esse método pode paralisar uma pessoa que teme tomar as decisões erradas. Além disso, se temos um valor muito importante para nós, podemos decidir agir de acordo com esse valor, apesar das razões lógicas para não agirmos assim. Realmente é bom considerar todas as possíveis opções, mas a escolha final é exatamente isso: uma escolha.

Por exemplo, podemos enumerar várias razões lógicas para não tentar engravidar quando estamos nos candidatando a uma vaga de professora universitária (p. ex., ter um bebê pode interferir na nossa produtividade de pesquisa; os entrevistadores talvez não levem a sério uma mulher grávida ou podem se preocupar com a sua dedicação ao departamento) e, apesar disso, decidir engravidar se isso for consistente com nossos valores mais profundos. Podemos, facilmente, fazer uma lista de razões para permanecer em um relacionamento abusivo (p. ex., eu não tenho para onde ir; não me sustento sozinha; meus filhos vão crescer sem pai; tenho medo de jamais encontrar outra pessoa que me ame) e, mesmo assim, escolher a separação.

Na nossa prática, utilizamos vários exercícios da TAC para ajudar os clientes a considerar a opção de escolher. Começando com uma preferência bastante banal (Coca-Cola *versus* Pepsi ou chocolate *versus* creme), pedimos ao cliente que defenda a sua escolha de valorizar uma das opções mais que a outra. Embora as primeiras perguntas geralmente sejam respondidas rapidamente (Porque eu gosto do sabor), logo fica difícil dar uma resposta lógica às perguntas de seguimento (Por que você gosta do sabor? Por que você prefere um sabor menos cremoso?), e o cliente muitas vezes acaba respondendo "porque sim" ou "por nenhuma razão especial". Juntos, exploramos a possibilidade de uma explicação razoável em defesa de todos os nossos valores ser "simplesmente porque é isso que escolhi".

Relação entre valores e emoções

Frequentemente, discutimos com os clientes a complexa relação entre as nossas emoções e os nossos valores. A dor emocional (como tristeza ou raiva) pode ser um sinal de que não estamos vivendo de acordo com nossos valores. Por exemplo, Patricia buscou tratamento por um TDM crônico. Ela se desprezava profundamente e se via como psicológica e biologicamente defeituosa por causa do TDM. Utilizando muitas das estratégias de *mindfulness* e desfusão discutidas nos Capítulos 5 e 6, nós a incentivamos a se despir da sua experiência de TDM e a observar suas emoções e pensamentos como eventos transitórios. Por meio desse método de automonitoramento, ela começou a perceber que seus sentimentos de tristeza e aborrecimento eram muito mais prevalentes quando estava no trabalho. Sua resposta típica tinha sido a de julgar e evitar essas experiências internas, distraindo-se ou faltando ao trabalho alegando doença; todavia, conforme se dispôs mais a percebê-los e reconhecê-los, deu-se conta de que não estava envolvida em atividades profissionais consistentes com seus valores. Patricia conseguiu perceber a função comunicativa de seus sentimentos de tristeza, e fez algumas mudanças comportamentais (p. ex., se dispôs a se envolver mais com os colegas de trabalho, tratou diretamente de questões conflitantes com seu chefe e colegas, apresentou-se como voluntária para um novo projeto) que lhe abriram oportunidades de experienciar uma gama mais completa de emoções.

Outra maneira de relacionar emoções e valores é examinar com os clientes como as tentativas de evitar a dor emocional geralmente impedem a pessoa de viver uma vida completa, engajada, vital. Validamos muitos dos paradoxos inerentes à condição humana. Para experienciar amor e conexão, precisamos nos abrir para possíveis perdas e rejeições. Para assumir riscos e atingir nosso potencial máximo, precisamos estar dispostos a sentir medo e incerteza. Para determinar se alguém é confiável, precisamos expor a nossa vulnerabilidade e observar como essa pessoa responde. Em outras palavras, não temos como atingir a plenitude e a vitalidade sem aceitar a dor e a perda.

Muitas vezes, os clientes nos dizem que optaram por viver sem amor, riscos e confiança. Eles estão dispostos a abrir mão dos pontos altos da vida se puderem evitar os baixos. Por exemplo, uma de nossas clientes, diagnosticada com TEPT crônico relacionado a um trauma interpessoal, compreensivelmente escolheu não buscar relacionamentos, na esperança de evitar outras dores emocionais. Da sua perspectiva, os relacionamentos passados tinham trazido tristeza e raiva, e a simples ideia de buscar novos provocava medo e pavor. Portanto, evitá-los parecia fazer sentido, pois isso a protegeria de novas dores emocionais. Utilizando habilidades de *mindfulness* e aceitação, essa cliente começou a perceber que, embora evitar interações com as pessoas diminuísse a probabilidade de a dor aumentar, ele sentia uma dor emocional mais crônica, associada a sentimentos de solidão e vazio, que com frequência acompanha uma vida desconectada de ações valorizadas. Quando reconheceu que suas tentativas de evitar a dor não estavam funcionando, ficou mais disposta a explorar ações alternativas.

A valorização já está em processo

Um pressuposto nuclear das abordagens baseadas na aceitação é que todo cliente é, fundamental e incondicionalmente, uma pessoa completa (Styron, 2005), motivada a melhorar (Linehan, 1993a) e possuidora de tudo o que é necessário para definir e adotar uma direção de vida valorizada (Hayes, Strosahl e Wilson, 1999). Nenhum cliente está danificado, prejudicado ou psicologicamente ferido demais para adotar uma vida significativa, e ninguém precisa ser "consertado" para poder participar da própria vida.

Entretanto, quando introduzimos o conceito de valorização, alguns clientes sentem que ainda não estão prontos para escolher seus valores ou agir de acordo com eles. A pessoa pode estar incerta do que valoriza, sentir-se imobilizada e empacada ou acreditar que precisa mudar internamente, de alguma maneira, antes de poder buscar ações valorizadas. Apesar disso, ela já está valorizando, como comportamento, mesmo que não perceba ou esteja insensível a isso (Hayes, Strosahl e Wilson, 1999). Nós, constantemente, fazemos escolhas sobre como nos comportar em cada momento. No início do tratamento, essas escolhas muitas vezes são influenciadas pelo desejo de evitar pensamentos e sentimentos dolorosos, e não por direções valorizadas. Um objetivo inicial da TCBA é tornar o cliente consciente dos próprios valores, examinar a relação entre esses valores e as escolhas comportamentais, observar as consequências do atual comportamento e explorar a sua disposição a realizar outros comportamentos valorizados.

AVALIAÇÃO INICIAL DE VALORES

Conforme descrevemos no Capítulo 4, quando estamos preparando o terreno para o tratamento, conversamos sobre um objetivo central do tratamento: aumentar os comportamentos em esferas valorizadas. Na nossa experiência, é extremamente importante discutir cuidadosamente esse possível objetivo, pois a maioria dos clientes busca tratamento com o objetivo principal (e às vezes único) de diminuir a frequência e intensidade de emoções negativamente avaliadas, como tristeza, medo e raiva. Muitos clientes não percebem as mudanças sutis que fizeram em seu comportamento e que os afastaram de direções que valorizam. Outros podem estar dolorosamente conscientes da falta de uma direção valorizada em sua vida, mas acreditam que precisam mudar radicalmente, internamente, para serem capazes de mudar seu comportamento. Algumas estratégias clínicas ajudam o cliente a compreender com mais clareza a relação entre seus valores e seu atual comportamento.

O Valued Living Questionnaire

Em nossa prática clínica, começamos a exploração dos valores durante a fase de avaliação, examinando como os sintomas psicológicos, tais como ansiedade, depressão e abuso de substâncias, estão interferindo na vida do cliente. Conforme discutimos no Capítulo 2, como parte dessa avaliação inicial administramos o Valued Living Questionnaire (VLQ; Wilson e Groom, 2002), uma medida com duas partes que avalia a importância de 10 esferas valorizadas da vida, incluindo (1) família, (2) casamento/relacionamento de casal/íntimo, (3) parentagem, (4) amizades, (5) trabalho, (6) instrução, (7) recreação, (8) espiritualidade, (9) cidadania e (10) autocuidado físico. Primeiro o cliente avalia, numa escala de 1 a 10, a importância atual de cada esfera; depois, quão consistentemente ele viveu de acordo com esses valores na última semana, também numa escala de 1 a 10.

Focalizar esferas-chave

Terapeuta e cliente devem fazer algumas escolhas em termos de focalizar esferas-chave valorizadas na terapia. Uma abordagem seria usar o VLQ para selecionar as esferas a serem focalizadas, tal como escolher aquelas avaliadas como muito importantes e pouco consistentes. Alternativamente, podemos pedir ao cliente que examine as 10 e identifique aquelas em que quer se concentrar na terapia. Um possível obstáculo nessa abordagem é que os clientes extremamente evitantes podem escolher as menos ameaçadoras, mas talvez menos significativas para eles. Por exemplo, um cliente com TAG se angustiava muito com suas escolhas profissionais. Ele queria buscar um posto administrativo, mas seus medos interpessoais significativos o impediam. Ele também relatou, relutantemente, sérias preocupações em seu relacionamento com a esposa. Sua inconsistência em buscar comportamentos valorizados nessas duas esferas o angustiava muito, mas ele optou por se concentrar, na nossa terapia de tempo limitado, em melhorar a sua forma física. Depois de trabalharmos por algumas sessões nessa área, ele percebeu que as coisas estavam piorando ainda mais por ele evitar trabalhar nas áreas da sua vida mais necessitadas de atenção. Ele reconheceu o papel que a evitação estava desempenhando em sua escolha de valores e decidiu mudar esse curso.

Por um lado, de acordo com uma perspectiva de TAC (Hayes, Strosahl e Wilson, 1999), acreditamos absolutamente em "respeitar radicalmente" as escolhas dos clientes com relação aos seus valores pessoais. Por outro, acreditamos que cabe ao terapeuta sugerir que a evitação pode ser um fator na escolha de uma esfera para mudança comportamental. Infelizmente, às vezes se leva tempo para determinar que a evitação está orientando os valores, o que preocupa particularmente se a terapia tem um tempo limitado.

Outra forma possível de trabalhar os valores é criar uma hierarquia semelhante à usada na TCC tradicional. Por exemplo, com o cliente mencionado acima, poderíamos escolher trabalhar no início do tratamento os valores relacionados à saúde e passar para esferas mais desafiadoras num momento posterior da terapia. Embora essa abordagem gradual seja útil, sempre temos de considerar as limitações de tempo na terapia.

Na nossa prática clínica, agrupamos as 10 áreas descritas na TAC em três áreas principais: relacionamentos interpessoais, trabalho/escola/comunidade e cuidados pessoais e envolvimento na comunidade. Além disso, em vez de pedir ao cliente que escolha uma ou duas áreas como o foco da terapia, todas as primeiras tarefas envolvem uma consideração dessas três áreas. Certamente damos atenção às avaliações iniciais de importância e consistência em cada esfera valorizada, mas descobrimos que elas mudam conforme o cliente fica mais consciente de seus valores, padrões de evitação e relutância. Por exemplo, um cliente, no começo da terapia, indicou que estava vivendo consistentemente com seus valores de relacionamento. Entretanto, quando aumentou sua prática de *mindfulness*, percebeu que, embora passasse um tempo significativo com os amigos, lançava mão de algumas estratégias sutis, como fazer brincadeiras e chamar a atenção para os outros, com o objetivo de manter as pessoas distantes. De acordo com a sua avaliação no VLQ, na metade do tratamento esse cliente parecia estar vivendo menos consistentemente com seus valores do que antes de o tratamento começar. Assim, descobrimos que fazer o cliente considerar explicitamente todas as três áreas de vida valorizadas nas primeiras sessões, independentemente de sua avaliação inicial de importância e consistência, aumenta a sua disposição de reconhecer comportamentos que precisam mudar mais prontamente.

Tarefa escrita de valores 1: Observar como a evitação está restringindo a vida

No final da primeira ou segunda sessão de terapia, costumamos pedir ao cliente que faça uma tarefa escrita fora da sessão, com o objetivo de explorar como seus problemas atuais podem estar interferindo em seus valores pessoais. Essa tarefa escrita segue o modelo da tarefa de processamento emocional criada por James Pennebaker (1997) e adaptada por Kelly Wilson (comunicação pessoal, 2000). Pedimos ao cliente que dedique 20 minutos por dia, durante quatro dias, para explorar suas emoções e pensamentos mais profundos sobre como seus problemas estão interferindo na sua capacidade de agir de acordo com seus valores pessoais. Em cada um dos primeiros três dias, o cliente descreve como seus problemas poderiam estar interferindo em cada uma das três áreas. Descobrimos que incluir perguntas específicas ajuda o cliente a se empenhar mais no processo. Por exemplo, ele deve considerar como os problemas podem estar impedindo que peça aquilo de que precisa em seus relacionamentos ou pensar nas atividades de cuidados pessoais ou *hobbies* que faria se não estivesse lutando com seus problemas psicológicos. No quarto dia, o cliente reflete sobre as coisas importantes que percebeu ao realizar a tarefa. Essas tarefas podem ser adaptadas individualmente, de acordo com os problemas de cada cliente. O Material 7.2 (p. 179-180) apresenta um exemplo desse tipo de tarefa, que daríamos a uma cliente com TAG. Para apresentar a tarefa podemos dizer algo assim:

> Os valores se referem às coisas na vida que são importantes para você, as maneiras de ser que você associa a uma vida significativa e satisfatória. Como conversamos antes, as áreas valorizadas podem incluir coisas como relacionamentos familiares ou íntimos, amizades, carreira/instrução, espiritualidade, serviço comunitário, e assim por diante. Os valores refletem o que é importante, mas a nossa luta com nossas emoções, pensamentos e lembranças muitas vezes nos distrai desses valores, de modo que podemos perder partes importantes da nossa experiência e/ou evitar atividades consistentes com nossos valores, para não aumentar nosso estresse.
>
> Continuaremos examinando questões relacionadas a valores nas próximas sessões, mas gostaria de sugerir que você tirasse um tempo nessa semana para pensar sobre como as suas dificuldades a afastaram das coisas que você valoriza.

Respostas típicas à tarefa escrita

Sem causar surpresa, os clientes apresentam reações variadas a essa tarefa inicial. Assim, é importante discutir com detalhes as possíveis reações à tarefa que costumam acontecer no curso da semana, e processar suficientemente o exercício na próxima sessão de terapia. Alguns clientes ficam esperançosos e se sentem mais capacitados pelo processo. Outros descobrem padrões óbvios ou sutis de inação em áreas valorizadas. Alguns clientes se surpreendem com sua falta de empenho no que parecia ser um estilo de vida consistente com seus valores. Muitos descobrem que o exercício provoca intensos sentimentos de tristeza, pois percebem como perdem tempo com lutas internas e quão distantes se sentem das coisas que realmente importam para eles. Outra resposta comum é evitar a tarefa ou dizer que não a realizou por considerá-la difícil ou dolorosa demais. Todas essas respostas são validadas, enquanto exploramos com nossos clientes as possíveis mudanças que podem escolher fazer na terapia.

Inação em esferas valorizadas

Muitos dos clientes com os quais trabalhamos atingiram um ponto em que suas tentativas de evitar e controlar pensamentos dolorosos, emoções intensas, sensações físicas desconfortáveis e lembranças difíceis limitaram significativamente seu repertório comportamental e os afastaram de uma série de atividades valorizadas. Essa inação em áreas valorizadas se reflete na primeira tarefa escrita.

Por exemplo, Tony, um veterano de combate com TEPT, inicialmente nos disse que não se empenhava em nenhum comportamento consistente com seus valores pessoais. Apesar do desejo de estreitar seus relacionamentos com a esposa, os filhos e a família de origem, ele saíra de casa e fora morar sozinho num pequeno apartamento, onde passava a maior parte do tempo "entrincheirado". Embora valorizasse sua criatividade, desistira de sua preciosa guitarra e se recusava a ouvir música. Ele expressou o desejo de ter um estilo de vida saudável, mas fumava três maços de cigarro por dia, abusava de álcool e Valium, e tinha uma péssima alimentação. Em resposta a essa aparente inconsistência entre o que era importante para ele e como se comportava, Tony respondeu que manter sob controle seus sintomas de TEPT era um trabalho de tempo integral, que lhe deixava pouco tempo para viver.

Kate, uma cliente com fobia social, descreveu a maneira mais sutil, mas insidiosa, pela qual seu desejo de evitar avaliações a afastara de atividades valorizadas. Ela recusara algumas promoções no trabalho que exigiriam que fizesse apresentações formais e lançamentos de vendas e a colocariam numa posição de escrutínio. Frequentemente inventava desculpas (p. ex., estava com trabalho demais, começando uma dieta) para evitar almoçar com os colegas, porque temia que seus pensamentos autoavaliadores interferissem na sua capacidade de manter uma conversação. Durante a avaliação inicial, Kate se descreveu como uma pessoa tranquila, que não precisava de muitos desafios na vida e preferia estar sozinha, e avaliou como pouco importantes várias áreas de vida valorizadas. Todavia, na primeira tarefa escrita, revelou perceber que seu medo e ansiedade a estavam impedindo de assumir riscos e ser a pessoa que queria ser.

Ação pouco consciente em esferas valorizadas

Outros clientes com os quais trabalhamos pareciam estar se comportando consistentemente com seus valores, mas um exame mais profundo deixou claro que eles não conseguiam participar verdadeiramente dessas atividades e ter prazer com elas. Por exemplo, Marcia, uma cliente que tratamos por bulimia, tinha um relacionamento amoroso duradouro, trabalhava numa área significativa para ela e tinha dois filhos. Parecia ter tudo, e seus conhecidos a viam como alguém que "dava conta de tudo". Seu perfil no VLQ sugeria que ela estava vivendo de acordo com seus valores, e a desejabilidade social não parecia ser um fator significativo em seu estilo de resposta. Mas, durante a primeira tarefa escrita, ela descreveu pungentemente como se sentia uma espectadora da própria vida, como se apenas simulasse viver. Embora tivesse escolhido uma profissão consistente com seu desejo de ser desafiada no trabalho, disse que sentimentos de culpa e pensamentos sobre os filhos estarem "negligenciados" na creche solapavam sua capacidade de estar psicologicamente presente no trabalho. À noite, quando estava em casa com as crianças, brincava com elas zelosamente, mas ruminando sobre coisas acontecidas no trabalho e se preocupando com o próximo projeto que a aguardava.

Perda do senso de escolha e propósito

Ao preencher a primeira tarefa escrita, alguns de nossos clientes relatam ter perdido o senso de escolher direções valorizadas. Em outras palavras, a vida parece cheia de coisas que eles "tem de" ou "deveriam" fazer. Nossa cliente Lei, estudante de História, disse que se sentia desconectada dos valores que inicialmente a dirigiram para a faculdade: o interesse por se desafiar intelectualmente e o desejo de trabalhar para melhorar a vida das pessoas. Ela se concentrara cada vez mais no objetivo de obter seu doutorado, e começara a ver suas atividades cotidianas (como ler, escrever e pesquisar) como arcos que precisava atravessar pulando para chegar onde queria. Sentia que as exigências do curso estavam controlando a sua vida e já não experienciava mais o valor inerente de seu trabalho.

Relutância/incapacidade de realizar a tarefa

Se um cliente não realiza essa tarefa (ou qualquer outra), a nossa primeira resposta é explorar a função e efetividade desse comportamento. Nós o vemos como uma resposta comportamental que pode nos ajudar a compreender melhor os nossos clientes e aprofundar o relacionamento terapêutico. Os clientes não fazem as tarefas dos valores por várias razões, e as examinamos com eles para ver quais, se alguma, são relevantes. Por exemplo, às vezes eles não entendem as instruções e/ou como esse exercício será proveitoso. Essa é uma informação importante, que o terapeuta pode usar para explicar melhor as razões da tarefa. Por exemplo, Maurice nos foi encaminhado pelo tribunal para tratamento após ser preso por exibicionismo. Embora sempre concordasse em fazer as tarefas, semana após semana ele dizia que tinha esquecido. Quando a terapeuta disse a Maurice que gostaria de entender como ela poderia ajudá-lo a atingir os objetivos da terapia quando ele não fazia a tarefa, ele admitiu que não via nenhum vínculo entre explorar seus valores e mudar seus hábitos sexuais, mas que não falara nada para a terapeuta porque o tribunal ordenara que se submetesse ao tratamento.

Uma preocupação muito real é encontrar tempo para fazer a tarefa. Não subestimamos a quantidade de tempo e esforço necessária para se fazer uma mudança radical e passar, de uma vida impulsionada pela evitação, para outra motivada por valores. Aproveitando alguns métodos de entrevista motivacional consistentes com a aceitação (Miller e Rollnick, 2002), muitas vezes dedicamos um tempo na sessão para conversar com o cliente sobre mudanças. Em outras palavras, perguntamos por que ele quer mudar e o exortamos a se conectar com a dor real da estagnação e inação. Medo e evitação são fortes motivadores de não adesão ao tratamento; em resposta, incentivamos o cliente a aplicar os métodos discutidos neste livro (p. ex., função das emoções, *mindfulness*, limites de controle/evitação). O cliente que tem dificuldade de autoconsciência ou está cronicamente desconectado de seu senso de *self* talvez não consiga articular seus valores, mas a prática de *mindfulness* pode facilitar o esclarecimento dos valores ao ajudá-lo a escolher direções valorizadas refletidamente, em vez de reativamente (Shapiro et al., 2006). Alguns clientes têm medo de se comprometer com um conjunto de valores. Conforme discutiremos com mais detalhe no Capítulo 8, os valores podem mudar e evoluir com o passar do tempo, particularmente quando o indivíduo aumenta sua autoconsciência e disposição a experienciar a gama completa de emoções. Portanto, incentivamos os clientes a verem a valorização como um processo, cujo conteúdo pode mudar em função do crescimento.

ARTICULANDO E ESCLARECENDO OS PRÓPRIOS VALORES

Depois que a avaliação inicial e a primeira tarefa escrita foram concluídas e o cliente considerou a importância e consistência de comportamentos valorizados e está mais consciente de como suas dificuldades psicológicas interferiram na busca de atividades valorizadas, nós o incentivamos a trabalhar para articular um conjunto de valores pessoalmente relevantes.

Tarefa escrita de valores 2

A nossa segunda tarefa de valores fora da sessão consiste em pedir ao cliente, novamente, que reserve 20 minutos do dia, em três dias diferentes, para descrever seu processamento emocional. O foco dessa tarefa é o cliente considerar seus valores pessoais em cada uma das três áreas. Essa tarefa também inclui algumas perguntas para ajudar o cliente a considerar aspectos multifacetados de seus valores e pode ser modificada de acordo com suas necessidades. Por exemplo, podemos pedir ao cliente que considere que tipo de amigo ou parceiro ele quer ser, quão aberto ou reservado ele gostaria de ser e/ou que tipo de apoio gostaria de dar aos outros. Ele também pode descrever o tipo de empregado que gostaria de ser considerando hábitos de trabalho, relacionamentos com os colegas e disposição a enfrentar desafios. Finalmente, o cliente pode ser incentivado a escrever sobre como gostaria de passar seu tempo livre: cuidando de si mesmo, em atividades recreativas ou *hobbies*, envolvendo-se mais com a comunidade (e se ele se percebe como tendo tempo livre). Um exemplo dessa tarefa de valores é apresentado no Material 7.3 (p. 181).

Para a maioria dos clientes, essa tarefa é apenas um ponto de partida para a exploração dos valores. Portanto, geralmente uma porção significativa de tempo é dedicada à discussão da tarefa nas sessões subsequentes, e não é raro que alguns clientes refaçam a tarefa uma segunda vez fora da sessão. A seguir, discutimos alguns problemas que com frequência surgem e merecem atenção.

Confusão entre valores e objetivos

Mesmo que façamos na sessão uma distinção entre valores e objetivos, é comum os clientes confundirem ambos. Por exemplo, uma cliente escreveu que seu valor era ser promovida no trabalho. Outra queria frequentar a igreja regularmente. Embora esses objetivos possam informar o desenvolvimento de ações consistentes com valores, a serem buscadas na terapia (e além), na nossa perspectiva é importante que primeiro a pessoa defina claramente os seus valores, separadamente dos objetivos e ações valorizadas que refletem os valores.

Valores que envolvem modificar estados emocionais

Muitas vezes, os clientes escrevem que valorizam determinados estados internos (como confiança ou autoestima) ou emoções (como felicidade e serenidade). Por exemplo, um cliente poderia expressar o seguinte na segunda tarefa escrita:

> Eu gostaria de ser uma pessoa feliz e autoconfiante. Acho que se eu fosse mais agradável e otimista teria um relacionamento mais sólido com minha esposa. Também gostaria de ser mais paciente com meus filhos. Por exemplo, quando eles brigam entre si, gostaria de continuar tranquilo, calmo e senhor de mim, em vez de perder a calma. Se eu tivesse uma autoestima mais alta, acho que teria mais amigos. Basicamente, nesse momento, não saio para almoçar com os colegas de trabalho porque não me sinto suficientemente bem comigo mesmo para estar com eles. Depois que eu resolver as minhas inseguranças, gostaria de ter um círculo de amizades maior.

Quando esses valores são expressos, alguns pontos devem ser considerados. A nossa resposta típica é validar esse desejo tão humano de se sentir feliz, calmo, confiante, e assim por diante. Também relacionamos esse desejo a conceitos que foram o foco de sessões anteriores, tais como a função da emoção e os limites das tentativas de controle. Lembramos aos clientes, com empatia, do que eles observaram sobre a "condição humana": que com o amor vem a perda, e com o risco o medo. De uma perspectiva muito prática, acreditamos que se as pessoas se empenham em atividades valorizadas, provavelmente se sentirão mais felizes e calmas. Mas a felicidade, como estado constante, é inalcançável, e a aceitação dessa realidade é essencial para que o cliente comece a buscar atividades valorizadas que talvez provoquem uma gama variada de emoções.

Quando o cliente endossa valores relativos a atingir ou evitar estados emocionais, em geral conceitualizamos novamente o desejo de atingir constante felicidade, calma e autoestima elevada (e o desejo relacionado de evitar tristeza, ansiedade e pensamentos negativos julgadores) como uma barreira para uma vida com significado. Portanto, perguntamos ao cliente quais valores ele teria se esses obstáculos não estivessem presentes. Em outras palavras, pedimos que imagine que tipo de amigo ele gostaria de ser se não se sentisse amarrado pela tristeza e pelo medo.

Valendo-nos da TAC (Hayes, Strosahl e Wilson, 1999), frequentemente dedicamos um tempo para considerar o conceito de confiança dos nossos clientes, especialmente quando dizem valorizar um estado de autoconfiança. É comum a pessoa pensar sobre confiança como um traço concedido aos outros e algo difícil de adquirir. A autoconfiança geralmente é vista como um estado em que o indivíduo não tem nenhuma insegurança, medo ou autoavaliação negativa, mas, de fato, confiança significa ser verdadeiro e honesto consigo mesmo. Em outras palavras, autoconfiança significa confiar ou acreditar em si mesmo, mesmo diante do medo. Então, podemos nos sentir inseguros, em dúvida e/ou com medo, mas, ainda assim, agir de maneira que demonstre autoconfiança ou fé. A confiança é semelhante à coragem, que significa agir apesar do medo, não agir sem medo. Consequentemente, incentivamos nossos clientes a expressarem, nessa tarefa, maneiras de ser pessoalmente relevantes que lhes permitam agir com autoconfiança.

Valorização da perfeição/dificuldade de equilibrar as várias esferas

Não é raro que essa segunda tarefa de valores faça aparecer o desejo de perfeição, como no segundo exemplo (que também ilustra uma mistura de valores e objetivos e a valorização de estados internos):

> Eu gostaria de ser uma esposa amorosa, atenta, sempre presente quando meu marido precisa. Quero ser uma mãe amorosa e divertida, sempre sintonizada com as necessidades dos meus filhos. Quero que a minha casa seja um lugar onde eles possam receber todos os amigos – quero ser uma mãe muito legal. Quero ser uma amiga leal. É muito importante para mim ser uma pessoa com a qual todos os meus amigos possam contar – sempre que precisarem.
>
> Voltar a estudar é realmente importante para mim. Se eu conseguir entrar na faculdade, pretendo ser uma aluna modelo e manter um conceito A.

Outro exemplo de valorização da perfeição surge quando o cliente sente que a ação em uma esfera se opõe à ação em outra. Ele acha que não conseguiria viver de maneira consistente em uma esfera sem sacrificar outra. Por exemplo:

> Por um lado, acho que aparentemente tenho tudo. Sou vice-presidente da minha empresa, ganho dinheiro suficiente para a minha família viver muito confortavelmente. É importante para mim ser um bom provedor para a minha família. Sempre sonhei em ter uma família grande, acho maravilhoso a Debbie e eu termos cinco filhos. Temos uma vida social muito boa – a Debbie organiza jantares com outros casais, eu tenho alguns parceiros de golfe, e assim por diante – mas, às vezes, eu me sinto "um pau para toda a obra" e "não dono do meu próprio nariz". Mesmo sendo bem-sucedido no trabalho, tenho medo de que as pessoas pensem que não sou tão dedicado à empresa quando tiro férias com a minha família ou saio mais cedo do trabalho para assistir a uma peça das crianças na escola. Tenho cinco filhos maravilhosos, mas gostaria de participar mais – de treinar o time de beisebol do Mark, ou de ler para eles à noite. Sei que a Debbie acha que não faço o suficiente pela família. Sei que é importante passar um tempo com ela e os nossos amigos, mas, para dizer a verdade, eu geralmente estou exausto à noite e no fim de semana, e só quero me esparramar no sofá e assistir à televisão. Eu valorizo a minha carreira, a minha família e os meus amigos, mas não tenho ideia de como dar o máximo de mim mesmo nessas três áreas. Às vezes, a minha vida parece um ato de equilibrismo – só estou tentando manter todas as bolas no ar.

Mais uma vez, é importante validar o desejo de ser perfeito, que muitos de nós compartilham, e discutir como às vezes é difícil aceitar os limites associados à nossa condição humana. Também dedicamos um tempo a examinar a função da "perfeição". O cliente pode tentar ser perfeito para ser aceito e amado pelos outros, e para se sentir completo e aceitável. Normalizamos esse desejo e, às vezes, incentivamos o cliente a praticar a autoaceitação no exercício de fé descrito no Capítulo 6, para ver se ele consegue deixar de lado a necessidade de "merecer" ser aceito. Também trabalhamos com nossos clientes para ver se esse desejo está relacionado a um valor, tal como desenvolver relacionamentos íntimos com os outros. Finalmente, assim como testamos a funcionalidade de outras "regras", incentivamos o cliente a examinar se suas tentativas de ser perfeito o aproximam de seus valores ou os empurram ainda mais para longe.

É importante observar que, além da possível associação com a busca de perfeição, a dificuldade de harmonizar ações valorizadas em diferentes áreas é um desafio real, inevitável. Muitas vezes fazemos escolhas que estão de acordo com valores em uma esfera de vida, mas não em outra, e não existem orientações claras sobre como escolher a esfera a atender em diferentes momentos. A essa altura da terapia, simplesmente reconhecemos esse desafio e observamos que nós, também, o enfrentamos. Dizemos que, a fim de encontrar um senso de equilíbrio entre as áreas, tentamos manter uma visão ampla e procurar dar atenção a cada área em algum momento do tempo (uma semana, um mês ou vários meses, dependendo das nossas atuais circunstâncias de vida). Usamos a metáfora de encontrar o equilíbrio dos nossos lados durante a prática de ioga. Não podemos levantar a perna direita e a esquerda ao mesmo tempo. Em vez disso, levantamos a perna direita, trazemos nossa consciência e atenção apenas para essa ação, e depois fazemos a mesma coisa com o outro lado. Da mesma maneira, tentamos dar atenção, de maneira focada, a cada esfera da nossa vida, geralmente uma por vez, mas garantindo que, ao longo do tempo, nenhuma seja ignorada. Num momento posterior do tratamento, voltamos a essa ideia quando o cliente escolhe ações valorizadas, ajudando-o a escolher de maneira a harmonizar sua vida por completo.

Valores que dependem das outras pessoas

Quando pedimos ao cliente que reflita sobre as coisas que são importantes para ele, não surpreende que os maiores valores envolvam as outras pessoas. Embora os relacionamentos em geral tragam grande satisfação e conforto, eles também podem trazer dor e sofrimento. Na segunda tarefa de valores, muitos clientes expressam um forte desejo de que os outros mudem. Por exemplo:

> Eu gostaria que a minha parceira realmente me escutasse e estivesse disposta a fazer algumas das coisas que me interessam. Vamos tanto ao cinema, o que ela adora, mas ela não se dispõe a ir a concertos ou ouvir música, que são coisas que eu valorizo muito.

> Eu realmente valorizo a comunicação aberta no local de trabalho, mas isso simplesmente não é possível com a minha chefe. Ela é uma verdadeira tirana. Se você discorda dela, mesmo em algo sem importância, ela fica uma fúria. Então fico na minha e só pego o meu cheque de pagamento no fim no mês.

> Eu gostaria de ter amizades verdadeiras, de dar e receber. Sinto que meus amigos só tomam, e não estão dispostos a dar. Sempre que têm algum problema, eles me ligam, mas não conto com nenhum deles quando preciso de um amigo verdadeiro.

O cliente pode se sentir empacado e desesperançoso quando acredita que não pode buscar seus valores sem depender dos outros. Quando surge esse tipo de problema, geralmente comparamos as tentativas de controlar os outros às tentativas de controlar nossos estados internos. Incentivamos o cliente a observar se as tentativas de controlar os outros dão certo e a perceber suas próprias emoções e reações quando tenta controlá-los. Também, delicadamente, sugerimos que ele pode viver de acordo com seus valores independentemente das reações alheias.

Por exemplo, Rachel, uma cliente diagnosticada com distimia, tinha sentimentos de tristeza e pensamentos de desvalia. Quando escreveu sobre seus valores, expressou desalento em relação à atual situação no trabalho. Ela com frequência faltava ao trabalho alegando doença e, quando estava no escritório, perdia muito tempo navegando na internet. Ela descreveu um padrão de interação passivo-agressivo com seu chefe, que, na sua opinião, era um líder pouco razoável e incompetente. Depois que Rachel começou a ver a conexão entre seu comportamento no trabalho e seus sentimentos de tristeza, concluiu que precisava trocar de emprego imediatamente. Afirmou que seu emprego atual não a desafiava e que seu chefe era um *bully*, mas também começou a se preocupar e a duvidar de sua capacidade de escolher o emprego certo no futuro, pois durante a entrevista para o atual emprego ela e o chefe se deram muito bem.

Várias sessões foram dedicadas a examinar melhor os valores de Rachel. Apesar de valorizar desafios profissionais, parecia que esses desafios precisavam ser impostos externamente. Juntas, exploramos maneiras de ela viver de acordo com seus valores mesmo em situações que não via como ideais. Embora inicialmente acreditasse que seu emprego atual era mundano demais para ser desafiador, usando suas habilidades de *mindfulness* (especialmente a mente de principiante), Rachel conseguiu definir desafios internos que poderia experimentar praticamente em qualquer contexto. Consistente com uma abordagem baseada em valores, a ênfase estava no processo, não no resultado. Por exemplo, ela se esforçou para realmente escutar o que os clientes, colegas e chefe estavam tentando comunicar. Começou a examinar processos em seu local de trabalho (como o sistema de cobrança) para ver ser conseguia descobrir métodos mais eficientes e convenientes de fazer negócios. Rachel começou a reconhecer que, independentemente de os outros aceitarem ou adotarem suas sugestões, ela podia se comportar de acordo com seus valores. Não é de surpreender que, muitas coisas mudaram para ela quando começou a se empenhar nesses novos padrões comportamentais.

Como esclarecimento, apoiamos absolutamente a sugestão de Rachel de buscar uma colocação mais consistente com seus valores. A nossa filosofia é que podemos fazer uma mudança que provavelmente vai melhorar o nosso humor e qualidade de vida, e se essa mudança está a serviço dos valores e não é impulsionada pela evitação, ela faz perfeito sentido. A nossa única preocupação é quando o cliente expressa a crença de que eventos além do seu controle (internos ou externos) precisam mudar para que ele possa viver uma vida significativa e gratificante. Em nossa experiência, essa perspectiva raramente é verdadeira: ao longo da história, o ser humano foi capaz de manter a sua dignidade e encontrar significado nos ambientes mais sombrios. É claro, há contextos em que isso é mais difícil, e é muito importante validar as realidades externas (particularmente aquelas associadas a desigualdades estruturais e opressão) que influenciam o bem-estar do indivíduo, mas o terapeuta pode, ao mesmo tempo, ajudar o cliente a encontrar uma maneira de viver uma vida significativa mesmo sob limitações reais.

Valores impulsionados pela evitação

Quando estamos entrincheirados em um padrão crônico de evitação, pode ser difícil obter uma perspectiva suficiente para enxergar com clareza os nossos valores. Por exemplo, uma cliente diz que gostaria de ser um pouco reservada em seus relacionamentos, para evitar ser magoada ou impedir que as amigas ou o parceiro vejam a verdadeira pessoa que está lá dentro. Trabalharíamos com ela para ver se essa posição mudaria se a sua ansiedade, insegurança, tristeza, etc., fossem magicamente removidas. Em outras palavras, se ela não se sentisse compelida a evitar experiências internas (e experiências externas que certamente instigariam experiências internas difíceis), será que seus valores mudariam? O objetivo é tentar compreender os valores da cliente separadamente de seu desejo de evitar o sofrimento.

Uma de nossas clientes estava tendo dificuldades ao examinar suas opções profissionais. Por um lado, Laura valorizava muito seu emprego de garçonete. Ela gostava de interagir com os clientes e apreciava a liberdade e flexibilidade que o emprego lhe permitia de se dedicar a outros interesses valorizados, como a música e o relacionamento com o namorado. Por outro lado, Laura valorizava desafios profissionais. Ela estava pensando em fazer um curso de gerenciamento no restaurante onde trabalhava e disse estar com dificuldade para decidir se era mesmo o que queria. Laura achava que o emprego de garçonete era consistente com seus valores, mas temia estar se enganando, ao acreditar nisso, para evitar o risco associado a tentar fazer o curso de gerenciamento.

Quando o cliente e/ou o terapeuta estão preocupados com a possibilidade de os valores serem impulsionados pela evitação, o mais importante é evitar a inação. Acreditar que é preciso ter clareza antes de agir pode atrapalhar o progresso terapêutico. Por outro lado, temos de tomar cuidado com o impulso de escolher um caminho apenas para aliviar ou evitar o estresse e a ansiedade associados à indecisão (Wilson e Murrell, 2004). As duas opções – parar de agir e ficar atolado na indecisão ou escolher um caminho impulsivamente só para por fim à angústia que geralmente acompanha a indecisão – podem impedir o cliente de ter liberdade de escolha (Wilson e Murrell, 2004).

A nossa resposta nessa situação costuma ser a de encorajar o cliente a usar todas as habilidades que já desenvolveu. Praticar aceitação e desfusão, observar a realidade conforme ela se desdobra, considerar o meio-termo diante do que parece ser uma decisão preto-ou-branco (tal como escolher o emprego de garçonete ou gerente) e processar emocionalmente os valores por meio de tarefas escritas e na sessão, tudo isso pode ajudar a pessoa a entender melhor as possibilidades de ação valorizada. Também encorajamos o cliente a continuar agindo com *mindfulness* enquanto ainda está decidindo. Por exemplo, no caso de Laura, poderíamos incentivá-la a buscar maneiras de se desafiar em seu trabalho como garçonete, a se dedicar às outras atividades que são significativas para ela e, talvez, a buscar mais informações sobre oportunidades e desafios na posição de gerenciamento. Geralmente incentivamos o compromisso com um valor escolhido, mesmo no caso de dúvida e incerteza (como descrevemos com mais detalhes a seguir), mas também acreditamos que explorar múltiplas oportunidades nos ajuda a distinguir valores pessoais nos quais acreditamos e valores impulsionados pela evitação.

O papel dos outros no desenvolvimento dos valores

Hayes, Strosahl e Wilson (1999) discutem a influência potencialmente grande da *maleabilidade* sobre a articulação dos valores. A maleabilidade ocorre quando alguém segue uma regra (p. ex., "Eu devo trabalhar como voluntário regularmente") devido a consequências sociais passadas de seguir tal regra (isso agrada às pessoas e eu receberei uma atenção positiva se for voluntário na minha comunidade). A maleabilidade pode se tornar um problema quando o cliente endossa valores que, acredita, eliciarão a aprovação (ou desaprovação) do terapeuta, dos pais, de outras pessoas importantes na sua vida, ou mesmo da cultura mais ampla.

Embora reconhecendo que os valores serão parcialmente influenciados por essas forças, Hayes e colaboradores (1999) sublinham a importância de uma discussão constante sobre a "posse" dos valores. Por exemplo, no caso de uma cliente que valoriza a instrução e tem o objetivo de obter um Ph.D., a terapeuta pode pedir à cliente que imagine as consequências de alguns cenários diferentes. Como o valor seria afetado se a cliente não conseguisse contar a ninguém sobre o Ph.D.? Alternativamente, e se ela conseguisse contar a todo o mundo sobre o Ph.D., mas depois de obtê-lo perdesse todo o seu conhecimento? O esclarecimento dos valores pode se beneficiar significativamente desse processo de observação e introspecção. Por exemplo, se a cliente perceber que busca o título de Ph.D. para obter a aprovação das pessoas, que é isso o que instiga o valor da instrução, ela pode descobrir um valor ainda mais fundamental, como amar as pessoas e ser amada por elas, e se comprometer com esse valor.[1]

Incapacidade de imaginar que a mudança é possível

Alguns clientes, particularmente os que estão sofrendo mais, podem ter muita dificuldade para considerar que uma mudança comportamental é possível. Nesses casos, descobrimos que é muito importante dar espaço para essa desesperança e validá-la na sessão. A pressa em contestar essa suposição pode fazer com que o cliente se sinta invalidado, como se o terapeuta não compreendesse a extensão da sua dificuldade e o seu sentimento de impotência. Mais uma vez, exercícios de *mindfulness* e desfusão podem ser úteis para trabalhar esses sentimentos de desesperança. Incentivamos o cliente a dar um pulo de fé e tentar se empenhar em comportamentos que parecem impossíveis ou irrelevantes.

Expressão clara dos valores

Em nossa experiência, como uma etapa final do processo de explorar e articular valores, é útil pedir que o cliente defina especificamente um ou dois valores em cada uma das três áreas. Essa expressão clara de valores vai moldar e dirigir grande parte do trabalho restante na terapia. Incentivamos o cliente a se empenhar profundamente nesse exercício, mesmo que sinta que já está se comportando de acordo com seus valores. Geralmente usamos exemplos pessoais de como poderíamos nos comportar de acordo com um valor 95% do tempo e, ainda assim, ter o nosso comportamento influenciado pela evitação experiencial. Por exemplo, eu (Orsillo) geralmente revelo meu valor pessoal de ser receptiva e disponível para meus filhos, para me conectar com eles e estar sintonizada com seus pensamentos e sentimentos. E também digo que, embora acreditando que me saio razoavelmente bem agindo de acordo com esse valor, percebo que quando me sinto estressada, cansada e sobrecarregada posso deslizar para um estado de fazer as coisas automaticamente. Em outras palavras, posso estar lá de corpo presente, mas não estou com *mindfulness*. Compartilhar um exemplo de como até os terapeutas nem sempre agem de acordo com seus valores sempre encoraja os clientes a serem honestos com relação às próprias dificuldades.

Um exemplo de expressão clara de valores de um cliente, como parte de seu exercício, seria:

Relacionamentos Interpessoais

Quero falar abertamente sobre meus pensamentos e sentimentos com a minha parceira.
Quero reservar um tempo para dedicar aos amigos.

Trabalho/Escola/Comunidade

Quero trabalhar cooperativamente com meus colegas.
Quero me propor desafios, para continuar a aprender e a crescer.

Cuidados Pessoais e Envolvimento na Comunidade

Quero cuidar bem da minha saúde física.
Quero participar ativamente das atividades da minha igreja.

Também pedimos a nossos clientes que pensem nos obstáculos que estariam atualmente atrapalhando ou que atrapalharam no passado a sua capacidade de agir de acordo com esses valores. O cliente via de regra reconhece barreiras internas e externas que limitaram comportamentos valorizados. Barreiras internas com frequência incluem estados emocionais ("Estou deprimido demais para me relacionar com meus amigos"), pensamentos ("Sinto-me indigno demais para convidá-la para sair"), impulsos ("Quero estar presente para meus filhos, mas o impulso de beber é forte demais") e sensações fisiológicas ("Por mais que eu queira passar mais tempo com a minha filha, preciso cuidar para não entrar em situações que me deixariam em pânico").

Conforme discutimos no Capítulo 6, os obstáculos internos costumam ser tratados com métodos clínicos destinados a aumentar a desfusão, o *mindfulness* e a aceitação. As barreiras externas são reconceitualizadas como comportamentos consistentes com valores que merecem consideração. Por exemplo, se um cliente valoriza se propor desafios no trabalho, mas atualmente está desempregado, seu desemprego seria visto como uma barreira externa ao seu valor, mas ele poderia agir de acordo com o seu valor de várias maneiras (p. ex., ler os classificados de emprego, atualizar seu *curriculum vitæ*, marcar entrevistas para se orientar sobre empregos), procurando eliminar essa barreira. O Material 7.4 (p. 182) pode ser usado para ajudar o cliente a expressar claramente seus valores.

AUMENTANDO A CONSCIÊNCIA DA AÇÃO E INAÇÃO EM ESFERAS VALORIZADAS

O VLQ pede que a pessoa avalie quão consistentemente ela age de acordo com seus valores em diferentes esferas. Adicionalmente, descobrimos que o automonitoramento de comportamentos valorizados, em especial depois que o cliente desenvolveu algumas habilidades de *mindfulness*, pode fornecer muitas informações sobre comportamentos em áreas valorizadas. Usando o Diário de Atividades Valorizadas apresen-

tado no Formulário 7.1 (p. 183), pedimos aos clientes que registrem vários aspectos de comportamentos valorizados: ações valorizadas realizadas, extensão de *mindfulness* na atividade, oportunidades perdidas de se empenhar em atividades valorizadas e obstáculos que dificultam a realização de atividades valorizadas.

A Figura 7.1 é um exemplo de Diário de Atividades Valorizadas preenchido. David procurou tratamento por abuso de substâncias e disse que se relacionar intimamente com a esposa e os filhos e desenvolver e manter amizades eram esferas valorizadas por ele. Quando preencheu o Diário de Atividades Valorizadas, David anotou um dia durante o qual passou algum tempo com os filhos, o que era consistente com seus valores, mas avaliou como baixo seu *mindfulness* durante essa atividade, porque estava distraído por ruminações sobre um conflito que tivera na noite anterior com a esposa, Alicia. David também registrou uma oportunidade perdida: a esposa conseguiu uma babá para que eles pudessem ir ao cinema e jantar fora, uma atividade consistente com seus valores, mas ele cancelou a saída, dizendo estar com dor de cabeça, por medo de uma nova briga durante o jantar. Mais tarde, naquela semana, David reservou um tempo para conversar abertamente com a esposa sobre problemas que os dois estavam tendo. Ele avaliou isso como uma atividade consistente com seus valores e registrou que estava consciente durante a conversa. Finalmente, David assinalou como oportunidade perdida um momento no trabalho em que todos os colegas estavam conversando e ele preferiu ficar em sua mesa, com medo de se sentir pouco à vontade e não se encaixar no grupo.

Embora utilizemos esse formulário para acompanhar os comportamentos valorizados durante todo o tratamento, da primeira vez que o preenchem sugerimos aos clientes que não façam nenhuma mudança em seu comportamento. O objetivo da tarefa é simplesmente torná-los conscientes de seus valores e comportamentos, para podemos compreender claramente a extensão em que estão agindo de acordo com seus valores e os possíveis obstáculos a atividades valorizadas. Essa informação é usada para preparar o terreno para o resto da terapia, durante a qual o cliente utilizará habilidades de desfusão e *mindfulness* para aumentar sua disposição a se comprometer com um curso de ação valorizada.

Nota

1 É importante que o terapeuta seja sensível a considerações culturais quando está explorando valores. Para alguns clientes, especialmente os de um meio cultural coletivista, agir de uma maneira consistente com os desejos alheios pode ser um valor pessoal e, portanto, uma consideração importante na escolha de ações valorizadas.

DIÁRIO DE ATIVIDADES VALORIZADAS

Por favor, preencha este formulário no final de cada dia.

Nesta semana, no final de cada dia, gostaríamos que você pensasse sobre alguma ação realizada que foi consistente com um de seus valores ou uma oportunidade que perdeu de agir de acordo com seus valores. Descreva brevemente a ação e assinale R para realizada e P para perdida.

Em uma escala de 0 a 100, avalie quão consciente você estava durante a ação ou a oportunidade perdida.

Registre quaisquer obstáculos percebidos que o impediram de agir (ou que poderiam ter impedido).

Não existem respostas certas ou erradas nesta tarefa – todos nós escolhemos não realizar ações valorizadas por uma variedade de razões. É apenas uma maneira de você começar a compreender melhor o que pode estar atrapalhando, para que possa escolher como gostaria de prosseguir.

Data	Ação	Realizada (R) ou perdida (P)	Mindfulness (0 a 100)	Obstáculos
12/1	Passar um tempo com as crianças	Realizada	10	Eu estava distraído pensando na briga que tive com Alicia
13/1	Jantar com Alicia	Perdida	10	Tive medo de que continuássemos a brigar. Eu não queria sentir raiva dela nem ficar mal comigo mesmo.
17/1	Passar um tempo conversando com Alicia	Realizada	90	
18/1	Ficar conversando com os colegas	Perdida	5	Tenho medo de que me vejam como um fracassado. Todos eles são advogados e eu acabei de me formar na faculdade estadual. Estar com eles faz com que eu me sinta mal comigo mesmo.

FIGURA 7.1 Exemplo de um diário de atividades valorizadas preenchido.

MATERIAL 7.1

VALORES

Qual é a diferença entre valores e objetivos?

- Um objetivo é um resultado (conseguir se formar, conseguir um relacionamento íntimo).
- Um valor é um processo (aprender, ter intimidade e ser amoroso com alguém).

Por que os valores são necessários?

- Ter objetivos é bom, mas eles apresentam algumas desvantagens.
- Os objetivos nos mantêm focados no futuro; o ponto em que estamos neste momento nunca é suficientemente bom.
- Sentir-se assim pode ser motivador, mas também significa que você não estará satisfeito e contente no momento.

Os valores são a cola entre os objetivos.

MATERIAL 7.2

TAREFA DE VALORES I

A preocupação e a ansiedade geralmente interferem em nossos relacionamentos, trabalho, cuidados pessoais e envolvimento na comunidade. As preocupações podem nos distrair tanto que deixamos de nos concentrar em coisas que são importantes para nós e acabamos sentindo menor satisfação em nossos relacionamentos e atividades. Muitas vezes, numa tentativa de evitar mais estresse e ansiedade, podemos deixar de dizer ou fazer alguma coisa que é importante para nós. Às vezes, os efeitos da preocupação sobre a nossa vida são muito óbvios. Outras vezes, as nossas respostas são tão automáticas que começamos a pensar que temos pouca escolha para mudar as coisas e "é assim que as coisas tem de ser".

Esta tarefa vai ajudar você a encontrar um tempo para si mesmo, para compreender realmente como a sua vida pode ser afetada por preocupações e ansiedade.

Por favor, reserve 20 minutos em quatro dias diferentes, durante os quais seja possível fazer esta tarefa com privacidade e tranquilidade. Gostaríamos que você realmente se abrisse e descrevesse suas emoções e pensamentos mais profundos sobre os tópicos listados abaixo.

Ao escrever, tente experienciar seus pensamentos e sentimentos tão completamente quanto conseguir. Este trabalho se baseia na comprovação de que tentar afastar esses pensamentos perturbadores na verdade os torna piores, então tente realmente se soltar. Se não conseguir pensar no que quer escrever a seguir, simplesmente repita a mesma coisa várias vezes, até lhe ocorrer algo novo. Escreva durante todos os 20 minutos. Não se preocupe com ortografia, pontuação ou gramática; simplesmente escreva tudo o que lhe ocorrer.

Dia 1

Por favor, descreva como, na sua opinião, a sua ansiedade e preocupação poderiam estar interferindo em seus relacionamentos (família, amigos, parceira, etc.). Descreva algumas coisas que você faz quando está ansioso que afetam seus relacionamentos. Como a sua ansiedade e preocupação fazem você se fechar em seus relacionamentos? O que você precisa receber dos outros na sua vida? O que você quer dar aos outros? O que impede que você peça o que precisa ou dê o que gostaria de dar?

Dia 2

Por favor, descreva como, na sua opinião, a sua ansiedade e preocupação poderiam estar interferindo em seu trabalho, curso ou treinamento, ou nos cuidados da família/casa se você não trabalha fora. Que coisas você faz quando está ansioso que afetam seu trabalho/curso? Como a sua ansiedade e preocupação o refreiam em seu trabalho/curso? Você gostaria de fazer algumas mudanças nessa área da sua vida?

(continua)

MATERIAL 7.2   *(continuação)*

Dia 3

Por favor, descreva como, na sua opinião, a sua ansiedade e preocupação interferem na sua capacidade de cuidar de si mesmo, se divertir e/ou se envolver com a sua comunidade. Há alguma atividade nessas áreas que você gostaria de fazer mais? Como a sua ansiedade/preocupação o impedem?

Dia 4

Este é o último dia em que você vai escrever, então tire um tempo para refletir sobre o que lhe ocorreu nos últimos dias enquanto se concentrava nas questões propostas nas primeiras três partes da tarefa escrita. Você percebeu alguma área importante que precisa de maior atenção? Sinta-se livre para escrever sobre qualquer coisa que lhe ocorrer a respeito dessa três áreas de vida.

MATERIAL 7.3

TAREFA DE VALORES 2

Muitas vezes, as nossas tentativas de evitar ansiedade, preocupação e estresse nos induzem a mudanças sutis de comportamento, e começamos a fazer o que "se espera" que façamos, perdendo de vista o que *queremos* fazer, o que é *pessoalmente importante* para nós como indivíduos. Nesta tarefa, continuaremos a examinar as três áreas de vida para ver que mudanças seriam necessárias para melhorar a sua qualidade de vida.

Gostaríamos que você dedicasse 20 minutos, em três dias diferentes, durante os quais possa fazer esta tarefa com privacidade e tranquilidade. Novamente, gostaríamos que você realmente se abrisse e descrevesse suas emoções e pensamentos mais profundos sobre os tópicos listados abaixo.

Ao escrever, tente experienciar seus pensamentos e sentimentos tão completamente quanto conseguir. Este trabalho se baseia na comprovação de que tentar afastar esses pensamentos perturbadores na verdade os torna piores, então tente realmente se soltar. Se não conseguir pensar no que quer escrever a seguir, simplesmente repita a mesma coisa várias vezes, até lhe ocorrer algo novo. Escreva durante todos os 20 minutos. Não se preocupe com ortografia, pontuação ou gramática; simplesmente escreva tudo o que lhe ocorrer.

Dia 1: Relacionamentos

Escolha dois ou três relacionamentos que são importantes para você. Você pode escolher relacionamentos reais (p. ex., meu relacionamento com meu irmão) ou relacionamentos que gostaria de ter (p. ex., eu gostaria de ser parte de um casal, gostaria de ter mais amigos). Escreva brevemente sobre como gostaria de ser nesses relacionamentos. Pense em como gostaria de *se comunicar com os outros* (p. ex., quão aberto ou reservado gostaria de ser, quão direto ou passivo gostaria de ser em relação a pedir o que precisa e dar *feedback* aos outros). Pense no *tipo de apoio que gostaria de receber* dos outros e no *tipo de apoio que pode dar* sem sacrificar os cuidados consigo mesmo.

Dia 2: Trabalho/Instrução

Escreva brevemente sobre o tipo de trabalho, treinamento, curso ou administração do lar que gostaria de fazer e *por que isso o interessa*. A seguir, escreva sobre o *tipo de profissional, estudante e/ou administrador do lar* você gostaria de ser, com respeito a hábitos de trabalho e *relacionamentos* com seu chefe, colegas de trabalho ou curso. O que é importante para você em termos do *produto do seu trabalho/estudos*? Como você gostaria de *se comunicar com os outros* no trabalho? Como gostaria de *responder ao feedback*? Que *desafios* adicionais você gostaria de se propor?

Dia 3: Cuidados Pessoais e Envolvimento na Comunidade

Escreva brevemente sobre como gostaria de *passar seu tempo livre*, independentemente de ter algum tempo livre na sua vida atualmente. O que você gostaria de fazer para *se divertir*? De que maneira você poderia *cuidar melhor de si mesmo* (p. ex., nutrição, exercícios, espiritualidade)? Como poderia ser mais ativo na sua comunidade?

MATERIAL 7.4

TAREFA DE VALORES 3

Nas últimas semanas, você dedicou um tempo, dentro e fora da sessão, a pensar sobre como a sua ansiedade e preocupação interferem nas coisas que são pessoalmente importantes para você e melhoram a sua qualidade de vida.

Muitas vezes, sentimos como se não pudéssemos agir de acordo com nossos valores quando estamos ansiosos, tristes, estressados ou nos sentimos mal em relação a nós mesmos. Também sentimos que não temos escolha na nossa vida, que temos tantas responsabilidades que não podemos fazer a mudança para o que realmente é importante para nós. Os limites da nossa capacidade de controlar os outros podem dar a impressão de que agir da forma que valorizamos é uma má escolha ou uma perda de tempo, pois é improvável que a nossa situação mude. Ou podemos sentir que estamos agindo de acordo com nossos valores, mas que a preocupação e a ansiedade nos impedem de usufruir plenamente dessas atividades.

Nesta tarefa, gostaríamos que você citasse um ou dois valores em cada esfera de vida que discutimos. Lembre-se de que um valor é diferente de um objetivo, pois os valores são um processo – uma maneira de ser no mundo – ao passo que os objetivos são um resultado. Um exemplo de valor é "Eu quero me abrir em meus relacionamentos – deixar que os outros saibam o que eu penso e sinto", e um objetivo seria "Eu quero ter mais amigos".

Os valores são maneiras de ser que são importantes para você. É muito frequente, por uma razão ou outra, não agirmos consistentemente com nossos valores. Gostaríamos que você pensasse sobre pensamentos, sentimentos, sensações físicas e circunstâncias de vida que podem impedi-lo de agir de acordo com seus valores. Por favor, pense em obstáculos aos valores que está buscando consistentemente e em obstáculos para os quais talvez ainda não esteja pronto.

Valores	Obstáculos
Relacionamentos interpessoais	
Trabalho/Escola/Comunidade	
Cuidados pessoais e envolvimento na comunidade	

FORMULÁRIO 7.1

DIÁRIO DE ATIVIDADES VALORIZADAS

Por favor, preencha este formulário no final de cada dia.

Nesta semana, no final de cada dia, gostaríamos que você pensasse sobre alguma ação realizada que foi consistente com um de seus valores ou uma oportunidade que perdeu de agir de acordo com seus valores. Descreva brevemente a ação e assinale R para realizada e P para perdida.

Em uma escala de 0 a 100, avalie quão consciente você estava durante a ação ou a oportunidade perdida.

Registre quaisquer obstáculos percebidos que o impediram de agir (ou que poderiam ter impedido).

Não existem respostas certas ou erradas nesta tarefa – todos nós escolhemos não realizar ações valorizadas por uma variedade de razões. É apenas uma maneira de você começar a compreender melhor o que pode estar atrapalhando, para que possa escolher como gostaria de prosseguir.

Data	Ação	Realizada (R) ou Perdida (P)	Mindfulness (0 a 100)	Obstáculos

8
Juntando Tudo: Promovendo Uma Ação Consciente, Valorizada

Nos Capítulos 5 a 7, descrevemos vários métodos para apresentar aos clientes um modelo de funcionamento humano, estratégias de *mindfulness* e aceitação e o conceito de valorização e mudança de comportamento, todos eles do ponto de vista comportamental baseado na aceitação. O objetivo maior da TCBA é eliciar uma mudança comportamental significativa e duradoura. Neste capítulo, descrevemos como passamos à segunda fase da terapia orientada para a ação, com o propósito de integrar todos os conceitos trabalhados e intensificar a motivação dos nossos clientes e sua disposição para mudar.

Conforme mencionamos anteriormente, acreditamos que a disposição para mudar é influenciada por propriedades reforçadoras e punitivas do comportamento. Colocando bem simplesmente, é mais provável que a pessoa se esforce para mudar seu comportamento quando as recompensas associadas aos novos comportamentos forem mais salientes que as punições. Quando os clientes procuram tratamento, em geral estão claramente focados nas qualidades punitivas de se empenhar em suas vidas. Participar plenamente da vida vai despertar emoções e pensamentos dolorosos que, de início, parecem intoleráveis e prejudiciais. As recompensas associadas a se conectar com os outros, assumir riscos e experimentar novas atividades muitas vezes só são consideradas superficialmente pelo indivíduo que está sofrendo muito, em especial se ele não tem esperança de mudar.

A TCBA procura diminuir as qualidades punitivas das experiências internas desagradáveis e intensificar as atividades valorizadas. Dar informações ao cliente sobre a função da emoção, modelar a aceitação, validar a sua experiência e ensinar estratégias de aceitação e desfusão ajuda a tornar as experiências internas menos ameaçadoras. Reconectar-se com valores nucleares e avaliar com *mindfulness* as oportunidades, momento a momento, de realizar atividades valorizadas, por meio de tarefas escritas e outros métodos clínicos descritos no Capítulo 7, permite à pessoa imaginar as possíveis recompensas associadas a essas ações.

Depois que o cliente articulou um ou dois valores nucleares em algumas áreas importantes da vida (relacionamentos interpessoais, trabalho/escola/comunidade, cuidados pessoais e envolvimento com a comunidade) e examinou conscientemente como suas dificuldades psicológicas poderiam estar afastando-o de ações consistentes com seus valores, o passo seguinte é fazer com que se comprometa com uma mudança de comportamento. Neste capítulo, discutimos os métodos que usamos para incentivar o cliente a viver de acordo com seus valores pessoais. Revisamos estratégias empregadas para tratar barreiras internas e externas que dificultam o empenho em ações valorizadas e compartilhamos alguns métodos que aumentam a disposição para se empenhar, com *mindfulness*, em comportamentos consistentes com os valores.

PREPARANDO-SE PARA PASSAR DA ARTICULAÇÃO DOS VALORES PARA O COMPORTAMENTO CONSISTENTE COM OS VALORES

Num preparo para essa conversa, pedimos ao cliente que realize uma terceira tarefa escrita referente a valores, destinada especificamente a examinar seus pensamentos, medos e sentimentos em relação a se comprometer com a mudança comportamental. Como nas tarefas anteriores, pedimos que reserve 20 minutos por dia, em três dias diferentes, para escrever, o mais aberta e honestamente possível, sobre alguns tópicos importantes que representam uma revisão e consolidação de materiais já trabalhados. Pedimos que pense seriamente em fazer mudanças significativas. Por exemplo, perguntamos mais uma vez se ele se sente ocupado demais fazendo coisas que *deveria* e não lhe sobra tempo para atividades consistentes com o que *quer fazer*, se faz as coisas de modo automático ou se evita ações consistentes com seus valores por causa das suas dificuldades psicológicas.

O cliente também é estimulado a descrever a importância de seus valores, um exercício semelhante ao que fez no início do processo de terapia. Nesse momento mais adiantado do tratamento, quando a pessoa já começou a se abrir e a considerar suas experiências internas e comportamentos com mais honestidade e exatidão, escrever sobre esse tópico é um catalisador vital de mudança. Por exemplo, Marcia, uma mulher com problemas de relacionamento, iniciou o tratamento insensível às lacunas em sua vida. Embora descrevesse, indiferentemente, algumas possíveis direções valorizadas, sua evitação experiencial a impediu de se empenhar de verdade na primeira tarefa. Num momento posterior da terapia, depois de ter começado a praticar *mindfulness* e a observar sem julgamentos a sua dor interna relacionada à ausência de relacionamentos sociais em sua vida, ela se dispôs a assumir riscos e articular seu desejo genuíno de viver de outra maneira.

Também pedimos ao cliente que escreva sobre o maior obstáculo que ainda enfrenta com relação a experienciar verdadeiramente seus eventos internos, a serviço de ações valorizadas. Don, um cliente que buscou tratamento por problemas com a raiva, vinha usando *mindfulness* de modo bem eficiente em vários contextos desafiadores, mas escreveu que temia o "gorila de 400 quilos" emboscado em suas experiências. Em outras palavras, ele temia que algum pensamento ou sentimento perigoso e impossível de acolher, que não percebia no momento, pudesse irromper e impedi-lo de continuar a seguir em frente. O medo dessa possibilidade o impedia de realizar algumas ações valorizadas.

Finalmente, nessa tarefa o cliente vai escrever sobre suas experiências passadas de comprometimento, incluindo sucessos e fracassos (ver Material 8.1, p. 195). A maioria dos nossos clientes tentou várias vezes se comprometer com mudanças comportamentais no passado, e descobrimos que é muito útil abrir um espaço para que observem, honestamente e não defensivamente, os pensamentos e sentimentos que surgem quando pensam em se comprometer novamente. A seguir está uma conversa que tivemos sobre essa tarefa com Terrell, um cliente que estava com dificuldades sexuais.

CLIENTE: Essa tarefa foi a mais difícil até agora. Eu tinha muita esperança de fazer algumas mudanças, mas preencher isso me lembrou de todas as vezes em que fracassei.

TERAPEUTA: Me fale um pouco mais sobre o que você pensou.

CLIENTE: Bem, me lembrei de como Jazmin e eu tentamos "saídas românticas" à noite para melhorar a nossa vida sexual. Durante o verão, contratávamos uma babá todos os sábados à noite e saíamos para ouvir música ou jantar. Começamos a nos sentir muito próximos, e eu tinha esperança de que a nossa vida sexual melhorasse.

TERAPEUTA: E o que aconteceu?

CLIENTE: É difícil lembrar como as coisas começaram a dar errado.

TERAPEUTA: Acho que pode ser muito doloroso lembrar.

CLIENTE: Eu me sinto muito mal em relação a isso. Não sei, acho que uma noite eu tinha bebido muito e quis que tentássemos fazer sexo. Vínhamos trabalhando com a nossa terapeuta, combinamos ir devagar – passar um tempo só nos beijando e acariciando – mas eu me sentia bem e queria fazer sexo. Começamos, mas eu não tive ereção. Eu me senti um completo fracasso, e Jazmin e eu tivemos uma briga horrível. Eu dormi na sala naquela noite.

TERAPEUTA: O que aconteceu depois disso?

CLIENTE: Praticamente paramos de sair. Eu nunca pensei de fato nisso na época, mas essa tarefa me fez lembrar. O trabalho começou a me exigir muito, de modo que interrompemos as nossas "saídas românticas". Acho que o dinheiro estava curto, então peguei turnos extras no restaurante. Chegava em casa tarde, e Jazmin já estava dormindo. Durante o dia, as crianças estão sempre em volta, não dá pra gente ter intimidade. Simplesmente seguimos com a vida e abandonamos a "coisa do sexo".

TERAPEUTA: Então, quando começou a pensar sobre isso, a escrever sobre isso, o que percebeu?

CLIENTE: Fiquei com medo. Se eu disser que alguma coisa é realmente importante para mim e não me esforçar para atingi-la, isso significa que sou mesmo um fracasso.

TERAPEUTA: Para você, parece que se comprometer significa ter de acertar o tempo todo. E se você não agir de acordo com o seu compromisso, então é um fracasso.

CLIENTE: Se não mantiver a minha palavra, me sinto péssimo. Então, acho que é mais fácil desistir.

TERAPEUTA: Isso é muito importante. Fico contente por você ter percebido isso. Então, se você se comprometer com alguma coisa e depois perder uma oportunidade de agir de acordo com seus valores, percebe sentimentos muito dolorosos, pensamentos de que é um fracasso e um impulso comportamental de abandonar seu compromisso. É assim que você sente?

CLIENTE: Sim, acho que é assim.

TERAPEUTA: Conversaremos mais sobre isso, mas quero que saiba que, embora tenha sido muito doloroso se dar conta de todas essas coisas, acho que isso realmente vai nos ajudar muito. A ideia de se comprometer é apavorante para a maioria de nós, e enfrentar esse medo e observar o que acontece depois pode nos ajudar a dar outras respostas.

COMPROMETENDO-SE COM AÇÕES VALORIZADAS COMO UMA PARTE DA VIDA COTIDIANA

Definindo comprometimento

Depois que nossos clientes tiveram a oportunidade de examinar suas experiências anteriores de comprometimento, passamos algum tempo definido esse construto. Deixamos muito claro que vemos o comprometimento como um processo, ou uma intenção, em vez de um resultado. É essencial enfatizar que, embora o nosso comportamento nem sempre seja consistente com nosso comprometimento ou intenções valorizadas, essas intenções servem como um mapa do caminho para orientar nosso comportamento quando ocorrem deslizes ou recaídas. Marlatt e Gordon (1985) descrevem as consequências negativas do efeito de violação da abstinência, conforme aplicado à recaída pós-tratamento para abuso de substâncias. Segundo eles, se o cliente vê o consumo de álcool como uma atividade "tudo ou nada", tomar uma bebida depois do tratamento aumentaria as chances de ele continuar a beber. Alternativamente, se a pessoa vê o episódio de ingestão de álcool pós-tratamento como uma recaída e é capaz de aprender com a experiência e continuar buscando a sobriedade, o resultado global seria mais positivo.

Com base em Marlatt e Gordon (1985) e Hayes, Strosahl e Wilson (1999), aplicamos amplamente esse conceito ao compromisso com um valor. Continuando com o exemplo de Terrell descrito acima, ele se comprometeu em aumentar a intimidade do relacionamento com a esposa, mas tinha um hábito muito antigo e muito arraigado de equiparar intimidade a sexo, de julgar o próprio valor pela capacidade de satisfazer sexualmente a parceira, e de tentar fugir de qualquer sentimento de fracasso e inadequação associado à incapacidade de atingir e manter uma ereção. Talvez seja necessário algum tempo (e muitas recaídas) para romper esses hábitos tão arraigados; entretanto, conforme Terrell foi aprendendo a se comprometer novamente com seu valor de intimidade depois de cada recaída, e a aceitar sem julgamento seus pensamentos e sentimentos associados a comportamentos inconsistentes com valores, seu comportamento passou a ser mais consistente com suas intenções.

Enfatizamos que os altos e baixos na vontade de se comprometer com uma determinada direção e a ambivalência e a dúvida em relação ao que valorizamos são uma parte normal do processo de comprometimento. Em resposta a essas mudanças nos pensamentos e sentimentos, a pessoa pode decidir mudar direções valorizadas. Às vezes, essa mudança é um movimento autêntico e benéfico para a sua vida, particularmente se ela estava lutando com a evitação e a falta de percepção durante os primeiros estágios da terapia, e originalmente endossava valores que poderiam ser considerados "seguros". Por exemplo, uma cliente se concentrou inicialmente em seu valor de cuidados pessoais, apesar de sua significativa solidão e falta de amigos e relacionamentos íntimos. Conforme notamos acima, a prática de *mindfulness* pode aumentar a clareza, a percepção e a disposição, de modo que, num momento posterior do tratamento, o cliente é capaz de perceber uma mudança ou evolução em seus valores.

Embora o impulso de mudar valores seja uma consequência natural da terapia, ele também pode representar um padrão de reagir irrefletidamente às experiências internas. Barry, um cliente que buscou tratamento para aprender a desenvolver relacionamentos íntimos, tinha 45 anos e jamais tivera um relacionamento com alguém por mais de seis meses. Quando examinamos seu histórico de relacionamentos, ficou claro que ele tivera algumas parceiras abusivas e emocionalmente não disponíveis, e fizera algumas escolhas saudáveis e apropriadas de terminar esses relacionamentos. Mas Barry também tinha um padrão de avaliar severamente suas parceiras depois dos três primeiros meses de namoro, ficando inquieto e temeroso de haver escolhido mal.

A metáfora da jardinagem, da TAC, pode ser usada para ajudar o cliente a se abrir para o conceito de *considerar* manter a sua intenção mesmo quando surgem dúvidas e uma mudança poderia ser justificada. Nessa metáfora, a pessoa se imagina escolhendo um lugar para fazer um jardim. Depois de escolher o lugar, preparar o solo e plantar as sementes, enquanto esperamos que brotem percebemos que há outros locais, logo depois do quintal, que parecem ainda melhores para um jardim. Podemos decidir arrancar as plantas e replantar o jardim em outro lugar. Assim que começamos a preparar o solo no novo local, percebemos que ele é um pouco mais sombrio do que imaginávamos, ou encontramos uma seção pedregosa onde será difícil plantar. Os valores são como o local onde plantamos um jardim. Não podemos avaliar e saber exatamente como um determinado local vai produzir plantas se as arrancarmos repetidamente. É claro, se mantivermos o local por algum tempo, vamos perceber suas imperfeições. Nesses momentos, é perfeitamente normal ter dúvidas. A escolha é se continuaremos a jardinar no mesmo local quando surgirem esses pensamentos difíceis. Uma das coisas complicadas nos jardins é que, embora algumas plantas cresçam rapidamente, outras exigem tempo e dedicação. Precisamos decidir se estamos dispostos a correr o risco no nosso jardim, mesmo com suas imperfeições, para ver se com tempo, paciência e disposição, ele dará belas flores.

Pode ser difícil saber se uma determinada mudança de valores representa crescimento ou evitação, e nenhuma resposta se aplica a todos os clientes e situações. Em nossa experiência, considerar essa metáfora e manter a prática regular de *mindfulness* geralmente ajuda o cliente a ter clareza das suas intenções. Também é bom enfatizar os valores como um processo, e não um resultado. Por exemplo, se Barry se comprometer com um relacionamento, tiver intimidade com a parceira e se comportar, de modo geral, como a pessoa que quer ser num relacionamento, ele estará vivendo de acordo com seus valores, momento a momento, mesmo que o relacionamento acabe terminando.

OBSTÁCULOS À AÇÃO COMPROMETIDA

Conforme dissemos anteriormente, como parte desse exercício escrito, pedimos ao cliente que considere os obstáculos que o impedem de se comprometer com ações valorizadas. No Capítulo 7, apresentamos o Diário de Atividades Valorizadas (Formulário 7.1), que o cliente usa para monitorar vários aspectos de comportamentos valorizados, incluindo oportunidades perdidas de se empenhar neles e obstáculos que dificultam a sua realização. Tanto o exercício escrito quanto o Diário de Atividades Valorizadas salientam os obstáculos que precisam ser tratados para que o cliente se motive a realizar a mudança comportamental e para preparar o terreno para o trabalho a ser feito nas sessões subsequentes.

Ao examinar essas tarefas, costumamos classificar os obstáculos que interferem na ação valorizada como barreiras internas ou externas. Barreiras externas são circunstâncias situacionais que podem ser superadas com ações adicionais. Por exemplo, Mark, um cliente com depressão, anotou em seu Diário de Atividades Valorizadas que uma noite de sábado que passou sozinho foi uma oportunidade perdida de se empenhar em atividades sociais valorizadas. A conversa foi assim:

TERAPEUTA: Então, você anotou em seu diário que queria planejar alguma atividade social para a noite de sábado, mas que surgiram vários obstáculos. Fale sobre um deles.

CLIENTE: Bem, você sabe que eu estou morando aqui há apenas um mês. Sempre foi difícil para mim fazer planos para o fim de semana, mas, quando morava em Chicago, eu pelo menos conhecia quatro ou cinco pessoas para as quais poderia telefonar.

TERAPEUTA: E aqui?

CLIENTE: Estou começando a conhecer algumas pessoas no trabalho. Telefonei para duas delas na tarde de sábado, mas elas já tinham planos.

TERAPEUTA: Você queria fazer alguma atividade social no sábado à noite, e as duas pessoas para as quais telefonou já estavam ocupadas. Esse é um exemplo de uma barreira externa à ação valorizada. Quando surgem barreiras externas, sempre ajuda fazer uma lista de algumas ações que você pode realizar para superá-las. Você tem alguma ideia do que poderia fazer?

CLIENTE: Bem, seria aconselhável conhecer mais pessoas.

TERAPEUTA: Parece uma boa ideia. E que passos você poderia dar para conhecer mais pessoas?

CLIENTE: Eu sei que devo sair mais de minha mesa no trabalho e conversar mais com os colegas.

TERAPEUTA: Isso seria um passo.

CLIENTE: Em Chicago, eu também participava da liga de basquete. Isso me dava um lugar aonde ir algumas noites por semana e estar com pessoas. Acho que poderia me informar como esses grupos funcionam aqui.

TERAPEUTA: Todos esses parecem ser bons passos para superar alguns dos obstáculos externos ao seu valor. Alguma outra ideia?

CLIENTE: Eu provavelmente não deveria esperar até sábado para fazer planos para sábado à noite.

TERAPEUTA: Concordo plenamente! Mas e se isso acontecer de novo? Você quer se relacionar socialmente com alguém, mas não encontra ninguém para sair com você. Que outras maneiras você teria de viver consistentemente com seu valor num momento desses?

CLIENTE: Ok, sei aonde você quer chegar. Outras ações, certo?

TERAPEUTA: Você consegue pensar em alguma?

CLIENTE: Acho que poderia telefonar para um dos meus amigos de Chicago, para conversar. Mesmo que não o esteja vendo, estar conectado com ele por telefone seria uma ação valorizada.

TERAPEUTA: Ótimo! Alguma outra ideia? E se ele não atendesse?

CLIENTE: Eu poderia lhe mandar um *e-mail*. Pelo menos estaria dando um passo para me relacionar com alguém.

TERAPEUTA: Acho que você realmente fez um ótimo trabalho pensando em todas essas ações. Elas são consistentes com os seus valores e o ajudarão a superar alguns desses obstáculos externos.

Barreiras internas também são identificadas com frequência por nossos clientes. Por exemplo, em outra entrada de seu diário, Mark anotou que perdera uma oportunidade de se apresentar como voluntário em um projeto desafiador no trabalho. Ele achava que isso despertaria pensamentos e sentimentos desagradáveis relacionados à incompetência que percebia em si mesmo. Sua evitação experiencial dessas experiências internas particularmente dolorosas foi conceitualizada como um alvo importante da terapia.

A essa altura da terapia, os clientes já passaram um bom tempo considerando os conceitos de aceitação e disposição como possíveis alternativas para a evitação experiencial. A maioria dos clientes experimentou diferentes formas de prática de *mindfulness* e, portanto, teve alguma experiência direta com a aceitação de eventos internos e externos. Essa segunda fase da terapia enfatiza, explicitamente, o uso de habilidades de aceitação, *mindfulness* e disposição em resposta às barreiras internas que impedem comportamentos consistentes com valores. Especificamente, pedimos que considerem se comprometer com seus valores desenvolvendo uma postura de disposição em relação a barreiras internas.

A metáfora dos "passageiros do ônibus", da TAC, é uma boa ilustração de como as barreiras internas podem interferir nos comportamentos consistentes com valores e como a pessoa pode seguir na direção escolhida, mesmo com pensamentos e sentimentos indesejados ou desconfortáveis. Nessa metáfora, a pessoa se imagina como o motorista de um ônibus cheio de passageiros, que representam os pensamentos, preocupações, emoções, imagens e outras experiências internas com as quais está lutando. Embora a rota inicial do ônibus possa ter sido informada pelas direções valorizadas e pelo caminho escolhido, pedimos que leve em conta os grandes e pequenos desvios de curso que foram tomados na tentativa de apaziguar os passageiros ingovernáveis e indesejados. A pessoa quer dirigir seu ônibus no rumo da intimidade, mas, numa tentativa de evitar o desagradável passageiro da vulnerabilidade, evita aquela rota. Outra pode ter parado a viagem rumo a direções valorizadas e ido para a parte de trás do ônibus, tentando lidar com os passageiros. Ambas deixaram de buscar ações valorizadas na tentativa de controlar as experiências internas. Conforme discutiremos mais detalhadamente a seguir, assumir a postura de disposição significa dirigir o ônibus pelo caminho escolhido, mesmo quando os passageiros ameaçam, criticam e reclamam.

DISPOSIÇÃO DE SE COMPROMETER

Como discutimos no Capítulo 5, a aceitação da experiência interna é apresentada como uma alternativa possível aos esforços de controle. Foi demonstrado que, paradoxalmente, essas tentativas intensificam a angústia e interferem na qualidade de vida. A TAC (Hayes, Strosahl e Wilson, 1999) utiliza o termo *disposição* para descrever a aceitação das experiências internas que podem surgir, como uma condição do empenho em ações comprometidas, consistentes com os valores. Hayes e colaboradores descrevem várias qualidades da disposição aplicada que achamos muito útil discutir com nossos clientes. A primeira é que *estar disposto* a experienciar a gama completa de pensamentos e emoções que fazem parte da vida não é o mesmo que *querer* experienciá-la. Às vezes, a pessoa entende mal os conceitos de aceitação e disposição e supõe que deve aceitar ou processar experiências difíceis apenas pelo valor de fazer isso. Então deixamos muito claro que não existe nada de inerentemente nobre ou valioso nos sentimentos dolorosos. Se houvesse uma maneira de se viver uma vida gratificante e plena sem sentir dor, vulnerabilidade, perda, e assim por diante, a maioria das pessoas (inclusive nós) optaria por essa rota. Assumir uma postura de disposição simplesmente significa que aceitaremos e seguiremos em frente com todos os pensamentos e sentimentos que aparecerem quando realizarmos comportamentos consistentes com nossos valores.

Na TAC, Hayes, Strosahl e Wilson (1999) usam a metáfora de um pântano para descrever as escolhas referentes à disposição que frequentemente fazemos quando buscamos valores. Eles sugerem que, se você está viajando para uma linda montanha e seu caminho está bloqueado por um pântano escuro, imundo, você pode escolher atravessá-lo (mesmo que não queira ou não pareça justo ter de fazer isso) se decidir que a viagem para a montanha vale a pena. Achamos muito proveitoso utilizar essa metáfora e voltar a ela durante toda a terapia. Por exemplo, para sublinhar a nossa perspectiva de que se dispor não significa chafurdar em desespero, sugerimos que não é preciso, necessariamente, rastejar através do pântano, embora possa haver momentos em que tropeçamos e caímos, sujando-nos mais que o esperado. Também sugerimos que praticar as habilidades de aceitação, desfusão e *mindfulness* nos ajudam a atravessar o pântano sem nos sujar tanto (mais ou menos como usar botas altas para atravessá-lo). Às vezes, os pântanos nos surpreendem, por mais que tenhamos praticado lidar com eles, e é por isso que a disposição precisa ser flexível e expansiva. Sempre podemos tropeçar e cair, mesmo depois de muita prática; dispor-se significa levantar e continuar caminhando.

É importante esclarecer que disposição é uma *ação*, não um *sentimento*. Muitos clientes não ficam à vontade agindo de maneira inconsistente com aquilo que sentem. Por exemplo, o cliente que não está conseguindo sentir nenhum prazer pode se recusar a realizar atividades previamente valorizadas, como pintar, porque não sente a alegria e paixão que antigamente alimentava a atividade artística. A maioria das pessoas com as quais trabalhamos acredita que precisa consertar defeitos internos e se sentir forte, competente e disposta antes de fazer mudanças comportamentais. Conforme discutimos anteriormente, sempre insistimos na noção de que é possível se sentir completamente indisposto a fazer alguma coisa e, apesar disso, persistir no comprometimento. Embora os pensamentos e, particularmente, as emoções sejam fortemente associados a tendências de ação, eles não ditam a ação. Como observamos no Capítulo 10, esse conceito também é discutido na TDC, na qual é chamado de *ação oposta* (Linehan, 1993b). Por exemplo, se uma mãe que não trabalha fora se sente culpada por deixar os filhos com uma babá por uma tarde, para poder almoçar com uma amiga, ela seria encorajada a fazer exatamente a ação oposta à promovida pela culpa. É essencial que o cliente dê o pulo de fé de que não é preciso estar com vontade para se comportar consistentemente com seus valores.

Hayes, Strosahl e Wilson (1999) também ressaltam a qualidade tudo ou nada da disposição. Frequentemente, os clientes afirmam que estão dispostos a se empenhar em comportamentos consistentes com os valores desde que não seja preciso atravessar nenhum limite pessoalmente imposto. Um exemplo disso está ilustrado na conversa com Isabella, uma cliente que tratamos por dependência de álcool.

CLIENTE: Estou pronta para me comprometer com a abstinência.

TERAPEUTA: Eu sei como esse valor é importante para você. Como se sente ao declarar isso em voz alta?

CLIENTE: Bem, eu me sinto pronta para trabalhar nisso. Eu preciso. De outra forma, a minha vida vai desmoronar. Eu sei que consigo, desde que o Marcos fique comigo.

TERAPEUTA: O que você tem pensado sobre o Marcos?

CLIENTE: Eu o amo tanto. Sei que consigo fazer isso com o apoio dele.

TERAPEUTA: As coisas têm sido bem difíceis no seu relacionamento, e você gosta muito do Marcos.

CLIENTE: Eu realmente acredito que consigo fazer isso por ele, mas, se ele me deixar, sei que teria de beber. Não há como eu continuar abstinente se nós nos separarmos. Eu não conseguiria lidar com isso sozinha.

TERAPEUTA: Você está disposta a se comprometer com a sobriedade desde que as coisas deem certo entre vocês.

Outro cliente com o qual trabalhamos, que lutava com uma fobia social, comprometeu-se em conversar com um vizinho numa festa próxima. Quando examinamos a sua disposição, ele se comprometeu em ficar conversando mesmo que ficasse com as palmas das mãos suadas e sua voz tremesse, mas acabou dizendo que, se sentisse que estava ficando ruborizado, não se disporia a continuar a interação e daria uma desculpa para ir embora.

Esses termos e condições da disposição são muito comuns entre os clientes. Infelizmente, a nossa experiência mostra que colocar um limite para a disposição acaba tendo o efeito oposto. Embora possa estar associado a uma temporária redução de angústia, isso reforça a evitação e aumenta a angústia. Usamos uma metáfora modificada da TAC para ilustrar esses pontos.

Imagine que você vai dar uma festa para inaugurar sua casa nova e decide convidar todos os vizinhos. Você está curtindo muito a festa até Joe, seu vizinho importuno, aparecer. Joe fala alto, tem opinião sobre tudo e é deselegante, e a sua primeira reação ao vê-lo é sentir que mudou de ideia e não está disposto a receber todo o mundo na sua festa. Sua disposição para agir assim tem limites. Nesse momento, você tem algumas escolhas. Pode decidir que está disposto a receber todo o mundo na sua festa exceto Joe, e pede a ele que vá embora. Se fizer essa escolha, vai ficar toda a noite cuidando a porta para garantir que ele não volte. Outra opção seria dizer que você está disposto a receber Joe na festa, mesmo que isso não seja verdade. Nesse caso, você passa o resto da noite tentando controlar e aplacar Joe, mantendo-o distante dos outros convidados da festa. Infelizmente, ambas as opções, que representam os termos e condições da sua disposição, limitam profundamente a sua capacidade de participar plenamente da festa. Em vez de se divertir livremente, conversar com os convidados e curtir realmente a festa, você está preso a Joe, monitorando cada movimento que ele faz e aguentando a sua negatividade. Mas você tem uma outra opção. Pode se dispor completamente a recebê-lo na festa e participar dela se divertindo. Você pode ter uma opinião negativa dele e até desejar que não tivesse vindo, e ainda assim estar disposto a tê-lo lá, continuar interagindo com seus convidados e aproveitar a ocasião.

Para se beneficiar da disposição, o cliente precisa aceitar a sua qualidade tudo ou nada, mas pode praticar a disposição de maneira gradual, escolhendo o contexto ou a situação em que vai praticar. Por exemplo, Alik, uma cliente que tratamos por TEPT, tinha como um de seus valores se conectar mais intimamente com as pessoas. A princípio, comprometeu-se em conversar com as pessoas com maior franqueza e abertura, desde que não surgisse nenhum pensamento, sentimento, lembrança ou sensação fisiológica associado à sua experiência traumática. Se isso acontecesse, ela iria se fechar e dar uma desculpa para terminar a conversa. Discutimos a possível influência que esse limite à disposição teria sobre os objetivos da terapia e sugerimos outra possibilidade. Especificamente, perguntamos se ela poderia se comprometer em ser completamente honesta e disponível em algum relacionamento, mesmo que surgissem experiências dolorosas. Ela se comprometeu em agir assim com a terapeuta. No decorrer do tempo, Alik progrediu para se dispor a acolher essas experiências na presença de seu parceiro e, finalmente, de uma amiga de confiança. Nesse caso, Alik não limitou sua disposição para ser aberta em seus relacionamentos, só praticou essa abertura em esferas de dificuldade crescente.

Empenhar-se regularmente em ações valorizadas

A essa altura do processo terapêutico, se o cliente estiver disposto, o nosso foco muda, da prática de habilidades de *mindfulness* e exploração de direções valorizadas, para a aplicação das habilidades de aceitação e disposição, o que incentivará o empenho em atividades valorizadas. Como antes, a sessão começa com um exercício de *mindfulness*. Contudo, nessas sessões posteriores, a escolha do exercício é ditada pelas necessidades individuais do cliente. Por exemplo, alguns podem se beneficiar de um simples exercício de respiração, enquanto outros podem precisar praticar *mindfulness* de pensamentos ou emoções. Também podem ser praticadas habilidades específicas. Um cliente pode achar proveitoso voltar a exercícios de *mindfulness* que ilustram a utilidade da mente de principiante, e outro pode achar útil praticar a autocompaixão.

A seguir, o cliente é incentivado a descrever suas experiências fora da sessão, especificamente seus sucessos e lutas com a prática de *mindfulness*, ações valorizadas realizadas e oportunidades perdidas, e lutas com barreiras internas e externas. Durante essas conversas, repassamos conceitos já examinados (p. ex., a função das emoções, o problema do controle), de acordo com a necessidade. Dada a longa história de aprendizagem de evitação experiencial dos clientes, é comum que esqueçam (ou lembrem erroneamente) materiais trabalhados em sessões anteriores. Reintroduzir temas, metáforas e exercícios já trabalhados é uma maneira simples, mas muito eficiente, de lembrar esses conceitos.

Conforme discutimos acima, a cada semana o cliente é convidado a se comprometer com algumas ações valorizadas, que são monitoradas com o Formulário 8.1 (p. 197). Uma parte significativa de cada sessão é dedicada a explorar e tratar barreiras internas e externas à ação. Por exemplo, no caso de Mark, que tem um círculo social limitado, pensamos em algumas ações valorizadas que poderiam aumentar seus contatos sociais, abrindo opções para seus planos de fim de semana. Ele começou convidando os colegas para almoçar, ingressou numa liga de basquete e se matriculou num curso de fotografia para adultos. Outra cliente identificou um déficit de habilidades como uma barreira externa que a impedia de confrontar seu chefe sobre uma questão no trabalho. Dedicamos um tempo da sessão para desenvolver suas habilidades sociais e praticá-las por meio de dramatização.

Estratégias para aumentar a disposição

Conforme discutimos em todo este livro, as barreiras internas geralmente são as mais difíceis de superar. As estratégias de *mindfulness* e desfusão apresentadas no Capítulo 6 podem ser utilizadas para aumentar a disposição de se empenhar em ações valorizadas. Por exemplo, se a pessoa tem medo dos sentimentos de tristeza e os evita, compreender a sua natureza universal e a sua função comunicativa, perceber que eles não são perigosos nem patológicos, e praticar acolhê-los vai ajudar a aumentar a sua disposição para sentir tristeza. Além disso, considerar os limites da linguagem, diferenciar uma descrição objetiva da experiência do julgamento dessa experiência, e rotular as experiências internas apenas como experiências, são eficientes exercícios de desfusão que aumentam a disposição de experienciar pensamentos desagradáveis.

Nesse ponto da terapia, costumamos dar aos clientes o Material 8.2 (p. 196), que apresenta alguns métodos para aumentar a disposição. Resumindo, sugerimos que, apesar da intenção de realizar atividades valorizadas, inevitavelmente fracassaremos em agir de acordo com nossos valores. A percepção dos fatores envolvidos nesses fracassos pode aumentar a probabilidade de futuros sucessos. Mais comumente, barreiras internas percebidas e evitação experiencial são os fatores que reduzem a disposição e interferem na ação valorizada. A melhor maneira de lidar com as barreiras internas é aumentar o contato experiencial com os próprios valores, perceber a futilidade de tentativas prévias de evitação e praticar as estratégias de *mindfulness*, desfusão e participação, que podem ser positivamente reforçadoras. Esse formulário também pede que o cliente observe se está realizando as atividades com *mindfulness*. Como discutimos anteriormente, alguns clientes com frequência agem de forma consistente com seus valores, mas não estão plenamente atentos à atividade que realizam nem envolvidos nela. Se esse padrão de comportamento persistir, convém retornar a alguns dos métodos e estratégias discutidos no Capítulo 6, destinados a trazer *mindfulness* às atividades do cotidiano.

MATERIAL 8.1

TAREFA DE VALORES 4: COMPROMETENDO-SE

Por favor, reserve 20 minutos em três dias diferentes, durante os quais você pode fazer esta tarefa escrita com privacidade e tranquilidade. Como antes, ao escrever, queremos que você realmente se solte e explore suas emoções e pensamentos mais profundos sobre os tópicos listados abaixo.

Ao escrever, tente experienciar seus pensamentos e sentimentos o mais completamente possível. Esta tarefa baseia-se na comprovação de que tentar afastar esses pensamentos perturbadores na verdade os torna piores; então, tente realmente se soltar.

Escreva sobre algum dos seguintes tópicos ou todos eles. Se você escolher escrever apenas sobre um dos tópicos, não tem problema. Você pode escrever sobre eles na ordem em que desejar. Se não conseguir pensar no que quer escrever a seguir, simplesmente escreva a mesma coisa repetidamente, até algo de novo lhe ocorrer. Escreva durante todos os 20 minutos. Por favor, não se preocupe com ortografia, pontuação ou gramática – essa escrita deve ser um "fluxo de consciência" – isto é, você pode escrever qualquer coisa que lhe vier à mente.

- Como se sente quando pensa em fazer escolhas na sua vida e agir baseado no que é importante para você?
    - Você costuma sentir que a sua vida é cheia de coisas que deve fazer, em vez de coisas que quer fazer?
    - Você faz o que quer mas se sentindo desconectado de suas ações?
    - Há coisas que você realmente quer mas se sente incapaz de conseguir por causa da sua ansiedade?
- Qual é a importância dos valores que escolheu? O que eles significam para você?
- Como se sente quando pensa em se dispor a agir? Qual é o maior obstáculo entre você e as mudanças que quer fazer?
- Que reações negativas e positivas lhe ocorrem quando você pensa em se comprometer? Como foram as suas experiências anteriores de comprometimento?

MATERIAL 8.2

DISPOSIÇÃO

Mantenha esta folha à mão e experimente algumas das sugestões abaixo quando perceber que está evitando certas ações, pensamentos ou sentimentos. Essas sugestões podem ajudar você a aumentar a sua disposição para realizar ações valorizadas.

- Passe algum tempo pensando em por que o valor que você escolheu é importante para você. Encontre um lugar tranquilo e confortável, feche os olhos e imagine-se agindo de maneiras consistentes com esse valor.
- Pense sobre a época em que você tentou evitar atividades ou limitar a sua vida para se esquivar de certos pensamentos e sentimentos. Pense sobre o que lhe custou ter escolhido a evitação
- Pense sobre os momentos em que tentou controlar as suas experiências internas para poder viver uma vida valorizada. Essa maneira de lidar com elas ajudou ou não?
- Releia seus materiais sobre *mindfulness* e pense sobre os conceitos que discutimos, tais como observar sem julgar (ou com compaixão), perceber as coisas com mente de principiante, aceitar e se soltar da angústia.
- Pratique *mindfulness* (algum exercício que tenhamos feito na sessão ou que você criou fora da terapia) e perceba como você pode observar seus pensamentos, sentimentos e sensações corporais.
- Realize alguma atividade prestando total atenção a ela (lavar a louça, dar uma caminhada, conversar com alguém) e observe como se sente. Perceba a diferença entre participar e não tomar parte no que acontece.

FORMULÁRIO 8.1

TAREFA DE MONITORAMENTO DE VALORES

Escreva alguns comprometimentos que você gostaria de fazer nesta semana. O comprometimento deve incluir uma ação comportamental e a disposição de permanecer presente durante a ação.

_____
_____
_____
_____

Durante a semana, observe os momentos em que você agiu consistentemente com seus valores e os momentos em que não agiu. Inclua neste monitoramento atividades relacionadas aos comprometimentos que fez. Observe possíveis obstáculos que o impediram de realizar atividades valorizadas. Comente o que percebeu ao agir de acordo com o que valoriza.

Data/Hora	Ações valorizadas	Obstáculos	*Mindfulness* (0 a 100)

9

Avaliação do Progresso, Prevenção de Recaída e Fim do Tratamento

Neste capítulo, fazemos algumas considerações gerais sobre o monitoramento do progresso da terapia, decisões de alterar a conceitualização e o plano de tratamento com base nessa avaliação, prevenção de recaída e término da terapia. Tudo isso varia muito, dependendo dos problemas apresentados pelos clientes e do contexto em que são atendidos (p. ex., sessões limitadas por razões externas), de modo que focalizaremos especialmente as razões de cada decisão, para mostrar aos terapeutas que podem adaptar as sugestões aos contextos específicos em que estão trabalhando.

AVALIAÇÃO CONTÍNUA DO PROGRESSO

Em nosso trabalho, pedimos ao cliente que preencha uma avaliação semanal muito breve de seus sintomas, de seu relacionamento com os sintomas e de seu funcionamento. Utilizamos para isso uma folha de avaliação muito simples, desenvolvida para avaliar especificamente as metas do tratamento (ver Formulário 9.1, Avaliação Semanal, p. 216, para um exemplo de avaliação do TAG). Também usamos uma medida mais geral de resultados do Institute for the Study of Therapeutic Change (www.talkingcure.com), que avalia o funcionamento pessoal, interpessoal, social e global com itens simples (e pode ser baixado gratuitamente da internet). Além disso, administramos uma medida de sintomas mais padrão, como o Depression Anxiety Stress Scales (descrito no Capítulo 2), para avaliar com mais segurança a mudança dos sintomas.

Embora utilizemos essas avaliações parcialmente por propósitos de pesquisa (devido ao nosso interesse em estudar a trajetória da mudança nesse tratamento e também preditores de resultado), também as consideramos clinicamente importantes por várias razões. Primeiro, essas avaliações são uma forma adicional de monitoramento, pois os clientes refletem sobre seu nível de sintomas e aspectos específicos do tratamento (p. ex., aceitação, *mindfulness*, empenho em ações valorizadas) pelo menos uma vez por semana. A pessoa com dificuldades iniciais no monitoramento diário fará esse tipo de reflexão uma vez por semana e começará a perceber flutuações nas áreas de funcionamento. Ademais, esse tipo de avaliação permite que o cliente perceba as mudanças conforme elas surgem: mudança no relacionamento com as experiências internas, maior número de ações valorizadas ou redução nos sintomas. Finalmente, essa avaliação nos permite ter uma ideia geral de como esses diferentes aspectos estão mudando (ou não) no decorrer do tempo e tomar decisões clínicas com base no que observamos. Por essa razão, pedimos ao cliente que chegue 5 a 10 minutos antes do horário da sessão e preencha esses formulários. Nós os examinamos logo antes de começar a sessão, já tendo revisado suas avaliações de semanas anteriores.

Avaliando a trajetória da mudança

Até o momento, nenhum estudo publicado examinou empiricamente o processo da mudança nas TCBAs, de modo que não existe nenhuma base empírica específica para avaliarmos o progresso do tratamento de uma perspectiva da TCBA. Entretanto, dados disponíveis das TCCs ressaltam a complexidade do processo de mudança. Pesquisas recentes destacaram padrões não lineares, dinâmicos e variáveis de mudança e desenvolvimento na psicoterapia (ver Hayes, Laurenceau e colaboradores, 2007, para uma revisão). Hayes e colaboradores (2007) sugerem que a mudança na psicoterapia pode seguir um modelo não linear, dinâmico, porque os clientes estão passando de um sistema fixo e estável, em que os comportamentos problemáticos são habituais e previsíveis, para um novo padrão (idealmente) em que novos comportamentos e respostas se tornarão habituais e previsíveis. Esse tipo de mudança envolve primeiro uma desestabilização do sistema inicial antes que o indivíduo possa se estabilizar no novo sistema, de modo que ele pode experienciar um período em que seu comportamento e respostas são mais variáveis e imprevisíveis, podendo haver inclusive uma piora nos sintomas ou comportamentos, antes que o novo sistema possa se estabilizar e se tornar previsível novamente. Estudos estão começando a fornecer evidências de que um aumento temporário nos sintomas (Hayes, Feldman et al., 2007) e um progresso descontínuo no tratamento (Stultz, Lutz, Leach, Lucock e Barkham, 2007) podem predizer resultados positivos, pelo menos para alguns clientes.

Clinicamente, explicamos aos clientes esse tipo de processo dando o exemplo de tentar mudar a mão que usamos para abrir portas (um exemplo que Tom Borkovec usa frequentemente com terapeutas e clientes). Se sempre usamos a mão direita e decidimos tentar mudar para a esquerda, o processo de mudança provavelmente será mais ou menos assim: primeiro, continuaremos usando a mão direita, mas depois de passar pela porta lembraremos que íamos tentar algo diferente e prometemos lembrar isso da próxima vez. Essa parte do processo pode se repetir por um bom tempo! Então, aproximamo-nos das portas prestando muita atenção à mão que vamos usar e nos forçamos a usar a esquerda. Provavelmente, passaremos um tempo nos atrapalhando nas portas, demorando um pouco para abri-las, porque sabemos que não queremos seguir nossos instintos estabelecidos e ainda não temos novos instintos para seguir. Nesse momento, as coisas podem parecer caóticas e ineficientes. Com o tempo, passamos a usar a mão esquerda regularmente, talvez sem sequer prestar atenção. Gradualmente, se formos consistentes, isso se tornará um novo hábito e seremos capazes novamente de abrir portas com facilidade, embora, às vezes, em momentos de estresse ou sofrimento, possamos reverter ao hábito anterior superaprendido. O nosso caminho para essa mudança não seria linear. A metáfora do "caminho subindo a montanha", da TAC (apresentada no Capítulo 5), que descreve como as trilhas que sobem montanhas têm partes em zigue-zague, e às vezes parece que estamos recuando em vez de avançar, também ilustra a mudança não linear.

Fica ainda mais difícil avaliar o processo de mudança nas TCBAs, porque a ênfase está em alterar o relacionamento do cliente com suas experiências internas, não as experiências em si. Mais uma vez, os sintomas podem aumentar por um tempo, enquanto o cliente pratica se abrir para a tristeza ou o medo (exatamente como a ansiedade também aumenta nos tratamentos baseados na exposição), e esse aumento poderia ser um sinal de melhora, não de declínio. Para alguns clientes, praticar *mindfulness* e se concentrar na respiração ou nas sensações corporais provoca, de início, uma notável redução dos sintomas. Mais tarde, quando a pessoa praticar *mindfulness* em áreas mais desafiadoras ou começar a se empenhar em comportamentos consistentes com seus valores, sua angústia pode aumentar, assim como os sintomas.[1] Portanto, é importante escolher medidas que sejam sensíveis às mudanças que esperamos ver ao longo do tratamento. Também seria proveitoso fazer previsões específicas com o cliente a respeito dos padrões de progresso que podem acontecer no tratamento.

Até que mais pesquisas estejam disponíveis para nos ajudar a determinar se o atual *status* do cliente prediz uma trajetória positiva ou negativa, temos de prestar atenção aos seguintes fatores quando avaliamos o progresso de nossos clientes.

Envolvimento no tratamento

A nossa primeira preocupação é se o cliente está se envolvendo no tratamento. Prestamos muita atenção para saber se ele está usando o automonitoramento, praticando *mindfulness* e se dedicando a ações valorizadas depois que cada elemento é introduzido. Quando a pessoa não está se envolvendo no tratamento, examinamos com ela o que poderia estar atrapalhando, tratamos desses obstáculos externos e internos (conforme descrito nos Capítulos 5, 6 e 7, seguindo os princípios da ação valorizada descritos no Capítulo 8) e avaliamos o impacto dessas alterações. Durante todo esse trabalho, mantemos um foco na nossa conceitualização, para poder escolher métodos alternativos que também cumpram a função pretendida.

Às vezes, a dificuldade do cliente de se envolver no tratamento impossibilita o avanço de qualquer outro aspecto da terapia. Nesses casos, o tratamento passa imediatamente para a ação valorizada, mesmo que ainda não tenhamos apresentado outros elementos. Jade buscou tratamento devido à ansiedade e preocupações excessivas e crônicas, que estavam interferindo tanto em sua vida que atualmente se encontrava desempregada. Ela se atrasou 30 a 40 minutos para as três primeiras sessões. Quando o terapeuta perguntou o que estava impedindo que ela fosse pontual, Jade respondeu citando uma série de obstáculos aparentemente externos (ela tivera de responder a vários telefonemas, tinha cartas de solicitação de emprego a enviar, encontrara uma vizinha quando estava saindo para ir à sessão, o trânsito estava inesperadamente engarrafado, etc.), mas seu desconforto por deixar algo inacabado ou sair de situações sociais era evidente. Então, ao apresentar o modelo de tratamento, o terapeuta usou como exemplo esse contexto específico. Ele salientou como a ansiedade e a preocupação a levavam a realizar uma série de ações (ficar trabalhando nas solicitações de emprego, parar para conversar com a vizinha) que não estavam de acordo com seu valor declarado de tratar da ansiedade que sentia estar interrompendo a sua vida. Embora cada escolha fizesse perfeito sentido no momento, dado o nível de ansiedade que experienciava e seu alívio depois de prestar atenção a essas situações, o efeito a longo prazo era ela não conseguir se empenhar na terapia que tanto desejava fazer para melhorar sua vida. O terapeuta perguntou à Jade se ela estaria disposta a se comprometer em parar de fazer o que quer que estivesse fazendo e sair cedo de casa para ir à sessão, mesmo que isso a angustiasse, de modo a agir de acordo com seu valor declarado. Ele tomou o cuidado de validar claramente a angústia de Jade e a dificuldade de fazer essa mudança tão radical logo no início do tratamento. Essa abordagem ajudou Jade a ser pontual e participar das sessões, para poder examinar como a sua vida era insatisfatória quando guiada unicamente pela tentativa (malsucedida) de aliviar a ansiedade, e também lhe proporcionou a experiência de escolher uma ação, apesar de seu estado interno. Com isso, ela conseguiu compreender melhor os conceitos da TCBA que o terapeuta lhe apresentou posteriormente.

Algumas evidências de movimento

Em termos do monitoramento de sintomas e mudanças comportamentais, a nossa experiência sugere que o mais importante é o cliente experienciar algum tipo de mudança com o passar do tempo. Não esperamos mudanças antes de a pessoa praticar por pelo menos duas ou três semanas, embora ela possa experienciar algum tipo de mudança inicial só por começar a perceber suas experiências internas. Nesse momento, alguns clientes percebem um decréscimo nos sintomas, enquanto outros notam um aumento; ambos podem ser indicadores de melhora posterior. Aqueles que haviam restringido significativamente a vida podem experienciar maior desconforto com esse maior envolvimento. Contudo, esse é um indicador de progresso. Por outro lado, aqueles que se sentiam continuamente angustiados podem achar que a angústia diminuiu quando começaram a cultivar *mindfulness*. Da mesma forma, alguns clientes começam a fazer mudanças comportamentais imediatamente, enquanto outros, apesar de aumentarem muito a sua percepção, continuam se sentindo um pouco empacados em termos comportamentais. Esses talvez só comecem a mudar seu comportamento depois de cultivar mais *mindfulness* em sua vida.

Baseadas nessas observações, preferimos dar aos clientes várias semanas de prática e aplicação dos princípios da terapia e ficamos atentas ao curso de seus sintomas, ao relacionamento com os sintomas e às suas respostas comportamentais. À medida que estas estejam em algum tipo de fluxo consistente com a nossa conceituação (p. ex., a angústia aumentada poderia coincidir com o maior empenho comportamental se a falta de ação era um modo de evitação experiencial), consideramos essas mudanças uma evidência do efeito terapêutico. Se, depois de várias semanas, não houver nenhuma evidência de movimento nos sintomas, no relacionamento com os sintomas ou nas respostas comportamentais, reavaliamos a nossa conceituação comportamental e criamos hipóteses alternativas para os sintomas apresentados, tentando compreender o que está mantendo essas respostas.

Por exemplo, Edgar procurou tratamento por disforia crônica e isolamento social. Apesar de uma sólida formação profissional, ele tinha uma história de pular de emprego em emprego. Quando questionado sobre seus atuais relacionamentos, indicou que desempenhava um papel passivo na maioria deles, geralmente atendendo às necessidades dos outros em vez das suas. Edgar relatou ficar muito ansioso com a ideia de partilhar suas opiniões com os amigos, a parceira ou os colegas. Ele também teve dificuldade para completar a tarefa escrita sobre valores, afirmando que não sabia bem o que era importante para ele. Edgar e a terapeuta desenvolveram juntos uma conceituação, ligando a dificuldade de expressar preferências pessoais e o hábito de agradar aos outros e não a si mesmo a seu histórico desenvolvimental com pais afetivamente intensos e exigentes, aos quais ele aprendera a agradar. A terapeuta criou um plano de tratamento destinado a ajudar Edgar a cultivar uma postura de *mindfulness* em relação às suas experiências, enfatizando as tarefas de exploração de valores para que ele pudesse entender melhor os próprios desejos, e encorajando-o a praticar a expressão de suas necessidades e preferências em vários contextos. Embora Edgar se empenhasse em atividades relacionadas à terapia, não sentia a mudança prevista de humor ou satisfação com a vida. A terapeuta sugeriu, especificamente, que Edgar aplicasse suas habilidades de *mindfulness* durante situações interpessoais, monitorando cuidadosamente suas experiências internas, para que essas informações pudessem ser usadas para modificar a conceituação e o plano de tratamento, se fosse necessário.

O cuidadoso monitoramento de Edgar revelou algumas informações adicionais. Com base na conceituação inicial, a terapeuta previu que ele se sentiria ansioso quando expressava suas necessidades, por medo de não agradar aos outros, e que uma resposta positiva das pessoas teria consequências positivas para ele. Em vez disso, quando recebia uma resposta de aceitação ou validação de alguém, sua ansiedade escalava no momento (o que era esperado) e se mantinha por vários dias (o que não era esperado), sendo com frequência acompanhada por sentimentos de tristeza, e até de raiva. Por exemplo, Edgar conversou com seu chefe temporário, Frank, sobre estar insatisfeito com suas atuais responsabilidades. Frank respondeu positivamente e ofereceu a Edgar um cargo mais desafiador que poderia se tornar permanente. Edgar percebeu que primeiro se sentiu emocionado e contente, mas um monitoramento mais atento revelou que ele também sentia raiva e medo. Uma resposta mista semelhante surgiu quando a parceira respondeu positivamente à sugestão dele de ficarem mais tempo juntos no fim de semana. Além disso, Edgar notou que às vezes expressava suas necessidades de modo um pouco agressivo. Por exemplo, quando um grupo de colegas o convidou para almoçar, ele lhes disse abruptamente que tinha muito trabalho a fazer. Esse padrão de resposta sugeriu que a conceitualização inicial estava incompleta. Edgar percebeu que usava a sua passividade como um meio de se distanciar dos outros. Assim, se a sua asserção trazia elogios ou proximidade, ele ficava mais angustiado e começava a evitar a proximidade de outras maneiras. E, às vezes, também usava esse novo hábito de expressar suas necessidades para se distanciar dos outros. Edgar e a terapeuta concluíram que ele temia e não queria ficar vulnerável em seus relacionamentos. Ao expressar preferências sem se abrir para a sua vulnerabilidade, ele continuava empacado em seu padrão de evitação.

Com base nessa conceitualização levemente alterada, foi criado um novo plano de tratamento. Edgar realizou várias tarefas de valores para explorar seus pensamentos e sentimentos em relação a se conectar profundamente com as pessoas. Ele examinou sua relutância em aprofundar a conexão com os outros e praticou aceitação e *mindfulness* de suas respostas, tanto na sessão quanto fora dela (p. ex., usando o exercício de espaço para respirar e aceitar mais serenamente a dor e o sofrimento, descrito nas páginas 143-144). Em resultado dessa prática, ele escolheu reforçar seu compromisso de buscar e manter relacionamentos íntimos, com uma ênfase em acolher, em vez de evitar, a vulnerabilidade interpessoal. Essa escolha levou a uma maior flutuação de humor (com alguns aumentos temporários na tristeza, seguidos por significativos decréscimos), o que sugeriu que ele e a terapeuta tinham tocado num ponto importante. Embora a forma passiva de Edgar se relacionar com as pessoas provavelmente tivesse uma função de evitação experiencial, o seu primeiro movimento para se relacionar de modo mais ativo ainda evitava seus profundos sentimentos de vulnerabilidade, o que mantinha os sintomas. Reconhecer isso ajudou a terapia a mudar para uma ênfase na sua vulnerabilidade, para que pudesse haver progresso.

Ao avaliar mudanças comportamentais, temos o cuidado de não supor que sabemos qual será o resultado comportamental ótimo para o cliente. Em vez disso, prestamos atenção ao efeito que a mudança comportamental tem sobre ele. Ações adaptativas devem levar a um maior senso de flexibilidade, escolha e ação, enquanto ações reativas, evitantes ou prejudiciais resultarão num maior senso de imobilidade. Para que essa distinção fique clara, às vezes a pessoa precisa passar primeiro por esse processo.

Matilda procurou tratamento depois de uma desavença com um grande amigo. Ela sentia que o amigo não tivera nenhuma consideração com ela, a magoara, e não reconhecia seu papel no sofrimento dela. Esse evento estava ligado a experiências passadas com seu pai, e provocara intensos sentimentos de abandono, raiva e decepção. O amigo participava ativamente de uma comunidade da qual ela também fazia parte, e ela achava que tinha de sair dessa comunidade para evitar a dor que sentia quando o via. No decorrer do tratamento, Matilda escolheu várias ações diferentes. Primeiro, decidiu sair da comunidade.

Embora essa decisão tenha lhe trazido um breve alívio, quase imediatamente sentiu dor, tristeza e pesar, que persistiram por semanas. Matilda sentia que tinha sido expulsa da comunidade e não percebia sua ação nessa escolha; fora uma escolha reativa. Quando percebeu essa resposta na terapia, decidiu voltar à comunidade. Durante esse período, ela trabalhou, na sessão e fora dela, para dar espaço aos seus sentimentos de tristeza e raiva. Com o tempo, foi capaz de perceber os sentimentos e as reações associadas ao seu pai e de não ficar tão presa a isso. Entretanto, Matilda descobriu que sua experiência predominante nos eventos da comunidade era a tristeza. Ela já não tinha o mesmo senso de conexão de antes, porque isso estava muito ligado ao relacionamento com o amigo. Ela se entristeceu muito com essa perda e com a perda do amigo, e conseguiu escrever uma carta para ele expressando genuinamente sua tristeza, reconhecendo seu papel no que acontecera, expressando (e sentindo) compaixão pelo sofrimento dele e dizendo o que ele significava para ela. Matilda também decidiu sair da comunidade novamente por um tempo. Dessa vez, sentiu ação e flexibilidade em sua decisão. Percebeu que era capaz de tolerar os sentimentos que tinha quando estava perto do amigo e que também podia escolher procurar outros contextos que seriam mais gratificantes para ela no momento. Ela não achava que tinha de sair da comunidade para sempre, mas queria explorar outras fontes de conexão. A conversa com Matilda sobre essa decisão foi muito mais aberta e flexível do que quando decidira sair da primeira vez, e ficou claro que ela estava se abrindo para novas experiências, não fugindo delas.

A necessidade de desenvolver habilidades ou outras estratégias comportamentais

As TCBAs incorporam tanto estratégias de aceitação quando de mudança; o equilíbrio entre elas varia de acordo com a conceitualização de cada cliente. Por exemplo, uma cliente com TBP que apresenta intensa angústia e um longo histórico de ter suas experiências internas julgadas criticamente e invalidadas pelos outros provavelmente precisará de um bom treinamento de habilidades. Em outros casos, a prática de *mindfulness* pode ajudar os clientes a se desemaranharem de suas experiências internas e a prestarem atenção ao ambiente externo, o suficiente para que se desenvolva naturalmente uma mudança comportamental adaptativa e capaz de melhorar a vida, sem um alvo específico de intervenção. A conceitualização inicial deve orientar o plano de tratamento e ajudar o terapeuta a hipotetizar o grau em que é necessária uma intervenção comportamental direta e o momento certo dessa intervenção.

No Capítulo 10, discutimos como as TCBAs podem ser integradas a outras abordagens terapêuticas baseadas em evidências. A avaliação constante dos problemas apresentados ajuda a informar essa integração e atender melhor às necessidades de cada cliente. Por exemplo, no caso de Nicole (Capítulo 3), a nossa conceitualização inicial sugeriu que seu relacionamento crítico e emaranhado com as experiências internas a levava aos comportamentos de comer descontrolado e purgação. Então, primeiro criamos um plano de tratamento centrado no cultivo de aceitação e *mindfulness* e num maior envolvimento com a sua vida. Embora o comportamento alimentar não fosse o foco da terapia, incluímos a psicoeducação sobre alimentação saudável e pedimos a Nicole que monitorasse esses comportamentos, para que pudéssemos saber como o tratamento os estava afetando. Se essas estratégias iniciais não alterassem o comportamento de comer descontrolado e purgação, seria importante integrar ao plano de tratamento outras abordagens, tais como o estabelecimento do "comer regular", atenção à verificação corporal e evitação, e exposição a sensações de plenitude alimentar excessiva.

Da mesma forma, quando os clientes começam a realizar ações valorizadas, ficam claros seus déficits em certas áreas (p. ex., começar uma conversa, expressar seus desejos). Isso não surpreende, dado que eles podem ter pouca prática com esses comportamentos, que são extremamente valorizados, mas comumente evitados. Nesses casos, o terapeuta pode incorporar à terapia exercícios de desenvolvimento de habilidades para ajudá-los a buscar ações desejadas de modo efetivo.

PREVENÇÃO DE RECAÍDA

Assim como em outros tratamentos, a prevenção de recaída é um elemento essencial das TCBAs e requer uma cuidadosa atenção. Os clientes fizeram mudanças, às vezes extraordinárias, e novos desafios surgirão após o tratamento. Tudo isso requer prática repetida, lembretes dos conceitos do tratamento e novos planos comportamentais. Os clientes precisam levar consigo os princípios da terapia, encontrar múltiplas maneiras de lembrar a si mesmos desses princípios se começarem a se esquecer deles, e estar preparados para enfrentar os desafios emocionais que surgirão em sua vida e os aparentes retrocessos, que são uma parte inevitável de viver uma vida significativa.

Já que a postura baseada na aceitação é uma maneira radicalmente diferente de se relacionar com as próprias experiências e a fuga ou evitação experiencial em geral é imediatamente reforçada, descobrimos que, se não prestarmos grande atenção à possível recaída, alguns clientes perdem os ganhos terapêuticos e precisam de sessões de apoio para serem incentivados e lembrados. E já que essas abordagens de tratamento geralmente incluem múltiplos componentes (exercícios, conceitos, ações em várias esferas), pode ser desafiador para a pessoa criar um modelo coerente, a ser lembrado e seguido na ausência de sessões semanais ou quinzenais. Em nosso primeiro estudo (Roemer e Orsillo, 2007), percebemos que havia um leve declínio na melhora sintomática com o passar do tempo e passamos a dar mais ênfase à prevenção de recaída durante todo o tratamento, particularmente nas últimas sessões. O nosso segundo estudo (Roemer e colaboradores, no prelo) revelou mudanças que geralmente se mantiveram durante um período de seguimento de 9 meses, o que nos sugeriu que essas alterações foram eficazes. Informalmente, pedimos aos clientes que entrem em contato conosco alguns anos depois do tratamento, para nos dizer como a terapia os modificou e se essas mudanças se mantiveram com o passar do tempo.

Em certo sentido, as TCBAs, como outras formas de TCC, incorporam a preparação para o término do tratamento e prevenção de recaída durante a terapia. O terapeuta ajuda o cliente a se adaptar ao tratamento para que possa compreendê-lo, criar novos hábitos que sustentarão as mudanças feitas na terapia e assumir a autoria e responsabilidade por essas mudanças. Apresentamos vários materiais e folhas de monitoramento neste livro, e achamos muito proveitoso dar ao cliente uma pasta para guardar esses documentos, incentivando-o a revisar conceitos previamente discutidos, localizar e refazer exercícios passadas. Conforme o tratamento progride, o terapeuta intencionalmente se torna menos diretivo, permitindo que o cliente oriente o foco da sessão, escolha exercícios comportamentais e de *mindfulness* para fazer entre as sessões, e comece a reconhecer seu papel ativo na mudança terapêutica e na manutenção dessa mudança. Achamos importante que o terapeuta, conscientemente, saia do papel mais diretivo e saliente a ação do cliente no processo de mudança. De outra forma, o cliente pode atribuir suas mudanças ao terapeuta, sem reconhecer as próprias ações e realizações. Ao ajudar a pessoa a perceber a eficácia de suas ações, o terapeuta a ajuda a ver o impacto dessas ações e a motiva a continuar mudando para melhorar sua vida.

Também achamos útil revisar constantemente com os clientes, ao longo da terapia, o material psicoeducacional. Eles com frequência, esquecem conceitos apresentados no início ou os lembram incorretamente. E, às vezes, é mais fácil o cliente aceitar o conceito quando a sua vida está mais limitada. Por exemplo, alguns clientes realmente aceitam muito bem o conceito de disposição em termos abstratos, mas quando começam a pensar em realizar novas ações, o que desperta ansiedade, automaticamente deixam de estar dispostos. Revisar o conceito e maneiras de aumentar a disposição (p. ex., revisar o Material 8.2) pode ajudá-los a se comprometer novamente com a disposição de buscar ações que provocam ansiedade. Também tivemos clientes que se comprometeram bastante com a prática formal e informal de *mindfulness* até expandirem sua vida; a partir daí, eles começaram a deixar de lado a prática e voltaram a se concentrar muito no futuro e no passado. Nesses casos, é importante reintroduzir na sessão a prática de *mindfulness*.

O risco de recaída também pode ser diminuído com a reintrodução de metáforas ou o uso repetido das metáforas que o cliente achou especialmente úteis. Acreditamos que as metáforas lembram a pessoa, de modo vívido e fácil, de aspectos importantes do tratamento. Os clientes costumam nos dizer que sempre lembram a si mesmos de "soltar a corda" ou se perguntar "Quem está dirigindo o ônibus?" quando se encontram em uma situação emocionalmente desafiadora. Se o cliente não adotou nenhuma metáfora, reapresentamos aquelas que parecem adequadas conforme ele trabalha áreas específicas da sua vida, para que possa ligar as metáforas à sua experiência, tornando-as um lembrete mais poderoso no futuro. Os acrônimos no treinamento de habilidades da TDC têm uma função semelhante, ao fornecer lembretes concisos e fáceis de recordar dos elementos importantes do tratamento (Linehan, 1993b).

Periodicamente, fazemos o cliente revisar materiais de sessões anteriores para lembrá-lo de determinados conceitos e fornecer um modelo de como pode trazer esses elementos de volta para a sua vida no futuro, se começar a perder a conexão com eles. Ao envolver o cliente, durante a terapia, em ações que ajudam a lembrar e regenerar hábitos e perspectivas aprendidas, o terapeuta faz o cliente aprender experiencialmente, o que o ajudará a recordar esse método quando não estiver mais em terapia e passar por lapsos semelhantes em sua prática ou aprendizagem. Por exemplo, Michelle (uma cliente que atendemos quando estávamos desenvolvendo o nosso tratamento, antes de termos aumentado o foco na prevenção de recaída) se empenhou diligentemente na prática de *mindfulness* durante toda a terapia e estava começando a procurar emprego e oportunidades de namorar quando o tratamento terminou. Ela descobriu que, na ausência da estrutura da terapia, quando surgiram novos desafios em seus relacionamentos a sua prática falhou e ela voltou aos seus antigos hábitos de evitação de ações valorizadas. Sua vida voltou a ficar limitada, de uma maneira muito conhecida, e ela se sentiu desencorajada e pensou que nenhum de seus aparentes progressos tinha sido real. Michelle voltou para duas sessões de apoio que se concentraram na prática de *mindfulness* e na revisão de materiais da terapia. Conforme revisava os materiais, Michelle lembrou como incorporara esses conceitos à sua vida e planejou uma maneira de revigorar sua prática de *mindfulness* e busca de ações valorizadas, em especial a busca de possíveis relacionamentos íntimos. Quando descreveu como a ansiedade vinha guiando suas ações nas últimas semanas, ela recordou a metáfora dos "passageiros do ônibus" e expressou o desejo de começar realmente a dirigir seu ônibus. Também decidiu revisar os materiais da terapia com frequência, para manter esses conceitos mais presentes na sua vida, especificamente seu comprometimento com *mindfulness* e ação na esfera de relacionamentos, o que era importante para ela. A imagem de dirigir seu próprio ônibus era um lembrete muito útil dessa intenção.

Michelle é um exemplo da importância de diferenciar os lapsos (isto é, o ressurgimento temporário e inevitável de um sintoma ou comportamento) das recaídas (isto é, voltar ao nível anterior de funcionamento por um longo período de tempo; Marlatt e Gordon, 1985). Na TDC, os clientes com frequência apresentam comportamentos dos quais tinham se comprometido em se abster. Linehan e colaboradores (1999) usam o termo *abstinência dialética* para se referir à síntese de um comprometimento real de se abster de um determinado comportamento com o reconhecimento de que esse comportamento provavelmente vai acontecer de novo, e que isso será uma nova oportunidade de aprendizagem que ajudará a manter o comprometimento com a futura abstinência. Da mesma forma, quando a pessoa evita ações valorizadas, isso pode ser visto como uma oportunidade de identificar obstáculos e determinar estratégias para realizar essas ações no futuro. Assim, todas as estratégias de mudança comportamental empregadas por essas abordagens enfatizam o comprometimento com o objetivo declarado e a percepção de que esse comprometimento nem sempre será mantido em termos comportamentais. Exatamente como volta a focar a respiração depois que a sua atenção inevitavelmente se afastar dela, o cliente pode simplesmente perceber que não agiu como gostaria de ter agido, voltar a se concentrar em seu desejo de agir de determinada maneira e prosseguir de acordo com isso. A prática contínua desse padrão durante o tratamento ajuda a pessoa a se preparar para lapsos comportamentais que certamente acontecerão depois que o tratamento terminar.

Conforme discutimos no Capítulo 6, é frequente a pessoa apresentar lapsos nos relacionamentos mais críticos e emaranhados com suas experiências internas e na evitação experiencial. Os clientes que inicialmente se abrem para a sua angústia geralmente sentem alívio conforme sua reatividade diminui e sua satisfação aumenta. Todavia, se eles se agarrarem à calma que às vezes acompanha a aceitação e o *mindfulness*, podem ter dificuldade quando o *mindfulness* trouxer uma resposta diferente e retornar a um padrão de julgar e tentar controlar sentimentos desagradáveis. Dizemos aos clientes que esse é um lapso compreensível e humano, que reflete a natureza habitual e automática de uma postura crítica e a tendência à evitação. Nós os incentivamos a praticar o *mindfulness* e a compaixão em relação a essa resposta inevitável, e a se comprometer novamente com a prática regular de *mindfulness*.

Damos grande atenção à prevenção de recaída durante as últimas sessões da terapia. No nosso protocolo, em que o término está predeterminado para a décima sexta sessão, tratamos desse assunto antes da décima segunda sessão, quando pedimos ao cliente que realize a Tarefa Escrita de Revisão do Tratamento (ver Material 9.1, p. 214). Com isso, ele começará a pensar no final da terapia, a avaliar o que aprendeu, como poderá manter seus ganhos, o que mais espera conquistar e quais são seus medos em relação ao final do tratamento. Na sessão seguinte, o terapeuta revisa as respostas do cliente a esse exercício, e também o Material 9.2 (p. 215). O Material 9.2 apresenta uma breve visão geral dos principais elementos do tratamento, e a pessoa pode usá-lo como um lembrete ao examinar suas conquistas terapêuticas, e quando quiser ou precisar voltar ao tratamento para revigorar sua prática ou suas ações valorizadas.

Na terapia sem protocolo, começamos esse processo de revisão assim que for tomada a decisão de terminar a terapia. Preferimos dedicar várias sessões à revisão do tratamento e ao processo de término, e espaçar as últimas sessões (isto é, passar para duas sessões por mês ou de três em três semanas) para que a pessoa possa começar a praticar manter o trabalho da terapia na ausência da sessão semanal e tratar, junto com o terapeuta, dos obstáculos que surgirem nesse período. Às vezes, a pessoa escolhe terminar a terapia mais rapidamente, e o processo de término precisa ser concluído em uma ou duas sessões. Também pode ser útil incluir uma Tarefa Escrita de Revisão do Tratamento modificada e uma versão do Material 9.2 quando o término estiver indicado, mas ainda não tiver sido tomada uma decisão mútua. Isso cria um contexto em que terapeuta e cliente podem revisar colaborativamente o que foi realizado no tratamento e outros objetivos a serem buscados, e decidir se a terapia deve continuar por mais tempo ou se esses objetivos podem ser buscados de forma independente. Esse tipo de revisão de ganhos e do trabalho a ser feito deve ser uma parte informal da terapia o tempo todo. Contudo, acreditamos que uma tarefa escrita e um processo de revisão mais formal podem ser muito benéficos.

As sessões focadas no término e na prevenção de recaída têm vários objetivos: (1) consolidar e revisar os ganhos no tratamento, (2) identificar o futuro trabalho a ser feito independentemente, (3) prever lapsos (p. ex., períodos de maior angústia e evitação, menos prática, aparentes retrocessos, afastamento dos elementos terapêuticos do tratamento) e (4) criar estratégias para tratar os lapsos. Gostamos de fazer uma lista de estratégias (práticas, metáforas, exemplos, materiais, etc.) em colaboração com o cliente, selecionando o que ele considerou especialmente proveitoso. Junto com ele criamos um resumo das esferas valorizadas, para lembrá-lo das áreas que ele identificou como importantes. Depois da terapia, em momentos difíceis, isso o ajudará a dar atenção novamente a essas esferas e a planejar uma prática consistente de *mindfulness* (e lembretes para praticar). Alguns de nossos clientes compram lembretes concretos, como pedras para colocar sobre a escrivaninha; outros usam como lembretes livros que acharam particularmente inspiradores. (Este livro inclui um apêndice de leituras sobre *mindfulness* que damos aos clientes ao terminar o tratamento, uma lista que tem sido complementada por suas sugestões ao longo dos anos. Uma fonte excelente e constantemente atualizada de leituras sobre *mindfulness* também é encontrada no *site* do Institute for Meditation and Psychotherapy, www.meditationandpsychotherapy.org.) Alguns clientes buscam uma prática formal em contextos organizados, ingressando em grupos de meditação (*sanghas*), aulas de ioga ou *tai chi*. Outros praticam regularmente em casa e, para assinalar a importância dessa prática, às vezes criam um local especial na casa para isso.

Os clientes costumam expressar o temor de não serem capazes de continuar o trabalho da terapia sem o terapeuta ou o horário da sessão para ajudá-los a lembrar. Além dos métodos descritos anteriormente, sugerimos que reservem um momento regular para refletir sobre a sua semana, com um foco especial na ação em esferas valorizadas e na prática de *mindfulness*. Esse método pode ajudar a pessoa a perceber que a sua prática ou o seu funcionamento começou a flutuar.

Consistentemente com o modelo de Marlatt e Gordon (1985) de prevenção de recaída, prevemos flutuações no funcionamento e enfatizamos que elas são lapsos naturais, humanos. Poderíamos descrever isso para um cliente da seguinte maneira:

> Conforme a sua vida prosseguir, você vai enfrentar novos desafios e novas situações. Inevitavelmente, passará por momentos de maior angústia, nos quais terá dificuldade em manter a prática de *mindfulness* e agir de acordo com seus valores. Como conversamos, *mindfulness* e ação valorizada são processos – todos nós precisamos continuar prestando atenção a essas áreas, a perceber quando as coisas começam a nos escapar e a nossa atenção se dispersa, ou começamos a evitar sentimentos e situações. Nesses momentos, gentilmente, precisamos nos trazer de volta. Esse pode ser um processo muito difícil e desanimador. Muitas vezes, a nossa primeira resposta ao notar esse tipo de lapso é um sentimento de decepção e um pensamento como 'Eu voltei exatamente ao ponto de partida' ou 'Eu não vou conseguir sozinho'. Isso pode dar início a um ciclo de reações autocríticas, maior angústia e

evitação experiencial, o que aumenta o senso de decepção e autocrítica e mantém o ciclo. Quanto mais longo o ciclo, mais difícil fica trazer autocompaixão à experiência, reduzir a autocrítica e a reatividade e se reconectar com as práticas que foram úteis.

Eu acho que saber que esse tipo de lapso é natural e humano me ajuda a perceber mais rapidamente o padrão de autocrítica e decepção, e a ser mais compassiva com a minha reação. Às vezes, pode ser que eu demore para encontrar uma maneira de interromper esse ciclo. Em qualquer momento, posso pensar "Oh, certo, essa é a parte em que sinto que perdi a minha capacidade de perceber com *mindfulness* e viver uma vida valorizada". Posso dar espaço para todas as dúvidas e decepções, e também para a esperança de encontrar meu caminho de volta para as práticas que me ajudaram. Posso me comprometer em fazer alguma coisa para começar a trazer *mindfulness* de volta para a minha vida ou descobrir alguma ação valorizada para retomar esse caminho. Não importa quantas vezes eu sair do caminho (mesmo que sejam muitas), basta apenas um momento de percepção para eu conseguir retomá-lo.

Explicamos como a prática consistente de *mindfulness* ajuda a reduzir o risco de lapsos e revisamos as estratégias que o cliente pode usar quando perceber um lapso (ler os materiais da terapia, o resumo do tratamento e as listas de ações valorizadas; fazer tarefas escritas para esclarecer seus valores ou se reconectar com eles). Também recomendamos que nos procurem para sessões de apoio se seus métodos não parecerem suficientes para reinvocar aspectos do tratamento que os ajudaram no passado. Geralmente, uma ou duas sessões são suficientes, mas às vezes surge alguma nova questão que precisa ser tratada mais longamente em terapia.

TERMINANDO O RELACIONAMENTO TERAPÊUTICO

No curso de um tratamento com uma estrutura de TCBA, os clientes passam por momentos de vulnerabilidade emocional, às vezes assustadora, e ampliam a sua vida de uma maneira que pode ser nova e perturbadora em alguns momentos. O final desse intenso relacionamento terapêutico é uma ocasião significativa que requer atenção. O terapeuta precisa ser sensível às diferenças individuais; tomamos cuidado para não exagerar a importância do término para um cliente que ficou menos ligado a nós e não manifesta nenhum sentimento intenso por terminar a terapia, e também para não ignorar o significado do término para aquele cliente que passou a confiar muito em nós e sentirá muito a nossa falta. É comum a pessoa expressar seu temor de que, sem o apoio da terapeuta, perderá sua recém desenvolvida compaixão ou será incapaz de lidar bem com novos desafios. A terapeuta pode validar esses medos – é impossível saber se conseguiremos continuar o trabalho sozinhos antes de tentar, de modo que é natural ter medo dessa mudança – mas também mostrar como ela já vem fazendo esse trabalho de modo independente, e ajudá-la a encontrar maneiras de lembrar o que foi trabalhado na terapia.

Às vezes, a pessoa expressa o desejo de manter o relacionamento terapêutico como amiga. Novamente, é importante validar esse desejo. Pedimos ao cliente que traga para o relacionamento terapêutico as mesmas qualidades que levaria para outro relacionamento íntimo, tais como abertura, honestidade, vulnerabilidade e comprometimento. Além disso, o terapeuta comportamental baseado na aceitação procura ser genuíno e aberto, expressando emoções intensas que surgem na terapia e revelando vivências pessoais de maneira terapeuticamente proveitosa. Dada a possível intensidade e intimidade dessa relação e a maneira pela qual espelha outros relacionamentos íntimos, é natural que a pessoa se sinta estranha por terminar o relacionamento sem nenhum conflito ou ímpeto externo. É importante o terapeuta esclarecer em que aspectos o relacionamento terapêutico difere de uma amizade, enfatizando que essas diferenças tem o objetivo de maximizar os benefícios que o cliente pode receber da terapia. Também pode ser muito bom para a pessoa ouvir do terapeuta que ele acredita que ela possui as habilidades e capacidades necessárias para enfrentar os desafios da vida, e que o fim da terapia vai permitir que experiencie e reconheça seus pontos fortes mais completamente.

Em nossa prática, temos trabalhado com pessoas para as quais o relacionamento com a terapeuta é a conexão mais íntima que ela já teve. Muitos dos nossos clientes particularmente isolados endossam o valor de desenvolver conexões íntimas e usam a terapia como um contexto para começar a praticar comportamentos consistentes com seus valores. Nesses casos, é especialmente importante ampliar a sua rede social e incentivar ações valorizadas nesses novos relacionamentos antes do fim da terapia.

Quando a terapia focaliza dificuldades interpessoais, esses temas provavelmente surgirão no contexto do relacionamento terapêutico e podem assumir grande destaque com a proximidade do término. O terapeuta pode conversar sobre isso e perguntar ao cliente se ele percebe essa associação. Por exemplo, um cliente que evitava se conectar com as pessoas da sua vida por medo de ser abandonado pode achar o fim da terapia particularmente evocativo. Observar isso abre espaço para a angústia que está surgindo, permitindo que a pessoa perceba como foi benéfico para ela se abrir para o relacionamento terapêutico, mesmo que ele esteja acabando. Isso comprova, experiencialmente, que tem sentido buscar esse valor mesmo que essa busca também traga medo e tristeza, o que pode constituir uma experiência de aprendizagem extraordinariamente poderosa. Como sempre, essas observações sobre as semelhanças entre o relacionamento terapêutico e os relacionamentos externos devem ser apresentadas como hipóteses. Alguns clientes podem ser incapazes de fazer essas associações, ou o terapeuta pode fazer observações inexatas. O terapeuta deve compartilhar essas ideias com o cliente de modo gentil, permitir que ele as rejeite e, simplesmente, incentivá-lo a cultivar a sua percepção.

É comum a pessoa querer dar ao terapeuta um presente de despedida, tal como um livro sobre *mindfulness*, uma pedra para servir de lembrete para a prática de *mindfulness* ou um poema sobre algum tema terapêutico. Embora algumas perspectivas teóricas desaconselhem a aceitar qualquer presente e insistam na importância de se interpretar para o cliente esse gesto, costumamos aceitar esses presentes (desde que não sejam muito extravagantes) como um sinal da gratidão que ele sente por suas experiências na terapia. Esses presentes podem ser mais comuns no contexto da pesquisa sobre o tratamento, pois os clientes não estão pagando pelas sessões e, portanto, podem querer expressar sua gratidão de alguma maneira.

Celebramos o término da terapia expressando a nossa percepção do progresso que o cliente conseguiu fazer e nossa apreciação por seu esforço. Observamos que aprendemos com ele tanto quanto ele aprendeu conosco. Na sessão final, ficamos especialmente atentas para ver se o cliente parece estar evitando alguma emoção negativa no contexto da despedida e, delicadamente, dirigimos a sua atenção para essas emoções, sugerindo que se abra para tudo o que surgir. É muito raro o indivíduo ter a oportunidade de estar inteiramente presente no final (mutuamente aceito) de um relacionamento interpessoal; esforçamo-nos ao máximo para aproveitar essa oportunidade e estar emocionalmente presentes nessa despedida sincera.

Como observamos acima, sempre que possível e necessário, convidamos a pessoa a voltar para sessões de apoio. Se ela está especialmente temerosa de deixar a segurança da terapia, mas parece possuir as habilidades e o nível de funcionamento para fazer isso, tentamos não marcar sessões de apoio por um período de tempo significativo, incentivando-a a confiar em suas capacidades para poder percebê-las plenamente. Em qualquer sessão subsequente, continuamos enfatizando a sua capacidade de enfrentar os desafios que surgirem, estimulando a independência e um senso de autoeficácia, em vez de uma renovada confiança no terapeuta.

DESAFIOS QUE SURGEM NO TÉRMINO

Como saber se chegou a hora de encerrar a terapia

Conforme discutimos anteriormente, a avaliação do progresso é constante durante toda a terapia, de modo que tanto o terapeuta quanto o cliente estão atentos a esse progresso. Diferentemente do que acontece em algumas abordagens terapêuticas tradicionais, a redução dos sintomas não é necessariamente a indicação central de que os objetivos do tratamento foram atingidos. O plano de tratamento colaborativo, que deve ser continuamente aperfeiçoado conforme a terapia progride e surgem novos objetivos ou antigos objetivos são ajustados, sempre inclui alvos comportamentais específicos relacionados às ações valorizadas do cliente em determinadas áreas e à sua maneira de responder à própria angústia (isto é, com honestidade, curiosidade e aceitação, em vez de com medo, evitação e julgamento). Ambos são objetivos que têm a ver com um processo: a pessoa não vai atingir um estado estável de respostas com *mindfulness* e aceitação ao buscar ações valorizadas. Portanto, a pergunta mais pertinente não é se o cliente atingiu um determinado estado, e sim o grau em que ele adquiriu as habilidades para buscar sozinho esses objetivos de processo.

Muitas vezes, as direções valorizadas que o cliente busca envolvem mudanças de vida a longo prazo, que precisarão de tempo para acontecer depois de anos de uma vida mais limitada. Conforme discutimos no Capítulo 8, ações mais proximais podem ser realizadas no caminho que conduz a essas direções, mas os resultados de longo prazo não serão observados durante a terapia. Por exemplo, o cliente que valoriza um trabalho que faça diferença na vida das pessoas pode, durante a terapia, explorar diferentes opções profissionais, começar a prestar mais atenção às pessoas em seu trabalho atual e iniciar algum trabalho voluntário, mas não chegar a uma decisão final, antes do término, sobre o que quer fazer. Nesse caso, o final do tratamento costuma ser indicado mais por algum padrão consistente de ação valorizada bem-sucedida em várias esferas do que pelo sentimento do cliente de haver encerrado o trabalho nessas áreas. Quando o cliente começa a apresentar um padrão sistemático de busca das direções pretendidas e a enfrentar os obstáculos com relativa independência (com o apoio do terapeuta), este deve considerar o término da terapia, para que o cliente possa experienciar a capacidade de seguir com a vida sem depender da terapia. Além dessas mudanças comportamentais, o terapeuta deve avaliar a capacidade do cliente de voltar consistentemente a uma postura de aceitação e *mindfulness*, independentemente da frequência das respostas críticas e pouco conscientes, que são inevitáveis. A capacidade de voltar para a aceitação é o indicador do sucesso do tratamento.

O cliente também pode ter atingido um platô em que conseguiu mudanças significativas, desenvolveu habilidades de aceitação e ação valorizada, mas ainda ter outras áreas a explorar e esse trabalho estar estagnado. Terapeuta e cliente, colaborativamente, podem decidir interromper o tratamento por um tempo, deixando que as mudanças se consolidem e o padrão de ação valorizada se solidifique antes de serem tratadas outras questões. Talvez questões aparentemente não resolvidas se resolvam no decorrer de uma vida com *mindfulness*, valorizada;

talvez sejam necessárias mais sessões. Às vezes, uma parada programada na terapia ajuda a determinar isso.

Quando terapeuta e cliente revisam o progresso, geralmente chegam a um consenso sobre continuar ou parar o tratamento. Como dissemos anteriormente, se a decisão não estiver suficientemente clara, uma tarefa escrita pode ajudar o cliente a refletir sobre seu progresso e estado atual. Os registros semanais anteriores de evitação experiencial, sintomas e ações comportamentais devem ser revisados para se avaliar as mudanças e o estado atual, o que facilita essa decisão.

Terminando a terapia quando fatores externos exigem

Às vezes, a terapia termina sem que isso seja uma escolha do terapeuta ou do cliente. Por exemplo, um deles vai se mudar de cidade ou fatores externos impedem que o cliente possa manter a terapia. Nesses casos, continua sendo importante o mesmo processo de revisar o progresso e o conteúdo da terapia, prever lapsos e criar estruturas para revisar e manter esse conteúdo. Mesmo que os clientes ainda não tenham consolidado os ganhos, o terapeuta pode ajudá-los a reconhecer o progresso que fizeram e planejar os passos que querem dar para manter e aumentar esses ganhos. A sugestão de reservar um tempo para uma reflexão e prática semanal é particularmente importante nesses casos, pois ajudará o cliente a manter o foco no seu progresso e implementar sozinho os elementos da terapia.

Terminando a terapia quando o cliente não se sente pronto

Às vezes, o cliente não se sente pronto para encerrar o tratamento, mesmo tendo feito progressos significativos. Ele talvez não reconheça os ganhos que teve, ou pode temer que eles não se mantenham na ausência do terapeuta. Revisar o progresso e as mudanças ao longo do tempo ilustra os ganhos obtidos. Poderia ser indicada uma série mais longa de sessões espaçadas, com o cliente indo à terapia duas vezes por mês ou de três em três semanas. Isso lhe dá a oportunidade de ver como é não ter sessão todas as semanas e experienciar a própria capacidade de lidar com o que surge, sem o estresse de parar totalmente a terapia. Entretanto, é importante não manter esse processo por tempo demasiado. Há clientes que talvez jamais se sintam completamente prontos para parar a terapia, e essa relutância pode ser outro exemplo de evitação experiencial, de não querer sentir a ansiedade de perder a rede de segurança da terapia semanal. É bom mostrar isso aos clientes, e eles geralmente conseguem perceber que terminar a terapia é mais uma ação valorizada que talvez não seja fácil, mas, mesmo assim, pode ser escolhida.

Às vezes, o cliente continua se agarrando a objetivos terapêuticos irreais, como ficar totalmente livre de sintomas. Nesses casos, revisar o modelo de tratamento e informações mostrando que alguns sintomas podem persistir, intermitentemente, mesmo depois de um tratamento eficaz (embora os transtornos não persistam), pode ajudar a pessoa a entender que não terá uma vida completamente livre de sintomas.

Terminando a terapia quando o cliente não respondeu ao tratamento

Pode acontecer de o cliente simplesmente não responder à abordagem de tratamento. Nesse caso, deve-se buscar outra forma de terapia, mas ainda é importante revisar quaisquer ganhos obtidos e os obstáculos que impediram outros progressos. Se o cliente quiser uma abordagem terapêutica diferente, devemos encaminhá-lo para alguém que trabalhe nessa linha (a menos que o terapeuta se sinta capaz de trabalhar assim e se disponha a mudar o foco). Às vezes, o cliente sente que não se adapta a um terapeuta com determinado estilo interpessoal ou identidade cultural e pede para ser encaminhado para outra pessoa. Embora esses desafios possam provocar pensamentos e sentimentos desconfortáveis no terapeuta (como "Eu não sou suficientemente bom" ou "Por que ela não gosta de mim?"), as suas habilidades de *mindfulness* e aceitação vão facilitar respostas consistentes com seus valores como terapeuta. Nesse tipo de situação, o cliente deve ser elogiado por reconhecer que a terapia não foi adequada para ele e por estar disposto a discutir abertamente suas preocupações. Devemos incentivá-lo a buscar uma abordagem ou um terapeuta que se harmonizem mais com ele, descrever outras abordagens de tratamento e ajudá-lo a selecionar um novo terapeuta.

Outras vezes, o cliente não está disposto a fazer as mudanças que são parte da terapia. Por exemplo, ele talvez não sinta angústia suficiente para estar motivado a enfrentar o trabalho desafiador da terapia, ou pode ter em sua vida sérios estressores, como pobreza, desemprego ou alguma condição médica, que exigem tempo e atenção significativos. A pessoa pode estar consciente da própria evitação e das mudanças que deseja fazer para viver uma vida mais gratificante, mas simplesmente não estar disposta a isso. (Em nosso trabalho como terapeutas, sempre procuramos pensar nas mudanças que gostaríamos de fazer na nossa vida, mas ainda não fizemos.) Quando um cliente não está disposto a se empenhar realmente na terapia por alguma dessas razões, é importante que o terapeuta o ajude a perceber e articular isso, em vez de deixar que continue vindo às sessões sem se esforçar ativamente. Manter clientes em terapia quando não está havendo nenhum progresso pode levá-los a acreditar que a terapia não adianta nada e fazer com que não procurem essa ajuda no futuro. Devemos incentivar a pessoa a retornar à terapia quando estiver disposta e puder se comprometer com o trabalho. Em todos esses casos, o terapeuta deve primeiro trabalhar com o cliente para identificar os obstáculos que o impedem de se empenhar na terapia, alterar o tratamento para facilitar esse empenho e confirmar que o cliente está de acordo com a sua conceitualização e abordagem. Frequentemente, o que parece ser desligamento e desinteresse na verdade é a ausência de um plano colaborativo de tratamento. Outras vezes, o cliente não está verdadeiramente interessado na terapia e a buscou por que uma outra pessoa insistiu ou por achar que "deveria" fazer isso. Este não é um bom uso do tempo do cliente, e é melhor ajudá-lo a perceber isso e a fazer uma escolha valorizada com relação a se empenhar na terapia. Às vezes, o término é a melhor escolha terapêutica.

O cliente está experienciando tão pouca angústia que é difícil preparar para lapsos

Para muitos clientes, o empenho em uma vida valorizada oferece várias oportunidades de se abrir para pensamentos e emoções difíceis, que podem ser usadas para ajudá-los a se prepararem para os desafios pós-terapia. Ocasionalmente, no final do tratamento, o cliente está experienciando tão poucos sintomas que é difícil para ele imaginar um lapso e se preparar para isso. Nesses casos, pedimos que pense em diversos eventos ou atividades futuras e imagine pensamentos e emoções que poderão ser acolhidos com aceitação e compaixão. Exercícios que envolvem lembrar situações difíceis do passado ou imaginar desafios futuros também ajudam a pessoa a entrar em contato com pensamentos e sentimentos difíceis e praticar responder a eles, de modo a estar mais preparado para os inevitáveis desafios emocionais que enfrentará.

Necessidade de terapia no futuro

Independentemente do curso do tratamento, os clientes podem buscar novamente a terapia em um momento futuro. Se possível, preferimos que os clientes que responderam bem ao tratamento conosco voltem a nos procurar, para podermos continuar com uma abordagem que foi muito boa para eles. Às vezes, só serão necessárias algumas sessões de apoio, mas há clientes que precisarão de um tratamento mais prolongado devido ao surgimento de novas questões ou ressurgimento de antigas. Quando um cliente liga para marcar uma sessão de apoio, pedimos que revise e traga junto a sua pasta com os materiais da terapia anterior. É comum acontecer de a pessoa já estar num curso de desenvolvimento quando vem para a sessão.

Às vezes não é possível o cliente voltar para o seu antigo terapeuta (devido à mudança de emprego, de residência ou inexistência de vagas). Nesses casos, pode ser difícil um encaminhamento adequado, particularmente quando a pessoa quer continuar com uma TCBA. Existem *sites* com listas de terapeutas que praticam a TDC (www. behavioraltech.com/resources/crd.cfm) e a TAC (www.contextualpsychology.org/therapist_referrals) e o *site* da TCBM (*mbct.com*) apresenta sugestões para localizar grupos. Também existe uma lista de serviços de *mindfulness* da Association for Behavioral and Cognitive Therapies (ver listserv.kent.edu/archives/mindfulness.html); o contato com essa lista de serviços pode resultar na identificação de terapeutas que utilizam *mindfulness* de uma perspectiva tradicional de TCC, e o cliente talvez acabe procurando um terapeuta que não é especializado em uma abordagem comportamental baseada na aceitação. Neste caso, o cliente pode mostrar ao terapeuta os materiais de sua terapia anterior e descrever tudo o que funcionou bem para ele. Embora nem sempre seja explicitado, a aceitação, a consciência ampliada e a ação intencional valorizada são aspectos de muitas abordagens terapêuticas. Bons terapeutas, independentemente de sua formação teórica, saberão responder ao relato do cliente sobre a terapia anterior e serão capazes de continuar desenvolvendo esse trabalho. Podemos orientar nossos clientes para que saibam avaliar se um determinado terapeuta está respondendo adequadamente ao que eles esperam do tratamento, para que não acabem com alguém que enfatiza o controle experiencial de uma maneira que não se ajusta bem à sua terapia anterior.

Nota

1 Hayes, Feldman e colaboradores (2007) descobriram esse padrão (uma redução inicial nos sintomas associada ao treinamento de habilidades e um pico subsequente associado à exposição) ao estudarem o processo de mudança em seu tratamento para a depressão.

> **MATERIAL 9.1**

TAREFA ESCRITA DE REVISÃO DO TRATAMENTO

Por favor, reserve 20 minutos para fazer esta tarefa escrita com privacidade e tranquilidade. Ao escrever, queremos que você realmente se solte e explore suas emoções e pensamentos mais profundos sobre os tópicos listados abaixo.

Escreva sobre algum dos seguintes tópicos ou todos eles. Se você escolher escrever apenas sobre um dos tópicos, não tem problema. Você pode escrever sobre eles na ordem em que desejar. Se não conseguir pensar no que quer escrever a seguir, simplesmente escreva a mesma coisa repetidamente, até algo de novo lhe ocorrer. Escreva durante todos os 20 minutos. Por favor, não se preocupe com ortografia, pontuação ou gramática – essa escrita deve ser um "fluxo de consciência" – isto é, você pode escrever qualquer coisa que lhe vier à mente.

- O que você aprendeu sobre si mesmo durante o tratamento?
- Que métodos você aprendeu que o tem ajudado?
- Que métodos você precisa continuar praticando mais depois que o tratamento terminar?
- Que novos comprometimentos você precisa fazer em termos de ações valorizadas?
- Que preocupações (se alguma) você tem sobre o término do tratamento?

MATERIAL 9.2

REVISÃO DO TRATAMENTO

Neste tratamento você aprendeu:

- **Técnicas para aumentar sua concentração no presente momento, tais como:**
  - Autopercepção (monitorar pensamentos e emoções).
  - *Mindfulness* (foco no presente momento, observação sem julgamento da sua experiência real).
- **O problema do controle e a disposição como solução.**
  - As emoções e os pensamentos (positiva e negativamente avaliados) são parte da experiência humana e têm valor adaptativo.
  - As tentativas de controlar pensamentos e sentimentos podem "sair pela culatra".
  - Aumentar a sua disposição de experienciar todos os pensamentos, sentimentos e sensações corporais vai lhe permitir mais escolhas na vida.
- **Fazer escolhas valorizadas em termos de comportamentos dá "colorido" à vida.**
  - Você examinou e esclareceu para si mesmo as áreas da vida que valoriza.
  - Você escolheu se comprometer em viver a sua vida de uma certa maneira.
  - Você aprendeu a diferença entre valores e objetivos, processo e resultado.

Percepção, *mindfulness*, disposição e ação valorizada são conceitos que podemos continuar cultivando. São processos, não objetivos que atingimos e/ou concluímos.

FORMULÁRIO 9.1

AVALIAÇÃO SEMANAL

As seguintes perguntas vão nos dizer como foi a sua semana em termos das coisas que estamos trabalhando na terapia. Não existem respostas certas ou erradas, apenas queremos saber as suas impressões desta semana.

Que porcentagem do tempo você se preocupou durante a semana passada?

0 —— 10 —— 20 —— 30 —— 40 —— 50 —— 60 —— 70 —— 80 —— 90 ——100

Que porcentagem do tempo você esteve plenamente consciente durante a semana passada?
Por "plenamente consciente" queremos dizer atento às suas experiências, focado na situação em que se encontrava e no que estava fazendo naquele momento, não no que tinha feito antes ou faria depois.

0 —— 10 —— 20 —— 30 —— 40 —— 50 —— 60 —— 70 —— 80 —— 90 ——100

Que porcentagem do tempo você se sentiu aceitando as suas experiências internas (pensamentos e sentimentos) em vez de tentar afastá-las?

0 —— 10 —— 20 —— 30 —— 40 —— 50 —— 60 —— 70 —— 80 —— 90 ——100

Que porcentagem do tempo você sentiu que estava se dedicando a coisas que são importantes para você?

0 —— 10 —— 20 —— 30 —— 40 —— 50 —— 60 —— 70 —— 80 —— 90 ——100

Que porcentagem do tempo você sentiu seus pensamentos e sentimentos atrapalhando o que queria/precisava fazer?

0 —— 10 —— 20 —— 30 —— 40 —— 50 —— 60 —— 70 —— 80 —— 90 ——100

10
Incorporando Outras Intervenções Baseadas em Evidências à Terapia Cognitivo-comportamental Baseada na Aceitação

Na introdução deste livro, apresentamos uma visão geral de estudos que apoiam a integração da aceitação e de *mindfulness* a métodos clínicos cognitivos e comportamentais previamente estabelecidos para o tratamento de transtornos de ansiedade, depressão, abuso de substâncias, transtornos da alimentação, TBP e psicoses. Embora as TCBAs se revelem promissoras, ainda estamos acumulando dados sobre a eficácia e efetividade dessas abordagens e estudos para determinar os mecanismos de mudança.

As pesquisas sobre formas tradicionais de TCC demonstram sua utilidade para diversos problemas clínicos, incluindo transtornos do humor, de ansiedade, da personalidade, da alimentação e por uso de substâncias. Para muitos transtornos, a TCC tem sido mais efetiva que outras abordagens. Apesar desses achados promissores, os benefícios comprovados pelas pesquisas ainda não foram introduzidos como o esperado no uso clínico. Estudos de pesquisas sobre os métodos da TCC frequentemente são criticados em vários aspectos por terapeutas experientes. Embora apresentem informações sobre uma redução média significativa nos sintomas dos sujeitos comparando-se pré e pós-tratamento, eles nem sempre consideram os clientes que recusam a randomização, os que são excluídos com base na gravidade ou complexidade do transtorno ou aqueles que não terminam o tratamento. Além disso, os resultados são, em geral, definidos de modo mais limitado na pesquisa do que na prática clínica. Muitos estudos focalizam a redução dos sintomas e ignoram o possível impacto do tratamento sobre a qualidade de vida, mais importante em termos clínicos, mas mais difícil de medir. Essas críticas começaram a influenciar os planejamentos de pesquisa sobre tratamento, mas as deficiências dos primeiros estudos afastaram alguns terapeutas dos métodos da TCC, mesmo que certos métodos dessa abordagem tenham recebido um apoio significativo. Vemos a integração das abordagens de aceitação e *mindfulness* a métodos cognitivo-comportamentais como uma das muitas inovações na TCC com o potencial de resolver algumas de suas limitações*. A ênfase dessa perspectiva em ajudar o cliente a viver de acordo com seus valores pessoais e melhorar sua qualidade de vida pode aumentar sua disposição para começar e continuar o tratamento. A prática da aceitação e de *mindfulness*, que desenvol-

---

* N. de R. T.: No Brasil, ainda de forma lenta, se observa a discussão sobre a aplicação das práticas de *mindfulness* e aceitação nas associações científicas como estratégias complementares à terapia cognitivo-comportamental.

ve habilidades para lidar com pensamentos e emoções, é especialmente útil para tratar o medo e a evitação que cercam muitas técnicas da TCC. Por fim, exatamente como formas de TCC mais tradicionais, as TCBAs não são específicas para determinados transtornos. Dado que muitos comportamentos topograficamente distintos (p. ex., evitação de situações que despertam medo, uso de álcool, comportamentos de automutilação) são conceitualizados como formas de evitação experiencial, as TCBAs podem ser particularmente benéficas para clientes com condições pré-mórbidas e apresentações complexas.

Neste capítulo, descrevemos como as abordagens de aceitação e *mindfulness* podem ser integradas à TCC tradicional para produzir melhoras clinicamente significativas no funcionamento psicológico. Terapeutas-pesquisadores que trabalham principalmente em ambientes clínicos muitas vezes precisam harmonizar a necessidade de fornecer serviços de saúde mental imediatos baseados em evidências com a realidade de que os achados das pesquisas sobre resultados de tratamento se acumulam lentamente, e nem sempre fornecem orientações definitivas sobre como tratar um determinado cliente. As TCBAs e a tradição de TCC às quais recorrem ajudam os terapeutas nessa união, pois oferecem princípios empiricamente fundamentados, que podem ser modificados com flexibilidade para atender às necessidades individuais dos clientes. Utilizando os métodos descritos no Capítulo 9, os terapeutas também podem aumentar sua confiança na escolha de métodos clínicos ao avaliar empiricamente o progresso do cliente.

Neste capítulo, exploramos as semelhanças e diferenças entre a TCC tradicional e as TCBAs, e fazemos recomendações para melhorar a TCC com métodos destinados a promover aceitação. Além de discutir a terapia cognitiva de um modo geral, descrevemos como as abordagens baseadas na aceitação podem ser usadas em conjunção com a terapia de exposição, ativação comportamental, treinamento do relaxamento e desenvolvimento de habilidades.

TERAPIA COGNITIVA[1*]

Embora tanto as abordagens baseadas na aceitação quanto as cognitivas reconheçam o papel das experiências de vida na produção de pensamentos que muitos clientes consideram perturbadores e angustiantes, elas diferem no papel presumido das cognições no desenvolvimento e tratamento dos transtornos psicológicos. O modelo conceitual que fundamenta a terapia cognitiva (TC) tradicional é que pensamentos desadaptativos provocam sofrimento emocional e inação comportamental. Portanto, a TC procura identificar cognições distorcidas e examinar a sua veracidade, por meio da análise lógica e testagem empírica de hipóteses (p. ex., Beck, 1976; Clark, 1986). Em contraste, de um ponto de vista de aceitação, os pensamentos são vistos como reações temporárias a diferentes experiências, e a tentativa de mudar sua forma ou frequência é considerada um modo de evitação experiencial. Assim, no nível teórico, a TC e a TCBA podem parecer totalmente opostas, mas é importante observar que os nomes "TC" e "TCBA" frequentemente são usados como rótulos gerais para uma variedade de técnicas, algumas das quais são inconsistentes com abordagens baseadas na aceitação, enquanto outras não. E uma revisão recente da literatura sugere que os aspectos da TCC que parecem mais inconsistentes com uma abordagem baseada na aceitação (como a reestruturação cognitiva) podem não ser elementos necessários da psicoterapia (Longmore e Worrell, 2007). Há algumas evidências de que a TC e as abordagens baseadas na aceitação funcionam pelos mesmos mecanismos de ação. Pelo menos um estudo revelou que a melhora da percepção metacognitiva (a capacidade de ver os pensamentos e sentimentos de uma perspectiva descentrada) estava associada à redução de recaídas depressivas, tanto na TC tradicional quanto na baseada na

---

* N. de R. T.: Ver BECK, A. T.; RUSH, A. J.; SHAW, B. F.; EMERGY, G. *Terapia cognitiva da depressão*. Porto Alegre: Artmed, 1997. 318p.

aceitação (Teasdale et al., 2002). Consequentemente, da nossa perspectiva, as abordagens baseadas na aceitação e a TC compartilham algumas semelhanças clínicas e podem ser integradas com sucesso.

A TC, tipicamente, consiste em três tipos de métodos clínicos: (1) automonitoramento, ou a identificação e rotulação de pensamentos; (2) análise lógica, que envolve reestruturar ou modificar o conteúdo de uma cognição disfuncional por meio do questionamento socrático; e (3) testagem de hipóteses, ou a avaliação da validade da cognição disfuncional por meio do planejamento e implementação de experimentos comportamentais (Jarrett e Nelson, 1987).

Automonitoramento

O primeiro componente da TC, o automonitoramento, é extremamente consistente com as abordagens baseadas na aceitação. Tanto a TCC quanto os modelos baseados na aceitação enfatizam o papel que a atenção limitada, restringida, desempenha na psicopatologia. Os clientes com transtornos de ansiedade costumam focalizar principalmente ameaças percebidas, e aqueles com depressão se prendem mais a eventos e experiências negativas. O tratamento, de ambas as perspectivas, envolve ampliar a atenção da pessoa e facilitar a percepção e diferenciação de determinados eventos internos. Por exemplo, quando uma cliente só consegue se perceber como experienciando intenso afeto negativo, o automonitoramento pode ajudá-la a perceber nuanças em suas respostas emocionais. Também é comum o cliente não se dar conta dos comportamentos habituais que apresenta e que podem contribuir para o seu sofrimento. O automonitoramento o faz perceber seu comportamento e lhe permite fazer escolhas em termos de suas ações.

A TC tradicional geralmente utiliza o automonitoramento como um primeiro passo no processo de reestruturação cognitiva, mas esse método clínico apresenta muitos outros benefícios. Acredita-se que a ampliação da percepção aumenta o contato da pessoa com as contingências do momento presente, reforçando a apoiando comportamentos mais flexíveis, efetivos e orientados por valores. Além disso, a continuada observação das experiências internas como eventos temporários separados do senso de *self* da pessoa promove desfusão cognitiva, o que deve reduzir a urgência de se empenhar na evitação experiencial.

A TCBA envolve alguns métodos clínicos que podem ser usados para ajudar a desenvolver e apoiar as habilidades de automonitoramento originárias da TCC tradicional. Dado que muitos clientes buscam tratamento com uma percepção reduzida das suas experiências internas, falta de prática nessa habilidade e uma inclinação natural para a evitação experiencial, não basta lhes dar a tarefa de automonitoramento. As TCBAs incluem uma ampla variedade de práticas de *mindfulness* (descritas no Capítulo 6) que podem ser usadas para desenvolver e aperfeiçoar as habilidades de observação. A prática de *mindfulness* influencia aspectos qualitativos do automonitoramento que ajudam a manter esse comportamento e facilita melhoras globais. Pesquisas recentes sugerem que a simples percepção das experiências internas pode não trazer benefícios clínicos (Lischetzke e Eid, 2003; Salters-Pedneault, Roemer e Tull, 2006; Tull, Barrett, McMillan e Roemer, 2007; Tull e Roemer, 2007) e que o cultivo de uma resposta compassiva, curiosa, não julgadora e aceitadora à observação das experiências internas pode ser extremamente útil em termos clínicos (Teasdale, 2004).

Análise lógica/reestruturação cognitiva

A análise lógica, o segundo componente da TC, envolve um processo de questionamento sistemático, destinado a modificar o conteúdo do pensamento, e parece o mais inconsistente com as abordagens baseadas na aceitação. Todavia, a reestruturação cognitiva, em si, consiste em vários métodos distintos, alguns dos quais são facilmente compatíveis com a TCBA. Por exemplo, um método para tratar um pensamento desadaptativo, como parte da reestruturação cognitiva, é contestar diretamente seu conteúdo. Ao tratar um cliente com transtorno de pânico, o terapeuta pode contestar o pensamento "Se eu tiver um ataque de pânico, morrerei" pedindo ao cliente que considere a probabilidade de isso acontecer com base em experiências passadas e dados médicos disponíveis. O cliente é incentivado a substituir o pensamento aparentemente irracional por outro mais racional, tal como "Não existe nenhuma prova de que um ataque de pânico pode ser fatal", para diminuir a ansiedade e a evitação associada.

Outros métodos clínicos de reestruturação cognitiva procuram modificar o *relacionamento* da pessoa com seus pensamentos, um aspecto central das TCBAs. Por exemplo, tanto na reestruturação cognitiva quanto nas TCBAs, a pessoa é incentivada a considerar os pensamentos como eventos internos que podem, ou não, estar baseados em fatos. Da mesma forma, é enfatizada a flexibilidade na maneira de ver os pensamentos, em vez da importância de mudar seu conteúdo (p. ex., "De quantas maneiras podemos ver isso?"; Borkovec e Sharpless, 2004, p. 223). Outro método comum à reestruturação cognitiva e às TCBAs é fazer a pessoa reconhecer que pensamentos e sentimentos podem ser separados do comportamento. Muitas vezes, a pessoa se sente compelida a agir de maneira consistente com aquilo que está sentindo. Por exemplo, quando uma cliente se sente triste e sem energia, pode acreditar que deveria ficar na cama. Outra que fica ansiosa em uma situação nova pode responder indo embora, e aquela que está com raiva pode agredir. Tanto a reestruturação cognitiva quanto as TCBAs pedem à pessoa que pense em agir de maneiras inconsistentes com as tendências de ação eliciadas por diferentes estados emocionais. Na TDC, isso é referido como *ação oposta*. Por exemplo, um cliente *workaholic* que se sente culpado por sair cedo do trabalho para uma consulta médica importante seria incentivado a fazer isso, mesmo se sentindo assim. A cliente citada antes poderia experimentar permanecer na situação social, mesmo estando ansiosa.

Muitos dos métodos de *mindfulness* e desfusão descritos neste livro podem ser usados para intensificar métodos tradicionais de reestruturação cognitiva. Por exemplo, conforme discutido no Capítulo 6, Hayes, Strosahl e Wilson (1999) sugerem que os terapeutas adotem algumas convenções verbais na sessão para ajudar os clientes a modificarem seu relacionamento com as experiências internas, e pedem que os clientes também as utilizem. Uma delas é rotular claramente os pensamentos e as emoções como tais. Por exemplo, se um cliente diz "Eu nunca conseguiria atravessar uma reunião familiar sem beber", ele seria incentivado a descrever a sua experiência, com maior exatidão, como "Eu estou tendo o pensamento de que jamais conseguiria atravessar uma reunião familiar sem beber" ou "Quando eu tenho esses impulsos de beber, parece que não tenho nenhum controle do meu comportamento". Também recomendamos que o cliente pense em substituir a descrição ampla e patológica da sua experiência, tal como "depressão", por termos mais específicos. Outra convenção da TAC, simples, mas possivelmente poderosa, sugere que terapeuta e cliente substituam a palavra "mas" por "e", para ver se isso não descreve eventos e experiências com maior exatidão. Por exemplo, em vez de dizer "Eu gostaria de ir almoçar com meus colegas de trabalho, mas estou ansioso", o cliente diria "Eu gostaria de ir almoçar com meus colegas de trabalho e o pensamento de fazer isso está associado a sentimentos de ansiedade".

Considere o seguinte exemplo de como poderíamos ajudar um cliente a modificar seu relacionamento com as experiências internas pela nossa maneira de falar sobre os eventos.

CLIENTE: Eu não pude ir trabalhar na quinta-feira porque a minha depressão voltou.

TERAPEUTA: Parece que quinta-feira foi um dia difícil. Eu gostaria de saber se poderíamos tirar alguns minutos para examinar melhor a sua experiência nesse dia. Você lembra que falamos sobre se tornar uma boa observadora de seus pensamentos, emoções, sensações físicas e comportamentos? Vamos ver se conseguimos decompor a "depressão" em todas as experiências que você teve e as escolhas que fez.

CLIENTE: Certo.

TERAPEUTA: Gostaria que nós duas compreendêssemos bem todas as experiências que você teve na quinta-feira e como elas aconteceram. Acho que isso a ajudaria a se sentir menos confusa e fora de controle, sei que tem se sentido assim.

CLIENTE: Certo, por onde eu começo?

TERAPEUTA: Bem, veja se consegue se imaginar na cama quinta-feira de manhã. O que você percebeu primeiro?

CLIENTE: Eu me senti deprimida.

TERAPEUTA: Que emoção você sente quando está "deprimida"?

CLIENTE: Tristeza.

TERAPEUTA: Certo, então você percebeu sentimentos de tristeza. Alguma outra emoção?

CLIENTE: Acho que um pouco de raiva. Eu realmente não aguento mais ir trabalhar e lidar com meu chefe.

TERAPEUTA: Entendi. Então você percebeu sentimentos de tristeza e raiva. Teve alguma sensação física?

CLIENTE: Eu estava exausta.

TERAPEUTA: Como descreveria isso?

CLIENTE: Meu corpo inteiro estava pesado.

TERAPEUTA: Tudo isso está me ajudando muito a entender a sua experiência. Certo, então você mencionou que teve o pensamento "Eu não aguento mais ir trabalhar e lidar com meu chefe". Você pensou alguma outra coisa?

CLIENTE: Só que eu não conseguiria ir trabalhar. Isso é um pensamento?

TERAPEUTA: Você pensou alguma coisa como "Eu sei que está na hora de ir trabalhar, mas me sinto deprimida demais"?

CLIENTE: Bem, acho que sim. Eu não vejo isso exatamente como um pensamento. Vejo mais como uma conclusão.

TERAPEUTA: Quando nos sentimos de uma determinada maneira, sem dúvida nenhuma acreditamos que devemos agir de acordo com isso. Esses sentimentos podem ser muito, muito intensos, por duas razões. Você lembra que quando conversamos sobre a função da emoção falamos sobre tendências de ação? Que somos programados ou preparados para agir de um certo modo quando sentimos uma emoção? Lembra como o nosso corpo nos prepara para fugir em situações perigosas?

CLIENTE: Sim. Sentimos um impulso muito forte de agir de certa maneira quando temos certas emoções, mas nem sempre precisamos fazer isso. O meu chefe, por exemplo, está sempre me irritando, mas eu não bato nele.

TERAPEUTA: Exatamente. A outra coisa é que quando criamos o hábito de agir de certa forma sempre que nos sentimos de certa maneira, isso passa a ser quase automático. Você criou um forte hábito de que deve evitar atividades quando se sente triste e cansada. Então, quando acordou na quinta-feira e percebeu sentimentos de tristeza e raiva, a sensação de estar pesada e pensamentos e impulsos muito fortes de ficar em casa, que escolha fez em termos de comportamento?

CLIENTE: Ligar e dizer que estava doente. Mas não me pareceu uma escolha naquele momento.

TERAPEUTA: O impulso de ficar na cama foi muito, muito forte. Você acha que seria possível acordar com todos esses pensamentos, sentimentos e sensações e, mesmo assim, ir trabalhar?

CLIENTE: Acho que seria possível. Claro que é.

TERAPEUTA: Certo, você está disposta a manter em aberto essa possibilidade?

CLIENTE: Para dizer a verdade, não sinto que seria possível, mas sei que é. Eu já fiz isso antes.

TERAPEUTA: Ótimo. Tem mais uma coisa que eu gostaria de dizer sobre um hábito muito comum que muitos de nós tem.

CLIENTE: Claro.

TERAPEUTA: Muitas vezes, quando dizemos que queremos ou precisamos fazer alguma coisa e não fazemos, usamos a palavra "mas" para descrever como alguma emoção ou pensamento nos impediu. Como quando alguém me convida para dar uma palestra diante de um grande público e a minha primeira reação é "Eu gostaria, mas fico nervosa demais". O "mas" faz parecer que o meu nervosismo está me impedindo de dar a palestra. Neste exemplo, o que realmente está me impedindo de dar a palestra é não querer ficar nervosa. Eu poderia ficar nervosa e falar diante de uma grande audiência. Eu já fiz isso, assim como muitas outras pessoas. Então, "mas" não é a palavra mais adequada. Na nossa tentativa de observar as coisas exatamente como são, às vezes é mais exato substituir "mas" por "e". "Eu gostaria de dar a palestra e fico nervosa". Isso é mais exato. Eu gostaria que nós duas prestássemos atenção a quando usamos a palavra "mas". Quando isso acontecer, vamos ver se "e" não seria mais adequado, pode ser?

CLIENTE: Nunca pensei nisso antes. Parece tão automático.

TERAPEUTA: Entendo. Uma grande parte do que nós faremos juntas é perceber padrões automáticos e pensar em novas opções. Bom, começamos a sessão com você dizendo que não conseguiu ir trabalhar na quinta-feira porque a sua depressão voltou, e você se saiu muito bem explicando isso e identificando todas as experiências que teve. Então, o que vou lhe pedir agora é ver se consegue descrever o que aconteceu nesse dia, incluindo as emoções, os pensamentos e as sensações que percebeu e a escolha comportamental que fez. Conte-me o que percebeu em cada uma dessas áreas.

CLIENTE: Na quinta de manhã acordei e percebi sentimentos de tristeza e raiva. Percebi que tive o pensamento de que não aguentaria lidar com meu chefe e não conseguiria ir trabalhar por estar me sentindo tão triste, com raiva e cansada. Fiz a escolha de ligar e dizer que estava doente e fiquei na cama.

TERAPEUTA: Isso foi ótimo! Eu entendo muito melhor o que você passou.

CLIENTE: Acho que ajuda falar sobre isso dessa maneira, mas agora me sinto mal por ter fingido que estava doente.

TERAPEUTA: Você está percebendo...

CLIENTE: Estou percebendo sentimentos de culpa e pensamentos de que sou uma impostora e deveria ter ido trabalhar.

TERAPEUTA: Posso entender como pensar sobre os nossos comportamentos como escolhas pode ser doloroso, mas o objetivo aqui é ajudar você a se abrir para possibilidades, a sentir que há escolhas que pode fazer. O objetivo não é fazer você se julgar ou condenar por escolhas que fez. Todos nós, às vezes, fazemos escolhas que parecem impulsionadas por nossos sentimentos. Perceber a força que os pensamentos, as sensações e os sentimentos têm sobre o nosso comportamento é o primeiro passo para abrir a possibilidade de que podemos agir de uma maneira diferente.

CLIENTE: Certo, entendo isso.

TERAPEUTA: Vamos tentar, juntas, ver se nós duas conseguimos falar sobre as suas experiências como acabamos de falar agora. Então, em vez de usar rótulos abreviados como "depressão", vamos tentar dar um nome a todos os pensamentos e sentimentos que você tiver e às escolhas que fizer. Também vamos tentar prestar atenção à palavra "e".

CLIENTE: Tudo bem, vou tentar.

TERAPEUTA: No início pode ser muito difícil. Depois que a gente cria um hábito, agir de uma maneira diferente pode ser estranho ou difícil.

Experimentos comportamentais

O componente final da TC envolve testar a validade de cognições desadaptativas por meio de experimentos comportamentais ou testagem de hipóteses. Por exemplo, a cliente que acredita que "vai desmaiar ou pirar se ficar tonta" pode ser estimulada a fazer um exercício que provoque a sensação de tontura (como girar em uma cadeira) e perceber que as sensações desagradáveis acabam passando. As intervenções comportamentais também são uma característica central das TCBAs, mas não têm por único objetivo produzir uma mudança cognitiva. O principal objetivo das estratégias comportamentais nas TCBAs é incentivar a pessoa a se empenhar em atividades valorizadas, mesmo quando experiencia pensamentos e sentimentos desconfortáveis. Como na TC, os clientes são incentivados a realizar a atividade com uma atenção expandida. Por exemplo, uma cliente com transtorno de pânico que teme a sensação de tontura poderia ir a um parque de diversão com a filha, se compartilhar isso com ela fizer parte de seus valores. No parque de diversões, a cliente prestaria atenção a todas as suas experiências internas e externas em vez de apenas se concentrar no que lhe parece ameaçador. Por exemplo, ela poderia notar que a filha sorri e cai na risada, que está um dia lindo de primavera. Essa atenção expandida a estimula a ser uma participante mais presente da própria vida.

As intervenções comportamentais estão entre os componentes mais poderosos da TCC. Felizmente, já existem teorias e pesquisas que procuram integrar a aceitação e *mindfulness* a essa abordagem tão eficaz. Dada a relativa importância desse trabalho, discutimos a seguir duas formas específicas de envolvimento comportamental, a terapia de exposição para a ansiedade e a ativação comportamental para a depressão.

TERAPIA DE EXPOSIÇÃO

A terapia de exposição, em que a pessoa é exposta a situações temidas, de modo progressivo, é um dos componentes mais efetivos da TCC para os transtornos de ansiedade. No entanto, apesar de haver cada vez mais pesquisas apoiando essa abordagem, relativamente poucos clientes recebem esse tratamento na prática clínica (Cook, Schnurr e Foa, 2004; Goisman et al., 1993). Um dos obstáculos à sua disseminação é a compreensão errônea que terapeutas e clientes têm dessa forma de terapia (Cook et al., 2004). Há algumas evidências de que a terapia de exposição é menos efetiva com clientes que apresentam problemas mais graves (Barlow, 2002) ou maior evitação emocional (Foa et al., 1995; Jaycox et al., 1998).

As TCBAs oferecem alguns métodos clínicos específicos que podem ser usados para reduzir a evitação experiencial que impede a pessoa de buscar ou se empenhar realmente na terapia de exposição. Conforme discutimos no Capítulo 6, os clientes primeiro praticam a aceitação e *mindfulness* em contextos neutros e não ameaçadores, como *mindfulness* da respiração, *mindfulness* dos sons ou o exercício da passa de uva. Evidentemente, essas áreas podem ser assustadoras para clientes com transtorno de pânico que temem suas sensações internas. Sugerimos uma progressão geral, mas a ordem dos exercícios sempre deve ser adaptada às necessidades específicas do cliente e às suas preocupações. Depois que o cliente aprendeu a dirigir a sua atenção para diferentes experiências internas, a perceber sua tendência de julgar e evitar certas sensações e a cultivar uma postura curiosa e compassiva em relação aos eventos internos, talvez ele se disponha mais a aplicar essas habilidades em áreas progressivamente mais difíceis. Um segundo passo poderia ser praticar a aceitação e *mindfulness* com toda a gama de pensamentos e sentimentos eliciados por eventos do cotidiano, antes de aplicar essas habilidades a experiências especificamente ameaçadoras (como pensamentos traumáticos ou situações socialmente ameaçadoras).

Estabelecer claramente uma relação entre aproximação ou exposição e valores pode aumentar a disposição de um cliente antes relutante a experienciar eventos privados, pois o propósito e o benefício disso podem ficar mais evidentes do que nas abordagens comportamentais tradicionais. A terapia de exposição tradicional se baseia no princípio de extinção, e essa explicação é dada ao cliente no início da terapia.[2] Ele é incentivado a se expor repetidamente a todos os estímulos que passou a temer, e resistir ao impulso de fugir ou evitar os estímulos até que a ansiedade diminua. Estímulos ansiogênicos podem incluir experiências internas (p. ex., imagens, pensamentos, lembranças, sensações fisiológicas), objetos externos (p. ex., cães, cobras) e atividades específicas (p. ex., participar de uma conversa, dirigir sobre uma ponte). Dependendo da natureza do objeto temido, a exposição pode ser imaginária (a pessoa com TEPT lembraria um acontecimento traumático), interoceptiva (aquela com transtorno de pânico provocaria intencionalmente, girando em uma cadeira, a sensação de tontura que lembra o pânico) ou *in vivo* (o cliente com fobia social falaria diante de um pequeno público). Embora a terapia de exposição seja um processo colaborativo entre o terapeuta e o cliente, como todos os métodos da TCC, ela também é extremamente diretiva. Na maioria dos casos, o terapeuta escolhe o alvo para exposição com base numa hierarquia de situações e eventos temidos criada especificamente para o cliente. O terapeuta também estabelece os detalhes da situação de exposição e incentiva o cliente a permanecer nela até a ansiedade se dissipar.

A terapia de exposição baseada na aceitação é consistente com a TCC tradicional, mas existem algumas diferenças sutis que podem aumentar a eficácia e aceitabilidade desse poderoso componente da TCC. A terapia de exposição realçada pela aceitação conecta os exercícios de exposição à melhor qualidade de vida, de modo claro. Ao procurar participar realmente de atividades valorizadas, a pessoa inevitavelmente terá pensamentos, sentimentos, imagens e sensações dolorosas, e impulsos de evitar isso. Então a incentivamos a aceitar e acolher a presença dessas experiências, para poder viver uma vida gratificante. É bastante provável que a repetida exposição a situações temidas resulte na extinção do medo, pois a pessoa aprende que a situação não é tão perigosa quanto ela temia antes – mas a principal razão para a exposição nas TCBAs é o envolvimento com uma atividade inerentemente valiosa.

Para ilustrar as diferenças entre as duas abordagens, usaremos Marcela como exemplo. Se Marcela estivesse buscando a terapia de exposição para o transtorno de pânico, ela seria sistematicamente questionada para podermos criar uma hierarquia de estímulos temidos. No topo da hierarquia poderia estar ir até uma loja no centro de um *shopping* cheio de gente. Marcela seria encorajada a ir até o *shopping* e, a cada poucos minutos, perceber seu nível de medo e seu impulso de evitar. Ela ficaria lá por 30 minutos, mais ou menos, ou até suas unidades subjetivas de desconforto diminuírem. Marcela saberia que o objetivo da ida ao *shopping* seria ela dominar e controlar suas emoções e reduzir a ansiedade.

Da perspectiva baseada na aceitação, Marcela pensaria sobre atividades pessoalmente significativas para ela. Se expressasse o desejo de se relacionar mais intimamente com os outros, examinaríamos as barreiras que a impediam de realizar atividades consistentes com esse valor. Ela poderia descrever um convite para ir ao *shopping* com as amigas como uma oportunidade para agir de acordo com seus valores. Validaríamos e normalizaríamos a ansiedade e os pensamentos relacionados à ansiedade eliciados por uma ação tão arriscada, usaríamos métodos de *mindfulness* e desfusão para incentivá-la a ver essas experiências internas como eventos temporários toleráveis, e a estimularíamos a considerar ir ao *shopping*. Durante o passeio, Marcela usaria suas habilidades de *mindfulness* para permanecer no momento e interagir ativamente com as amigas, e teria autocompaixão por qualquer ansiedade que surgisse.

Esse tipo de terapia de exposição realçada pela aceitação é inerente ao trabalho com os valores, tão central na TCBA, mas alguns terapeutas a realizam de modo um pouco mais tradicional. Batten, Orsillo e Walser (2005) discutem a possibilidade de realizarmos uma exposição prolongada sistemática com clientes com TEPT da maneira tradicional, com uma leve variação. Especificamente, eles modificam as razões da exposição e sugerem que quando conseguimos nos aproximar de lembranças traumáticas e pensamentos e emoções associadas, em vez de evitá-los, isso modifica a natureza do nosso relacionamento com essas experiências. Essa mudança de contexto permite maior flexibilidade comportamental e maior capacidade de avançar em direções valorizadas. Da mesma forma, Levitt e Karekla (2005) utilizam a exposição interoceptiva tradicional com clientes com transtorno de pânico, depois que eles aprenderam habilidades de *mindfulness* e desfusão e exploraram direções valorizadas.

ATIVAÇÃO COMPORTAMENTAL

A ativação comportamental (AC) foi proposta como método clínico por Peter Lewinsohn (1974), com base em sua teoria de que um decréscimo na frequência de eventos prazerosos e/ou um aumento na frequência de eventos aversivos contribuíam para o desenvolvimento e manutenção da depressão. Portanto, na AC, o cliente é ensinado a monitorar a frequência de diferentes atividades e, extremamente importante, a usar a programação de atividades para aumentar diretamente o seu envolvimento em eventos prazerosos.

Mais recentemente, Jacobson e colaboradores (Jacobson, Martell e Dimidjian, 2001; Martell, Addis e Jacobson, 2001), conceitualizando o TDM de uma perspectiva analítica do comportamento, criaram uma abordagem de AC mais idiográfica e baseada na aceitação, que difere da AC tradicional de maneiras importantes, mas sutis. No nível mais básico, para garantir que a programação de atividades prazerosas seja um método clínico eficaz e enriquecedor, é realizada uma análise funcional de contingências de reforço para cada cliente. Isso vai orientar a criação de uma lista personalizada de possíveis atividades. Mesmo que ler um bom livro seja genericamente considerado um evento prazeroso, essa atividade pode ser contraproducente se for designada para um cliente que usa a leitura como uma estratégia de evitação e, em geral, se sente mais desconectado e letárgico depois de ler. Uma avaliação cuidadosa aumenta a chance de que as atividades programadas sejam reforçadoras. O processo de descobrir quais atividades são pessoalmente significativas para o cliente em AC é muito semelhante à avaliação de valores que descrevemos neste livro.

Além disso, ao usar essa nova abordagem de AC, o cliente é incentivado a considerar a *função*, e não o *conteúdo*, de certos padrões de pensamento. Por exemplo, Jonah foi almoçar com os colegas de trabalho, uma atividade que identificara como potencialmente reforçadora. No entanto, na sessão seguinte, ele disse que se sentira miseravelmente deprimido durante e depois da refeição e questionou se a AV seria proveitosa para ele. Uma análise cuidadosa revelou que, embora Jonah estivesse fisicamente presente no almoço, ele não participara com *mindfulness*. Enquanto os colegas interagiam, ele pensava sobre a sua solidão e inadequações percebidas. Quando esses pensamentos surgiram, Jonah dirigiu a sua atenção para o seu interior, mergulhou e se emaranhou em seus pensamentos, e se retirou completamente da conversa. Por conseguinte, seus pensamentos depressivos tiveram uma função de evitação. Um terapeuta cognitivo mais tradicional procuraria contestar e modificar o conteúdo desses pensamentos, mas o terapeuta de Jonah procurou fazer com que ele percebesse a função desses pensamentos. Especificamente, o terapeuta salientou que, mesmo que Jonah cumprisse diferentes tarefas comportamentais destinadas a melhorar seu humor, sua ruminação durante esses eventos era uma forma de evitação que impedia o seu prazer. Jonah foi encorajado a dar sua atenção total ao próximo evento e participar realmente da atividade, mesmo que percebesse o surgimento de pensamentos dolorosos.

TREINAMENTO DO RELAXAMENTO

Muitos programas de tratamento cognitivo-comportamental incluem elementos como respiração diafragmática, relaxamento muscular progressivo (RMP) e relaxamento aplicado. Todos eles são estratégias de manejo que a pessoa pode usar para controlar seus sentimentos de ansiedade. As pesquisas sugerem que essas estratégias são particularmente úteis para pessoas com TAG (Siev e Chambless, 2007). Superficialmente, pode parecer que estratégias para controlar sintomas de ansiedade são inconsistentes com a TCBA, mas na nossa experiência elas podem ser incluídas, com grandes benefícios clínicos. Quando esses métodos são utilizados como parte de uma abordagem de TCBA, seu foco não é controlar ou modificar a experiência de ansiedade (de fato, algumas pesquisas sugerem que o uso do retreinamento da respiração na terapia de exposição pode diminuir a eficácia da exposição [Schmidt et al., 2000]), provavelmente porque isso poderia ser conceitualizado como um ensino de evitação (Barlow, 2002). Pelo contrário, o objetivo é observar e aceitar a presença de certas experiências internas e praticar não lutar com as sensações físicas.

No RMP, originalmente desenvolvido por Jacobson (1934), o cliente primeiro tensiona, deliberadamente, grupos musculares isolados e depois os relaxa, prestando atenção à diferença entre tensão e relaxamento. Na nossa prática, conforme discutimos no Capítulo 6, usamos o RMP com algumas modificações, como um exercício de *mindfulness*. Novamente, os motivos para se usar essa técnica clínica são importantes. Enfatizamos o uso do RMP como um exercício para praticar prestar atenção às sensações físicas, percebê-las e se fixar no momento presente, não como um método para controlar a ansiedade. Incentivamos a pessoa a se concentrar na sua experiência de respiração (e tensão), a perceber por completo as sensações envolvidas e a fazer alguma mudança sutil (p. ex., soltar a tensão nos ombros) e observar o que acontece.

Também é importante reconhecer que praticar um método como o RMP é muito complexo. Às vezes, ele provoca sentimentos de calma e relaxamento, mas outras vezes está paradoxalmente associado a um aumento da ansiedade ou inclusive da tristeza. Incentivamos a pessoa a se abrir para todas as experiências que surgirem e a perceber que o RMP às vezes reduz o estresse e a ansiedade, particularmente quando estão relacionados às reações à experiência interna e a tentativas de lutar com ela e modificá-la. Aceitar e acolher as experiências internas está associado a um senso de paz e calma. Sentimentos de ansiedade e pensamentos sobre experiências dolorosas às vezes são uma resposta realista a uma circunstância de vida ou desafio muito difíceis. Embora algumas técnicas de manejo da ansiedade, como o RMP, possam reduzir temporaria-

mente essas experiências, a situação que as provocou continua existindo. Alguns sentimentos de ansiedade ou tristeza não podem ser modificados sem ação. Outros sentimentos e pensamentos são uma resposta inevitável à vida (p. ex., apaixonar-se, assumir um risco no trabalho) e não podem ser evitados pelo manejo da ansiedade. Assim, é importante que clientes e terapeutas não se agarrem ao resultado da redução da ansiedade quando utilizarem essas práticas. O foco em viver uma vida significativa, engajada, deve orientar as escolhas referentes a essas estratégias. Mais uma vez, o objetivo principal é o cliente modificar o relacionamento que tem com suas experiências internas, passando a ver pensamentos, sentimentos e sensações como eventos naturais temporários, em vez de como um reflexo ameaçador de sua psicopatologia que precisa ser suprimido ou eliminado.

TREINAMENTO DE HABILIDADES

Um dos aspectos mais benéficos da TCC é que ela pode ser usada para ensinar o cliente a desenvolver e aperfeiçoar habilidades de vida a serem aplicadas em uma grande variedade de esferas. *Treinamento de habilidades* é um termo amplo empregado para descrever métodos que ajudam o cliente a resolver problemas, manejar interações sociais/interpessoais, tornar-se mais assertivo e lidar com as emoções.

Técnicas de aceitação e *mindfulness* podem ser facilmente integradas ao treinamento de habilidades. Conforme discutimos no Capítulo 8, depois que o cliente identificou direções valorizadas, ele vai perceber os obstáculos internos e externos que o impedem de se empenhar em atividades valorizadas. Os obstáculos internos costumam ser pensamentos, sentimentos, imagens e sensações físicas que o cliente deseja evitar, e podem ser tratados com métodos clínicos que aumentam a aceitação, o *mindfulness* e a disposição. As barreiras externas à busca de atividades consistentes com as direções valorizadas em geral incluem déficits em recursos e habilidades. Por exemplo, a pessoa que quer ser desafiada profissionalmente talvez não possua as habilidades interpessoais necessárias para ser contratada e manter um novo emprego. Outra, que valoriza conexões interpessoais, pode não possuir algumas das habilidades sociais necessárias para cultivar amizades. Portanto, depois que o cliente identificou direções de vida valorizadas e se dispôs a se abrir para as experiências internas, o treinamento tradicional de habilidades pode ser muito útil para promover a ação valorizada.

O exemplo mais notável da integração da TCC tradicional com a TCBA é a terapia dialética do comportamento (TDC), uma abordagem que equilibra aceitação e mudança ao ensinar e reforçar habilidades efetivas num contexto de aceitação e validação (Linehan, 1993a). O treinamento de habilidades na TDC envolve aprender habilidades centrais de *mindfulness*, como observar e descrever a própria experiência, participar inteiramente das atividades, assumir uma postura não julgadora em relação a eventos internos e externos, se concentrar em uma coisa no momento e escolher realizar comportamentos efetivos. Além disso, o cliente aprende habilidades interpessoais (para aumentar a efetividade social), habilidades de tolerância à angústia (isto é, aprender a suportar bem o sofrimento) e habilidades para melhorar a regulação das emoções (p. ex., identificar e dar nome aos afetos, perceber plenamente a emoção do momento, aumentar a frequência de eventos com emoção positiva, reduzir a vulnerabilidade à "mentalidade emocional").

Alguns terapeutas se debatem com dois conceitos que podem parecer opostos: a aceitação das experiências internas e a regulação das emoções. Clinicamente, o termo *regulação da emoção* é empregado para descrever tentativas de manejar ou modificar a própria experiência emocional. Essas estratégias podem parecer opostas às da TCBA, que sugerem que os esforços internos para modificar pensamentos, emoções e sensações intensificam, paradoxalmente, a angústia, aumentando as respostas negativas e interferindo na ação comportamental. Mas, na verdade, a regulação da emoção é um conceito muito mais amplo, que inclui os processos estratégicos e automáticos que o indivíduo utiliza para influenciar as emoções que sente, quando as sente e como as experiencia e expressa (Gross, 1998). Embora as estratégias de regulação da emoção destinadas a manipular a própria resposta interna possam parecer inconsistentes com a TCBA, algumas estratégias de regulação da emoção talvez não sejam. Por exemplo, no caso da AC discutida anteriormente, o cliente pode escolher realizar atividades com maior chance de provocar emoções prazerosas. Expandir a atenção para além das deixas ameaçadoras pode modular o nível de ansiedade que a pessoa sente na situação ansiogênica. Manter hábitos saudáveis, como fazer refeições nutritivas, repousar adequadamente e se exercitar regularmente, pode modular a intensidade da emoção.

Em nossa experiência, é importante que o cliente esteja disposto a experienciar a gama completa de emoções que fazem parte da experiência humana. Mesmo sendo possível escolher ações que aumentem a probabilidade de emoções positivas e minimizem as negativas, a pessoa se sentirá mais satisfeita se for capaz de permanecer aberta e não se prender aos resultados de diferentes escolhas. Convém lembrar a metáfora do pântano, da TAC, discutida no Capítulo 8: é perfeitamente aceitável usar botas e roupas impermeáveis durante a viagem, desde que a pessoa aceite que ainda assim pode ficar suja e molhada ao longo do caminho.

Também é importante reconhecer o relacionamento possivelmente recíproco entre regulação da emoção e *mindfulness*. Quando percebemos e aceitamos nossas experiências internas, fica mais fácil adotar estratégias para melhorar o humor. Da mesma forma, algumas estratégias de regulação da emoção podem promover *mindfulness*. Quando apresentamos o conceito de aceitação para os nossos clientes, eles geralmente relutam muito em considerar acolher a angústia intensa e esmagadora que estão sentindo. Conforme passam a cuidar melhor de si mesmos e aprendem algumas estratégias de regulação da emoção, suas reações emocionais tendem a se tornar menos intensas e extremas, tornando mais aceitável a perspectiva da aceitação. É claro, conforme dissemos em todo o livro, as estratégias de regulação da emoção muitas vezes são ineficientes para reduzir emoções, pensamentos e sensações dolorosas e difíceis – justamente quando mais precisamos. Por isso, mesmo quando a pessoa aprende diferentes métodos para responder às próprias respostas, é essencial que cultive uma atitude de desapego ao resultado e continue disposta a experienciar a gama completa de respostas humanas.

MEDICAÇÃO

Muitas vezes, a pessoa busca serviços psicológicos quando já está sendo tratada com medicações psicotrópicas, especialmente antidepressivos e/ou ansiolíticos. À primeira vista, pode parecer que tomar medicação para atenuar a experiência emocional é inconsistente com uma postura de aceitação ou *mindfulness*, mas essas duas formas de tratamento podem ser integradas com sucesso. Um cliente que está experienciando uma depressão vegetativa significativa ou cuja ansiedade é debilitante pode ter extrema dificuldade de se comprometer com uma prática regular de *mindfulness*. Igualmente, a cliente que está experienciando alterações intensas e extremas de afeto pode estar apavorada demais por essa experiência para pensar em acolher suas emoções. Também pode ser difícil esclarecer os próprios valores quando os sintomas forem particularmente graves e debilitantes. A medicação psicotrópica pode energizar suficientemente a pessoa ou modular o afeto negativo o suficiente para aumentar a disposição em participar do tratamento. Clientes que atendemos em TCBA e que recebiam também farmacoterapia decidiram reduzir ou parar a medicação depois de um tempo, pois sua postura diante das experiências internas mudou e suas habilidades de *mindfulness* aumentaram. Insistimos que os clientes consultem todos os profissionais que os tratam sobre uma possível mudança de medicação.

RESUMO

Na nossa perspectiva, as abordagens comportamentais baseadas na aceitação representam alguns dos muitos avanços e aperfeiçoamentos no campo mais amplo da TCC. Embora elas tenham recebido um apoio preliminar, ainda são necessárias pesquisas para demonstrar como a aceitação e *mindfulness* podem aumentar a eficácia da TCC. Na nossa experiência, integrar aceitação e *mindfulness* a outras abordagens terapêuticas empiricamente comprovadas aumentou a disposição de nossos clientes de se empenharem mais nessas estratégias – com os correspondentes benefícios. Conforme discutimos em todo o livro, acreditamos que o terapeuta deve discutir abertamente as opções de tratamento com todos os clientes antes de iniciá-lo, acompanhar o progresso do princípio ao fim da terapia, e se manter a par de novos desenvolvimentos na literatura de pesquisa que podem informar seu trabalho.

Notas

1 Há certa confusão na literatura pelo fato de o termo *terapia cognitivo-comportamental* se referir a uma ampla variedade de abordagens, algumas das quais enfatizam o papel causal das cognições nos sintomas, enquanto outras não. Preferimos empregar o termo *terapia cognitiva* para descrever aquelas abordagens que enfatizam a primazia da cognição nas intervenções, mesmo que esses tratamentos também incluam elementos comportamentais e algumas TCC também tratem a cognição.*

2 Inicialmente, acreditávamos que as associações temidas eram realmente removidas ou extintas no curso de exposições repetidas, mas as pesquisas demonstram que são aprendidas novas associações, não temerosas, e que as ameaçadoras nunca são completamente removidas. É por isso que as respostas de medo podem ser facilmente reaprendidas ou voltar a ocorrer espontaneamente (LeDoux, 1996).

---

* N. de R. T.: Ver DOBSON, K. et al. Manual de terapias cognitivo-comportamentai. 2.ed. Porto Alegre: Artmed, 2006. 340p.

11

Considerações Culturais na Terapia Cognitivo--comportamental Baseada na Aceitação

COM JONATHAN K. LEE E CARA FUCHS

Neste livro, apresentamos uma visão geral dos métodos clínicos que utilizamos ao trabalhar de uma perspectiva de TCBA. Como salientamos, uma cuidadosa e abrangente avaliação e conceitualização de caso é necessária para informar o desenvolvimento de um plano de tratamento flexível e individualizado para cada cliente. A identificação cultural é um elemento crítico a considerar nesse processo. Enquanto temos feito esforços cuidadosos para destacar exemplos das maneiras pelas quais a manutenção de uma postura cuturalmente responsiva pode melhorar o tratamento, decidimos dedicar um capítulo específico para abordar questões relacionadas à competência cultural. O objetivo deste capítulo é destacar algumas das maneiras pelas quais as abordagens comportamentais baseadas na aceitação podem ser particularmente aplicáveis a pessoas de diversas origens e oferecer algumas sugestões práticas de como as TCBAs podem ser adaptadas e utilizadas com esses clientes de modo bem-sucedido. São necessárias muito mais pesquisas nessa área, de modo que a discussão dessas importantes questões é apenas preliminar.

Neste capítulo, empregamos a palavra "cultura" nos referindo às lentes através das quais as pessoas veem o mundo e interagem com ele. Pederson e Ivey (1993, p. 2) definem cultura conforme segue:

> Como todo construto pessoal, a cultura está dentro da pessoa, se desenvolve em resultado de aprendizagens acumuladas de uma complexidade de fontes, depende da interação com outros para se definir, muda para acomodar as experiências em um mundo que se modifica, fornece uma base para se prever o futuro comportamento do *self* e dos outros, e se torna o ponto central de controle de toda e qualquer decisão.

A definição destaca três elementos importantes da cultura: (1) ela é moldada por

---

Jonathan K. Lee, M.D., faz doutorado em Psicologia Clínica e é membro do Acceptance, Mindfulness and Emotion Lab da Suffolk University, em Boston.

Cara Fuchs, MPH, faz doutorado em Psicologia Clínica e é membro do Emotions Research Lab da University of Massachusetts, Boston.

nossas experiências passadas, (2) é dinâmica e constantemente em fluxo e (3) influencia nossa maneira de ver o mundo que nos cerca e o nosso relacionamento com ele. Foram propostas na literatura algumas perspectivas diferentes para se compreender a cultura no contexto da psicoterapia (p. ex., Leong, 1996; Pederson e Ivey, 1993; Sue, 1998; Sue e Sue, 2003), assim como orientações para uma prática culturalmente competente (American Psychological Association, 2003). Para o propósito deste capítulo, selecionamos uma estrutura geral para identificar as dimensões mais importantes que influenciam a identidade cultural dos clientes. Pamela Hays (2008) sugere uma abordagem multidimensional para atingirmos esse objetivo, que pode ser lembrada com o acrônimo ADDRESSING. Os elementos da estrutura incluem a compreensão da (1) idade (*Age*) e influências geracionais, (2) **D**eficiências **D**esenvolvimentais e adquiridas, (3) **R**eligião e orientação espiritual, (4) **E**tnicidade, (5) *status* **S**ocioeconômico, (6) orientação **S**exual, (7) herança nativa (*Indigenous heritage*), (8) origem **N**acional e (9) **G**ênero. Complementamos essa estrutura destacando a etnia como uma identidade socialmente construída, além da etnicidade, e salientando como o racismo estrutural e individual pode desempenhar um papel nas experiências e dificuldades da pessoa. A extensão em que a pessoa atribui valores e significados a determinadas dimensões varia, e o terapeuta deve explorar essas dimensões com seu cliente para compreender bem como cada dimensão se encaixa na sua vida. É importante observar que as dimensões da estrutura ADDRESSING não devem ser consideradas mutuamente exclusivas, pois a pessoa comum vai se identificar com múltiplas dimensões. Dependendo do contexto, a dimensão (ou dimensões) mais saliente num dado momento varia. Os indivíduos possuem múltiplas identidades e, para realizarmos uma terapia culturalmente competente, é importante considerar como elas se cruzam.

A RELEVÂNCIA DAS TCBAs PARA CLIENTES DE ORIGENS DIVERSAS

As minorias raciais e étnicas representam o setor que mais cresce na população americana (President's New Freedom Commission on Mental Health, 2003). Embora seja menos provável que essas minorias satisfaçam os critérios de diagnóstico psicológico se comparadas aos americanos brancos (Breslau et al., 2006), considerando-se aqueles que precisam de tratamento psicológico, é significativamente mais provável que as minorias étnicas e raciais recebam serviços de saúde mental de pior qualidade ou continuem sem tratamento (Wang et al., 2005). Além disso, as minorias étnicas que chegam a ser atendidas por serviços de saúde mental correm um risco maior de término prematuro (Sue, 1987). Para explicar essas tendências, alguns psicólogos argumentaram que os terapeutas brancos são insensíveis às origens culturais desses clientes (Sue e Zane, 1987). Numa posição extrema, alguns propõem que a psicoterapia ocidental talvez não seja uma intervenção adequada para as minorias. Por exemplo, psicólogas feministas argumentam que as TCCs são um veículo para promover "funções, processos e estruturas valorizadas de euro-americanos brancos do sexo masculino" e "podem não se ajustar nem ser responsivas a saberes diversos e aos processos preferidos e visões de mundo alternativas de não brancos, não homens ou não europeus" (Kantrowitz e Ballou, 1992, p. 80). Com base nessa premissa, foi proposto que as intervenções psicológicas precisam abrir espaço para a visão de mundo do cliente, que pode ser diferente da visão de mundo do terapeuta.

O modelo terapêutico

A postura básica a partir da qual a TCBA vê os clientes e suas dificuldades parece tratar essas dificuldades diretamente. As TCBAs reconhecem que a experiência do cliente é moldada, em parte, por forças socio-históricas e sociopolíticas que contribuem para o seu sofrimento psicológico. As terapias comportamentais baseadas na aceitação, como a TAC, "veem os eventos psicológicos como ações contínuas do organismo inteiro interagindo *em* e *com* contextos definidos em termos históricos e situacionais" (Hayes et al., 2006, p. 4). O foco das TCBAs na ubiquidade do sofrimento humano, na normalização da angústia psicológica e na importância de se ver o cliente e suas dificuldades em um contexto amplo pode ser particularmente atraente para uma pessoa que já se sente rotulada e impotente devido a raça, orientação sexual, desvantagem econômica, deficiência física, língua ou outras características.

Desestigmatizando a terapia

Em muitas culturas, ser rotulado com um diagnóstico psicológico é extremamente estigmatizante e parece refletir fracasso pessoal ou fraqueza de caráter, o que pode ser um impedimento importante para indivíduos que cogitam fazer uma psicoterapia. Muitas vezes, o estigma e a vergonha se estendem a toda a família da pessoa que enfrenta problemas psicológicos. A postura terapêutica descrita acima é uma maneira de desestigmatizar dificuldades psicológicas. Além disso, para esses clientes, as TCBAs podem ser particularmente atraentes devido à sua natureza educacional/baseada em habilidades. Por exemplo, Roth e Robbins (2004) descobriram que descrever a REBM como uma intervenção educacional aumentou a disposição de alguns clientes hispânicos com problemas médicos, baixa renda e dificuldade de falar inglês, que estavam inicialmente apreensivos em relação a começar o programa de tratamento.

O uso da metáfora, que é um componente central das TCBAs, também pode ser particularmente útil quando trabalhamos com clientes que vêm de uma cultura em que o sofrimento emocional e as dificuldades de vida relacionadas raramente são discutidos com pessoas de fora da família mais ampla. No nosso trabalho com homens das Ilhas do Pacífico, descobrimos que o uso da metáfora na terapia lhes permitiu começar a discutir suas dificuldades de uma maneira culturalmente aceitável.

O relacionamento cliente-terapeuta

Foi sugerido que a credibilidade atribuída (crenças culturais no valor da psicoterapia ocidental) e a credibilidade conquistada (a percepção individual de que a terapia é benéfica) são elementos importantes a serem tratados no início do tratamento. A primeira se relaciona aos baixos índices de utilização dos serviços de saúde mental por pessoas que não partilham dos valores das culturas ocidentais, e a segunda aos altos índices de término prematuro por parte das minorias étnicas (Sue, 2006). Enquanto a credibilidade atribuída é ditada pelas normas culturais da pessoa, a credibilidade conquistada é influenciada pela interação terapeuta-cliente. Dependendo da credibilidade atribuída da psicoterapia ocidental na cultura do cliente, é sensato acreditar que ele pode ter chegado à decisão de buscar tratamento depois de uma cuidadosa contemplação e, também, que ele pode estar inseguro em relação aos benefícios do tratamento. Tratar oportunamente a credibilidade conquistada, portanto, pode evitar o término prematuro, especialmente no caso de clientes de minorias étnicas que têm dúvidas sobre a efetividade da psicoterapia ocidental. Sue e Zane (1987) chamam isso de *presentear* (referindo-se ao ritual de presentear que é comum em relacionamentos interpessoais na Ásia) e sugerem que podemos fazer isso dando ao cliente um ganho significativo bem no início da terapia, para estreitar o *rapport* e a aliança terapêutica.

Muitas das práticas e informações iniciais das TCBAs visam diretamente aumentar o entendimento do cliente de suas experiências, fornecer uma explicação sólida de por que a abordagem pode ser benéfica, e permitir experiências imediatas do potencial de benefícios terapêuticos. Em nosso trabalho, por exemplo, na primeira sessão da terapia explicamos ao cliente as razões do tratamento de acordo com a conceitualização conjunta das suas dificuldades. Fazemos um exercício respiratório com ele e o incentivamos a praticar durante toda a semana. Na segunda sessão, sugerimos aos clientes ansiosos uma forma adaptada do RMP, uma prática excelente que a maioria deles considera muito útil. Nessa sessão, também pedimos que a pessoa considere, especificamente, como suas dificuldades estão interferindo em seus valores. Embora ainda não exista nenhuma confirmação, isso tudo pode ajudar a promover a credibilidade conquistada. Nesse processo, temos o cuidado de prestar atenção aos valores e crenças específicos do cliente, para garantir que o presente que estamos dando a ele seja apropriado e bem-recebido. De fato, começamos o tratamento avaliando o entendimento que o cliente (e sua família) tem de seus problemas e suas esperanças em relação ao tratamento. Isso nos ajuda a criar sessões iniciais com maior chance de serem percebidas como benéficas.

Como a TCC, as TCBAs constituem uma abordagem de tratamento colaborativa, o que pode ser particularmente útil quando a diferença de poder/privilégio entre terapeuta e cliente é significativa. A "metáfora das duas montanhas", descrita no Capítulo 4, fornece uma oportunidade para o terapeuta demonstrar humildade e autenticidade, e deixar claro que não está julgando nem patologizando o cliente. Autorrevelações terapeuticamente úteis, que são incentivadas nas TCBAs, também ajudam a minimizar o desequilíbrio de poder inerente ao contexto terapêutico, em especial quando o terapeuta vem de um grupo cultural dominante e o cliente se identifica com um ou mais grupos oprimidos.

Aceitação e desfusão de preconceitos internos

Conforme discutimos por todo este livro, convém que o terapeuta que utiliza as TCBAs incorpore aceitação, *mindfulness* e valores à própria vida e, principalmente, ao seu papel como terapeuta. Um estudo preliminar sugere que a TAC pode ajudar o indivíduo a perceber pensamentos preconceituosos e se desfundir deles (Lillis e Hayes, 2007). E, nesse estudo, as pessoas que aceitavam mais e acreditavam menos em pensamentos preconceituosos manifestavam uma intenção comportamental maior de aumentar a exposição a situações culturalmente diversas. Portanto, as TCBAs oferecem ao terapeuta uma maneira efetiva de trabalhar com os vieses e os pensamentos preconceituosos que com frequência surgem quando se trabalha com um cliente de uma origem cultural diferente.

As TCBAs também permitem que a pessoa reconheça seu racismo, heterossexismo, preconceito em relação à velhice ou estereotipificação internalizados, e perceba a extensão em que essas crenças podem estar influenciando seus atuais valores e ações. Por exemplo, uma cliente afro-americana pode acreditar que, para conquistar ou manter poder ou privilégios, precisa parecer forte e suprimir a manifestação ou a experiência de emoções como medo ou tristeza. Se ela valoriza servir como um modelo de papel e mentora para os filhos, poderia valorizar a ação de ensinar a eles que demonstrar ou sentir angústia é um sinal de fraqueza. A TCBA permite que ela expresse esse valor em um contexto que estimula a curiosidade e a exploração. O terapeuta assume uma postura dialética: valida as experiências que levaram a essas conclusões e faz a cliente perceber e observar os possíveis custos de ela se comportar de maneiras consistentes com esse valor. Ele também pode fornecer psicoeducação, explicando que a supressão de emoções negativas geralmente é incentivada nos Estados Unidos, e que as pessoas que se identificam como minorias raciais podem, como um aspecto da opressão, ser especialmente incentivadas a não demonstrar suas emoções. Dessa maneira, a cliente pode começar a ver que a rígida adesão a essa orientação pode ser prejudicial para ela e os filhos, que pode, de fato, deixá-los mais incapacitados, impotentes. Isso poderia levá-la a redefinir sua ideia do que significa ser uma boa mãe. Esse processo incorporaria as realidades da sua experiência, para que ela pudesse concluir que existem contextos em que demonstrar angústia pode ter consequências negativas e que ela vai querer ensinar os filhos a reconhecer esses contextos e responder adequadamente a eles. Depois de perceber as consequências negativas de uma rígida supressão expressiva, ela pode passar a valorizar a flexibilidade expressiva, para si mesma e para os filhos. Ela também pode perceber que, mesmo quando escolhe não expressar suas emoções, reconhecê-las e aceitá-las é benéfico e algo que gostaria de ensinar aos filhos.

Reconhecendo e incentivando valores pessoais

As TCBAs podem ser particularmente relevantes para clientes de origens variadas por sua ênfase nos valores definidos pela pessoa. O componente terapêutico dos valores faz com que seja necessário compreender a visão de mundo do cliente, pois os valores são propostos como um indicador importante de identidade cultural (Hofstede, 1980; Schwartz, 2006). Nas TCBAs, o terapeuta não define nem julga quais ações ou escolhas poderiam ser consideradas adaptativas ou desadaptativas. Em vez disso, cada sugestão do terapeuta ou do cliente é avaliada de acordo com o seguinte critério: isso nos aproxima ou afasta dos nossos valores pessoais?

As TCBAs também possibilitam o exame dos aspectos sistêmicos, culturais e familiares que impedem a pessoa de se empenhar em ações valorizadas (o que deve fazer parte de qualquer terapia culturalmente competente). Por exemplo, as tarefas escritas de valores ajudam a pessoa a examinar como os membros da família ou da rede social mais ampla podem ser influenciados antes de ela se comprometer. E também lhe permitem entender como a opressão sistêmica a restringiu, e pensar em coisas que pode fazer para criar mudanças, apesar desses obstáculos. A postura dialética das TCBAs fornece um contexto em que o terapeuta pode validar as barreiras sistêmicas que impedem o cliente de ser capaz de ações valorizadas e a angústia associada, e ajudá-lo a descobrir como realizar ações valorizadas dentro dessas limitações. Por exemplo, ao trabalhar com um cliente com uma deficiência física e sintomas de ansiedade, nós o ajudaríamos a diferenciar os obstáculos sistêmicos dos obstáculos causados pela ansiedade. Isso lhe permitiria identificar áreas em que pode agir de modo valorizado apesar das limitações externas. Além disso, ações destinadas a modificar os obstáculos sistêmicos podem ser conceitualizadas como consistentes com os valores do cliente e passam a ser também uma parte ativa da terapia.

Tudo isso torna as TCBAs uma forma de terapia culturalmente responsiva. Mas é preciso muita atenção e conhecimento de fatores contextuais para usar o tratamento dessa maneira. O terapeuta precisa se familiarizar com características de identidades culturais específicas, especialmente quando elas são muito diferentes da sua. Uma consulta com outros profissionais geralmente é um aspecto importante do atendimento culturalmente competente. A seguir, exemplificamos algumas considerações que podem surgir nessa abordagem de tratamento.

ADAPTANDO AS TCBAs PARA CLIENTES DE ORIGENS DIVERSAS

Sensibilidade cultural envolve avaliar com cuidado todos os componentes possivelmente importantes da origem e identidade do cliente, integrar informações culturalmente relevantes à conceitualização de caso e oferecer métodos clínicos que respeitem e complementem a sua cultura. Nesta seção, discutiremos como os fatores culturais influenciam a conceitualização e o tratamento de uma perspectiva comportamental baseada na aceitação. Também observamos as dificuldades que podem surgir quando se adapta a TCBA às necessidades de determinados clientes. Os leitores devem ver Hays e Iwamasa (2006) sobre uma revisão da TCC culturalmente responsiva, que dá orientações sobre grupos raciais e étnicos específicos. Evidentemente, é essencial que o terapeuta evite tirar conclusões amplas e estereotipadas sobre um cliente baseado em fatores como idade, gênero, raça, meio socioeconômico e etnicidade. Conforme dissemos anteriormente, a pessoa via de regra vê a si mesma de muitas perspectivas que se cruzam, refletindo influências culturais diferentes, de modo que é importante ser extremamente sensível ao definir como essas identidades devem informar o plano de tratamento. Compreender quando generalizar e quando individualizar o senso de identidade cultural do cliente nos fará compreendê-lo mais profundamente – isso geralmente é referido como *calibragem dinâmica* (Sue, 1998, 2006).

Por exemplo, Aisha, uma jovem imigrante, buscou tratamento por ansiedade social, problemas de uso de substâncias e sentimentos de depressão. Sabendo que as experiências de imigração podem influir, perguntamos mais sobre sua vinda para os Estados Unidos para cursar uma faculdade. Soubemos que a viagem de Aisha sofrera um atraso devido às restrições de voo depois do 11 de setembro, o que a fizera perder a etapa inicial de orientação e as oportunidades vitais concomitantes de criar amizades. Subsequentemente, ela ficou isolada e se retraiu. Só criara alguns laços de amizade com um grupo de alunos da mesma etnia, que tinha o hábito de se reunir para beber. Embora ela percebesse que beber regularmente estava interferindo na sua capacidade de viver de acordo com seus valores, sentia-se limitada pelas poucas opções sociais. Como terapeuta branca, nascida nos Estados Unidos, eu precisava pensar e questionar como a sua identidade de imigrante nos Estados Unidos, numa época em que a nação lamentava uma tragédia e vivenciava uma profunda união nacional, era relevante em suas dificuldades e contribuía para seu senso de isolamento. E, dado seu *status* de imigrante, era importante ser sensível à possível confusão em sua identidade cultural devido ao processo de aculturação. O trabalho com os valores seria particularmente importante e desafiador, pois ela estava descobrindo quais valores americanos queria adotar e/ou quais valores do seu país continuavam importantes para ela. Reconhecer e explorar esse estado de fluxo é uma forma importante de validação, que pode ajudar a pessoa a navegar por contextos culturais complexos durante períodos de transição.

Incentivar a percepção não julgadora, compassiva

Anteriormente, discutimos como as abordagens comportamentais baseadas na aceitação podem desestigmatizar alguns aspectos da busca e aceitação do tratamento para dificuldades emocionais, mas os clientes cujas famílias ou culturas desestimulam fortemente a experiência e expressão da emoção podem lutar mais tempo com o conceito de mudar seu relacionamento com a experiência interna. O terapeuta pode ver essas regras sobre experiência e manifestação emocionais como restritivas e julgadoras, mas o cliente pode ter uma dificuldade imensa de pensar em modificá-las. Por exemplo, Emilio, um porto-riquenho casado, com quatro filhos, experiencia períodos frequentes e dilacerantes de depressão. Ele se apresentou para tratamento extremamente zangado e frustrado consigo mesmo por não ser capaz de controlar suas respostas internas emocionais e fisiológicas, e sentia muita vergonha, pois acreditava que a esposa e os filhos o viam como "fraco". Conforme a depressão de Emilio se intensificava, ele se preocupava cada vez mais, temendo não poder continuar a trabalhar e viver segundo o seu valor de sustentar financeiramente a família.

Um cliente com essa perspectiva pode ficar extremamente relutante em considerar desenvolver uma postura compassiva e não julgadora em relação às experiências internas. É essencial que o terapeuta valide suas preocupações e o incentive a examinar se essa mudança de postura realmente o tornará "mais fraco" ou lhe permitirá se empenhar em ações mais consistentes com seus valores. Por meio do monitoramento, ele pode perceber que seus esforços para controlar seus sentimentos de tristeza estão associados à maior, não menor, disforia. Então, talvez ele consiga considerar a possibilidade de que a compaixão por suas emoções na verdade o torna mais capaz de cumprir seu papel de provedor econômico para a família, mesmo que *pareça* que a aceitação e a autocompaixão vão piorar o problema. Ao trabalhar com um cliente de uma cultura que enfatiza profundamente a coesão familiar e as responsabilidades de gênero, especialmente se há grandes obstáculos culturais e familiares que impedem o cliente de considerar essa postura de autoaceitação, pode ser muito bom envolver a família no tratamento. Por exemplo, poderíamos dar à esposa de Emilio alguma psicoeducação sobre respostas emocionais, os efeitos paradoxais do controle e as razões para o plano de tratamento de Emilio. Isso pode ajudá-lo a se sentir menos julgado pela esposa e mais capaz de criar um relacionamento diferente com sua angústia.

Mindfulness como algo incongruente em termos culturais ou religiosos

Conforme observamos no Capítulo 6, é importante apresentar o conceito de *mindfulness* como separado da tradição budista da qual ele se origina. Isso é particularmente relevante para clientes que se sentem pouco à vontade com a espiritualidade ou que possuem uma identidade espiritual firmemente estabelecida, pois podem se sentir forçados a modificar isso. Por exemplo, Muñoz e Mendelson (2005) descrevem uma cliente latina que se recusava a praticar técnicas de relaxamento muscular profundo por medo de que isso fosse parecido demais com a ioga. Evidentemente, a disposição da pessoa em aceitar qualquer método clínico sempre deve ter precedência na terapia; ao mesmo tempo, sugerimos que o terapeuta pense em criar práticas individuais, culturalmente relevantes, que tenham a mesma função dos exercícios tradicionais de *mindfulness*. Várias religiões, incluindo cristianismo, judaísmo e islamismo, contêm algumas oportunidades de prática contemplativa. Por exemplo, ao cliente que é católico devoto e talvez não esteja disposto a fazer exercícios de "meditação", porque isso pode ser uma violação de sua fé, podemos sugerir exercícios alternativos para praticar a percepção do momento presente. Hinton (comunicação pessoal) sugere que se incentive esse cliente a trazer uma percepção tranquila às sensações físicas na ponta dos dedos conforme cada conta do rosário é tocada em sequência. A meditação de passagem é uma forma de meditação em que a pessoa se concentra em uma passagem memorizada das escrituras ou de uma figura espiritual importante, e a repete lentamente. Foi demonstrado que ela é muito semelhante à RCBM em função e forma (Oman et al., 2007). Incentivar a pessoa a praticar *mindfulness* no contexto de sua tradição espiritual pode fortalecer a aliança terapêutica ao demonstrar o respeito do terapeuta pela cultura do cliente, intensificar o impacto da prática e aumentar a probabilidade de que o cliente continue praticando depois que o tratamento terminar.

O conteúdo dos exercícios de *mindfulness* também pode ser modificado para capturar imagens culturalmente relevantes. Por exemplo, em seu trabalho com refugiados do Camboja e do Vietnã com pânico ortostático, Hinton e colaboradores (Hinton et al., 2001; Hinton, Pham, Chan, Tran e Hinton, 203) pediam aos clientes que visualizassem uma flor de lótus com um caule longo, girando ao vento, durante os exercícios de *mindfulness*, uma metáfora culturalmente relevante que enfatiza a flexibilidade.

O terapeuta também deve ser sensível à possibilidade de que o cliente reaja negativamente ao uso de *mindfulness* na terapia devido à sua congruência com algum aspecto de sua história. Isto é, clientes de um meio budista ou de origem asiática com laços culturais com o budismo (como membros da família que o praticam) ou aqueles com uma história própria de alguma forma de meditação podem reagir ao uso de *mindfulness* no tratamento. Nesse caso, o cliente pode não querer que algo pessoal se torne parte de uma intervenção padrão ou discordar de sua aplicação no tratamento, temendo que as valiosas associações espirituais, religiosas ou culturais que isso tem em sua vida tenham sido extirpadas. Temos o cuidado de avaliar e discutir essas questões com os clientes logo no início, para que entendam claramente como usamos *mindfulness* no tratamento. Nessas discussões, compartilhamos a nossa visão de que determinados aspectos dessa tradição podem ser úteis no contexto específico da terapia, enquanto outros são vitalmente importantes em outros contextos. Dessa maneira, cuidamos para validar o significado pessoal dessas práticas para o cliente, enquanto explicamos sua utilidade específica no contexto da terapia.

Mudança comportamental relevante para o cliente

Uma das limitações do uso da TCC com clientes de origens diversas é a tradicional ênfase na mudança comportamental em nível individual (Hays e Iwamasa, 2006). Essa ênfase limitada deixa de reconhecer os fatores sociais e sistêmicos que podem dificultar a mudança de comportamento. Conforme observamos anteriormente, muitas vezes há barreiras estruturais, como opressão e pobreza, que podem impedir que o cliente consiga fazer mudanças que ele e o terapeuta consideram adaptativas. As expectativas e os desejos dos familiares do cliente e de seu grupo de apoio mais amplo também podem ser obstáculos à mudança. Embora a estrutura das TCBAs permita o reconhecimento e a consideração dessas barreiras, pode ser desafiador para o terapeuta compreender e apreciar inteiramente essas complexas forças societais.

Por exemplo, Maria, uma cliente mexicoamericana, estava com muita dificuldade de concluir a faculdade. Ela descreveu seu problema como refletindo procrastinação. Sua incapacidade de fazer os trabalhos de casa era tão crônica que ela estava num período probatório na faculdade, correndo o risco de perder a ajuda financeira. Apesar de identificar a instrução como um valor, Maria relutava em se comprometer com um esforço consistente em seu curso. A nossa suposição inicial era que Maria desenvolvera o hábito da procrastinação, mas quando exploramos com ela o que poderia estar impedindo que fizesse os trabalhos, ela admitiu que era a sua preocupação em passar um tempo com a mãe. Pelo relato de Maria, sua mãe esperava que ela passasse muito tempo com ela durante a semana. Maria achava que a mãe teria muita dificuldade em aceitar que ela fosse menos disponível.

Quando perguntamos se tinha conversado sobre isso com a mãe, ficou claro que essa conversa era mais complicada do que imaginávamos. Maria explicou que a mãe não conhecia o sistema escolar norte-americano e não tinha ideia do tempo que deveria ser dedicado aos estudos para a pessoa se formar. Ficou claro que Maria não contara à mãe sobre os trabalhos da faculdade e o tempo que eles consumiam, não dando à mãe a oportunidade de compreender isso. Portanto, discutimos como ela poderia conversar com a mãe sobre o tempo que precisava dedicar aos estudos em casa, e também sobre a possibilidade de estudar mais horas na faculdade, para poder ficar mais com a mãe quando estivesse em casa. Para Maria, era importante estar conectada com a mãe e disponível para ela. Se não tivéssemos examinado essas dificuldades externas, Maria poderia ter fracassado em suas tentativas de mudança comportamental e, incorretamente, rotular a si mesma como preguiçosa.

As TCBAs abrem espaço para os valores individuais, mas o terapeuta ainda precisa ser extremamente sensível à maneira pela qual os fatores culturais influenciam a capacidade da pessoa de articular um conjunto de valores. Uma dimensão em que as culturas variam é o grau em que seus membros priorizam indivíduos ou grupos – isto é, a orientação coletivista *versus* individualista (p. ex., Markus e Kitayama, 1991). Um cliente com uma forte orientação para o grupo pode ter dificuldade em articular necessidades "pessoais" como parte de um exercício de valor. Além disso, se os valores da pessoa diferem dos valores do terapeuta, a falta de entendimento do contexto histórico e social em que os valores recebem significado pode prejudicar o tratamento, principalmente se o terapeuta tentar influenciar o cliente e fazê-lo adotar seus valores.

Por exemplo, Kim, uma jovem sino-americana, estava tendo dificuldade com um aspecto das instruções sobre um exercício de valores. Especificamente, na nossa tentativa de ajudar os clientes a identificarem o que é pessoalmente relevante, sugerimos que considerem os próprios valores, não aqueles impostos por outras pessoas. Por um lado, Kim explicou que não distinguia valores individuais e grupais dentro da família, vendo os valores familiares como comuns a todos os seus membros. Ao mesmo tempo, ela se identificava parcialmente com a cultura norte-americana e gostaria de examinar os próprios valores separadamente dos da família. Essa questão também envolvia a sua escolha profissional. A família tinha como um valor sustentar financeiramente e cuidar dos membros da família mais ampla. Kim estava fazendo uma formação avançada em comércio, e acreditava que isso permitiria que ela ganhasse dinheiro suficiente para agir de acordo com esse valor, mas tinha medo de que esse trabalho não fosse pessoalmente gratificante ou não lhe permitisse influenciar positivamente a sociedade. A terapeuta de Kim percebeu os próprios vieses, pois vinha de uma cultura que valoriza a realização pessoal, um trabalho significativo e não se preocupa tanto em sustentar financeiramente os membros da família. Ela percebeu que estava pensando em tentar influenciar Kim a agir de acordo com seus próprios valores, e foi capaz de se desfundir desse pensamento. Em vez de agir assim, a terapeuta criou um contexto seguro para Kim examinar a validade de seus valores pessoais e dos valores da família. Após várias semanas de exploração, Kim decidiu continuar sua formação em comércio e, simultaneamente, se empenhar em atividades não profissionais pessoalmente significativas para ela. Kim também passou a aceitar que, como sino-americana, ela enfrentaria o desafio de ter valores pessoais que às vezes não estariam de acordo com os da família e sua origem cultural chinesa e, outras vezes, apenas se somariam a esses valores.

O caso de Kim também ilustra uma dificuldade comum em relação a valores, observada nos filhos norte-americanos de imigrantes de primeira geração. Muitas vezes, os filhos de imigrantes (dependendo da idade da criança na época da imigração) se aculturam com muito mais rapidez que os pais e, portanto, são mais rápidos em adotar valores americanos. Durante esse processo de aculturação, pode haver atrito entre pais e filhos, pois os pais aderem aos valores de seu país de origem, enquanto os filhos adotam ou integram novos valores. Ao mesmo tempo, essas crianças podem lutar para encontrar uma maneira de manter valores de seu país de origem como um aspecto importante de sua identidade e para funcionar em novos contextos, que muitas vezes exigem aculturação e abandono desses valores. O terapeuta precisa ser sensível às complexidades desse processo para todos os membros da família, e trabalhar com o cliente para examinar o que é mais significativo para ele e como ele quer viver a sua vida. Nesses contextos, é particularmente importante reconhecer a natureza dinâmica da valorização e como os valores pessoais podem flutuar e evoluir.

Outro exemplo do papel da cultura nos valores é ilustrado por meu (Lee) trabalho com David, um norte-americano branco de 25 anos que tratei por problemas de abuso de substâncias. Uma grande barreira à recuperação de David era o fato de ele ser um sem-teto. Incentivei David a convidar a mãe para uma sessão e perguntar a ela se poderia morar temporariamente em sua casa, enquanto trabalhava para se recuperar. Como terapeuta, eu estava tentando eliciar o apoio da família para David. Entretanto, durante a sessão, ficou claro que tanto David quanto a mãe valorizavam a ideia de David ser capaz de viver independentemente e se sustentar financeiramente. Ambos viam isso como um sinal de crescimento e maturidade. David acreditava que estar empregado e trabalhando para conseguir certa estabilidade financeira tornaria mais fácil para ele ver o abuso de substâncias como uma estratégia que poderia interferir na sua capacidade de viver consistentemente com seus valores. Essa interação me fez perceber que, como coreana-americana, eu estender o meu valor de interdependência, culturalmente influenciado, para David e sua mãe.

Reconhecemos que a nossa abordagem de esclarecimento dos valores pode parecer conter um viés individualista, pois especificamos uma esfera de cuidados pessoais e envolvimento com a comunidade. A segunda parte dessa categoria pode ser vista como enfatizando a interdependência, mas a primeira tem uma orientação mais individualista. Temos de cuidar nosso uso da linguagem quando descrevemos essa esfera para o cliente e explicar porque a incluímos. Mesmo para aqueles que valorizam as necessidades do grupo acima das necessidades individuais, cuidar de si mesmo pode ser um componente importante de manutenção do bem-estar coletivo. Tentamos ser sensíveis às lentes culturais do cliente ao explorar essa esfera, para garantir que não estamos impondo a ele valores individualistas ao focalizar o *self*. E, intencionalmente, também incorporamos a essa esfera o envolvimento com a comunidade, abrindo espaço para valores mais centrados no grupo.

A cultura também pode influenciar a escolha de ações específicas que poderiam refletir os valores do cliente. Por exemplo, Hinton, Pich, Chhean, Safren e Pollack (2006) descrevem a terapia com um cliente budista que lutava com sua culpa por sobreviver, relacionada a um TEPT. O cliente estava buscando ações atuais que poderiam refletir seu valor de honrar as pessoas que tinham morrido. O terapeuta o incentivou a participar de atividades religiosas consideradas "reconhecedoras de mérito", pois se acredita que o mérito merecido promove um bom renascimento para os mortos.

Flexibilidade nas tarefas fora da terapia

Também precisamos ser flexíveis ao considerar a quantidade e o tipo de prática que o cliente vai realizar fora da sessão. Em geral, supomos que quanto mais tempo a pessoa pode dedicar ao automonitoramento, prática de *mindfulness* e exercícios de valores, maior será o benefício terapêutico, mas as condições econômicas, obrigações familiares, exigências de estudo e trabalho, e expectativas culturais podem limitar o tempo disponível para isso. O cliente também pode viver em condições que tornam difícil encontrar um espaço onde possa se concentrar nos materiais de leitura, refletir sobre suas experiências ou praticar *mindfulness*. É essencial validar as limitações reais de tempo e espaço e dar sugestões criativas sobre como esses obstáculos poderiam ser superados (ou manejados da melhor maneira possível), oferecendo todo o apoio que pudermos dar para facilitar o processo. Por exemplo, uma de nós defendeu a inclusão de serviços de babás em uma clínica de saúde mental que atendia principalmente mulheres de baixa renda. Oferecer atendimento aos filhos é uma maneira concreta de aumentar a probabilidade de a cliente vir à terapia ou ter tempo entre as sessões para realizar tarefas.

Várias estratégias podem ser usadas para auxiliar clientes que estão tendo dificuldade em fazer as tarefas fora da sessão. Eles podem completar os formulários de monitoramento apenas uma vez por dia, em um momento determinado, em vez de ao longo do dia. A prática pode ser abreviada para ser possível encaixá-la entre as atividades: preferimos que a pessoa pratique *mindfulness* dois minutos por dia, com regularidade, em vez de planejar fazer 15 minutos sem jamais conseguir, ou fazer isso apenas uma vez por semana. Conforme discutimos no Capítulo 6, lembrar a função da tarefa é importante quando fazemos esses ajustes. Se o nosso objetivo é aumentar o hábito de *mindfulness*, qualquer tempo de prática é preferível a nenhuma prática.

Quando a prática formal não é possível em casa, ela pode ser uma parte regular da sessão, e a prática informal passa a ser enfatizada em casa, pois pode ser feita junto com qualquer tarefa doméstica. Da mesma forma, se o monitoramento formal for impossível, a pessoa é incentivada a aumentar a sua percepção durante a semana e, nas sessões, ela pode lembrar imaginariamente situações específicas e perceber pensamentos, sentimentos, tentativas de controlar experiências internas, ou seja qual for o foco do tratamento naquela semana.

Mesmo reconhecendo as limitações reais que estão por trás das dificuldades do cliente de fazer as tarefas, também temos de prestar atenção à possibilidade de que a evitação experiencial esteja contribuindo para as dificuldades. Convém falar sobre a nossa experiência de também evitar a prática de vez em quando e ter dificuldade no automonitoramento, para não parecer que o estamos culpando, mas não persistimos na sugestão se isso não ressoar no cliente. É possível que os obstáculos externos sejam a causa de sua incapacidade de realizar as tarefas. Seja como for, praticar *mindfulness* e o monitoramento na sessão pode fornecer experiência nesses métodos, o que vai facilitar a prática fora dela.

Também é importante considerar como as experiências e capacidades do cliente podem tornar alguns aspectos do tratamento mais desafiadores para ele. Ao coordenar grupos de TDC com pessoas de baixa capacidade intelectual, Lew, Matta e Tripp-Tebo (2006) descobriram que, devido às experiências adversas desses indivíduos com tarefas escolares, o uso do termo *tema de casa* para a prática fora da sessão tinha uma conotação negativa. Então, os terapeutas se referiam às tarefas de casa como "prática", e as habilidades eram praticadas com filmes, figuras ou qualquer meio preferido por eles. No nosso trabalho clínico, incentivamos os clientes que têm dificuldade com tarefas escritas devido a barreiras de língua, instrução ou deficiência física a usarem gravadores para registrar seus pensamentos e suas experiências fora da sessão.

Considerações desenvolvimentais

Apesar de este livro tratar da TCBA para adultos, há evidências de que essas abordagens podem ser adaptadas com sucesso para crianças e adolescentes. Por exemplo, metáforas e exemplos concretos apropriados à idade podem ser especialmente úteis para transmitir alguns dos principais conceitos da TCBA. O estudo de caso de uma adolescente com anorexia mostrou que usar um mapa para ilustrar o comprometimento com direções valorizadas foi extremamente proveitoso para concretizar metáforas como a dos "passageiros do ônibus" (Heffner et al., 2002). Da mesma forma, outro estudo descobriu que pedir a crianças que escrevessem suas preocupações diárias em um pedaço de papel e depois os colocassem em uma "cesta de preocupações" as ajudou a compreender o conceito mais complexo de se distanciar dos pensamentos ansiosos (Semple, Reid e Miller, 2005). Semple e colaboradores (2005) descrevem algumas adaptações do tratamento baseado em *mindfulness* com o objetivo de manter as crianças interessadas e envolvidas. Enquanto os grupos de TCBM para adultos funcionam numa proporção de 12 participantes para um terapeuta, os grupos para crianças são limitados a seis ou oito crianças e dois terapeutas. As crianças recebem cadernos para decorar e colar figurinhas, que são dadas como recompensas pela frequência nas sessões e pela prática em *mindfulness* entre as sessões. Meditações frequentes de 3 a 5 minutos substituem as meditações típicas de 20 a 40 minutos em posição sentada realizadas pelos adultos. Além disso, em cada sessão são introduzidos vários exercícios de *mindfulness*, com ênfase em práticas ativas como desenhar figuras, fazer música e provar comidas diferentes. Por fim, os pais aprendem os exercícios de *mindfulness* em uma sessão pré-tratamento e pedimos a eles que ajudem os filhos a praticar entre as sessões.

Acredita-se que o envolvimento da família é um fator crucial na TCBA para crianças. Conforme discutimos anteriormente, as atitudes sobre emoções e sua expressão apropriada são tipicamente aprendidas dentro de um contexto familiar. Se o terapeuta está trabalhando com a criança para aumentar a sua aceitação de pensamentos e sentimentos dolorosos, esses esforços poderiam ser frustrados por pais que veem o controle emocional como um marcador de saúde mental. Da mesma forma, se o terapeuta está tentando incentivar um jovem cliente a acolher a ansiedade, pais bem-intencionados podem bloquear a oportunidade de ele praticar se habitualmente respondem à ansiedade do filho com distrações e reasseguramento.

No tratamento de *mindfulness* descrito (Semple et al., 2005), os pais são convidados a uma sessão em que são incentivados a praticarem os exercícios de *mindfulness* com os filhos em casa. Igualmente, no final do tratamento, os pais participam de uma sessão de "revisão e diálogo", em que podem discutir suas experiências e maneiras de continuarem cultivando e apoiando, em casa, a prática de *mindfulness* dos filhos.

As TCBAs também podem ser úteis para adultos mais velhos, particularmente aqueles que estão contemplando questões existenciais como o significado da vida ou a inevitabilidade da morte e o morrer. Com esses clientes, um foco na percepção do momento presente e na autocompaixão pode criar um espaço para abordar essas questões, tão carregadas em termos emocionais. Smith (2006) discute o cultivo de *mindfulness* em adultos mais velhos que estão deprimidos por medo de não conseguir atingir seus objetivos e com pouca esperança em relação ao futuro. Ele descreve a *mindfulness* a como o "caminho para a mente viva", que oferece a esses clientes a oportunidade de viver no momento presente e descobrir mais coisas pelas quais viver. Lynch e colaboradores (2007) descrevem sua adaptação da TDC para adultos mais velhos com depressão e transtornos da personalidade, que toma como alvo específico os déficits de habilidades e a inflexibilidade comportamental desses clientes. Uma das adaptações é a apresentação de uma dialética entre "mentalidade fixa" e "mentalidade nova", para ajudar a pessoa a sintetizar informações reunidas ao longo da vida com novas informações disponíveis no contexto atual – em outras palavras, promover flexibilidade. Eles também acrescentaram módulos de habilidade em "olhar para a frente" (valores, estabelecimento de objetivos e planejamento de objetivos) e "olhar para trás" (perdoar e criar uma história de vida). Dessa maneira, a terapia procura desenvolver uma abertura à experiência e ao comportamento, no momento presente, de forma consistente com os valores. Isso pode ser adaptado para tratar temas e dificuldades relevantes em termos desenvolvimentais.

Embora tenhamos descrito a TCBA principalmente como um tratamento individual, muitos argumentam que grupos podem ser benéficos, especialmente para clientes de idades semelhantes. Por exemplo, Smith (2006) afirma que um formato de grupo pode fornecer uma rede social para adultos mais velhos, que correm maior risco de depressão grave e isolamento social. Ver outros adultos idosos realizando os exercícios de *mindfulness* pode desestigmatizar a prática e tornar a pessoa mais disposta a tentar novos métodos para lidar com emoções difíceis. E grupos de reunião ou formação podem apoiar a manutenção da prática de *mindfulness* (Smith, 2006; Wagner, Rathus e Miller, 2006).

Também pode ser necessário adaptar as TCBAs para a faixa de desenvolvimento. Por exemplo, Semple e colaboradores (2005) descobriram que era preciso, inicialmente, encurtar a duração dos exercícios de respiração para sessões de três minutos quando trabalhavam com crianças, pois era difícil para elas manter a atenção na respiração por um período mais longo. Com adultos mais velhos, que talvez tenham menor resistência, Smith (2006) sugere que seria benéfico reduzir a duração da sessão. Smith recomenda conversar com os clientes, no início da terapia, sobre esse possível problema. Também é importante observar, com frequência, para verificar se o cliente não está se esforçando demais. Se a duração das sessões tiver de ser abreviada, pode ser necessário aumentar seu número e/ou frequência para uma boa apresentação de todos os materiais.

RESUMO E CONCLUSÕES

Precisamos de pesquisas sobre a efetividade clínica das terapias baseadas na aceitação para pessoas de diferentes culturas, pesquisas que examinem especificamente as adaptações feitas, para garantir um tratamento culturalmente competente. Mas já temos indicações de que o foco nos valores e no contexto da pessoa torna as TCBAs muito úteis para tratar uma grande variedade de clientes. A literatura sobre o uso de tratamentos baseados na aceitação e em *mindfulness* com populações diversas cresce regularmente, e uma revisão atual revela achados muito promissores. Recentemente, fizemos uma revisão metanalítica de 15 estudos sobre tratamentos baseados na aceitação e em *mindfulness*, incluindo predominantemente indivíduos não brancos, não euro-americanos, não falantes de inglês, crianças/adolescentes, adultos mais velhos, não heterossexuais, de baixa renda e/ou encarcerados. Isso resultou em 15 estudos de 13 artigos revisados por colegas e incluiu 700 participantes tratados com alguma forma de TCBA. Estudos que não incluíam nenhum grupo de comparação, em média, demonstraram os maiores tamanhos de efeito ($d = 1,35$, $n = 5$). Estudos que comparavam um tratamento baseado em *mindfulness* ou aceitação a tratamentos usuais ou a um grupo sem contato mostraram efeitos moderados, em média ($d = 0,64$, $n = 6$ e $d = 0,45$, $n = 2$, respectivamente). Apenas dois estudos compararam o tratamento de interesse a uma abordagem empiricamente estabelecida, encontrando o menor efeito, em média ($d = 0,20$, $n = 2$) (Fuchs, Lee, Orsillo e Roemer, 2007). Embora esses achados iniciais forneçam certo apoio para a utilidade das TCBAs com pessoas de meios diversos, são necessárias pesquisas clínicas mais rigorosas. Na nossa atual pesquisa, estamos coletando dados qualitativos de clientes de diferentes origens étnicas para obter informações preliminares sobre a adequação percebida e a relevância cultural dos métodos clínicos que utilizamos.

APÊNDICE

Livros sobre Mindfulness

Bayda, E., & Bartok, J. (2005). *Saying yes to life (even the hard parts)*. Somerville, MA: Wisdom.

Beck, C. J. (1989). *Everyday Zen: Love and work*. New York: HarperOne.

Boccio, F. J. (2004). *Mindfulness yoga: The awakened union of breath, body, and mind*. Somerville, MA: Wisdom.

Chödrön, P. (2000). *When things fall apart: Heart advice for difficult times*. Boston: Shambhala.

Chödrön, P. (2002). *The places that scare you: A guide to fearlessness in difficult times*. Boston: Shambhala.

Gunaratana, B. H. (2002). *Mindfulness in plain English*. Somerville, MA: Wisdom.

Jensen, L. (2008). *Together under one roof: Making a home of the Buddha's household*. Somerville, MA: Wisdom.

Kabat-Zinn, J. (1994). *Wherever you go there you are: Mindfulness meditation in everyday life*. New York: Hyperion.

Kabat-Zinn, M., & Kabat-Zinn, J. (1998). *Everyday blessings: The inner work of mindful parenting*. New York: Hyperion.

Nhat Hanh, T. (1976). *The miracle of mindfulness*. Boston: Beacon Press.

Nhat Hanh, T. (1992). *Peace is every step: The path of mindfulness in everyday life*. New York: Bantam Books.

Salzberg, S. (2002). *Faith: Trusting your own deepest experience*. New York: Riverhead Books.

Sharples, B. (2006). *Meditation and relaxation in plain English*. Somerville, MA: Wisdom.

ESPECIFICAMENTE PARA TERAPEUTAS

Bien, T. (2006). *Mindful therapy: A guide for therapists and helping professionals*. Somerville, MA: Wisdom.

Germer, C. K., Siegel, R. D., & Fulton, P. R. (Eds.). (2005). *Mindfulness and psychotherapy*. New York: Guilford Press.

Hayes, S. C., Follette, V. M., & Linehan, M. M. (Eds.). (2004). *Mindfulness and acceptance: Expanding the cognitive-behavioral tradition*. New York: Guilford Press.

Hayes, S. C., Strosahl, K. D., & Wilson, K. G. (1999). *Acceptance and commitment therapy: An experiential approach to behavior change*. New York: Guilford Press.

Linehan, M. M. (1993). *Cognitive-behavioral treatment of borderline personality disorder*. New York: Guilford Press.

Segal, Z. V., Williams, J. M. G., & Teasdale, J. D. (2002). *Mindfulness-based cognitive therapy for depression: A new approach to preventing relapse*. New York: Guilford Press.

Referências

American Psychological Association. (2003). Guidelines on multicultural education, training, research, practice and organizational change for psychologists. *American Psychologist, 58*, 377-402.

Antony, M. M., Orsillo, S. M., & Roemer, L. (Eds.). (2001). *Practitioner's guide to empirically based measures of anxiety*. New York: Kluwer Academic/Plenum Press.

Bach, P., & Hayes, S. C. (2002). The use of acceptance and commitment therapy to prevent the rehospitalization of psychotic patients: A randomized controlled trial. *Journal of Consulting and Clinical Psychology, 70*, 1129-1139.

Baer, R. A., Smith, G. T., & Allen, K. B. (2004). Assessment of mindfulness by self-report: The Kentucky Inventory of Mindfulness Skills. *Assessment, 11*, 191-206.

Baer, R. A., Smith, G. T., Hopkins, J., Krietemeyer, J., & Toney, L. (2006). Using self-report assessment methods to explore facets of mindfulness. *Assessment, 13*, 27-45.

Bagby, R. M., Parker, J. D. A., & Taylor, G. J. (1994). The twenty-item Toronto Alexithymia Scale: I Item selection and cross-validation of the factor structure. *Journal of Psychosomatic Research, 38*, 23-32.

Barks, C., with Moyne, J., Arberry, A. A., & Nicholson, R. (Trans.). (1995). *The essential Rumi*. San Francisco: Harper.

Barlow, D. H. (1991). Disorders of emotion. *Psychological Inquiry, 2*, 58-71.

Barlow, D. H. (2002). *Anxiety and its disorders: The nature and treatment of anxiety and panic* (2nd ed.). New York: Guilford Press.

Barlow, D. H. (Ed.). (2008). *Clinical handbook of psychological disorders: A step-by-step treatment manual* (4th ed.). New York: Guilford Press.

Barlow, D. H., Allen, L. B., & Choate, M. L. (2004). Toward a unified treatment for emotional disorders. *Behavior Therapy, 35*, 205-230.

Batten, S. V., Orsillo, S. M., & Walser, R. D. (2005). Acceptance and mindfulness-based approaches to the treatment of posttraumatic stress disorder. In S. M. Orsillo & L. Roemer (Eds.), *Acceptance-and mindfulness-based approaches to anxiety: Conceptualization and treatment* (pp. 241-269). New York: Springer.

Beck, A. T. (1976). *Cognitive therapy and the emotional disorders*. New York: International Universities Press.

Bernstein, D. A., Borkovec, T. D., & Hazlett-Stevens, H. (2000). *New directions in progressive relaxation training: A guidebook for helping professionals*. Westport, CT: Praeger.

Bishop, S. R., Lau, M., Shapiro, S., Carlson, L., Anderson, N. D., Carmody, J., et al. (2004). Mindfulness: A proposed operational definition. *Clinical Psychology: Science and Practice, 11*, 230-241.

Blackledge, J. T., Ciarrochi, J., & Bailey, A. (2007). *Personal Values Questionnaire*. Unpublished measure.

Borkovec, T. D., Alcaine, O. M., & Behar, E. (2004). Avoidance theory of worry and generalized anxiety disorder. In R. G. Heimberg, C. L. Turk, & D. S. Mennin (Eds.), *Generalized anxiety disorder: Advances in research and practice* (pp. 77-108). New York: Guilford Press.

Borkovec, T. D., & Hu, S. (1990). The effect of worry on cardiovascular response to phobic imagery. *Behaviour Research and Therapy, 28,* 69–73.

Borkovec, T. D., & Sharpless, B. (2004). Generalized anxiety disorder: Bringing cognitive-behavioral therapy into the valued present. In S. C. Hayes, V. M. Follette, & M. M. Linehan (Eds.), *Mindfulness and acceptance: Expanding the cognitive-behavioral tradition* (pp. 209–242). New York: Guilford Press.

Bowen, S., Witkiewitz, K., Dillworth, T. M., Chawla, N., Simpson, T. L., Ostafin, B. D., et al. (2006). Mindfulness meditation and substance use in an incarcerated population. *Psychology of Addictive Behaviors, 20,* 343–347.

Brach, T. (2003). *Radical acceptance: Embracing your life with the heart of a Buddha*. New York: Bantam Dell.

Breslau, J., Aguilar-Gaxiola, S., Kendler, K. S., Su, M., Williams, D., & Kessler, R. C. (2006). Specifying race–ethnic differences in risk for psychiatric disorder in a U.S. national sample. *Psychological Medicine, 36,* 57–68.

Brown, K. W., & Ryan, R. M. (2003). The benefits of being present: Mindfulness and its role in psychological well-being. *Journal of Personality and Social Psychology, 84,* 822–848.

Buchheld, N., Grossman, P., & Walach, H. (2001). Measuring mindfulness in insight meditation (vipassana) and meditation-based psychotherapy: The development of the Freiburg Mindfulness Inventory (FMI). *Journal for Meditation and Meditation Research, 1,* 11–34.

Buysse, D. J., Reynolds, C. F., Monk, T. H., Berman, S. R., & Kupfer, D. J. (1989). The Pittsburgh Sleep Quality Index: A new instrument for psychiatric practice and research. *Psychiatry Research, 28,* 193–213.

Carson, J. W., Carson, K. M., Gil, K. M., & Baucom, D. H. (2004). Mindfulness-based relationship enhancement. *Behavior Therapy, 35,* 471–494.

Chapman, A. L., Gratz, K. L., & Brown, M. Z. (2006). Solving the puzzle of deliberate selfharm: The experiential avoidance model. *Behaviour Research and Therapy, 44,* 371–394.

Chiles, J. A., & Strosahl, K. D. (2005). *Clinical manual for assessment and treatment of suicidal patients*. Washington, DC: American Psychiatric Publishing.

Chodron, P. (2001). *The places that scare you: A guide to fearlessness in difficult times*. Boston: Shambhala.

Chodron, P. (2007). *Practicing peace in times of war*. Boston: Shambhala.

Christensen, A., Atkins, D. C., Berns, S., Wheeler, J., Baucom, D. H., & Simpson, L. E. (2004). Traditional versus integrative behavioral couple therapy for significantly and chronically distressed married couples. *Journal of Consulting and Clinical Psychology, 72,* 176–191.

Christensen, A., Atkins, D. C., Yi, J., Baucom, D. H., & George, W. H. (2006). Couple and individual adjustment for two years following a randomized clinical trial comparing traditional versus integrative behavioral couple therapy. *Journal of Consulting and Clinical Psychology, 74,* 1180–1191.

Christensen, A., & Jacobson, N. S. (2000). *Reconcilable differences*. New York: Guilford Press.

Clark, D. M. (1986). A cognitive approach to panic. *Behaviour Research and Therapy, 24,* 461–470.

Cocoran, J., & Fischer, K. (2000). *Measures for clinical practice: A sourcebook* (3rd ed.). New York: Free Press.

Cook, J. M., Schnurr, P. P., & Foa, E. B. (2004). Bridging the gap between posttraumatic stress disorder research and clinical practice: The example of exposure therapy. *Psychotherapy: Theory, Research, Practice, Training, 41,* 374–387.

Derogatis, L. R., & Melisaratos, N. (1979). The DSFI: A multidimensional measure of sexual functioning. *Journal of Sex and Marital Therapy, 5,* 244–281.

Derogatis, L. R., & Spencer, P. M. (1982). *The Brief Symptom Inventory: Administration, scoring, and procedures manual*. Minneapolis, MN: National Computer Systems.

DiNardo, P. A., Brown, T. A., & Barlow, D. H. (1994). *Anxiety Disorders Interview Schedule for DSM-IV*. Albany, NY: Graywind.

Eifert, G. H., & Forsyth, J. P. (2005). *Acceptance and commitment therapy for anxiety disorders: A practitioner's treatment guide to using mindfulness, acceptance, and values-based behavior change strategies*. Oakland, CA: New Harbinger.

Eifert, G. H., & Heffner, M. (2003). The effects of acceptance versus control contexts on avoidance of panic-related symptoms. *Journal of Behavior Therapy and Experimental Psychiatry, 34,* 293–312.

Emmons, R. A. (1986). Personal strivings: An approach to personality and subjective well-being. *Journal of Personality and Social Psychology, 51,* 1058–1068.

First, M. B., Gibbons, M., Spitzer, R. L., & Williams, J. B. W. (1996). *Structured Clinical Interview for DSM-IV Axis I Disorders, Clinician Version (SCID-CV)*. Washington, DC: American Psychiatric Press.

Foa, E. B., & Kozak, M. J. (1986). Emotional processing of fear: Exposure to corrective information. *Psychological Bulletin, 99*, 20–35.

Foa, E. B., Riggs, D. S., Massie, E. D., & Yarczower, M. (1995). The impact of fear activation and anger on the efficacy of exposure treatment for posttraumatic stress disorder. *Behavior Therapy, 26*, 487–499.

Forman, E. M., Herbert, J. D., Moitra, E., Yeomans, P. D., & Geller, P. A. (2007). A randomized controlled effectiveness trial of acceptance and commitment therapy and cognitive therapy for anxiety and depression. *Behavior Modification, 31*, 772–799.

Frijda, N. H. (1986). *The emotions*. New York: Cambridge University Press.

Frisch, M. B., Cornell, J., Villanueva, M., & Retzlaff, P. J. (1992). Clinical validation of the Quality of Life Inventory: A measure of life satisfaction for use in treatment planning and outcome assessment. *Psychological Assessment, 4*, 92–101.

Fuchs, C., Lee, J. K., Orsillo, S. M., & Roemer, L. (2007, November). *A meta-analytic review of mindfulness- and acceptance-based treatments used with diverse, underserved populations*. Poster session presented at the annual meeting of the Association for Behavioral and Cognitive Therapies, Philadelphia.

Fulton, P. R. (2005). Mindfulness as clinical training. In C. K. Germer, R. D. Siegel, & P. R. Fulton (Eds.), *Mindfulness and psychotherapy* (pp. 55–72). New York: Guilford Press.

Gaudiano, B. A., & Herbert, J. D. (2006). Acute treatment of inpatients with psychotic symptoms using acceptance and commitment therapy: Pilot results. *Behaviour Research and Therapy, 44*, 415–437.

Germer, C. K. (2005). Anxiety disorders: Befriending fear. In C. K. Germer, R. D. Siegel, & P. R. Fulton (Eds.), *Mindfulness and psychotherapy* (pp. 152–172). New York: Guilford Press.

Germer, C. K., Siegel, R. D., & Fulton, P. R. (Eds.). (2005). *Mindfulness and psychotherapy*. New York: Guilford Press.

Gifford, E. V., Kohlenberg, B. S., Hayes, S. C., Antonuccio, D. O., Piasecki, M. M., Rasmussen-Hall, M. L., et al. (2004). Acceptance-based treatment for smoking cessation. *Behavior Therapy, 35*, 689–705.

Gilbert, P. (Ed.). (2005). *Compassion: Conceptualisations, research, and use in psychotherapy*. New York: Routledge.

Goisman, R. M., Rogers, M. P., Steketee, G. S., Warshaw, M. G., Cuneo, P., & Keller, M. B. (1993). Utilization of behavioral methods in a multicenter anxiety disorders study. *Journal of Clinical Psychiatry, 54*, 213–218.

Goldstein, A. J., & Chambless, D. L. (1978). Area-nalysis of agoraphobia. *Behavior Therapy, 9*, 47–59.

Gratz, K. L., & Gunderson, J. G. (2006). Preliminary data on an acceptance-based emotion regulation group intervention for deliberate self-harm among women with borderline personality disorder. *Behavior Therapy, 37*, 25–35.

Gratz, K. L., & Roemer, L. (2004). Multidimensional assessment of emotion regulation and dysregulation: Development, factor structure, and initial validation of the Difficulties in Emotion Regulation Scale. *Journal of Psychopathology and Behavioral Assessment, 26*, 41–54.

Greenberg, L. S. (2002). *Emotion-focused therapy: Coaching clients to work through their feelings*. Washington, DC: American Psychological Association.

Greenberg, L. S., & Safran, J. D. (1987). *Emotion in psychotherapy*. New York: Guilford Press.

Gregg, J. A., Callaghan, G. M., Hayes, S. C., & Glenn-Lawson, J. L. (2007). Improving diabetes self-management through acceptance, mindfulness, and values: A randomized controlled trial. *Journal of Consulting and Clinical Psychology, 75*, 336–343.

Gross, J. J. (1998). The emerging field of emotion regulation: An integrative review. *Review of General Psychology, 2*, 271–299.

Gross, J. J., & John, O. P. (2003). Individual differences in two emotion regulation processes: Implications for affect, relationships, and wellbeing. *Journal of Personality and Social Psychology, 85*, 348–362.

Gross, J. J., & Levenson, R. W. (1993). Emotional suppression: Physiology, self-report, and expressive behavior. *Journal of Personality and Social Psychology, 64*, 970–986.

Gross, J. J., & Levenson, R. W. (1997). Hiding feelings: The acute effects of inhibiting negative and positive emotion. *Journal of Abnormal Psychology, 106*, 95–103.

Grossman, P., Niemann, L., Schmidt, S., & Walach, H. (2004). Mindfulness-based stress reduction and health benefits: A meta-analysis. *Journal of Psychosomatic Research, 57*, 35–43.

Hayes, A. M., Feldman, G. C., Beevers, C. G., Laurenceau, J.-P., Cardaciotto, L., & Lewis-Smith, J. (2007). Discontinuities and cognitive changes in an exposure-based cognitive therapy for depression. *Journal of Consulting and Clinical Psychology, 75*, 409–421.

Hayes, A. M., Laurenceau, J.-P., Feldman, G., Strauss, J. L., & Cardaciotto, L. (2007). Change is not always linear: The study of nonlinear and discontinuous patterns of change in psychotherapy. *Clinical Psychology Review, 27,* 715–723.

Hayes, S. C. (2004). Acceptance and commitment therapy and the new behavior therapies: Mindfulness, acceptance, and relationship. In S. C. Hayes, V. M. Follette, & M. M. Linehan (Eds.), *Mindfulness and acceptance: Expanding the cognitive-behavioral tradition* (pp. 1–29). New York: Guilford Press.

Hayes, S. C., Barnes-Holmes, D., & Rosche, B. (2001). *Relational frame theory: A post-Skinnerian account of human language and cognition.* New York: Springer.

Hayes, S. C., Batten, S. V., Gifford, E. V., Wilson, K. G., Afari, N., & McCurry, S. M. (1999). *Acceptance and commitment therapy: An individual psychotherapy manual for the treatment of experiential avoidance.* Reno, NV: Context Press.

Hayes, S. C., Bissett, R., Roget, N., Padilla, M., Kohlenberg, B. S., Fisher, G., et al. (2004). The impact of acceptance and commitment training and multicultural training on the stigmatizing attitudes and professional burnout of substance abuse counselors. *Behavior Therapy, 35,* 821–835.

Hayes, S. C., Follette, V. M., & Linehan, M. M. (Eds.). (2004). *Mindfulness and acceptance: Expanding the cognitive-behavioral tradition.* New York: Guilford Press.

Hayes, S. C., Luoma, J., Bond, F., Masuda, A., & Lillis, J. (2006). Acceptance and commitment therapy: Model, processes, and outcomes. *Behavioral Research and Therapy, 44,* 1–25.

Hayes, S. C., & Shenk, C. (2004). Operationalizing mindfulness without unnecessary attachments. *Clinical Psychology: Science and Practice, 11,* 249–254.

Hayes, S. C., & Smith, S. (2005). *Get out of your mind and into your life: The new acceptance and commitment therapy.* Oakland, CA: New Harbinger.

Hayes, S. C., & Strosahl, K. D. (Eds.). (2004). *A practical guide to acceptance and commitment therapy.* New York: Kluwer/Plenum Press.

Hayes, S. C., Strosahl, K. D., & Wilson, K. G. (1999). *Acceptance and commitment therapy: An experiential approach to behavior change.* New York: Guilford Press.

Hayes, S. C., Strosahl, K. D., Wilson, K. G., Bissett, R. T., Pistorello, J., Toarmino, D., et al. (2004). Measuring experiential avoidance: A preliminary test of a working model. *Psychological Record, 54,* 553–578.

Hayes, S. C., Wilson, K. G., Gifford, E. V., Bissett, R., Piasecki, M., Batten, S. V., et al. (2004). A preliminary trial of twelve-step facilitation and acceptance and commitment therapy with polysubstance-abusing methadone-maintained opiate addicts. *Behavior Therapy, 35,* 667–688.

Hayes, S. C., Wilson, K. G., Gifford, E. V., Follette, V. M., & Strosahl, K. (1996). Experiential avoidance and behavioral disorders: A functional dimensional approach to diagnosis and treatment. *Journal of Consulting and Clinical Psychology, 64,* 1152–1168.

Hays, P. A. (2008). *Addressing cultural complexities in practice: Assessment, diagnosis and therapy* (2nd ed.). Washington, DC: American Psychological Association.

Hays, P. A., & Iwamasa, G. Y. (Eds.). (2006). *Culturally responsive cognitive-behavioral therapy: Assessment, practice, and supervision.* Washington, DC: American Psychological Association.

Hays, R. D., & Stewart, A. L. (1992). Sleep measures. In A. L. Stewart & J. E. Ware (Eds.), *Measuring functioning and well-being: The Medical Outcomes Study approach* (pp. 235–259). Durham, NC: Duke University Press.

Heffner, M., Sperry, J., Eifert, G. H., & Detweiler, M. (2002). Acceptance and commitment therapy in the treatment of an adolescent female with anorexia nervosa: A case example. *Cognitive and Behavioral Practice, 9,* 232–236.

Hinton, D. E., Chau, H., Nguyen, L., Nguyen, M., Pham, T., Quinn, S., et al. (2001). Panic disorder among Vietnamese refugees attending a psychiatric clinic: Prevalence and subtypes. *General Hospital Psychiatry, 23,* 337–344.

Hinton, D. E., Pham, T., Chau, H., Tran, M., & Hinton, S. D. (2003). "Hit by the wind" and temperature-shift panic among Vietnamese refugees. *Transcultural Psychiatry, 40,* 342–376.

Hinton, D. E., Pich, V., Chhean, D., Safren, S. A., & Pollack, M. H. (2006). Somatic-focused therapy for traumatized refugees: Treating posttraumatic stress disorder and comorbid neck-focused panic attacks among Cambodian refugees. *Psychotherapy: Theory, Research, Practice, Training, 43*(4), 491–505.

Hofstede, G. (1980). *Culture's consequences: International differences in work-related values.* Beverly Hills, CA: Sage.

Holowka, D., & Roemer, L. (2007, November). *Psychometric evaluation of the Experiential Awareness Measure.* Poster session presented at the annual meeting of the Association for Behavioral and Cognitive Therapies, Philadelphia.

Holowka, D. W. (2008). *Experiential awareness and psychological well-being: Preliminary investigation of a proposed common factor.* Doctoral dissertation, University of Massachusetts, Boston.

Jacobson, E. (1934). *You must relax*. New York: Mc-Graw-Hill.

Jacobson, N. S., & Christensen, A. (1996). *Acceptance and change in couple therapy: A therapist's guide to transforming relationships*. New York: Norton.

Jacobson, N. S., Christensen, A., Prince, S. E., Cordova, J., & Eldridge, K. (2000). Integrative behavioral couple therapy: An acceptancebased, promising new treatment for couple discord. *Journal of Consulting and Clinical Psychology, 68*, 351–355.

Jacobson, N. S., Martell, C. R., & Dimidjian, S. (2001). Behavioral activation treatment for depression: Returning to contextual roots. *Clinical Psychology: Science and Practice, 8*, 255–270.

Jain, S., Shapiro, S. L., Swanick, S., Roesch, S. C., Mills, P. J., Bell, I., et al. (2007). A randomized controlled trial of mindfulness meditation versus relaxation training: Effects on distress, positive states of mind, rumination, and distraction. *Annals of Behavioral Medicine, 33*, 11–21.

Jarrett, R. B., & Nelson, R. O. (1987). Mechanisms of change in cognitive therapy of depression. *Behavior Therapy, 18*, 227–241.

Jaycox, L. H., Foa, E. B., & Morral, A. R. (1998). Influence of emotional engagement and habituation on exposure therapy for PTSD. *Journal of Consulting and Clinical Psychology, 66*, 185–192.

Kabat-Zinn, J. (1990). *Full catastrophe living: Using the wisdom of your body and mind to face stress, pain, and illness*. New York: Delta.

Kabat-Zinn, J. (1994). *Wherever you go there you are: Mindfulness meditation in everyday life*. New York: Hyperion.

Kabat-Zinn, J. (2005). *Coming to our senses: Healing ourselves and the world through mindfulness*. New York: Hyperion.

Kantrowitz, R. E., & Ballou, M. (1992). A feminist critique of cognitive-behavioral therapy. In L. S. Brown & M. Ballou (Eds.), *Personality and psychopathology: Feminist reappraisals* (pp. 70–87). New York: Guilford Press.

Kashdan, T. B., & Steger, M. F. (2006). Expanding the topography of social anxiety: An experience-sampling assessment of positive emotions, positive events, and emotion suppression. *Psychological Science, 17*, 120–128.

Kenny, M. A., & Williams, J. M. G. (2007). Treatment-resistant depressed patients show a good response to mindfulness-based cognitive therapy. *Behaviour Research and Therapy, 45*, 617–625.

Kingston, T., Dooley, B., Bates, A., Lawlor, E., & Malone, K. (2007). Mindfulness-based cognitive therapy for residual depressive symptoms. *Psychology and Psychotherapy: Theory, Research and Practice, 80*, 193–203.

Koons, C. R., Robins, C. J., Tweed, J. L., Lynch, T. R., Gonzalez, A. M., Morse, J. Q., et al. (2001). Efficacy of dialectical behavior therapy in women veterans with borderline personality disorder. *Behavior Therapy, 32*, 371–390.

Koszycki, D., Benger, M., Shlik, J., & Bradwejn, J. (2007). Randomized trial of a meditationbased stress reduction program and cognitive behavior therapy in generalized social anxiety disorder. *Behaviour Research and Therapy, 45*, 2518–2526.

Laumann, E. O., Paik, A., & Rosen, R. C. (1999). Sexual dysfunction in the United States: Prevalence and predictors. *Journal of the American Medical Association, 281*, 537–544.

LeDoux, J. (1996). *The emotional brain: The mysterious underpinnings of emotional life*. New York: Simon & Schuster.

Leong, F. T. L. (1996). Toward an integrative model for cross-cultural counseling and psychotherapy. *Applied and Preventive Psychology, 5*, 189–209.

Levitt, J. T., Brown, T. A., Orsillo, S. M., & Barlow, D. H. (2004). The effects of acceptance versus suppression of emotion on subjective and psychophysiological response to carbon dioxide challenge in patients with panic disorder. *Behavior Therapy, 35*, 747–766.

Levitt, J. T., & Karekla, M. (2005). Integrating acceptance and mindfulness with cognitive behavioral treatment for panic disorder. In S. M. Orsillo & L. Roemer (Eds.), *Acceptance and mindfulness-based approaches to anxiety: Conceptualization and treatment* (pp. 165–188). New York: Springer.

Lew, M., Matta, C., Tripp-Tebo, C., & Watts, D. (2006). Dialectical behavior therapy (DBT) for individuals with intellectual disabilities: A program description. *Mental Health Aspects of Developmental Disabilities, 9*, 1–12.

Lewinsohn, P. M. (1974). A behavioral approach to depression. In R. M. Friedman & M. M. Katz (Eds.), *The psychology of depression: Contemporary theory and research* (pp. 157–185). New York: Wiley.

Lillis, J., & Hayes, S. C. (2007). Applying acceptance, mindfulness, and values to the reduction of prejudice: A pilot study. *Behavior Modification, 31*, 389–411.

Linehan, M. M. (1993a). *Cognitive-behavioral treatment of borderline personality disorder*. New York: Guilford Press.

Linehan, M. M. (1993b). *Skills training manual for treating borderline personality disorder*. New York: Guilford Press.

Linehan, M. M., Armstrong, H. E., Suarez, A., Allmon, D., & Heard, H. L. (1991). Cognitive-behavioral treatment of chronically parasuicidal borderline patients. *Archives of General Psychiatry, 48*, 1060–1064.

Linehan, M. M., Comtois, K. A., Murray, A. M., Brown, M. Z., Gallop, R. J., Heard, H. L., et al. (2007). Two-year randomized controlled trial and follow-up of dialectical behavior therapy vs. therapy by experts for suicidal behaviors and borderline personality disorder. *Archives of General Psychiatry, 63*, 757–766.

Linehan, M. M., Dimeff, L. A., Reynolds, S. K., Comtois, K. A., Welch, S. S., Heagerty, P., et al. (2002). Dialectical behavior therapy versus comprehensive validation therapy plus 12-step for the treatment of opioid dependent women meeting criteria for borderline personality disorder. *Drug and Alcohol Dependence, 67*, 13–26.

Linehan, M. M., Goodstein, J. L., Nielsen, S. L., & Chiles, J. A. (1983). Reasons for staying alive when you are thinking of killing yourself: The Reasons for Living Inventory. *Journal of Consulting and Clinical Psychology, 51*, 276–286.

Linehan, M. M., Heard, H. L., & Armstrong, H. E. (1993). Naturalistic follow-up of a behavioral treatment for chronically parasuicidal borderline patients. *Archives of General Psychiatry, 50*, 971–974.

Linehan, M. M., Schmidt, H., Dimeff, L. A., Craft, J. C., Kanter, J., & Comtois, K. A. (1999). Dialectical behavior therapy for patients with borderline personality disorder and drug-dependence. *American Journal on Addictions, 8*, 279–292.

Lischetzke, T., & Eid, M. (2003). Is attention to feelings beneficial or detrimental to affective well-being?: Mood regulation as a moderator variable. *Emotion, 3*, 361–377.

Longmore, R. J., & Worrell, M. (2007). Do we need to challenge thoughts in cognitive behavior therapy? *Clinical Psychology Review, 27*, 173–187.

Lovibond, S. H., & Lovibond, P. F. (1995). *Manual for the Depression Anxiety Stress Scales*. Sydney: Psychology Foundation of Australia.

Lundgren, T., Dahl, J., & Hayes, S. C. (2008). Evaluation of mediators of change in the treatment of epilepsy with acceptance and commitment therapy. *Journal of Behavior Medicine, 31*, 225–235.

Lundgren, A. T., Dahl, J., Melin, L., & Kies, B. (2006). Evaluation of acceptance and commitment therapy for drug refractory epilepsy: A randomized controlled trial in South Africa—A pilot study. *Epilepsia, 47*, 2173–2179.

Lynch, T. R., Cheavens, J. S., Cukrowicz, K., Thorp, S. R., Bronner, L., & Beyer, J. (2007). Treatment of older adults with co-morbid personality disorder and depression: A dialectical behavior therapy approach. *International Journal of Geriatric Psychiatry, 22*, 131–143.

Lynch, T. R., Morse, J. Q., Mendelson, T., & Robins, C. J. (2003). Dialectical behavior therapy for depressed older adults: A randomized pilot study. *American Journal of Geriatric Psychiatry, 11*, 33–45.

Ma, S. H., & Teasdale, J. D. (2004). Mindfulness-based cognitive therapy for depression: Replication and exploration of differential relapse prevention effects. *Journal of Consulting and Clinical Psychology, 72*, 31–40.

Markus, H. R., & Kitayama, S. (1991). Culture and the self: Implications for cognition, emotion, and motivation. *Psychological Review, 98*, 224–253.

Marlatt, G. A., & Gordon, J. R. (Eds.). (1985). *Relapse prevention: Maintenance strategies in the treatment of addictive behaviors*. New York: Guilford Press.

Marlatt, G. A., & Witkiewitz, K. (2005). Relapse prevention for alcohol and drug problems. In G. A. Marlatt & D. M. Donovan (Eds.), *Relapse prevention: Maintenance strategies in the treatment of addictive behaviors* (2nd ed., pp. 1–44). New York: Guilford Press.

Martell, C. R., Addis, M. E., & Jacobson, N. S. (2001). *Depression in context: Strategies for guided action*. New York: Norton. Martin, J. R. (1997). Mindfulness: A proposed common factor. *Journal of Psychotherapy Integration, 7*, 291–312.

May, R. (1996). *The meaning of anxiety*. New York: Norton.

Mayfield, D., McLeod, G., & Hall, P. (1974). The CAGE questionnaire: Validation of a new alcoholism screening instrument. *American Journal of Psychiatry, 131*, 1121–1123.

Mennin, D. S. (2006). Emotion regulation therapy: An integrative approach to treatment-resistant anxiety disorders. *Journal of Contemporary Psychotherapy, 36*, 95–105.

Miller, W. R., & Rollnick, S. (2002). *Motivational interviewing: Preparing people for change* (2nd ed.). New York: Guilford Press.

Morgan, W. D., & Morgan, S. T. (2005). Cultivating attention and empathy. In C. K. Germer, R. D. Siegel, & P. R. Fulton (Eds.), *Mindfulness and psychotherapy* (pp. 73–90). New York: Guilford Press.

Mowrer, O. H. (1960). *Learning theory and behavior*. New York: Wiley.

Muñoz, R. F., & Mendelson, T. (2005). Toward evidence-based interventions for diverse populations: The San Francisco General Hospital prevention and treatment manuals. *Journal of Consulting and Clinical Psychology, 73*, 790–799.

National Sleep Foundation. (2007). *Sleep in America Poll*. Retrieved January 25, 2007, from www.sleepfoundation.org/atf/cf/%7BF6BF2668-A1B4-4FE8-8D1A-A5D39340D9CB%7D/Summary_Of_Findings%20-%20FINAL.pdf.

Neff, K. D., Rude, S. S., & Kirkpatrick, K. L. (2007). An examination of self-compassion in relation to positive psychological functioning and personality traits. *Journal of Research in Personality, 41*, 908–916.

Nezu, A. M. Ronan, G. F., Meadows, E. A., & McClure, K. S. (2000). *Practitioner's guide to empirically based measures of depression*. New York: Kluwer.

Nowlis, V. (1965). Research with the Mood Adjective Check List. In S. S. Tompkins & C. E. Izard (Eds.), *Affect, cognition, and personality* (pp. 352–389). New York: Springer.

Oman, D., Shapiro, S. L., Thoresen, C. E., Flinders, T., Driskell, J. D., & Plante, T. G. (2007). Learning from spiritual models and meditation: A randomized evaluation of a college course. *Pastoral Psychology, 55*, 473–493.

Orsillo, S. M., & Roemer, L. (Eds.). (2005). *Acceptance and mindfulness-based approaches to anxiety: Conceptualization and treatment*. New York: Springer.

Orsillo, S. M., Roemer, L., & Barlow, D. H. (2003). Integrating acceptance and mindfulness into existing cognitive-behavioral treatment for GAD: A case study. *Cognitive and Behavioral Practice, 10*, 223–230.

Orsillo, S. M., Roemer, L., & Holowka, D. W. (2005). Acceptance-based behavioral therapies for anxiety: Using acceptance and mindfulness to enhance traditional cognitive-behavioral approaches. In S. M. Orsillo & L. Roemer (Eds.), *Acceptance and mindfulness-based approaches to anxiety: Conceptualization and treatment* (pp. 3–35). New York: Springer.

Orsillo, S. M., Roemer, L., Lerner, J. B., & Tull, M. T. (2004). Acceptance, mindfulness, and cognitive-behavioral therapy: Comparisons, contrasts, and application to anxiety. In S. C. Hayes, V. M. Follette, & M. M. Linehan (Eds.), *Mindfulness and acceptance: Expanding the cognitive-behavioral tradition* (pp. 66–95). New York: Guilford Press.

Patel, S. R. (2006, March). *Mindfulness-based treatment for OCD: A case report*. Paper presented at the 5th annual Mindfulness-Based Stress Reduction International Conference, Worcester, MA.

Pederson, P. B., & Ivey, A. (1993). *Culture-centered counseling and interviewing skills: A practical guide*. Westport, CT: Praeger.

Pennebaker, J. W. (1997). Writing about emotional experiences as a therapeutic process. *Psychological Science, 8*, 162–166.

Persons, J. B. (1989). *Cognitive therapy in practice: A case formulation approach*. New York: Norton.

President's New Freedom Commission on Mental Health. (2003). *Achieving the promise: Transforming mental health care in America. Report of the President's New Freedom Commission on Mental Health*. Rockville, MD: Author.

Purdon, C. (1999). Thought suppression and psychopathology. *Behaviour Research and Therapy, 37*, 1029–1054.

Reiss, S., Peterson, R. A., Gursky, D. M., & McNally, R. J. (1986). Anxiety sensitivity, anxiety frequency and the predictions of fearfulness. *Behaviour Research and Therapy, 24*, 1–8.

Robins, C. J., Schmidt, H., III, & Linehan, M. M. (2004). Dialectical behavior therapy: Synthesizing radical acceptance with skillful means. In S. C. Hayes, V. M. Follette, & M. M. Linehan (Eds.), *Mindfulness and acceptance: Expanding the cognitive-behavioral tradition* (pp. 30–44). New York: Guilford Press.

Roemer, L., & Borkovec, T. D. (1994). Effects of suppressing thoughts about emotional material. *Journal of Abnormal Psychology, 103*, 467–474.

Roemer, L., & Orsillo, S. M. (2005). An acceptance-based behavior therapy for generalized anxiety disorder. In S. M. Orsillo & L. Roemer (Eds.), *Acceptance and mindfulness-based approaches to anxiety: Conceptualization and treatment* (pp. 213–240). New York: Springer.

Roemer, L., & Orsillo, S. M. (2007). An open trial of an acceptance-based behavior therapy for generalized anxiety disorder. *Behavior Therapy, 38*, 72–85.

Roemer, L., Orsillo, S. M., & Salters-Pednault, K. (in press). Efficacy of an acceptance-based behavior therapy for generalized anxiety disorder: Evaluation in a randomized controlled trial. *Journal of Consulting and Clinical Psychology*.

Rogers, A. E., Caruso, C. C., & Aldrich, M. S. (1993). Reliability of sleep diaries for assessment of sleep/wake patterns. *Nursing Research, 42*, 368–372.

Rogers, C. R. (1961). *On becoming a person: A therapist's view of psychotherapy*. Boston: Houghton Mifflin.

Roth, B., & Robbins, D. (2004). Mindfulness-based stress reduction and health-related quality of life: Findings from a bilingual inner-city patient population. *Psychosomatic Medicine, 66*, 113–123.

Safer, D. L., Telch, C. F., & Agras, W. S. (2001). Dialectical behavior therapy for bulimia nervosa. *American Journal of Psychiatry, 158*, 632–634.

Salters-Pedneault, K., Roemer, L., Tull, M. T., Rucker, L., & Mennin, D. S. (2006). Evidence of broad deficits in emotion regulation associated with chronic worry and generalized anxiety disorder. *Cognitive Therapy and Research, 30*, 469–480.

Salters-Pedneault, K., Tull, M. T., & Roemer, L. (2004). The role of avoidance of emotional material in the anxiety disorders. *Applied and Preventive Psychology: Current Scientific Perspectives, 11*, 95–114.

Schmidt, N. B., Woolaway-Bickel, K., Trakowski, J., Santiago, H., Storey, J., Koselka, M., et al. (2000). Dismantling cognitive-behavioral treatment for panic disorder: Questioning the utility of breathing retraining. *Journal of Consulting and Clinical Psychology, 68*, 417–424.

Schwartz, S. H. (2006). Basic human values: Theory, measurement, and applications. *Revue française de sociologie, 47*, 929–968.

Segal, Z. V., Williams, J. M. G., & Teasdale, J. D. (2002). *Mindfulness-based cognitive therapy for depression: A new approach to preventing relapse.* New York: Guilford Press.

Semple, R. J., Reid, E. F. G., & Miller, L. (2005). Treating anxiety with mindfulness: An open trial of mindfulness training for anxious children. *Journal of Cognitive Psychotherapy, 19*, 379–392.

Shafran, R., Thordarson, D. S., & Rachman, S. (1996). Thought-action fusion in obsessive compulsive disorder. *Journal of Anxiety Disorders, 10*, 379–391.

Shapiro, S. L., Astin, J. A., Bishop, S. R., & Cordova, M. (2005). Mindfulness-based stress reduction for health care professionals: Results from a randomized trial. *International Journal of Stress Management, 12*, 164–176.

Shapiro, S. L., Carlson, L. E., Astin, J. A., & Freedman, B. (2006). Mechanisms of mindfulness. *Journal of Clinical Psychology, 62*, 373–386.

Siev, J., & Chambless, D. L. (2007). Specificity of treatment effects: Cognitive therapy and relaxation for generalized anxiety and panic disorders. *Journal of Consulting and Clinical Psychology, 75*, 513–522.

Smith, A. (2006). "Like waking up from a dream": Mindfulness training for older people with anxiety and depression. In R. A. Baer (Ed.), *Mindfulness-based treatment approaches: Clinician's guide to evidence base and applications* (pp. 191–216). Burlington, MA: Elsevier.

Stulz, N., Lutz, W., Leach, C., Lucock, M., & Barkham, M. (2007). Shapes of early change in psychotherapy under routine outpatient conditions. *Journal of Consulting and Clinical Psychology, 75*, 864–874.

Styron, C. W. (2005). Positive psychology: Awakening to the fullness of life. In C. K. Germer, R. D. Siegel, & P. R. Fulton (Eds.), *Mindfulness and psychotherapy* (pp. 262–282). New York: Guilford Press.

Sue, D. W., & Sue, D. (2003). *Counseling the culturally diverse: Theory and practice.* New York: Wiley.

Sue, S. (1998). In search of cultural competence in psychotherapy and counseling. *American Psychologist, 53*, 440–448.

Sue, S. (2006). Cultural competency: From philosophy to research and practice. *Journal of Community Psychology, 34*, 237–245.

Sue, S., & Zane, N. (1987). The role of culture and cultural techniques in psychotherapy: A critique and reformulation. *American Psychologist, 42*, 37–45.

Tanaka-Matsumi, J., Seiden, D. Y., & Lam, K. N. (1996). The culturally informed functional assessment (CIFA) interview: A strategy for cross-cultural behavioral practice. *Cognitive and Behavioral Practice, 3*, 215–233.

Teasdale, J., Segal, Z. V., & Williams, J. M. G. (2003). Mindfulness and problem formulation. *Clinical Psychology: Science and Practice, 10*, 157–160.

Teasdale, J. D. (2004). Mindfulness-based cognitive therapy. In J. Yiend (Ed.), *Cognition, emotion and psychopathology: Theoretical, empirical and clinical directions* (pp. 270–289). New York: Cambridge University Press.

Teasdale, J. D., Moore, R. G., Hayhurst, H., Pope, M., Williams, S., & Segal, Z. V. (2002). Megacognitive awareness and prevention of relapse in depression: Empirical evidence. *Journal of Consulting and Clinical Psychology, 70*, 275–287.

Teasdale, J. D., Segal, Z. V., Williams, J. M. G., Ridgeway, V. A., Soulsby, J. M., & Lau, M. A. (2000). Prevention of relapse/recurrence in major depression by mindfulness-based cognitive therapy. *Journal of Consulting and Clinical Psychology, 68*, 615–623.

Telch, C. F., Agras, W. S., & Linehan, M. M. (2001). Dialectical behavior therapy for binge eating disorder. *Journal of Consulting and Clinical Psychology, 69*, 1061–1065.

Thompson, R. A. (1994). Emotion regulation: A theme in search of definition. *Monographs of the Society for Research in Child Development, 59*, 25–52.

Tull, M. T., Barrett, H. M., McMillan, E. S., & Roemer, L. (2007). A preliminary investigation of the relationship between emotion regulation difficulties and posttraumatic stress symptoms. *Behavior Therapy, 38,* 303–313.

Tull, M. T., & Roemer, L. (2007). Emotion regulation difficulties associated with the experience of uncued panic attacks: Evidence of experiential avoidance, emotional nonacceptance, and decreased emotional clarity. *Behavior Therapy, 38,* 378–391.

Turner, R. M. (2000). Naturalistic evaluation of dialectical behavior therapy—oriented treatment for borderline personality disorder. *Cognitive and Behavioral Practice, 7,* 413–419.

Van den Bosch, L. M., Koeter, M. W., Stijnen, T., Verheul, R., & Van den Brink, W. (2005). Sustained efficacy of dialectical behaviour therapy for borderline personality disorder. *Behaviour Research and Therapy, 43,* 1231–1241.

Verheul, R., Van den Bosch, L. M., Koeter, M. W., de Ridder, M. A., Stijnen, T., & van den Brink, W. (2003). Dialectical behaviour therapy for women with borderline personality: 12-month, randomised clinical trial in the Netherlands. *British Journal of Psychiatry, 182,* 135–140.

Wagner, E. E., Rathus, J. H., & Miller, A. L. (2006). Mindfulness in dialectical behavior therapy (DBT) for adolescents. In R. A. Baer (Ed.), *Mindfulness-based treatment approaches: Clinician's guide to evidence base and applications* (pp. 167–190). Burlington, MA: Elsevier.

Wang, P. S., Lane, M., Olfson, M., Pincus, H. A., Wells, K. B., & Kessler, R. C. (2005). Twelvemonth use of mental health services in the United States: Results from the National Comorbidity Survey Replication. *Archives of General Psychiatry, 62,* 629–640.

Watson, D., Clark, L. A., & Tellegen, A. (1988). Development and validation of brief measures of positive and negative affect: The PANAS scales. *Journal of Personality and Social Psychology, 6,* 1063–1070.

Wegner, D. M. (1994). Ironic processes of mental control. *Psychological Review, 101,* 34–52.

Wegner, D. M., & Zanakos, S. (1994). Chronic thought suppression. *Journal of Personality, 62,* 615–640.

Wells, A. (1995). Meta-cognition and worry: A cognitive model of generalized anxiety disorder. *Behavioural and Cognitive Psychotherapy, 23,* 301–320.

Wells, A., & Davies, M. I. (1994). The Thought Control Questionnaire: A measure of individual differences in the control of unwanted thoughts. *Behaviour Research and Therapy, 32,* 871–878.

Williams, J. M. G., Teasdale, J. D., Segal, Z. V., & Kabat-Zinn, J. (2007). *The mindful way through depression: Freeing yourself from chronic unhappiness.* New York: Guilford Press.

Williams, K. A., Kolar, M. M., Reger, B. E., & Pearson, J. C. (2001). Evaluation of a wellness-based mindfulness stress reduction intervention: A controlled trial. *American Journal of Health Promotion, 15,* 422–432.

Williams, K. E., Chambless, D. L., & Ahrens, A. (1997). Are emotions frightening?: An extension of the fear of fear construct. *Behaviour Research and Therapy, 35,* 239–248.

Wilson, K. G., & Murrell, A. R. (2004). Values work in acceptance and commitment therapy: Setting a course for behavioral treatment. In S. C. Hayes, V. M. Follette, & M. M. Linehan (Eds.), *Mindfulness and acceptance: Expanding the cognitive-behavioral tradition* (pp. 120–151). New York: Guilford Press.

Witkiewitz, K., Marlatt, G. A., & Walker, D. D. (2005). Mindfulness-based relapse prevention for alcohol use disorders: The meditative tortoise wins the race. *Journal of Cognitive Psychotherapy, 19,* 221–228.

Woods, D. W., Wetterneck, C. T., & Flessner, C. A. (2006). A controlled evaluation of acceptance and commitment therapy plus habit reversal for trichotillomania. *Behaviour Research and Therapy, 44,* 639–656.

Woody, S. R., Detweiler-Bedell, J., Teachman, B. A., & O'Hearn, T. (2003). *Treatment planning in psychotherapy: Taking the guesswork out of clinical care.* New York: Guilford Press.

Wilson, K. G., & Groom, J. (2002). *The Valued Living Questionnaire.* University: Department of Psychology, University of Mississippi.

Zettle, R. D., & Hayes, S. C. (1987). Component and process analysis of cognitive therapy. *Psychological Reports, 61,* 939–953.

Zettle, R. D., & Rains, J. C. (1989). Group cognitive and contextual therapies in treatment of depression. *Journal of Clinical Psychology, 45,* 436–445.

Zohar, D., Tzischinsky, O., Epstein, R., & Lavie, P. (2005). The effects of sleep loss on medical residents' emotional reactions to work events: A cognitive-energy model. *Sleep: Journal of Sleep and Sleep Disorders Research, 28,* 47–54.

Índice

Ação, ênfase na, 19-20. *Ver também* Ação valorizada
Ação valorizada
  aumentando a, 48-49, 91-93
  barreiras internas/externas à, 188-190
  comprometimento com a, obstáculos ao, 187-190
  diário da, 183
  emoções e, 111
  empenho regular na, 192-194
  equilíbrio da, entre as esferas, 169-171
  incapacidade de se empenhar em, 45-47
  incongruência com as experiências internas, 161-162
  na TAC, 19-20
  preocupações como barreiras à, 111
  promovendo a, 184-197
  treinamento de habilidades e, 227-228
Acceptance and Action Questionnaire, 57-59
Aceitação
  cultivando a, 131-135
  definida, 131
  dificuldades na, 150-151
  natureza da, 131-132
  origem da palavra, 131-132
  promovendo a, 18-19
  versus resignação, 131-132
Adesão do cliente, 115, 118-120
Adolescentes, adaptações da TCBA para, 241-243
Affective Control Scale, 56-57
Ansiedade, material sobre, 122-123
Anxiety Disorders Interview Schedule for DSM-IV, 53
Anxiety Sensitivity Index, 56-57
Aprendizagem, modos de, 35-36
Association for Behavioral and Cognitive Therapies, 212-213
Atenção, flexibilidade da, 139-140
Ativação comportamental, nova abordagem à, 225-227

Autocompaixão
  ausência de, 37-38
  considerações culturais, 236-237
  cultivando a, 20, 24, 44-45, 131, 137-145
  evitação experiencial e, 44-45
  objetivo do tratamento, 63-64, 81
Automonitoramento
  das práticas de *mindfulness*, 132-133
  dificuldades do cliente no, 115-120
  entre as sessões, 50
  limitações culturais e situacionais ao, 120
  na TCBA, 218-219
  na terapia cognitiva, 218-219
  obstáculos pragmáticos ao, 118-119
  papel do, 47-48
Automutilação, evitação experiencial e, 40-41
Autorrevelação do terapeuta, 87-89, 148-151
Avaliação clínica, 50-69
  áreas de, 50
  baseada em sintomas, 51-55
  da qualidade de vida, 59-63
  das estratégias de manejo, 57-60
  de tratamentos prévios, 62-66
  do relacionamento com as experiências internas, 54-57
  dos pontos fortes do cliente, 59-60
  instrumentos para. *Ver* Instrumentos de avaliação; *instrumentos específicos*
  recursos do terapeuta, 66
Avaliação funcional culturalmente informada, 73
Avaliação inicial dos valores, 163-168
Avaliação semanal, formulário para, 217

Brief Symptom Inventory, 53-54
Budismo e práticas budistas
  distinção da TCBA, 93-95
  e definições do *self*, 147

estratégias da TCBA oriundas do, 86-87
influência e adaptações do, 18-19, 37-38, 41-42, 86-87, 132-134, 137-138, 144-145
preocupações do cliente em relação ao, 94-95, 137-138, 236-238
Ver também Mindfulness

CAGE para avaliar o uso do álcool, 53-54
Calibração dinâmica definida, 235-236
Center for Mindfulness, University of Massachusetts Medical School, orientação do, 87
Cognitivo, como termo problemático, 19-20
Comer descontrolado, formulação de caso, 78-79
Comportamentos potencialmente prejudiciais, avaliando, 53-55
Comprometimento
  altos e baixos no, 186-188
  com ações valorizadas, 186-188
  definindo, 186-188
  disposição para o, 189-194. *Ver também* Disposição
  experiências do cliente com, 185-186
  obstáculos ao, 187-190
Condicionamento interoceptivo, 39-40
Crianças, adaptação da TCBA para, 241-243
Cultura
  abordagem multidimensional à, 52
  definida, 231
  elementos da, 232

Dependência/abuso de substâncias
  evitação experiencial e, 40-43
  experimentos sobre, 26-27
  terapias comportamentais baseadas em *mindfulness* e aceitação para, 24-25
Depressão
  estilos de pensamento e resposta e, 39-40
  TCBA no tratamento da, 22-23
  Ver também Transtorno depressivo maior
Depression Anxiety Stress Scales – 21-Item Version, 53
Derogatis Sexual Functioning Inventory, 60-61
Descentramento, 39-41
Desfusão, 39-41
  estratégias da TAC, 147-148
  técnicas da TDC, 142-144
Diário de Atividades Valorizadas, 183, 187-188
Dieta, avaliando, 60-61
Difficulties in Emotion Regulation Scale, 55-56, 58-60
Dificuldades pessoais, avaliando as, 61-62
Disposição, 189-194, 228-229
  aumentando a, na prevenção de recaída, 204-205
  como ação *versus* sentimento, 190-191
  definida, 189-191
  estratégias para aumentar a, 193-194
  falta de, 211-212
  influências sobre a, 184
  material sobre, 196
  qualidade tudo ou nada da, 190-193
  versus desejo, 190-191
Diversidade cultural
  adaptação das TCBA para a, 235-243

e percepção não julgadora, compassiva, 236-237
mudança comportamental e, 237-241
TCBA e, 232-236
Doença mental grave e adaptação das práticas de *mindfulness*, 132-133

Emoções
  alterando o relacionamento do cliente com, 198-200
  avaliando a percepção das, 54-56
  claras *versus* turvas, definidas, 110
  função comunicativa das, 163
  função das
    material sobre, 125
    prática de *mindfulness* e, 139-141
    psicoeducação sobre, 107-111
  limpas *versus* sujas, 38-39, 110
  primárias e secundárias, 38-39, 43-44, 110
  regulação das
    psicoeducação sobre, 107-111
  relacionamento com valores e ação valorizada, 111, 163
  tentativas de controlar as negativas, 113
  tentativas de controlar as positivas, 113
Emotion Regulation Questionnaire, 58-59
Escaneamento corporal, 131-132
Esclarecimento dos valores, fatores culturais no, 239-241
Escolha
  aumentando a capacidade de, do cliente, 47-48, 81-82, 91-92
  valores como, 162
Esferas de funcionamento, avaliando, 59-61
Esferas valorizadas, 163-165
  ação pouco consciente em, 166-167
  inação em, 165-167
  percepção de ação e inação em, 175-176
Estilo de resposta, avaliando o, 55-56
Estratégias de manejo
  do cliente
    avaliação das, 57-60
    formulário de avaliação para, 69
  gerais, 57-58
Estrutura ADDRESSING, 229
Evitação experiencial, 40-46
  abordagens das TCBA *versus* TC à, 223-226
  barreiras à mudança, 40-42
  como alvo da intervenção, 42-44
  como estratégia de manejo, 57-59
  complexidades da, 42-44
  consequências da, 43-46
  e o valor funcional das respostas emocionais, 43-45
  exercício do cabo de guerra e, 148-149
  forças sociais e, 41-42
  impacto sobre a vida, 164-168
  métodos de, 103-104
  mindfulness como, 147-149
  modelo de, 102-104
  problemas da, 111-115
  reduzindo a, 81-82, 91-92
  reduzindo as tentativas de, 47-48

Exercício, avaliando, 60-61
Exercício de abrir portas, 198-199
Exercício de espaço de três minutos para respirar, 138-140
Exercício de respiração inicial, 135-137
Exercício de Aceitar-se com Fé, 144-145
Exercício do cabo de guerra, 148-149
Exercício do espaço para respirar, 143-145
Experiências internas
　como um aspecto natural da existência, 143-144
　fusão com as, 34, 37. *Ver também* Fusão
　incompatibilidade das, com ações valorizadas, 161-162
　modificando o relacionamento com as, 46-48, 81, 90-92, 219-223
　reatividade às/julgamento das, 37-38
　relacionamento do cliente com as, 18-20, 34
　relacionamento do cliente com as, avaliação do, 54-57
　tentativas de eliminar as, 143-144
　tentativas de modulação das, 43-44
Experimentos. *Ver* Experimentos controlados randomizados
Experimentos comportamentais na TC, 222-224
Experimentos controlados randomizados
　descrição e achados, 21-23
　protocolo para, 20, 24
　sobre terapias para casais em sofrimento, 32
　sobre terapias para o transtorno da personalidade *borderline*, 30-31
　sobre terapias para transtornos por uso de substâncias e transtornos da alimentação, 28
　sobre terapias para transtornos psicóticos, 28
Expressão clara dos valores, busca de, 174-176

Farmacoterapia. *Ver* Medicações
Fatores culturais
　na estigmatização da terapia, 233
　na formulação de caso, 72-73
　na orientação individualista *versus* para o grupo, 238-240
　nas TCBA, 231-244
　nos valores, 173-174
　papel dos, 52
Five Facet Mindfulness Questionnaire, 56-57
Flexibilidade do cliente, aumentando a, 47-48, 81-82, 91-92
Formulação de caso, 70-80
　compartilhando com o cliente, 76-77
　desenvolvendo a, 70-77
　exemplo de, 78-79
　origem cultural do cliente na, 72-73
　procedimento de, 73-74
　reações do cliente à, 77
　vinculando ao plano de tratamento, 79-80
Formulário da percepção da ansiedade, 67, 106, 127
Formulário de Preocupação Consciente, 111, 112, 128
Freiburg Mindfulness Inventory, 55-56
Função sexual, avaliando a, 60-61

Fusão
　avaliando a, 56-57
　características da, 38-41
　com a experiência interna, 34, 37
　evitação experiencial e, 40-41
　na recaída depressiva, 39-41

Gatilhos situacionais, percepção do cliente dos, 54-56

Habilidades de *Mindfulness*, material sobre, 155

Identidade cultural do cliente, 52, 232-236
Imigrantes de primeira geração, 239-240
Instrumentos. *Ver* Instrumentos de avaliação
Instrumentos de avaliação
　da angústia em relação às experiências internas, 56-57
　da fusão, 56-57
　da percepção da experiência emocional, 54-56
　da psicopatologia, 53-54
　da qualidade de vida, 59-61
　da qualidade do sono, 60-61
　da regulação da emoção, 58-60
　das dificuldades pessoais, 61-62
　de *mindfulness*, 55-57
　qualidades dos, 50-51
Intelectualização, evitando a, 120-121
Interna, experiência. *Ver* Experiências internas
Ioga, 131-132

Julgamento moral *versus* valores, 19-20

Kentucky Inventory of Mindfulness Skills, 55-57

Lâmina de Monitoramento da Emoção, 68
Lista de problemas, exemplo de, 51-52

Maleabilidade definida, 173-174
Mantendo um diário, 119
Manual Diagnóstico e Estatístico de Transtornos Mentais,
　Quarta Edição, 53
Materiais
　O Que É *Mindfulness*?, 135-136, 153-154
　sobre a ansiedade, 122-123
　sobre a função da emoção, 125
　sobre a identificação dos problemas apresentados, 126
　sobre a prática de *mindfulness*, 156
　sobre disposição, 196
　sobre habilidades de *mindfulness*, 155
　sobre o medo, 122-123
　sobre o TAG, 124
　sobre valores, 178
　uso dos, 100
Medicações
　combinadas com terapias comportamentais baseadas na aceitação, 25
　TCBA e, 228-229
Meditação
　abordagem secular à, 236-238
　de passagem, 237-238

exercícios de Kabat-Zinn, 145-147
transtorno da personalidade *borderline* e, 131-132
Ver também Mindfulness
Meditação da árvore, 146-147
Meditação de passagem, 237-238
Meditação *vipassana*, para pessoas encarceradas, 24-25
Medo
  evitação do, 104-105
  material sobre o, 122-123
  modelo de Mowrer do, 104-105
Medo do medo, 37
Mente de principiante, 101, 137-139
Metáfora na prevenção da recaída, 204-205
Metáfora da jardinagem, 187-188
Metáfora das duas montanhas, 87-88
Metáfora do caminho subindo a montanha, 118, 198-199
Metáfora do esquiador, 160
Metáfora do fogão quente, 108-109
Metáfora do pântano, 190-191, 228-229
Metáfora do polígrafo, 113
Metáfora dos passageiros no ônibus, 189-190
Mindful Attention Awareness Scale, 55-56
Mindfulness
  avaliando, 55-57, 65
  budismo e, 37-38
  como incongruente em termos culturais ou religiosos, 236-238
  como processo, 137-139
  como um meio de evitar a angústia, 147-149
  conotações espirituais da, 94-95
  da respiração, 135-137
  das emoções e pensamentos, 139-144
  definida, 18-19, 37-38
  do comer, 136-138
  dos sons, 138-139
  elementos da, 55-56
  natureza experiencial da, 136-137
  observação não julgadora e, 136-138
  prática formal *versus* informal de, 132-133
  Ver também Meditação
Modelo da preocupação de evitação, 41-42
Monitoramento consciente, formulário de, 117, 129
Mudança. *Ver* Mudança comportamental
Mudança comportamental
  atitude do cliente em relação à, 173-175
  avaliando a, 198-204
  avaliando a prontidão para a, 52
  diversidade cultural e, 237-241
  habilidades/estratégias necessárias para a, 202-204
  preparando o terreno para a, 158-183

O Que É *Mindfulness*?, material sobre, 135-136, 153-154
Objetivos
  experiência do cliente com, 160
  versus valores, 159-161

Pais, TCBA e, 241-243
Percepção dos impulsos, formulário para, 116, 129

Percepção interna
  dificuldades na qualidade da, 36-41
  limites na, 36
Perfeição dos valores, desejo do cliente de, 169-171
Personal Values Questionnaire, 61-62
Pittsburgh Sleep Quality Index, 60-61
Planejamento do tratamento
  colaborativo, 209-210
  vinculando a formulação de caso ao, 79-80
Plano de tratamento, visão geral do, 90-93
Populações subatendidas, terapias comportamentais baseadas em *mindfulness* e aceitação para as, 25
Positive and Negative Affect Schedule, 54-55
Postura terapêutica, 85-90
Prática de *mindfulness*, material sobre, 156
Práticas experienciais, papel das, 47-48
Preocupação
  consciente, formulário para avaliar, 112, 128
  evitação experiencial e, 40-41
  função positiva da, 41-43
  modelo de evitação da, 41-42
Presentear
  no relacionamento cliente-terapeuta, 233-234
  o cliente, 208-209
Prevenção de recaída, 203-208
Prisioneiros, curso de meditação *vipassana* para, 24-25
Problemas apresentados
  aspectos específicos dos, 103-105
  avaliação dos. *Ver* Avaliação clínica
  como barreiras à ação valorizada, 111, 165-166
  conceitualização dos, 90-91
  identificação dos, material sobre, 126
  manutenção *versus* etiologia como alvo da intervenção, 74-75
  origem dos, 35-36
  visão geral dos, 51-53
Progresso, avaliando o, 198-204
  medidas de avaliação, 198-199
Psicoeducação
  ênfase excessiva na, 120-121
  evitando a intelectualização excessiva na, 120-121
  métodos de, 100-101
  nas TCBA, 99
  papel da, 47-48
  revisão da, na prevenção de recaída, 204-205
  sobre a função e regulação das emoções, 107-111
  sobre evitação experiencial, 102-104
  sobre o modelo da psicoterapia, 107
  sobre o modelo de funcionamento humano, 101-115
  sobre respostas aprendidas, 101-105
  sobre supressão de emoções negativas, 235
  sobre TDM, 104-105
  sobre tentativas de controle da emoção, 113-115
  uso das histórias do cliente na, 102-103
Psicopatologia
  abordagem funcional à, 53
  avaliação clínica da, 53-54
  conceito da TCC de, 92-93

Qualidade de vida, avaliando a, 59-63
Quality of Life Inventory, 60-61

Reasons for Living Inventory, 54-55
Recaída *versus* lapso, 205-206
Redução de sintomas
 ênfase da TCC na, 158-159
 ênfase exagerada na, 91-93
Regulação da emoção
 avaliando a, 58-60
 estratégias de, 227-229
 mindfulness e, 228-229
 modulação da *versus* evitação experiencial, 43-44
 psicoeducação sobre, 107-111
Relacionamento cliente-terapeuta. *Ver* Relacionamento terapêutico
Relacionamento terapêutico
 diferença de poder no, 234
 fatores culturais no, 233-234
 na TCBA, 52
 terminando o, 207-210
 versus amizade, 208-209
Relaxamento muscular progressivo
 TCBA e, 226-228
 versão modificada do, 138-139
Respostas aprendidas, modelo geral de, 101-105
Revisão do tratamento, material sobre, 215
Risco de suicídio, avaliando o, 53-55
Ruminação, evitação experiencial e, 40-41

Saúde mental, sono e, 59-61
Self, definições de, 145-147
Serviços de saúde mental, minorias raciais/étnicas e, 232
Sofrimento, perspectiva das terapias comportamentais baseadas em *mindfulness* e aceitação em relação ao, 46-47
Solução de problemas na TCBA e na TCC, 162
Sono
 avaliando a qualidade do, 60-61
 saúde mental e, 59-61
State Emotion Regulation Questionnaire, 58-59
Structured Clinical Interview for DSM-IV Axis I Disorders, Clinician Version, 53
Superidentificação. *Ver* Fusão

TAC. *Ver* Terapia de aceitação e comprometimento
Tarefa de Monitoramento dos Valores, formulário para, 197
Tarefa Escrita de Revisão do Tratamento, 205-207, 214
Tarefas escritas, 179-182, 185-187, 195
 reações dos clientes às, 118-119
 sobre a influência da evitação, 164-168
 sobre a revisão do tratamento, 205-207, 214
 sobre esferas valorizadas, 168-176
Tarefas escritas sobre valores, fatores culturais nas, 235-236
TCBA. *Ver* Terapias comportamentais baseadas na aceitação
TCC. *Ver* Terapia(s) cognitivo-comportamental(ais)

TCIC. *Ver* Terapia comportamental integrativa de casal
TDC. *Ver* Terapia dialética do comportamento
TDM. *Ver* Transtorno Depressivo Maior
Técnicas de relaxamento
 adaptação das, 135
 nos programas de TCC, 226-228
Tendências de ação, 88-90
Tentativas de controle
 monitorando as, 115
 natureza ubíqua das, 113-115
 problema das, 111-115
Teoria da estrutura relacional, 39-40
Terapia comportamental integrativa de casal, 17-18
 aplicações e efetividade, 25
 experimentos de pesquisa sobre, 32
Terapia de aceitação de comprometimento, 17-18
 competência dos terapeutas que utilizam, 87
 emoções claras *versus* turvas e, 110
 esferas-chave na, 163-165
 exercício de aceitar-se com fé da, 144-145
 exercício do *self* observador da, 145
 exercícios da, 133-134, 141-143
 metáfora da jardinagem da, 187-188
 metáfora do polígrafo da, 113
 metáfora dos passageiros no ônibus da, 189-190
 pesquisas sobre, 20, 24-25
 práticas de *mindfulness* na, 131-132
 problemas que respondem à, 25
 psicoeducação na, 99. *Ver também* Psicoeducação
 TCC e, 19-20
 técnicas de desfusão da, 142-144, 147-148
 terapeutas especializados na, 212-213
Terapia de casal. *Ver* Terapia comportamental integrativa de casal
Terapia de exposição
 abordagem tradicional à, 223-225
 evitação do cliente à, 92-93
 experiência do cliente com a, 63-64
Terapia dialética do comportamento, 17-18
 ação oposta na, 190-191, 219-220
 ensino de *mindfulness* na, 131-132
 exercício das nuvens da, 141-143
 material da, sobre soltar o sofrimento emocional, 140-141
 para indivíduos com deficiências intelectuais, 241-242
 problemas que respondem à, 25
 psicoeducação na, 99
 TCC e, 19-20
 terapeutas especializados na, 212-213
 treinamento de habilidades na, 227-228
Terapia(s) cognitiva(s)
 análise lógica/reestruturação cognitiva nas, 219-223
 automonitoramento nas, 218-219
 comparadas às terapias comportamentais baseadas em *mindfulness* e na aceitação, 218-224
 definidas, 218
 evitação experiencial e, 223-226
 experimentos comportamentais nas, 222-224

métodos clínicos nas, 218-224
modelo conceitual das, 218
para a depressão, 220-223
variedade de, 218
Terapia(s) cognitivo-comportamental(ais)
abordagens comportamentais baseadas na aceitação e, 19-20
achados de pesquisa sobre, 217
avaliando a história do cliente de, 62-64
colaboração terapeuta-cliente nas, 94-96
limitações das, 217-218
redução de sintomas nas, 91-93, 158-159
técnicas diversas, 63-64
terapia de exposição nas, 223-226
variedade de, 218
Terapias comportamentais baseadas na aceitação
adaptação para clientes de origens diversas, 235-243
componentes do modelo, 34
considerações culturais, 25, 231-244
considerações desenvolvimentais e, 241-243
de grupo *versus* individual, 82-84
definidas, 18-19
desvantagens econômicas e, 52
e orientação individualista *versus* para o grupo, 238-240
e preconceitos internos do terapeuta, 234-235
incorporando outras intervenções baseadas em evidências às, 217-229
individual *versus* de grupo, 242-243
medicações e, 228-229
modelo de funcionamento humano nas, 99-130
objetivos das, 46-49, 158-159
para adultos mais velhos, 242-243
para crianças e adolescentes, 241-243
para o TAG, material sobre, 124
prevenção de recaída nas, 203-208
terapeutas especializados nas, 212-213
transparência nas, 99-100
treinamento do relaxamento e, 226-228
versus terapias alternativas, 92-95
Thought Control Questionnaire, 58-59
Thought-Action Fusion Scale, 56-57
Transtorno da personalidade *borderline*
e dificuldade de *mindfulness*, 131-132
modelo de Linehan do, 37-39
terapias comportamentais baseadas em *mindfulness* e na aceitação para o, experimentos, 30-31
Transtorno de ansiedade generalizada
adesão excessiva do cliente e, 119
evitação experiencial e, 45-47
modelo de Borkovec do, 103-105
TCBA para o, material sobre, 124
TCC e, 63-64
Transtorno de ansiedade social
exposições sociais para o, 24-25
TCC e, 63-64
Transtorno de estresse pós-traumático
abordagem da TCBA ao, 224-226
avaliação do, 53

evitação experiencial e, 42-43
terapia de exposição e, 63-64, 92-93
Transtorno de pânico
exposição interoceptiva para o, 24-25
terapia de exposição e, 92-93
Transtorno depressivo maior
avaliação do, 53
psicoeducação sobre, 104-105
Ver também Depressão
Transtornos da alimentação, terapias comportamentais baseadas em *mindfulness* e na aceitação para os, 24-25
experimentos, 26-27
Transtornos de ansiedade
exemplo de caso, 33-34, 37
TCBA no tratamento dos, pesquisa sobre, 20, 21, 24-25
Ver também Transtorno de ansiedade generalizada; Transtorno de ansiedade social
Transtornos psicóticos, terapias comportamentais baseadas em *mindfulness* e aceitação para, experimentos, 28
Treinamento de habilidades na TCC e na TCBA, 227-229
Tricotilomania, tratamento com TCBA, 21
Twenty-Item Toronto Alexithymia Scale, 55-56

Uso de álcool, avaliando o, 53-54

Valores
articulando e esclarecendo os, 167-176
avaliando os, 60-63
como escolhas, 162
como um processo, 187-188
como uma bússola, 162
conceito de, 158-164
considerações culturais nos, 173-174
definidos, 159
dependentes dos outros, 171-173
impulsionados pela evitação, 172-174
material sobre os, 178
papel dos outros no desenvolvimento dos, 173-174
posse dos, 173-174
relacionamento com as emoções, 163
tarefa escrita I: influência da evitação, 164-168
versus julgamento moral, 19-20, 159
versus objetivos, 159-161
exemplo clínico, 160
Valorização
como comportamento, 161-162
definida, 161
Valued Living Questionnaire, 60-61, 163-165
Values Bull's Eye, 62-63
Vergonha como emoção secundária, 38-39
Vida valorizada, capacidade de viver uma, 19-20

White Bear Suppression Inventory, 58-59

Zen. *Ver* Budismo e práticas budistas; *Mindfulness*